USS LEXINGTON

Sammy Davis, Jr.

WARUM ICH?

Sammy Davis, Jr.
Jane & Burt Boyar

Warum ich?

Eine Legende in Swing und Step

Deutsch von Ralf Thenior
und Wulf Bergner

C. Bertelsmann

Titel der Originalausgabe:
»Why me? The Sammy Davis, Jr. Story«

1. Auflage

Published by arrangement
with Farrar, Straus and Giroux, New York, USA
Satz: IBV Satz- und Datentechnik GmbH, Berlin
Druck und Bindung: Mohndruck Gütersloh
ISBN 3-570-01577-7
Printed in Germany

Für meinen Vater

Ein Star. Was ist ein Star? Wie eine Live-Vorstellung vergängliche Kunst ist, ist ein Star eine vergängliche Illusion: er lebt nur in der Erinnerung derer, die ihn gesehen haben, und er stirbt mit ihnen. Er wird auf Händen getragen, kann aber schon im nächsten Augenblick auf die Nase fallen. Er ist unsicher, egozentrisch, tyrannisch, liebebedürftig. Ist das Mikro richtig eingestellt? Stimmt die Musik? Hey, was fällt diesen Musikern da ein, Wasser herumzureichen, während ich singe? Ein Star ist der Hanswurst, der alles tut, um Publikum zu bekommen, und er ist das Genie, wenn es ihm gelingt. Ein Star hat eine dicke Haut, aber ein bloßes Stirnrunzeln kann sie durchdringen. Er soll glücklich machen, er soll traurig machen. Ihm ist Talent geschenkt worden; die Fähigkeit, tiefer zu blicken, feiner zu hören, herzlicher zu lachen. Leichter zu weinen aber auch, denn er holt sich schnell blaue Flecken. Und ihm ist der Hunger, der Drang nach Besonderheit gegeben worden. Der Ruhm verblüfft ihn, der Applaus erregt ihn, und daß er reich ist, kann er kaum fassen. Und tausendmal hat er schon gesagt: »Lieber Gott, ich verdiene das alles gar nicht. Warum *ich*?«

1

Die Angst, den Erfolg zu verlieren, beginnt, wenn man innerlich von ihm abhängig wird. Und ich war schon frühzeitig geradezu erfolgsbesessen. Als ich die Armee verließ, wünschte ich mir so sehnlich, ein Star zu werden, daß ich dafür wahrscheinlich sogar einen Pakt mit dem Teufel geschlossen hätte.

Es kam jedoch anders. Der Teufel war nicht im Spiel, jedenfalls nicht der mit Dreizack und Schwanz. Doch die manische Jagd nach dem Erfolg kostete mich alles, was ich liebte: meine Frau, meine drei Kinder, einige Freunde, mit denen ich gern alt geworden wäre. Und sie kostete mich zwei oder drei Vermögen, die ich vielleicht jetzt noch hätte, wenn ich in jenen verzweifelten Jahren nicht so kurzsichtig gewesen wäre. »Eine Million Dollar«, das waren für mich nur drei Worte.

Und doch gab es nie eine vernünftige Alternative. Manche Leute sagen: »Wenn du endlich ganz oben bist, merkst du, daß es alles, was du wolltest, auch schon unten gegeben hat.« Bei mir war das nicht so.

Ich bin immer im Showbusiness zu Hause gewesen. Seit ich drei Jahre alt war, lebe ich damit. Ich habe in Hotels und Pensionen geschlafen, in Autos, in Bahnen und Bussen, und in unseren Umkleideräumen, zusammen mit meinem Vater und einem Mann, den ich Onkel nannte, Will Mastin. Wenn wir keinen Job hatten, schlief ich bei meiner Großmutter, Rosa B. Davis, in Harlem. Aber richtig geborgen fühlte ich mich nur im Scheinwerferlicht, zwischen den anderen Künstlern, inmitten von Gelächter und Applaus, da, wo ich den ganzen Tag lang aus den Kulissen die Auftritte verfolgen konnte. Und in den Billardsalons, in denen ich zwischen den Shows mit meinem Vater Pinochle spielte und dem Artistenklatsch zuhörte. Als ich vier war, hatte ich zehn Staaten bereist und war in über fünfzig Städten aufgetreten. Wir hatten unser Zuhause dabei: unsere immer gleichen Make-up-Dosen, unsere Kostüme, die in den Garderoben an den Eisenhaken hingen, und unsere Schuhe darunter. Nur Einzelheiten veränderten sich, wie die Gesichter der Männer, die an den Bühneneingängen saßen.

Soweit ich wußte, waren wir bei allen beliebt. Als ich sechs war, warf das Publikum mir Geld auf die Bühne. Man beurteilte uns danach, wie gut unsere Nummer war. Wenn wir die beste Nummer hatten, bekamen wir den ersten Umkleideraum, und unsere Namen standen ganz oben. Gab es eine bessere Nummer als unsere, waren wir die zweiten oder dritten, was Umkleideraum und Ankündigung betraf.

Als ich sieben war – wir waren in New York –, fingen Will und mein Vater an, mich mit zu den Vermittlungsbüros zu nehmen. Wir zogen unsere besten Sachen an und gingen in die Stadt. Einmal sagte Will: »Ich möchte, daß du dir alles genau anhörst, was hier gesagt wird, Sammy. Showbusiness besteht aus zwei Worten, ›show‹ und ›business‹, und das eine ist so wichtig wie das andere. Tanzen und dem Publikum gefallen, das ist ›show‹, und an Engagements und Geld heranzukommen, das ist ›business‹. Ich weiß, daß du gerne tanzt und singst und auf der Bühne vor den Leuten stehst, aber wenn du kein Geld dafür bekommst, dann hast du nicht mehr gehabt, als nur ein bißchen Spaß für dich selbst. Du mußt lernen, wie man Abschlüsse macht, welches Angebot man annehmen kann und von welchem man besser die Finger läßt.«

Ich konnte kaum lesen, aber ich war in der Lage, meinen Namen wiederzuerkennen. Das erste Mal, als ich meinen Namen an einer Theaterfront sah, las Will mir laut vor, was da stand: »Will Mastin's Gang Featuring Little Sammy.« »Was heißt ›featuring‹?« wollte ich wissen. Mein Vater sagte: »Das heißt, daß du jemand bist, den zu sehen sich lohnt. Es gibt nicht viele Achtjährige, die ihren Namen da oben stehen haben, so wie du.«

Will setzte hinzu: »Von jetzt ab sind wir ein Trio und teilen das Geld durch drei. Du bist jetzt unser gleichberechtigter Partner, Sammy, und wir rechnen mit dir. Dein Vater und ich, wir werden die Nummer eröffnen. Und dann kommst du raus und heizt ihnen ein.« Er legte seinen Arm um meine Schulter. »Gib dein Bestes, Mose Gastin, und hab keine Angst, denn egal, was du machst, dein Daddy und ich, wir kommen dazu, und dann ist alles okay.«

Mein Vater rieb sich das Kinn und überlegte. »Irgendwie bin ich in der Stimmung für die gewürfelten Halstücher und die perlgrauen Hemden.« Er hatte unsere besten Sachen für unseren ersten Spaziergang in Joplin, Missouri, rausgesucht. Will und ich waren einverstanden. Meine Sachen waren eine Miniaturausgabe von ihren, mit Kavalierstüchlein, Weste, goldener Uhr und Kette, Gamaschen und Stock. Mein Vater steckte mir die Nadel mit der Perle in die Krawatte, und wir gingen hinunter zum schwarzen Brett, wo immer der Name eines Restaurants angeschlagen war, in dem man gutes Essen bekam.

Will stieß uns an. »Seht mal, wer da ist.« Vern und Kissel, zwei gute Artisten und Freunde von uns, waren ebenfalls auf dem Weg zum Essen, und so gingen wir alle zusammen. »Na, wie kommt ihr klar mit der Konkurrenz vom Radio?« »Bestens. Wir sind gerade 'ne Weile bei Dudley in Detroit aufgetreten.« Wir schlenderten die Straße entlang, glücklich, daß wir Arbeit hatten, tauschten Garderobenklatsch aus und lachten den ganzen Weg bis zum Restaurant. Es war ein großer viereckiger Raum mit einem kreisrunden Tresen. »Sammy ist jetzt unser gleichberechtigter Partner. Er hat ordentlich zugelegt. Ihr solltet ihn mal meinen African Zulu Charleston Prance tanzen sehen.«

Der Mann hinterm Tresen grinste. »'n Abend, Leute. Ihr Nigger müßt da drüben auf der anderen Seite sitzen.«

Die eine Hälfte des Tresens war weiß gestrichen, die andere Hälfte braun. Er zeigte auf die braune Seite.

»Aber wir gehören zusammen«, sagte Vern.

»Tut mir leid, Kumpel. Schwarze und Weiße sitzen hier drin nicht zusammen. Und wenn ihr Brüder wärt.« Er grinste. »Sieht allerdings nicht so aus.«

Vern war aufgesprungen. »Kommt. Raus hier.«

In Wills Gesicht zuckte es. »Es wäre Unsinn, euch das Essen zu verderben. Wenn wir rausgehen, habt ihr nicht mehr genug Zeit, was anderes zu finden.«

Der Mann hinterm Tresen zuckte mit den Schultern. »In diesen Breiten sieht es sowieso nirgendwo anders aus. Also könnt ihr auch gleich hierbleiben.«

Mein Vater nahm mich an der Hand, und er, Will und ich setzten uns auf die braune Seite. Vern und Kissel nahmen die Plätze, die uns am nächsten waren, direkt da, wo die weiße Linie endete. Es wurde kaum noch gesprochen. Wir aßen schnell und gingen zurück zum Theater. Vern und Kissel sprachen mit dem Manager und zeigten dabei wütend die Straße hinunter. Mein Vater und Will standen mit mir auf der Treppe und warteten auf sie. Der Manager ging zum schwarzen Brett und riß den Restaurant-Zettel herunter. »Tut mir wirklich leid, Mr. Mastin, Mr. Davis...« Mein Vater sagte: »Ich möchte jetzt lieber nicht darüber reden.« Sein Blick streifte mich. Will nahm meine Hand. »Komm, Sammy, wir müssen uns umziehen.« Mein Vater rief hinter uns her. »Ich komm' gleich nach, Poppa.« So hatte er mich immer genannt, seit ich mich erinnern konnte.

Will sagte kein Wort, als wir uns umzogen.

»Massey?«

»Ja, Sammy?«

»Was ist los?«

Wieder fing es in seinem Gesicht an zu zucken.

»Nichts, worüber du dir Sorgen machen mußt.«

»Ich mach' mir keine Sorgen. Ich will nur wissen, was los ist. Erst ham wir doch Spaß gehabt, und dann sind alle wütend geworden, und jetzt sprechen sie unten drüber...«

»Ha-ben, Sammy. Du mußt das Wort so aussprechen, wie es sich gehört. Sei nicht so faul.«

»Was ist ein Nigger?«

Will ging zu seinem Make-up-Stuhl hinüber und setzte sich hin. »Das ist nur ein dummes Wort, das ein paar Leute für uns haben.«

»Für Leute von der Show?«

»Nein. Sie benutzen es für Farbige. Für Leute wie uns, die braune Haut haben.«

»Was bedeutet das, Massey?«

Er sah mich an. »Es bedeutet gar nichts, außer daß sie damit sagen wollen, sie mögen uns nicht.«

»Aber Vern und Kissel mögen uns doch, oder?«

»Ja. Aber die Leute aus dem Showgeschäft sind anders. Die meisten von ihnen interessieren sich nur dafür, wie gut deine Nummer ist. Es sind andere, ein paar von den Leuten draußen – eines Tages wirst du es verstehen...«

Mein Vater kam herein. »Der Kerl war nur eifersüchtig darauf, daß wir im Showgeschäft sind und er sein ganzes verdammtes Leben lang Bohnen kochen muß. Am besten, du vergißt es, Poppa.« Aber Vern und Kissel waren auch im Showgeschäft, und sie hatte er nicht Nigger genannt. Weil Will und mein Vater immer noch wütend waren, wußte ich, daß er mit dem Wort nur uns gemeint hatte und daß es schlimm für sie war. Eigentlich, sagte ich mir, konnte es nur bedeuten, daß wir irgendwie anders waren als andere Leute und daß das schlecht war. Aber das wollte mir nicht einleuchten. Ich war doch nicht anders als jeder andere auch. »Wetten, daß ich dich zum Lachen bringe, Poppa?«

Mein Vater hockte vor mir und machte sein Pokerface. Ich versuchte dagegen anzukämpfen, wie immer, aber innerhalb einer Minute wälzte ich mich vor Lachen auf dem Fußboden.

2

Ein Soldat saß auf den Stufen einer Baracke und nähte ein Abzeichen auf ein Hemd. Ich ging auf ihn zu. »Entschuldige, Kumpel. Ich hab' mich verlaufen. Kannst du mir sagen, wo die 202 ist?«

Er machte eine Kopfbewegung: um die Ecke. »Und ich bin nicht dein Kumpel, du schwarzer Bastard!« Dann nähte er weiter.

Der Korporal, der vor der 202 stand, checkte meinen Namen auf seiner Liste. »Ja – hm. Am besten, du wartest da drüben, bis wir uns überlegt haben, was wir mit dir machen.«

Das war 1942. Ich befand mich im Infantry Basic Training Center von Fort Francis E. Warren in Cheyenne, Wyoming. Ich saß auf den Stufen, auf die er gezeigt hatte. Andere Burschen tauchten auf, und er checkte sie auf seiner Liste. »Geht rein und nehmt euch die erste Koje, die ihr findet.« Ich sah einen Augenblick woanders hin und hörte seine Stimme: »Setz dich da rüber zu Davis.«

Ein großer, kräftig gebauter Bursche ließ sein Bündel neben meines fallen. »Mein Name ist Edward Robbins.« Wir gaben uns die Hand, und er setzte sich neben mich. Nach und nach kamen immer mehr Männer und wurden hineingeschickt, aber keinem wurde gesagt, daß er mit uns warten solle. Schließlich war klar, daß wir die einzigen waren, die man draußen warten ließ, während die weißen Burschen alle gleich reingehen konnten.

Wir saßen vor einer Tür mit Fliegendraht, so daß ich jedes Wort hören konnte, das der Korporal sagte. »Hört zu. Wir haben ein Problem. Die Nigger da draußen sind dieser Kompanie zugeteilt worden. Ich werde sie da hinten in die Ecke stecken. Ihr zwei, nehmt eure Klamotten weg, damit ich ihnen die beiden Kojen da zuweisen kann.«

Eine andere Stimme war zu hören. »Hey, das ist ja direkt neben mir. Ich schlaf' doch nicht neben solchen Drecksniggern.«

»Hör zu, Soldat, laß uns das gleich klären, ein für allemal. Ich habe hier die Camp-Aufsicht und ...«

»Ich sag' ja nicht, daß Sie nicht die Aufsicht haben. Ich sage nur, daß ich in keine Nigger-Armee eingetreten bin.«

Edward und ich sahen uns nicht an.

»Und was ist mit dem Scheißhaus? Wollen Sie etwa sagen, wir sollen die gleichen Toiletten benutzen wie die?«

»Genau das, Soldat. Sie benutzen die gleiche Latrine wie wir alle. Jetzt hört mal gut zu, wir haben verdammt noch mal keine Wahl. Früher haben sie sie immer zusammengehalten, aber jetzt hat jemand aus irgendwelchen gottverdammten Gründen entschieden, daß wir die erste integrierte Mannschaft in der Armee sein sollen, und sie haben sie hergeschickt. Wir müssen damit fertig werden...«

Ich konnte einfach nicht glauben, daß sie über mich sprachen.

»Meinetwegen. Trotzdem schlaf' ich nicht neben einem Nigger.«
»Wofür, zum Teufel, braucht die Armee diese Kerle überhaupt? Sie beklauen dich im Schlaf, und sie sind feige und primitiv.«

»Schluß jetzt. Ich will sie genausowenig wie ihr, aber wir haben sie nun mal. Befehl ist Befehl.«

Das Geräusch von Eisenbetten, die auf Holzfußboden geschoben wurden, war zu hören. Der Korporal stand am Eingang und winkte uns. »Okay, kommt rein!« bellte er. »Im Gleichschritt.« Wir nahmen unsere Sachen auf und folgten ihm durch die Tür. Ich fühlte mich wie eine Krankheit, die er hereinbrachte.

In dem Raum standen Reihen von Feldbetten mit einem Gang in der Mitte. Die Burschen standen in Gruppen herum. Sie hatten aufgehört zu reden. Ich sah weder nach links noch nach rechts. Ich konnte spüren, wie sie uns anstarrten, als wir hinter dem Korporal den Gang runtergingen. Er deutete auf die letzten beiden Pritschen an der Seite. »Das sind eure. Hört zu, wir wollen keinen Ärger mit euch. Haltet euch gerade, macht, was euch gesagt wird, dann werden wir miteinander auskommen.« Er entfernte sich.

Ich sah mich im Raum um. Die Betten neben unseren waren leer. Alle Pritschen standen in etwa zwei Fuß Abstand, nur unsere nicht, sie waren sechs Fuß von den anderen entfernt – so, als wären wir auf einer Insel.

Ein paar der Männer versuchten zu lächeln und halbwegs zu uns herüberzugrüßen. Einige sahen uns überhaupt nicht an. Der uns am nächsten stehende, ein großer, kräftiger Kerl, der aussah wie ein Arbeiter oder ein Athlet, kehrte uns den Rücken zu. Ein Sergeant kam herein, stellte sich in die Mitte der Baracke und begann: »Ich bin Sergeant Williams. Ich führe diese Kompanie und ich...« Sein Blick fiel auf den Zwischenraum zwischen den Betten. Er wandte sich an den Korporal. »Was zum Teufel hat das zu bedeuten?«

Der Korporal erklärte, wie er die Sache angepackt hatte. Sergeant Williams hörte es sich an und sagte dann scharf: »Es gibt hier nur eine

Art, wie Sachen erledigt werden: nach den Regeln der Armee! Es sind auf den Inch genau drei Fuß Zwischenraum zwischen jedem Bett in dieser Baracke. Ihr habt sechzig Sekunden, die Betten wieder so zu stellen, wie sie standen. *Bewegt euch!*«

Er kam zu mir rüber. »Wie heißen Sie, Soldat?«

»Sammy Davis, Jr.«

»Sind Sie hier als erster oder als zehnter angekommen oder als wievielter?«

»Ungefähr in der Mitte.«

»Hast du dir die Pritsche selber ausgesucht?«

»Nein. Also, ich hab' sie zugewiesen bekommen...«

Er sah sich um. Inzwischen war alles wieder wie vorher. »All right, Davis. Du rückst mit deinen Sachen eine Pritsche auf.« Er wandte sich an Edwards. »Du auch.«

Er sprach zu uns allen. »Kein Mann ist hier besser als der andere, es sei denn, er hat das Format, es zu beweisen.«

Ich saß am Fußende meiner Pritsche. Nachdem der Schock vorüber war, wuchs der Zorn in mir, bis meine Beine zitterten. Ich wollte ihnen nicht die Befriedigung geben, ihnen zu zeigen, wie weit sie mich gebracht hatten. Ich sah, wie einer seine Schuhe putzte. Das war keine schlechte Idee. Die Stiefel waren brandneu, das Leder fast gelb, und man hatte uns gesagt, wir sollten sie mit Schuhcreme dunkler machen. Ich nahm meine Armbanduhr ab und legte sie vorsichtig aufs Bett. Sie war ein Geschenk von meinem Vater und Will, eine goldene Uhr, in der Art, wie die Air Force-Piloten sie trugen. Ich war immer verrückt nach so einer Uhr gewesen. Sie hatte sie hundertfünfzig Dollar gekostet, so daß sie die Miete nicht zahlen konnten, aber Will sagte: »Wir haben immer den Ruf gehabt, die bestangezogenen Leute im Showgeschäft zu sein. Das soll auch in der Armee so bleiben.«

Ich machte meinen Schuhputzbeutel auf, nahm Creme und Bürste und fing an, die Schuhcreme in das Leder zu reiben. Ich nahm mir immer wieder dieselbe Stelle vor und arbeitete so hart, daß es mir gelang, alles andere aus meinem Kopf auszulöschen. Plötzlich landete ein zweites Paar Stiefel vor meinen Füßen. »Hier, Boy. Du kannst meine gleich mitputzen.«

Ich sah auf. Es war der Bursche, der das Bett neben mir hatte, und er hatte sich schon wieder umgedreht. Ich griff nach den Stiefeln, um sie ihm an den Kopf zu werfen – aber ich wollte keinen Ärger. Ich stellte sie neben sein Bett.

»He, Boy. Du mißverstehst mich. Ich wollte dir ein Trinkgeld geben. Vielleicht das Doppelte, wenn du es gut machst.«

»Ich bin kein Schuhputzer. Und ich bin auch kein Boy.«

»He, he. Werd ja nicht frech, Boy.« Er zuckte mit den Schultern und ging rüber zu Edward. »Hier, Boy. Du kannst sie putzen.«

»Ja, Sir! Danke, daß ich sie putzen darf, Sir.«

»Das hört sich schon besser an. Aber du brauchst nicht Sir zu mir zu sagen. Nenn mich einfach Mr. Jennings. In der Armee nennt man nur die Offiziere Sir, verstehst du.«

»Ja, Sir, Mr. Jennings. Ich heiße Edward. Wenn Sie irgendwas brauchen...«

Mir war zum Kotzen. Jetzt war ich ganz allein in der Baracke. Jennings sprach mit ein paar von den anderen Burschen. »Könnte sich vielleicht doch noch ganz ordentlich entwickeln. Einer von den beiden ist kein ganz schlechter Nigger.« Er ging zu Edwards Pritsche rüber und stellte ihm noch drei Paar Stiefel hin. Eine Sekunde lang machte Edward ein langes Gesicht, aber dann hellten sich seine Züge wieder auf. »Ja, Sir. Lassen Sie sie einfach hier, ich kümmere mich darum.«

»Du solltest mir dankbar sein, daß ich dir dieses kleine Geschäft zugeschanzt habe.«

»Bin ich auch. Danke.« Er grinste breit. »Ja, Sir, vielen Dank nochmals.«

Edward vermied es, mir in die Augen zu sehen. Nach einer Weile blickte er auf und drehte seinen Kopf ein ganz kleines bißchen. Für den Bruchteil einer Sekunde öffnete er sich mir, und ich sah, wie er unter der Demütigung litt. Ich hoffte, er würde noch einmal aufblicken, damit ich ihm zeigen konnte, daß es mir leid tat, daß ich ihn verurteilt hatte. Vielleicht war er gezwungen, so zu leben. Ich würde mir das von niemandem gefallen lassen. Ich würde mich aber auch von niemanden in irgendwelche Kämpfe verwickeln lassen, die mich in Schwierigkeiten bringen könnten. Ich würde mich um meine eigenen Angelegenheiten kümmern und meine Personalakte sauberhalten.

Jennings warf sich auf seine Pritsche. Er setzte sich wieder auf, streckte den Arm aus und nahm meine Armbanduhr von meinem Bett. »Sieh mal einer an, die ist ja gar nicht so schlecht!« Er sah mich mißtrauisch an.

»Leg sie zurück.«

»Ganz ruhig, ja? Du bist ja ein ganz Aufgeregter.« Er stand auf. »He, Phillips... fang!« Er warf die Uhr durch den Raum. Ich rannte hinterher, um sie wiederzuholen. Gerade als ich Phillips erreichte, warf er sie über meinen Kopf einem anderen Burschen zu, der sie wieder zu Jennings rüberwarf. Obwohl ich wußte, daß ich mich lächerlich machte, daß Jennings, als ich bei ihm ankam, die Uhr über meinen Kopf einem anderen zuwarf, daß es sinnlos war, hinter der Uhr herzurennen, daß ich sie damit nur noch anstachelte, konnte ich nicht aufhören, weil ich Angst hatte, sie würden sie fallen lassen.

»Ach-*tung*!« Alle Köpfe im Raum zuckten in Richtung Tür. Sergeant Williams ging direkt auf Jennings zu. »Was hast du da?« Jennings zeigte ihm die Uhr.

»Wem gehört sie?«

Jennings zuckte mit den Schultern.

»Sie gehört mir.«

Sergeant Williams brachte sie mir. Jennings grinste. »Wir haben doch nur Spaß gemacht, Sergeant.«

»Du bist ein schlauer Bursche, Jennings. In der Armee respektieren wir das Eigentum des anderen. Du hast dir gerade drei Wochen Arrest eingehandelt.« Er ging raus.

Jennings sah mich so haßerfüllt an, wie ich es noch nie bei einem Menschen gesehen hatte. »Das zahl' ich dir heim, du schwarzer Bastard.«

Stunden später, als die Lichter schon alle gelöscht waren, lag ich immer noch wach im Bett. Wie viele Weiße hatten mich so angesehen? Ich konnte mich an keinen erinnern. War ich zu blind gewesen, um es zu erkennen? Ich dachte an die Leute, die wir gekannt hatten – Agenten, Manager, die anderen Künstler, mit denen wir zusammengearbeitet hatten –, aber das waren alles Freunde gewesen. Ich weiß, daß sie Freunde waren. Da war so vieles, an das ich mich erinnern mußte: die Garderoben – hatte man uns ans Ende des Korridors abgeschoben? Oder mit den anderen farbigen Künstlern zusammengelegt? Nein. Die Garderoben wurden nach der Position auf der Ankündigung zugewiesen. Und in den Hotels? Es *waren* fast immer Hotels oder Pensionen für Farbige, aber ich hatte sie nie so gesehen. Das waren einfach *unsere* Hotels. Aber hatten wir sie nehmen *müssen*? Waren wir nicht einfach nur deshalb hingegangen, weil man uns dort kannte und weil sie die billigsten waren? Oder war das nicht der Grund gewesen? Klar, es hatte Leute gegeben, die uns nicht mochten, aber dann hatte es immer nur geheißen: »Kümmer dich nicht drum, Poppa, er ist bloß eifersüchtig, weil wir die bessere Nummer haben.« Oder: »Die mögen uns nicht, weil wir im Showgeschäft sind.« Und ich hatte nie nachgefragt. Ich erinnerte mich, daß Will mir öfter gesagt hatte: »Eines Tages wirst du es verstehen.« Aber ich hatte es nie verstanden, und ich würde es auch nie verstehen.

Die meisten Männer in unserer Baracke machten mir keine Schwierigkeiten, entweder aus Gleichgültigkeit oder weil sie nach einem Tag Grundausbildung einfach zu müde waren, um sich noch lange mit mir abzugeben. Aber es gab ungefähr ein Dutzend Männer, die ich im Auge behalten mußte. Sie scharten sich um Jennings, und allein ihre geballte Präsenz reichte aus, jeden einzuschüchtern, der sich mir gegenüber sonst vielleicht freundlich gezeigt hätte. Wenn diese Gruppe nicht in der Nähe war, waren die anderen nett, aber sobald einer von denen auftauchte, war es, als ob niemand mich kannte. Der Hohn, das laute Geflüster, die haßerfüllten Blicke waren schlimm genug, aber ich wollte nicht, daß es noch schlimmer würde. Ich versuchte, mit Jennings Frieden zu halten, ohne den Onkel Tom zu machen wie Edward. Ich hoffte, daß er mich respektieren würde, wenn er sah, daß ich meine Arbeit gut machte. Aber als ich mich als guter Schütze erwies, haßte er mich nur noch mehr. Wenn ich Fehler machte, lachte er mich aus. Ich vollführte einen wahren Eiertanz, um ihm aus dem Wege zu gehen, stellte mich wie zufällig in eine andere Essenschlange und fand immer Platz an einem Tisch in der Messe, der weit von seinem entfernt war.

Eines Tages, als ich kurz vor der Abendandacht meine Armbanduhr anlegen wollte, rutschte sie mir vom Handgelenk und fiel direkt neben Jennings Bett auf den Boden. Bevor ich sie greifen konnte, war er aufgestanden und hatte sie mit seinem Stiefelabsatz zertreten. Ich hörte es knacken. Er hob den Fuß und lächelte verlegen. »Oh! Was ist mir denn *da* passiert? Das war aber dumm von dir, die Uhr auf dem Boden liegenzulassen. Zu dumm, Boy. Pechsache.«

Das Glas war zerbrochen, die Fassung verbogen. Krone und Zeiger waren abgebrochen und beschädigt. Ich legte die Teile aufs Bett, betrachtete sie und versuchte wie ein Idiot, sie wieder zusammenzusetzen.

»Ach, laß das doch sein, Boy. Du kannst doch überall 'ne neue klauen.«

Ich sah ihn an. »Was hast du gegen mich?«

»Aber ich hab' überhaupt nichts gegen dich, Boy. Ich mag dich.« Ich wußte, daß ich ihm jetzt eine hätte verpassen sollen, aber ich war so geschwächt durch die Verletzung, daß ich die Wut nicht zusammenbrachte. Ich wickelte die Teile in ein Stück Papier und steckte sie in die Tasche. Vielleicht war ja doch noch was zu machen.

Am nächsten Morgen sah die Welt wieder anders aus. Sie hatte wieder mehr als eine Farbe. Ich konnte erkennen, wie mein Vater und Will mich mein ganzes Leben lang beschützt hatten. Ich war dankbar für ihre liebevolle Hoffnung, daß ich nie mit Vorurteilen und Haß in Berührung kommen möge, aber sie hatten es falsch angefangen. Ich hatte das Gefühl, als wäre ich all die achtzehn Jahre durch eine Schwingtür gelaufen, die sie mir heimlich aufgehalten hatten. Nur jetzt waren sie nicht da, um sie aufzuhalten, und wenn mich die Tür nun traf, war es schlimmer, als wenn ich langsam und Stück für Stück gelernt hätte, mich mit ihr zu bewegen.

Sergeant Williams kam mit mir aus der Messe. »Ich habe mir mal die Personalakten vorgenommen und gesehen, daß du im Showgeschäft warst. Wir haben jeden Freitag eine Show im Kasino. Wenn du Lust hast mitzumachen, würde man sich freuen, und vielleicht hast du auch ein bißchen Spaß dabei.«

Nach der Show stand ich mit einem der Musiker, einem Burschen von einer anderen Kompanie, hinter der Bühne und schlug vor, an die Bar zu gehen und eine Coke zu trinken. »Vielleicht sollten wir besser ins Kasino für Farbige gehen«, meinte er. »Wir wollen schließlich keinen Ärger.«

»Ärger? Ich habe sie gerade eine Stunde gut unterhalten. Sie haben mir zugejubelt. Hör zu, Gott weiß, daß ich keinen Ärger will, aber irgendwo hat alles seine Grenzen. Also ich weiß nicht, wie es mit dir ist, aber ich hab' Durst, und ich geh' jetzt 'ne Coke trinken.«

Ein paar von den Jungs, die in der Show gewesen waren, sahen uns hereinkommen und machten Platz an ihrem Tisch. Jennings saß mit vier seiner Kumpels etwas weiter hinten. Sie sahen zu mir rüber und lächelten oder taten jedenfalls so, ich war mir nicht ganz sicher. Ich saß mit einer Gruppe aus unserer Baracke zusammen, und es war die beste Stunde, die ich bisher in der Armee verbracht hatte. Ich genoß es. Ich hatte mir ihre Anerkennung erworben; sie boten mir ihre Freundschaft, und ich griff danach.

Nach etwa einer Stunde verabschiedete ich mich und machte mich auf den Weg zur Tür. Als ich an Jennings Tisch vorbeikam, stand er auf. »Hey, Davis, komm hier rüber. Laß uns Frieden schließen.« Er grinste und hielt mir seine Hand entgegen. Es wäre mir eine Befriedigung gewesen, ihm die kalte Schulter zu zeigen, aber wenn er versuchte, freundlich zu sein, war es besser, es anzunehmen und Frieden zu halten. »Ich wollte gerade in die Unterkunft zurück...«

»Ach, du wirst doch Zeit für einen kleinen Drink mit uns haben.« Er schob mir einen Stuhl hin. »Mann, wo hast du denn bloß tanzen gelernt? Ich schwör' dir, ich hab' noch nie einen Mann gesehen, der so schnell seine Füße bewegen konnte. Übrigens, fällt dir auf, daß ich dich nicht mehr Boy nenne?«

»Trink 'n Bier mit uns, Davis.« Einer der Burschen schob mir eine Flasche rüber. »Auf dein Wohl«, sagte Jennings.

»Ich hoffe, ihr habt nichts dagegen, wenn ich 'ne Coke trinke.«

»Hör zu, Kumpel, du bist in der Armee. Wird langsam Zeit, daß du mit den Kindereien aufhörst. Trink. Du wirst es mögen.« Die anderen beobachteten mich. Einer von ihnen grinste. »Wirklich, wenn du 'n Soldat sein willst, mußt du auch trinken können.« Jennings sagte: »Paß auf, noch eine Minute, und du hast mich beleidigt. Jeder Mann, der nicht mit mir trinken will...«

»Okay, ich werd's probieren.«

»Das ist schon besser. So, und jetzt erzähl' ich dir, wie man Bier trinkt. Das geht nicht so schluckweise wie Whisky oder Coke. Um den richtigen Biergeschmack zu kriegen, mußt du 'n kräftigen Zug machen.« Die anderen nickten und hoben ihre Flaschen. Jennings sagte: »Also dann. Prost.« Ich nahm meine Flasche und prostete ihnen ebenfalls zu. Auf halbem Weg zum Mund merkte ich, daß sie nicht kalt war. Sie war warm. Als ich die Flasche unter der Nase hatte, roch ich es. Es war kein Bier.

»Du sollst es nicht riechen, du sollst es trinken, Mann!«

Ich roch noch einmal und verstand plötzlich, warum Jennings gelächelt und mir die Hand gegeben hatte, warum er so freundlich gewesen war. Jemand hatte die leere Flasche mit ins Klo genommen und sie gefüllt wieder zurückgebracht.

»Komm, Boy, trink aus...«, sagte Jennings.

Ich stellte die Flasche auf den Tisch. Die Gesichter um mich herum kamen näher wie in einer Großaufnahme im Kino, ich konnte jeden Schweißtropfen erkennen, jeden Lidschlag ihrer Augen. Die Geräusche im Raum wurden lauter und leiser, lauter und leiser. Dann ging es mit mir durch. »Trink es selbst, du dreckiges Arschloch.«

Jennings lachte. »Er flucht sogar wie ein Coke-Trinker.«

Ich versuchte aufzustehen, aber mein Stuhl bewegte sich nicht. Er hatte mich in der Falle, sein Fuß stand hinter dem Stuhlbein. Der Haß war in sein Gesicht zurückgekehrt. »Du willst mit uns leben, und du willst mit uns essen, und nun bist du hergekommen, um mit uns zu trinken. Ich dachte, du liebst uns so sehr, daß du...« Ich spürte, wie eine warme Feuchtigkeit auf der einen Seite über mein Hemd und meine Hosen kroch. Während er sprach, hatte er die Flasche umgedreht und über mir auslaufen lassen. Ich starrte auf den dunklen Fleck, der sich über meiner Khaki-Uniform ausbreitete, und lehnte mich zurück, um die Berührung mit dem nassen Hemd und der Hose möglichst zu vermeiden. Meine Hosentasche war durchnäßt, es hatte keinen Zweck, nach dem Taschentuch zu greifen.

Jennings stand auf und zeigte mit dem Finger auf mich. »Die dummen Nigger können nicht mal ihre Schließmuskeln kontrollieren. Der kleine Kerl hier ist so aufgeregt, daß er mit Weißen zusammensitzen darf – seht euch an, was er gemacht hat.«

Schon war ich aufgesprungen und über ihm. Meine Hände lagen um seine Kehle, und ich hatte die feste Absicht, ihn umzubringen. Ich genoß es, zu sehen, wie der Hohn dem Schock Platz machte, als ich fester und fester drückte, meine Daumen an seiner Luftröhre. Er schnappte nach Luft. Mit einer verzweifelten Anstrengung warf er sich herum und riß mich vom Boden hoch. Mein eigenes Gewicht zog mich von ihm herunter, ich flog durch die Luft und krachte in einen der Tische. In Sekundenschnelle war die Umgebung geräumt, es war, als wenn wir im Ring standen.

Bis zu diesem Moment war es kein Kampf gewesen. Es war ein Angriff von hundertfünfzehn Pfund Wut, angetrieben von einem blinden Impuls. Ich hatte nicht gewußt, daß es dazu kommen würde, ebensowenig wie Jennings. Die Wochen des Runterschluckens, des Vermittelns, der Vermeidung von Ärger waren vorbei, und es war einfach so passiert – das Faß war übergelaufen.

Aber wir beide wußten, daß es jetzt anders werden würde: er war einen Kopf größer als ich und wog anderthalbmal so viel, wenn nicht noch mehr, und ohne den Vorteil der Überraschung war ich ein Spielzeug für ihn.

Er nahm sich Zeit, grinste zu seinen Freunden rüber und massierte sich die Knöchel der einen Hand mit der Handfläche der anderen. Er hob die Faust und begann, um mich herumzugehen. Dabei leckte er sich die Lippen voller Vorfreude auf den Spaß, den er mit mir haben würde.

Ich sprang ihn an, mit aller Kraft, die ich aufbieten konnte. Seine Faust krachte in mein Gesicht. Dann stand ich nur noch da und sah, wie seine andere Faust auf mich zukam, unfähig, mich zu bewegen und auszuweichen. Ich spürte meine Nase brechen, wie wenn er einen Apfel mit einem Schmiedehammer getroffen hätte. Das Blut spritzte hervor, und ich roch einen trockenen, schrecklichen Staubgeruch.

»Steh auf, du feiger schwarzer Bastard, du stinkender Drecksnigger...« Ich hatte nicht gemerkt, daß ich auf dem Boden lag. Ich kam auf die Füße und stolperte auf ihn zu. Er traf meinen Magen, und ich brach zusammen. Ich keuchte, versuchte Luft zu holen, aber es kam keine rein, und mir wurde schlecht. Dann konnte ich plötzlich wieder atmen, die Figuren vor meinen Augen entzerrten sich und wurden wieder zu Menschen. Ich stand auf und griff ihn an. Methodisch schlug er immer und immer wieder auf mich ein, wenn ich einmal traf, traf er viermal, aber ich spürte die Schläge nicht mehr, es waren nur noch dumpfe Erschütterungen meines Körpers. Dann kam seine Faust wie eine Keule auf meinem Kopf nieder. Jemand schrie: »Schlag ihn nicht auf den Kopf, Jen. Einen Nigger kannst du nur unterhalb der Stirn verletzen.« Er schlug weiter auf mich ein, und ich griff mit einer Hand nach seinem Hemd, um mich festzuhalten, so daß ich ihn mit der anderen Hand ins Gesicht schlagen konnte. Ich mußte auf den Beinen bleiben und ihn schlagen, das war alles, was zählte, und ich war froh, daß ich zehn Treffer von ihm gegen die Freude eintauschen konnte, meine Faust wenigstens ein Mal in sein Gesicht zu schmettern. Ich blieb dran und schlug auf ihn ein, ich weiß nicht, wie lange...

Ein Bursche namens O'Brien aus meiner Baracke drückte mir ein feuchtes Tuch ins Gesicht. »Es wird gleich besser«, sagte er. »Es hat aufgehört zu bluten.«

Wir waren draußen. Sie hatten mich gegen die Kasinowand gestellt. Es war noch ein anderer Bursche da, Miller. Er grinste. »Du wirst dich wahrscheinlich wohler fühlen, wenn du weißt, daß du auf deine Kosten gekommen bist. Du hast ihm ein Auge zugemacht und seine Nase gebrochen. Er trägt sie jetzt an seinem linken Ohr.« Ich fing an zu lachen, aber ein stechender Schmerz schloß mir die Lippen. Mein Kopf dröhnte, als ob er immer noch geschlagen würde.

Sie brachten mich zu den Baracken. Sergeant Williams wartete vor dem Eingang. Angewidert schüttelte er seinen Kopf. »Bist ja ein toller Typ! Sieh zu, daß du in die Krankenstation kommst, zu Jennings.« Er ging in seinen Schlafraum.

Ich hatte Jennings in die Krankenstation geschickt. Was für eine wunderbare Nachricht. Ausgezeichnet! Miller und O'Brien warteten, um mich auch dorthin zu bringen. Ich schüttelte den Kopf und bedankte mich bei ihnen. Ich wollte Jennings nicht die Genugtuung geben, mich in der Krankenstation zu sehen, selbst wenn meine Nase ganz abfallen würde.

Wir hatten haufenweise Leute aus dem Süden und aus dem Südwesten, die nur darauf warteten, mich hochnehmen zu können. Und Jennings und seine Kumpels ließen auch nicht locker. Ich muß wohl jeden zweiten Tag in eine blutige Schlägerei geraten sein. Die ersten drei Monate in der Armee hatte ich Schorf auf den Knöcheln. Meine Nase war inzwischen mehrfach gebrochen und wurde immer flacher. Ich kämpfte mal fair, mal mit gemeinen Tricks, Hauptsache war mir, daß ich gewann. Schließlich waren sie es, die die Kämpfe anfingen, und ich war nicht verpflichtet, irgendwelche Marquis-von-Queensberry-Regeln einzuhalten. Es fing immer auf die gleiche Weise an: ein abschätziger Blick, eine höhnische Bemerkung – als sie wußten, wie ich reagierte, manövrierten sie mich dauernd in irgendwelche Kämpfe hinein. Für sie war es Sport, Entertainment, bei mir aber schrumpfte die Befriedigung, die ich beim ersten Mal empfunden hatte, mit jedem Kampf, bis es zu einer alltäglichen Pflicht wurde, die ich durchzustehen hatte. Irgend jemand sagte etwas zu mir, und ich dachte nur: oh, verdammt, jetzt geht es schon wieder los. Aber ich konnte es nicht auf mir sitzen lassen. Es war immer das gleiche, und ich war nach dem Kampf wütender als vorher. Warum mußte ich mir dauernd mein Gesicht zerschlagen lassen? Warum mußte ich etwas beweisen, das kein Weißer zu beweisen hatte?

Ich hielt telefonisch Verbindung mit meinem Vater und Will. »Wir kommen durch, Poppa. Sie küssen und sie herzen uns nicht gerade, aber wir halten durch, bis du wieder hier bist. Sieh zu, daß du deinen Job in der Armee erledigst, und dann komm so schnell wie möglich zurück.« Ich machte mir nie die Mühe, ihnen zu erzählen, wie mein Job in der Armee eigentlich aussah.

Der Bursche vor mir am Waschbecken war fertig, und als ich ranging, griff mich ein riesiger Südstaatler, Harcourt, beim T-Shirt und riß mich so hart zurück, daß ich quer durch den Raum stolperte, gegen die Wand prallte und umfiel.

»Was soll *das* denn?«

Er raunzte: »Wo ich herkomme, stehen die Nigger hinten in der Schlange.«

Ich stand auf, nahm meinen Waschzeugbeutel und schlug ihn ihm mit aller Kraft auf den Mund. Die Kraft und der Schock ließen ihn umfallen. Ich stand über ihm, mit erhobenen Fäusten. Aber er machte keinen Versuch, aufzustehen. Etwas Blut lief ihm aus dem Mund. Er wischte es mit seinem Handtuch ab, dann sah er mich an. »Und du bleibst doch ein Nigger.«

Sergeant Williams stand am Eingang. Er bedeutete mir, ihm in seinen Raum zu folgen, dann schloß er die Tür. »Setz dich, Davis.« Er bot mir eine Zigarette an, und ich nahm sie. »So geht es nicht, mein Junge. Du kannst Leute nicht durch Prügel dazu bringen, dich zu mögen.«

In dem Moment, als ich die Worte hörte: »Und du bleibst doch ein Nigger«, hatte ich das auch begriffen.

»Du hast dich durchs ganze Camp geprügelt. Sind die Beleidigungen dadurch weniger geworden? Haben sie dich respektiert, nachdem du sie verprügelt hast?«

»Was soll ich machen, wenn einer mich beleidigt, Sergeant? Nett sein und danke sagen?«

»Du mußt anders kämpfen, du mußt so kämpfen, daß etwas Dauerhaftes dabei herauskommt. Du kannst die Vorstellungen und Ideen eines Mannes nur mit besseren Vorstellungen und Ideen verändern. Du mußt mit deinem Kopf kämpfen, Sammy, nicht mit den Fäusten.«

Als ich im Kasino von der Bühne kam, stand jemand in den Kulissen. Er kam auf mich zu. »Deine Show war phantastisch. Trinkst du was mit mir? Mein Name ist George M. Cohan, Jr.« Wir setzten uns zusammen, und er fragte: »Hast du von der Show gehört, die jedes Camp für den Intercamp-Wettbewerb auf die Beine stellt? Also mit dem Zeug, was du drauf hast, und dem Material von meinem Daddy, das ich im Schlaf singen kann, mache ich jede Wette, daß wir den Zuschlag kriegen. Die meisten Burschen, die sich darum bewerben, nehmen nur die Nummern aus den Armee-Handbüchern. Aber wenn wir unsere eigenen Sachen schreiben, was Frisches, kann eigentlich nichts schiefgehen.« Wir sprachen dem General vor und wurden aufgefordert, die Show, die wir ausgearbeitet hatten, zu beschreiben. Doch schon während wir redeten, baute seine Adjutantin, ein weiblicher Captain, so viele Hürden und Stolpersteine auf, daß man damit eine Mauer um das ganze Camp hätte bauen können. Sie sagte, sie würde uns nach einer Woche Bescheid geben.

Als wir draußen waren, meinte George: »Also, sie hat die Fäden in der Hand, jedenfalls, was unsere Show angeht. Am besten, wir schmieren ihr ein bißchen Honig ums Maul.«

Wir dachten uns Gründe aus, in ihrem Büro aufzutauchen, und brachten immer einen Strauß Blumen mit, die wir selber gepflückt hatten. Der Captain schien langsam auf unsere Seite überzuwechseln, und so verstärkten wir unsere Anstrengungen. Eines Tages kam ich in ihr Büro, um ihr neues Material zu bringen, das wir ausgearbeitet hatten. Sie fragte: »Sie waren Profi-Entertainer, Davis?«

»Ja, Captain. Seit meinem dritten Lebensjahr.«

»Erzählen Sie mir davon.« Sie lehnte sich zurück, hörte mir zu und schickte die Schreibstubenhengste, die mit ihr sprechen wollten, mit einer Handbewegung weg. Ihr Interesse löste einen Strom von Bühnenerinnerungen aus, und ich schwatzte und schwatzte über »die gute alte Zeit«. Sie lächelte. »Als ich anfangs von euren Vorstellungen hörte, schienen sie mir so anspruchsvoll, daß ich offen gestanden bezweifelt habe, ob ihr sie umsetzen könntet. Aber nachdem ich jetzt Ihren Werdegang kenne und nach dem, was ich von George weiß, bin ich davon überzeugt, daß ihr beide mehr als geeignet für diesen Job seid. Ich möchte, daß ihr so bald wie möglich ein Budget für Requisiten und Kostüme aufstellt.« Sie brachte mich zur Tür, gab mir die Hand und lächelte. »Ich sollte das eigentlich nicht sagen, aber ihr beiden Jungs habt einen ziemlichen Vorsprung vor den anderen. Die offizielle Entscheidung fällt am Freitag.«

Beim Rausgehen hätte ich am liebsten eine Fred-Astaire-Nummer hingelegt, einen Steptanz über alle Schreibtische bis hin zum Ausgang. Ich war etwas Besonderes! Das Showgeschäft hatte mir etwas gegeben, womit ich selbst der Armee etwas bieten konnte.

Als ich zu meinem Quartier zurückging, riefen mich ein paar von den Schreibstubenhengsten aus dem Hauptquartier zurück. Einer von ihnen, ein Obergefreiter mit starkem Südstaatenakzent, grinste. »Der Captain hat uns aufgetragen, dich zum Gebäude 2134 zu bringen. Sie erwartet dich dort.«

Ich lächelte. »Ihr Wunsch ist mir Befehl.« Vielleicht wollte sie mir Requisiten und Kulissen zeigen, die von anderen Shows übrig geblieben waren. Wir gingen etwa eine halbe Meile in einen halbverlassenen Teil des Camps, wo Baracken standen, die nicht mehr benutzt wurden. Ich folgte dem Obergefreiten in die 2134. Einer der Männer schloß die Tür hinter uns. Sie schubsten mich in den Toilettenraum. Es waren schon vier andere da, die uns offensichtlich erwartet hatten.

»Pech gehabt, Nigger. Deine kleine Lady kommt nicht.«

»Was soll das bedeuten?«

»Nichts weiter. Nur ein kleines Treffen mit ein paar von uns aus dem Büro. Wir dachten, es wäre mal an der Zeit.« Sie hielten meine Arme fest. Der OG spuckte mir ins Gesicht. Ich wollte hinfassen und es abwischen, aber ich konnte meine Arme nicht bewegen. »Oh, entschuldige. Warte, ich wische es ab.« Er schlug mir ins Gesicht, dann noch einmal mit dem Handrücken. Sieben Mann standen um mich herum. Der OG atmete schwer, und ich sah, wie eine Ader auf seiner Stirn zu zucken begann. »Wir beobachten das jetzt schon seit einer Woche, daß du dem Captain schöne Augen machst, und da haben wir uns gedacht, wir sollten mal ein bißchen mit dir reden.«

»Schöne Augen? Jetzt hör mal zu...«

Wieder schlug er mich. »Nigger reden nicht, bevor sie gefragt werden.« Er schlug mir in den Magen, und ich brach zusammen, nur noch gehalten von den beiden Burschen, die meine Arme umklammert hielten. »Also, wie ich gesagt habe, wir sind es einfach leid, dich da rumscharwenzeln zu sehen, mit Blumen und schönen Sprüchen – womit nicht gesagt sein soll, daß der Captain an ein Affengesicht wie dich auch nur einen Gedanken verschwenden würde, aber wir dachten, daß wir dir mal zeigen sollten, wo es langgeht, damit du nicht länger einen Narren aus dir machst. Also, hör zu, was du lernen mußt ist, daß schwarz schwarz ist, egal, wie weiß es aussieht oder sich anfühlt, es bleibt schwarz, und wir werden jetzt ein kleines Experiment mit dir machen, damit du merkst, daß wir dich nicht auf den Arm nehmen.«

Einer der anderen rührte in einer Dose mit weißer Farbe. Zwei rissen mir das Hemd auf und fetzten es mir vom Leib. Der OG hatte einen kleinen Künstlerpinsel, den er in die Farbe tauchte. Sie hielten mir einen Spiegel vor. »Ich bin ein Nigger!«, schrieb er auf meine Brust. Dann schrieb er etwas auf meinen Rücken. Als er damit fertig war, nahm er einen größeren Pinsel und bedeckte meine Arme und Hände mit weißer Farbe, so lange, bis jedes einzelne Haar unter der Farbschicht verschwunden war. »So«, sagte er, »jetzt lassen wir die Farbe trocknen, damit wir unsere Lektion zu Ende bringen können. Und während wir warten, kannst du uns ein bißchen was vortanzen.«

Sie ließen meine Arme los. Ich hatte ein Gefühl in den Beinen, als wären sie aus zerknitterter Pappe. Zwei der Burschen versperrten den Ausgang, die anderen fünf standen um mich herum.

»Na los, Sambo, tanz ein bißchen!«

Ich war wie vor den Kopf geschlagen und konnte mich nicht bewegen. »Ich glaube, er versteht kein Englisch.« Sie packten mich wieder, er nahm den Pinsel und schrieb etwas auf meine Stirn. Er grinste dabei, arbeitete mit Genuß, ganz langsam und sorgfältig. Als er fertig war, zerrten sie mich zum Spiegel. Er hatte »Nigger« geschrieben. Die weiße Farbe lief mir in die Augenbrauen.

»Hör zu«, sagte er dann, »versteh mich recht. Wenn ich sage, daß wir dich tanzen sehen wollen, dann kannst du mir glauben, wir wollen dich tanzen sehen. Wir versuchen, das Ganze immer noch wie Gentlemen zu behandeln. Wir sind der Meinung, daß man einem Hund mit der Peitsche nichts beibringt, also versuchen wir menschlich und psychologisch vorzugehen, aber da wir uns nun so viel Mühe mit deiner Erziehung machen, solltest du das auch ein bißchen anerkennen und uns unterhalten, wo wir schon unsere Zeit für dich opfern. Also los, Sambo, sei ein netter kleiner Nigger und tanz uns was vor.«

Sie ließen meine Arme wieder los. Der OG gab mir einen Schlag in den Magen. »Tanz, Sambo.« Als ich wieder zu Atem gekommen war, begann ich meine Füße zu bewegen, ungläubig, gefühllos.

»Schon besser, Sambo. Ein bißchen schneller...«

Ich tanzte schneller, stolperte über meine eigenen Beine.

»Schneller, Sambo, schneller...«

Als ich in die Nähe des OG kam, schlug er mich wieder in den Magen. »Hast du nicht gehört, daß ich schneller gesagt habe, Sambo?« Sie ließen mich so lange tanzen, bis ich meine Füße nicht mehr vom Boden bekam.

»Okay, das reicht. So gut bist du auch wieder nicht.« Er wandte sich an die anderen. »Ich hab' echt gedacht, wir würden was zu sehen kriegen. Und ihr?« Sie nickten alle und taten enttäuscht. »Na ja, ich schätze, wir können uns nicht darüber aufregen, daß du kein guter Tänzer bist. Aber jetzt zurück zu deiner Erziehung.«

Ich fühlte, wie die Farbe auf meiner Haut fester wurde.

»Also, wir denken, daß du glaubst, du bist das gleiche wie ein Weißer, weil du eine Uniform trägst wie wir, weil du in den Shows tanzt und mit weißen Männern zusammensitzt und weil du denkst, daß du Manieren hast wie ein Weißer, wenn du unseren Frauen Blumen schenkst. Also müssen wir dir erklären, daß du nicht weiß bist und daß du nie weiß sein wirst, egal, wie sehr du es auch versuchst. Egal, was du tust oder denkst, du wirst nie etwas anderes sein als das, was du bist, und du bist nun mal schwarz, und deshalb schlag dir besser aus dem Kopf, mit unseren Frauen rumzumachen.

So, und jetzt sieh dir mal deinen Arm an. Sieht weiß aus, was? Ist es aber nicht. Paß auf.« Er goß etwas Terpentin auf einen Lappen und begann, eine Stelle auf meinem Arm zu reiben. Als meine Haut durch die Farbe zu sehen war, grinste er. »Da. Siehst du? Genauso schwarz und häßlich wie vorher!«

Er rieb ein bißchen Terpentin auf seinen Arm. »Siehst du den Unterschied? Wie sehr ich auch reibe, es bleibt weiß. Also, wie ich gesagt habe, weiß ist weiß, und schwarz ist schwarz.« Er goß den Rest aus der Terpentinflasche in den Abfluß.

»Okay, du häßlicher kleiner Nigger-Bastard. Diesmal lassen wir dich noch mit einem blauen Auge davonkommen. Wir hätten auch ein bißchen weniger nett sein können und den ganzen Rest von dir anmalen. Aber wir haben uns gedacht, du bist ein schlauer Nigger und kriegst schnell mit, worum es geht, und wir sind friedliebende Menschen und wollten dir nicht unnötig weh tun. Wir lassen dich jetzt hier. Aber vergiß nicht, daß wir es waren, die dir diesen Gefallen getan haben. Solltest du irgend jemandem etwas über unsere kleine Lektion erzählen wollen, würden wir uns leider gezwungen sehen, an die Öffentlichkeit zu bringen, daß wir dich dabei erwischt haben, wie du den Captain bedrängt hast, und das wäre für euch beide nicht gut. Und außerdem müßten wir dir dann noch eine Lektion erteilen und uns dabei mehr Mühe geben, daß du begreifst, wir müßten vielleicht deine Haut aufmachen, um dir zu zeigen, daß sie darunter auch schwarz ist. Also vergiß es nicht! Wir sind bereit, was geschehen ist, geschehen sein zu lassen. Und du bleibst vom Captain weg, verstanden? Okay, Sambo, wir verschwinden jetzt...«

Dann war ich allein. Ich sah mich in einem der Spiegel. Ich wäre am liebsten im Erdboden versunken und gestorben. Ich setzte mich auf den Boden und fing an zu weinen.

Ich betrachtete die Stelle auf meinem Arm, die sie mit Terpentin gereinigt hatten. Ich rieb die Haut und sah, wie die Farbe sich unter dem Druck veränderte und dann nachdunkelte, als das Blut wieder floß. Wie konnte der Hautfarbe so viel Bedeutung zukommen? Es war doch nur Haut. Was *ist* Haut? Warum ist die eine Haut besser als die andere? Warum glaubten sie, daß meine mich zu einem schlechteren Menschen machte?

Ich blieb eine, vielleicht sogar zwei Stunden dort. Ich verlor mein Zeitgefühl, während ich dasaß und zu verstehen versuchte. Warum hatten sie das getan? Ich hätte mein Leben dafür gegeben, meinen Vater sagen zu hören: »Zum Teufel, Poppa, sie sind nur neidisch auf unsere Nummer.« Ich hätte alles mögliche geglaubt, nur nicht, daß Leute mich so sehr hassen konnten.

Als die Farbe härter wurde, fing sie an, meine Haut zusammenzuziehen. Die Haare auf meinem Arm spannten, und es fing fürchterlich an zu jucken. Ich versuchte, wenigstens etwas mit Toilettenpapier abzuwischen, aber es riß und blieb an der Farbe kleben und machte alles noch schlimmer. Ich mußte zu meiner Baracke zurück. Ich hatte Angst, gesehen zu werden. Einige der Burschen würden mich auslachen, andere würden mich bemitleiden, und eins war so schlimm wie das andere. Aber ich wollte, daß Sergeant Williams mich sah. Ich wollte ihn noch einmal sagen hören: »Du mußt mit deinem Kopf kämpfen.«

Es war schon fast dunkel. Die meisten aus dem Camp waren in den Messen, und so war es ein leichtes, hinter den Gebäuden zur Baracke hinüberzuschleichen. Sie war leer. Ich nahm mein Handtuch und mein After-shave und ging in den Toilettenraum. Ich goß die halbe Flasche auf das Handtuch und rieb, bis es weh tat, aber es nützte nichts. Dann hörte ich draußen Stimmen, Sergeant Williams und ein paar andere. Ich versteckte mich in der Dusche und betete, daß sie nicht hereinkamen. Als ich hörte, wie die anderen Burschen sich in Richtung ihrer Kojen entfernten, schlich ich mich in Sergeant Williams Zimmer. Er schloß die Tür. »Wer war das?« Ich schüttelte den Kopf. »Sei kein Narr. Du brauchst keine Angst vor ihnen zu haben. Sie kommen vor das Kriegsgericht und verschwinden für ein paar Jahre hinter Gittern...«

Ich hatte keine Angst. Ich wollte nur, daß es vorbei war. Wenn sie ins Gefängnis gingen, gab es auch ein Urteil, und jeder im Camp würde dann davon wissen. Ich wollte einfach nur vergessen, daß es überhaupt geschehen war.

Ich sah kein Mitleid in seinem Gesicht – nur Traurigkeit. Nicht nur meinetwegen, sondern wegen der ganzen Lage der Verhältnisse, die er aus diesem Vorfall herauslesen konnte. Er verließ den Raum, vorsichtig, so daß mich niemand sah, und schickte jemanden in die Autowerkstatt, um Terpentin zu holen. Als er es hatte, verschloß er die Tür, tränkte sein Handtuch und begann, mir die Farbe von der Haut zu wischen. Die nächsten anderthalb Stunden sagte er kein einziges Wort. Ich saß da, mit nacktem Oberkörper, bis er fertig war. Dann gab er mir Seife und Bürste und schickte mich unter die Dusche.

Kleine Farbbrocken klebten in meinen Poren. Ich stand unter dem heißen Strahl und rieb, bis Blut kam, bürstete, bis ich das letzte weiße Pünktchen von meiner Haut entfernt hatte. Ich ging ins Bett. *Niemand, niemand auf der ganzen Welt wird mir so etwas noch einmal antun*, sagte ich mir. *Eher sterbe ich.*

Die Band spielte die Ouvertüre. George trat zur Seite, damit ich durch den Vorhangschlitz sehen konnte. Zwischen all den Gesichtern sah ich Harcourt aus meiner Baracke. Wie kannst du auf die Bühne treten und für Leute lächeln, die dich verachten? Wie kannst du Leute unterhalten, die dich nicht mögen? Ich brachte meine erste Nummer und zwang mich, mich auf die einzige Sache zu konzentrieren, wegen der ich da oben stand: das Publikum zu unterhalten.

Als ich mich verbeugte und den Applaus genoß, warf ich einen Blick zu Harcourt herüber. Er applaudierte nicht. Unsere Augen trafen sich, und ich sah etwas in seinem Gesicht, das ich vorher noch nie gesehen hatte. Es war weder Wärme noch Achtung – er versuchte, überhaupt nichts zu zeigen. In dem Augenblick wußte ich, daß er, wegen dem, was ich auf der Bühne konnte, nie wieder sagen konnte: »Aber du bleibst doch ein Nigger.« Irgendwie war ich zu ihm durchgekommen. In den sechs Minuten meiner Darbietung hatte er etwas von mir entdeckt, das er in all den Monaten in der Kaserne nicht gesehen hatte.

Mein Talent war meine Waffe, meine Kraft und mein Weg zu kämpfen. Es war der einzige Weg, mit dem ich hoffen konnte, das Denken der Menschen zu beeinflussen. Derselbe Mann, der die Frage aufgeworfen hatte, hatte auch die Antwort geliefert. Der Mann, der mir gezeigt hatte, daß meine Fäuste nie genug sein würden, zeigte mir jetzt, daß ich mit der Intelligenz und dem Talent, die Gott mir gegeben hatten, kämpfen mußte.

Wir brachten die Show eine Woche lang, und wenn ich auf der Bühne stand, schien es, als hätte der Scheinwerfer die Farbe ausgelöscht, und ich war ein anderer Mensch. Ich spürte es an ihren Blicken. Es war nicht so, daß etwas Neues in ihrem Gesicht gewesen wäre, eher fehlte etwas Altes. Während ich auf der Bühne stand, vergaßen sie, was ich war, und es gab Zeiten, wo sogar ich es vergessen konnte. Manchmal kam ich hinter der Bühne an jemandem vorbei, den ich nicht kannte, und er sagte: »War 'ne prima Show gestern.« Es war, als schlüge mein Talent eine Bresche in ihre Vorurteile. Ich erwartete keine Kameradschaft. Alles, was ich wollte, war, in einen Raum einzutreten, ohne daß die Gespräche erstarben, und das gelang mir. Ich hatte mir einen Namen im Camp gemacht, und damit erkaufte ich mir ein Stückchen Frieden.

Ich wurde in die Special Services überstellt, tourte acht Monate lang mit meiner Show durch die Camps im ganzen Land und war wie besoffen vor Freude darüber, gemocht zu werden.

Ich feilte jeden Tag an meinen Nummern, suchte neues Material, erfand es, stahl es, veränderte es und nahm alles, was ich brauchen konnte, um meine Show besser zu machen. Ich lebte vierundzwanzig Stunden am Tag für die ein oder zwei Stunden am Abend, die ich auf der Bühne stehen konnte, dem Publikum gegenüber, mit dem Bewußtsein, daß ich die Schranken zwischen uns niedertanzte.

Ich ging durch das Camp und erinnerte mich an meine ersten Monate in Cheyenne. Nun, da ich die Armee verließ, dachte ich ohne besondere Haßgefühle an diese Zeit zurück; es war, als wäre das alles jemand anderem passiert. Aber ich wußte, es war mir passiert, und ich war nicht bereit, es zu vergessen. Ich war in die Armee eingetreten wie ein Kind, das zu einer Geburtstagsfeier geht, und ich hatte gesehen, wie es wirklich war. Sie hatten mir alles beigebracht, was mein Vater und Will so liebevoll von mir ferngehalten hatten.

Ich hatte eine Menge in der Armee gelernt, und ich wußte, daß ich vor allen Dingen in der Welt so groß, stark und wichtig werden mußte, daß diese Leute und ihr Haß mich nie erreichen könnten. Mein Talent war das einzige, was mich ein wenig von den anderen unterschied; nur von ihm konnte ich Schutz erhoffen.

Ich hatte immer und immer wieder gegrübelt: Was habe ich schon zu bieten? Ich sehe nicht gut aus, ich habe kein Geld und keine Bildung. Ich habe nur Talent. Was ist mein Ziel? Ich will gut behandelt werden. Ich will, daß die Leute mich mögen und anständig zu mir sind. Wie schaffe ich das? Es gibt nur eine Möglichkeit: Ich muß ein Star werden! Ich brauche den Ruhm wie die Luft zum Atmen.

3

Wir hatten kein Engagement und lebten in Hotelzimmern für zwei Dollar in Los Angeles. Es war ein Samstagabend im Jahre 1945, und ich schaltete das Radio an, um »Your Hit Parade« zu hören. Die Musik strömte aus dem Lautsprecher, es war das Axel Stordahl Arrangement, das den Weg für Frank Sinatras Stimme bereitete. Er sang: »I'm going to buy a paper doll that I can call my own...«

Als der Chor mit der Lucky-Strike-Werbung einsetzte, sagte ich: »Willst du mal was Unglaubliches hören, Dad?« Ich schaltete von einer Station zur anderen, und überall kam dieselbe Stimme heraus: »... five minutes more, only five minutes more in your arms...«

Das war »Frankie«, »die Stimme«, »der Mann mit der Fliege«. »Poppa? Bist du etwa neidisch auf ihn?«

»Aber nein, Dad. Er ist einfach zu groß, um ihn zu beneiden. Aber es will mir trotzdem nicht aus dem Kopf, daß wir im selben Programm aufgetreten sind, als ihn auch noch keiner kannte. Jetzt sieh dir an, wo er ist, und wir sind kein Stückchen weitergekommen.« Ich schaltete das Radio aus. »Ich gehe nächste Woche hin, um ihn mir anzuhören.«

»Ach, der wird sich überhaupt nicht an dich erinnern. Und du wirst sowieso nicht in seine Nähe kommen...«

»Ich weiß, aber ich will sehen, wie er arbeitet.«

Ich ging zu Fuß durch Hollywood zum NBC. Nach der Show beeilte ich mich, zum Bühneneingang zu kommen. Ich schätze, daß es ungefähr fünfhundert Teenager waren, die vor mir standen und auf ihn warteten. Als er auftauchte, strömte die Menge nach vorne wie ein zusammenhängender Körper. Mädchen schrien, wurden ohnmächtig, drückten und schubsten, wedelten mit Bleistift und Papier in der Luft herum. Ich stand auf Zehenspitzen, um ihn zu sehen. Er wirkte völlig sicher, hatte alles unter Kontrolle. Er konzentrierte sich immer nur auf eine Person zur Zeit, gab sein Autogramm und lächelte dabei. Er kam zu mir und nahm meinen Zettel. Er benutzte einen goldenen Federhalter. Er sah mich an. »Kenn' ich dich nicht?«

»Na ja, wir waren mit dir und Tommy Dorsey zusammen in derselben Show in Detroit, vor ungefähr fünf Jahren.«

»Wie heißt du?«

»Sammy Davis, Jr.«

»Hattest du nicht eine Nummer mit deinem Vater zusammen und einem anderen Mann? Ja, klar. Aber ›Sammy‹ gefällt mir nicht. Ich werde dich Sam nennen. Komm doch nächste Woche vorbei und sieh dir die Show an. Ich laß dir 'ne Eintrittskarte reservieren...«

Die Teenager drückten sich heran und hielten ihm ihre Autogrammblöcke vors Gesicht. Er griff meinen Arm. »Bis nächste Woche, Sam.«

Eine Woche später hielt ich nach einer Theaterkasse Ausschau, als ein NBC-Wächter zu mir rüberkam. »He, du! Die Schlange ist da hinten!«

»Frank Sinatra hat eine Karte für mich hinterlegt.« Schon während ich es sagte, merkte ich, wie lächerlich es sich anhörte. Der Wächter streifte mich mit einem spöttischen Blick, aber er ging mit mir zum Presse- und Gästestand rüber. Es war keine Karte da. Ich war schon fast wieder draußen, als ein Page hinter mir hergerannt kam und mich nach meinem Namen fragte.

»Dann ist das bestimmt für Sie.« Auf der Karte stand mein Name: »Sam«. Er führte mich in die erste Reihe, und nach der Show kam er wieder. »Mr. Sinatra erwartet Sie in seiner Garderobe.«

Wichtig aussehende Leute kamen herein. »Eine wunderschöne Show, Francis«, »...also, dieser letzte Song, Frank«, »...eine großartige Stimme, Baby, wirklich großartig!«

Er hatte die Aura eines Königs. Und die Leute behandelten ihn auch so. Er sagte kein Wort zu mir, und ich fing langsam an, mich zu fragen, ob er sich überhaupt an mich erinnerte und daß er nach mir geschickt hatte, aber im Weggehen drehte er sich zu mir um. »Hallo, Sam. Vielleicht hast du Lust, nächste Woche beim Proben zuzusehen.« Er legte seinen Arm um meine Schulter, und wir gingen durch die Bühnentür mitten hinein in den Mob der kreischenden Teenager. Er griff nach seinem goldenen Federhalter, um Autogramme zu geben. Er lächelte dabei und sagte in den Lärm hinein: »Bis dann, Sam. Laß von dir hören.«

Mein Vater kam in den Umkleideraum und warf sich auf einen Stuhl. »Nichts. Schätze, wir werden hier schlafen müssen.«

»Willst du damit sagen, daß in ganz Spokane nichts zu finden ist?« fragte Will.

»Es gibt nicht allzu viele Pensionen für Farbige in der Stadt.«

»Und was ist mit einem Hotel?«

»Es gibt nicht ein einziges Hotel für Farbige am Ort.«

Pensionen für Farbige? Hotels für Farbige? Ich hörte immer nur das Wort ›Farbige‹! Und wie sie es hinnahmen. Als wäre es das Normalste von der Welt.

»Was heißt denn das, eine Pension für Farbige? Warum immer nur Pensionen für Farbige, Hotels für Farbige...«

»Laß es gut sein, Poppa. Du weißt doch genau, wie es ist.«

»Ja, zum Teufel, ich weiß es! Warum müssen wir *farbige* Leben führen? Sollen wir uns das gefallen lassen, daß die Leute sagen, ›Ihr seid Farbige, deshalb müßt ihr im Umkleideraum schlafen?‹ Wo sollen wir denn hier schlafen? Auf dem verdammten Fußboden etwa?«

»Poppa, so ist es eben, und es hat gar keinen Zweck, dagegen anzukämpfen. So sind die Leute nun mal.«

»Du brauchst mir nichts über die Leute zu erzählen. Ich weiß, wie sie sind. Und sie sind es bestimmt nicht aus Eifersucht darüber, daß wir im Showgeschäft arbeiten.« Er sagte nichts mehr. Ich hatte ihn verletzt. Es tat mir leid, aber die Wut hatte mich gepackt. »Ich werde uns ein Zimmer besorgen. Und zwar verdammt nochmal im weißesten Hotel der Stadt.«

In meinen besten Kleidern schleuste ich mich durch die Drehtür. Ich sah die gepflegte Hotelhalle, die uniformierten Pagen und die Fahrstühle. Ich schlenderte an die Rezeption. »Ich brauche drei Einzelzimmer für die nächsten zehn Tage. Wir treten in der Stadt auf, in der Show.«

»Es tut mir schrecklich leid, Sir, aber wir sind voll belegt.« *Er läßt mich abblitzen.* Das hatte ich wirklich nicht erwartet. »Voll bis oben hin. Absolut voll. Wir sind schon lange nicht mehr so voll belegt gewesen...«

Die Drehtür schien um einiges schwerer, als ich mich nach draußen schob.

»Der Nigger wollte doch tatsächlich ein Zimmer. Ganz schön abgebrüht.« Ein Page gab die Geschichte an den Portier weiter. »Geh schon weiter«, sagte er. »Geh dahin, wo du hingehörst.« In seinem Blick lag ungefähr soviel Achtung, wie man sie sonst für ein schädliches Insekt hat. Um so größer war die Wucht, mit der im nächsten Moment meine Faust in seinem Gesicht landete.

Ich saß auf dem Boden und roch denselben schrecklichen, trockenen, staubigen Geruch, den ich roch, als Jennings mir zum ersten Mal die Nase gebrochen hatte.

Mein Vater und Will warteten vor dem Bühneneingang auf mich. Eigentlich hätte es mir peinlich sein müssen, nach all meiner Großmäuligkeit so wieder zurückzukommen, aber das einzige, was ich denken konnte, war: meine Nase ist gebrochen, und ich muß aufpassen, daß das Blut nicht auf mein bestes Hemd tropft. Es gab nichts zu sagen. Aus Zeltbahnen bauten wir uns Betten auf dem Boden, nahmen unsere Mäntel als Decken und machten uns Kopfkissen aus unseren zusammengerollten Hosen. Alles, was ich errungen hatte, war eine gebrochene Nase, so daß ich für die nächsten zwei Wochen auf der Bühne nur halbe Kraft fahren konnte. Einen solchen Fehler konnte ich mir nicht noch einmal erlauben.

Am nächsten Morgen las Will im *Variety*. »›Fünftausend Dollar wöchentlich für Bill Robinson im Palace.‹« Er las es mehrmals. »Es wird nie einen Schwarzen geben, der für seine Nummer mehr als fünftausend in der Woche kriegt.«

Ich sagte: »Massey, ich möchte gerne Parodien von Jimmy Cagney, Durante und Edward G. Robinson bringen.«

Er legte die Zeitung weg. »Sammy, was ist los mit dir? Du willst Parodien von *Weißen* machen?«

»Warum nicht?«

»Das geht nicht. Sie werden denken, daß du dich über sie lustig machen willst. Kein farbiger Künstler hat bisher Weiße vor Weißen parodiert.«

»Aber ich hab' das schon in der Armee gemacht. Und es ist prima angekommen.«

»Das ist eine ganz andere Sache. Die Soldaten sind ausgehungert nach Unterhaltung. Außerdem brauchen sie nichts dafür zu bezahlen. Bleib du mal bei Satchmo und B. und Stepin Fetchit. Ich beobachte jetzt seit vierzig Jahren, was rüberkommt und was nicht, und mit dem Zeug kommst du nicht durch.«

»Massey, du bist der Boss. Aber ich denke, das einzige, was zählt, ist, ob die Nummern gut sind oder nicht.«

Traurig schüttelte er den Kopf. »Sammy, das Gute ist nicht immer auch das Richtige.«

Als wir in Seattle waren, sagte Will: »Das El Rancho Vegas hat uns als Eröffnungsnummer gebucht, für fünfhundert Dollar die Woche.«

Mein Vater machte Kaffee auf der Ofenplatte warm. »Man sagt, sie zahlen doppelt so hohe Gagen wie anderswo. Bei freier Unterkunft und Verpflegung.«

»Sie sind dabei, es zur Show-Metropole zu machen«, meinte Will. »Im *Variety* steht, das ganze Show-Geschäft verfolgt, was in Las Vegas passiert.«

Ich ging rüber zu Will. »Ich werde diese Parodien machen.«

Er sah aus dem Fenster. An seinem langen Schweigen konnte ich erkennen, daß er nicht mit mir kämpfen würde. »Sammy, ich glaube nicht, daß du damit durchkommst. Aber du bist ein Drittel von unserem Trio, und du kennst dich aus im Showgeschäft. Ich werde dich also nicht aufhalten. Ich kann nur hoffen, daß du recht behältst.«

Die Band war die größte, mit der wir jemals gearbeitet hatten; der Bühnenboden war elastisch; die Beleuchtung war das Modernste, was ich je gesehen hatte. Nach den Proben fragten wir nach unseren Zimmern. »Wir können euch hier nicht unterbringen«, sagte der Manager. »Sucht euch was auf der anderen Seite der Stadt.« Die Hotels im Downtown-Viertel sahen schrecklich aus, verglichen mit dem El Rancho, aber selbst sie waren unerreichbar für uns. In Reno hätten wir im Mapes unterkommen können. Aber Vegas war ein anderes Nevada für uns. Das Taxi fuhr in die Westside. »Da ist 'ne Frau, Cartwright heißt sie, die nimmt Leute wie euch auf.« Es war Tobacco Road. Ein nacktes Kind stand vor einer Hütte aus Holzkisten und Pappkartons.

Ich sah zu meinem Vater rüber. *Sieh dir an, wo sie uns unterbringen!* Der Fahrer schien fast verlegen. »Schätze, ihr könnt euch nicht beklagen, hier abzusteigen. Es gibt nicht viel Gründe für Leute wie euch, nach Vegas zu kommen. Es gibt nur 'n paar Portiers und Tellerwäscher drüben am Strip.«

Was für Menschen mochten hier leben?

Die Taxe hielt vor einem der wenigen passablen Häuser. Mein Vater folgte mir in mein Zimmer. »Gar nicht mal so schlecht.« Ich fing an, auszupacken. Er setzte sich, und ich spürte, wie er mich beobachtete. Ich warf ein Hemd in den Schrank und knallte die Tür zu. »All right, Dad, was um alles in der Welt ist los?«

»Genau das ist es. Du machst dich selber fertig, du knirschst mit den Zähnen und denkst nur noch *daran*. Du darfst dich davon nicht unterkriegen lassen, Poppa. Ich weiß, wie dir zumute ist. Aber wenn du dich abends hinlegst, was macht es letztlich für einen Unterschied, ob du hier bist oder in einem Zimmer im El Rancho!«

»Dad, ihre schäbigen Zimmer sind mir völlig egal, das kannst du mir glauben. Das einzige, was ich jetzt will, ist ihre Bühne!«

Ich tanzte und brachte meine Satchmo-Nummer. Ich schlurfte über die Bühne wie Stepin Fetchit. Dann drehte ich mich um und kam im Jimmy-Cagney-Gang zur Bühnenmitte, sah meinen Vater und Will an, stellte die Beine auseinander wie Cagney, machte sein Gesicht und sagte: »All right... ihr dreckigen Ratten!« Das Publikum tobte.

Will stand in der Kulisse und lächelte mich an. »Ich bin froh, daß ich mich geirrt habe, Sammy.« Mein Vater lachte und hob mich hoch. »Poppa, du warst großartig!« Er setzte mich ab. »Was haltet ihr davon, wenn wir uns nach der nächsten Show umziehen und mal einen Blick ins Kasino werfen? Ich habe fünfzig Dollar in der Tasche, die nur darauf warten, daß ich sie zu hundert mache.«

Wir gingen zum Bühneneingang raus. Das Kasino strahlte im Lichterglanz. Als sich die Tür für ein paar Leute öffnete, drang das Lärmen einer fröhlichen, ausgelassenen Menge heraus; wir hörten das Rasseln der einarmigen Banditen, die Stimmen der Bankhalter und Croupiers, eine Frau, die vor Freude kreischte – und begleitet wurde dies alles von der lebhaftesten und fröhlichsten Musik, die ich je gehört hatte. Während ich die Tür für meinen Vater aufhielt, fielen meine Blicke auf die Münzautomaten, die Würfeltische, geschäftige Kellner. Ein Mann trug ein Tablett voller Silberdollars.

Dann sah ich eine Hand auf der Schulter meines Vaters. Ein Hilfssheriff hielt ihn zurück und schüttelte den Kopf. Schweigend fuhren wir zu Mrs. Cartwright zurück. Als wir den Viadukt passiert und das Millionen-Watt-Erlebnis des Strips hinter uns gelassen hatten, verschwanden wir in einer Dunkelheit, die nur vom Scheinwerferlicht unseres Taxis durchbrochen wurde. Es gab keine Straßenbeleuchtung und keine Elektrizität in den Hütten. Dann sahen wir in der Ferne einen kleinen Lichtflecken, und mein Vater sagte: »Das müssen der Cotton Club und das El Morocco sein. Fahrer, halten Sie. Wir steigen hier aus.«

An diesem Abend waren fast alle farbigen Künstler der Stadt im El Morocco, unter ihnen Paul White und Elroy Peace. Billy Eckstine, der eine große Show auf dem Strip hatte, kam mir entgegen und umarmte mich. »Hallo, du alter Nasenbär«, und mein Vater schlug ihm auf die Schulter. »Hör mal, B., eigentlich will ich nur eins wissen: habt ihr hier 'nen anständigen Kartentisch?«

B. ließ mich los. »Keine Ahnung, ob er anständig ist, aber mit 'nem Vierteldollar seid ihr dabei.«

Wir waren hell begeistert, und ein paar Minuten später saßen wir am Tisch, vor uns diverse Vierteldollar-Rollen. Mein Vater hatte an jeder Seite ein phantastisches Mädchen, und er ließ sie bloß los, um sein Spiel zu machen und seine Gewinne einzustreichen. Eine Cocktail-Kellnerin mit Wahnsinnsbeinen fragte ihn, was er trinken wolle. »Bring uns 'ne Runde Rachenputzer, Darling. Und 'ne Coke für meinen Sohn hier.« Er gab mir einen Schlag auf den Arm. »Ist das nicht toll hier, Poppa?«

Das war es tatsächlich. Ich blickte mich um, genoß die freundliche Atmosphäre, die unter den Showleuten herrschte, genoß die Musik und die hübschen Mädchen und dachte, daß ich vielleicht eine zu einer Coke einladen sollte, als mir plötzlich klar wurde, daß sich nur Farbige im Raum befanden, daß wir alle nur hier waren, weil es der einzige Ort war, an dem man uns zu sein *gestattete*. Dies war *unsere* Ecke in der Welt. Nicht einmal ein Star wie Billy Eckstine kam in irgendein Kasino auf dem Strip rein.

»Bis später, Dad«, sagte ich zu meinem Vater, und er rief hinter mir her: »Viel Spaß, Poppa. Ich muß hier noch ein bißchen arbeiten.« Ich nahm mir ein Taxi und fuhr in die Stadt. Ich ging ins Kino, um mich für ein paar Stunden in den Leben anderer Leute zu verlieren.

Eine eiserne Hand griff meinen Arm, riß mich aus dem Sitz und zerrte mich in den Vorraum. »Was ist los mit dir, Junge? Spielst du den Helden?« Er trug einen Sheriffstern und einen großen Westernhut. Er schlug mir mit der Hand ins Gesicht.

»Was hab' ich denn getan?«

»Erzähl mir keinen Quatsch, Junge. Du kennst das Gesetz.«

Als ich erklärte, daß ich gerade in die Stadt gekommen war, zeigte er auf ein Schild. »Farbige sitzen in den letzten drei Reihen. Du bist hier in Nevada. Halt dich an unsere Regeln, und du wirst anständig behandelt. Und jetzt verzieh dich. Viel Spaß beim Film.«

Ich fuhr zurück zu Mrs. Cartwright und versuchte zu lesen, aber ich konnte mich nicht auf das Buch konzentrieren. Ich starrte aus dem Fenster und sah den fernen Lichtschimmer vom Strip, bis er in der Morgendämmerung verschwand. Am nächsten Abend, als es auf acht Uhr zuging, platzte ich fast vor Energie und konnte es gar nicht abwarten, auf die Bühne zu kommen. Ich arbeitete mit der Kraft von zehn Männern.

Nachdem wir fertig waren, nahmen wir wieder ein Taxi und fuhren zurück zu Mrs. Cartwright. Ich versuchte, die Lichter des Kasinos nicht zu sehen, aber ich konnte nicht vermeiden, die Geräusche zu hören. Nacht für Nacht mußte ich an dieser Tür vorbei, um ein Taxi zu kriegen. Einmal stand ich, zwischen unseren Vorstellungen, hinter der Ecke, wo mich niemand sehen konnte, und lauschte, um die kleinen Schwaden von Fröhlichkeit aufzuschnappen, die aus der Tür drangen, wenn Leute hineingingen oder herauskamen. Eine Stunde lang saß ich auf dem Boden, horchte und fragte mich, wie es wäre, wenn man überall hineingehen könnte.

Mamas Küche in Harlem war der wärmste Raum, und trotzdem trugen mein Vater und ich Mäntel, und der Ofen war kleingestellt. Der Kühlschrank war abgeschaltet, um Strom zu sparen. Er war offen, sauber gescheuert, und es war nichts drin außer ein paar Anzeigen, die mein Vater aus Magazinen ausgeschnitten hatte; Bilder von Roastbeef, Eiern, Butter, Würstchen und einer Flasche Milch.

Jeden Morgen gingen wir in die Stadt runter zur Künstleragentur.

Wenn eine Anforderung für eine Tanznummer zur Eröffnung einer Show hereinkam, saßen wir da und hofften, daß wir die besten Verbindungen hatten. Wir waren keine Attraktion, die die Leute in die Theater zog, wir waren nur die Vorgruppe, um die Show eines anderen schnell und lebhaft zu eröffnen, austauschbar mit zahllosen anderen, die ebenso schnell und ebenso lebhaft waren. Wir waren eine Nummer unter einer Million ähnlicher Nummern in einer Welt, die Karten kaufte, um das Außergewöhnliche zu sehen.

Lucky Millanders Band spielte für die Bühnenshow im Strand. Eine komische Nummer von Farbigen lief gerade, als ich mich setzte. Sie waren witzig, und ich lachte, aber ich empfand kein Vergnügen dabei. Irgend etwas störte mich. Plötzlich wußte ich es: Sie sprachen »farbig«, wie es alle schwarzen Entertainer taten. Ich hatte es schon tausendmal gehört, aber jetzt ging es mir zum ersten Mal auf die Nerven. Ich beobachtete, wie sie all die Farbigenklischees brachten, und ich merkte, daß wir genau das gleiche machten. Wir hatten es immer so gemacht. Das war es, was die Leute von einer schwarzen Nummer erwarteten, und das hatten wir immer geliefert. Aber warum durften wir nicht »gentleman« sagen? Warum mußte es immer »gen'men« sein? Müssen wir uns erniedrigen? Müssen wir Karikaturen von Baumwollpflückern sein? Können wir nicht Show machen und trotzdem unsere Würde behalten? Gaben wir ihnen damit nicht erst die Nahrung für ihren Spott, indem wir alle Schwarzen als beschränkte Analphabeten darstellten, die Rasiermesser in der Tasche trugen, Karten spielten, logen und nichts anderes aßen als Wassermelonen und Brathühnchen?

Ich ging in jedes Theater, in dem schwarze Nummern gebracht wurden. Überall nur diese Sklavensprache auf der Bühne. Wollte das Publikum das wirklich hören? Würden sie, selbst wenn der Witz gut war, nur deshalb nicht lachen, weil wir »gentlemen« zu ihnen sagen?

Dann sah ich die Falle, die sich die schwarzen Entertainer selber stellten: sie hatten überhaupt keinen persönlichen Kontakt mit dem Publikum. Null. Und wie hätten sie den auch haben können, wo ihre Persönlichkeiten doch zehn Fuß tief unter dieser Sklavensprache begraben blieben! Schwarze Entertainer arbeiteten in einem gläsernen Würfel. Sie kamen auf die Bühne gerannt, sangen zwölf Songs, tanzten und erzählten Witze – aber nicht für die Leute. Die Witze kamen nicht zum Publikum rüber wie bei Milton Berle, direkt, sondern sie liefen unter den Männern auf der Bühne um, als hätten diese kein Recht, mit den Leuten im Zuschauerraum zu kommunizieren. Es war das genaue Gegenteil von dem, was Mike Rooney und Frank Sinatra auf der Bühne machten. Wir waren mit ihnen in derselben Show aufgetreten, und beide arbeiteten direkt auf das Publikum zu, sprachen mit den

Leuten, neckten sie, brachten sie zum Reagieren und ließen sie mit dem Mann auf der Bühne mitfühlen. Es gelang ihnen, zu den Emotionen des Publikums vorzudringen.

Durch lebenslange Gewohnheit, durch *Tradition*, hatte auch ich mich in ein Gefängnis der Anonymität einzementiert. Es war egal, wie viele Instrumente ich beherrschte, wie viele Parodien ich drauf hatte oder wie sehr ich sie ausfeilte – wir blieben eine Eröffnungsnummer, die man schnell vergaß. So präsentierten wir uns auf der Bühne, und so mußte das Publikum uns sehen.

Ich ging in Wills Hotelzimmer auf und ab und erzählte ihm alles, was ich gesehen hatte, was ich darüber dachte und was ich daran ändern wollte. Er sah mich lange an. »Okay, Sammy. Da ist nur eine Sache: mein ganzes Leben habe ich meine Nummern so gebracht und mich davon ernährt. Nur ein Dummkopf würde das wegwerfen, was ihn vierzig Jahre über Wasser gehalten hat. Aber ich werde dir nicht im Weg sein, wenn du neue Sachen ausprobieren willst, an die du glaubst. Vielleicht hast du recht damit, daß wir die Gags immer nur auf die Bühne geschmuggelt haben, anstatt sie richtig auszuspielen und ihnen den angemessenen Rahmen zu geben. Du hast acht volle Minuten in der Mitte unseres Programms – mach daraus, was du willst. Dein Vater und ich aber werden mit dem weitermachen, was wir kennen und was wir immer gemacht haben.«

Wir spielten gerade im Norden, in Portland, als Will ein Telegramm bekam: ERÖFFNUNG CAPITOL THEATER NEW YORK NÄCHSTEN MONAT, FRANK-SINATRA-SHOW. ZWÖLFEINHALB PROZENT. Wir reichten das Telegramm hin und her wie drei Betrunkene die Schnapsflasche.

Mein Vater starrte es an. »Einem geschenkten Gaul guckt man nicht ins Maul. Aber ich würde verdammt gerne wissen, wie wir zu der Ehre kommen.« Will zuckte mit den Schultern. »Frank Sinatra hat schon immer 'ne schwarze Nummer in seiner Show gehabt.«

»Jaja, Will, aber warum gerade wir? Ich meine, bei all den starken Nummern, denk an Moke und Poke, Stump und Stumpy, die Nicholas Brothers, die Berry Brothers...«

»Wir sind genau so 'ne starke Nummer wie die anderen auch. Ich schätze, Harry Rogers hat uns einfach gut verkauft.«

Uns blieben drei Wochen, um unsere neue Show auf die Beine zu stellen. Ich hatte ein gutes Gefühl, wenn ich auf der Bühne stand, alles lief wie geschmiert, alles war so organisiert, daß es schnell und direkt zum Publikum rüberkommen würde – und zwar im Capitol Theater in der Frank-Sinatra-Show, wo die *Welt* Gelegenheit haben würde, uns zu sehen!

Alan Zee, der Generaldirektor des Capitol, kam zu uns rüber, als wir probten. »Ihr seid zu lang. Laßt die Parodien weg, ihr sollt sowieso nur tanzen. Und zwar sechs Minuten.«

Ich rannte hinter ihm her. »Könnte man die Nummer von Lorraine und Rognan nicht ein bißchen kürzen?«

Er ging weiter. »Mach eure Nummer kürzer. Und kümmere dich nicht um die der anderen.«

Am ersten Abend, als ich mich gerade schminkte, kam ein Mann herein. »Mr. Sinatra erwartet Sie in seiner Garderobe.«

Frank Sinatra kam aus dem Nebenraum seiner Garderobensuite. »Hi, Sam. Schön, dich zu sehen. Wie geht's der Familie?« Wir gingen zusammen in die Kulisse. »Ich freue mich, daß wir zusammen auftreten.«

Das Orchester spielte die ersten Noten von »Night and Day«, Skitch Henderson dirigierte, der Vorhang ging auf, und Frank Sinatra stand auf der Bühne. Er sang zwei Nummern und sagte dann: »Wir haben hier drei Burschen, die wirklich losswingen, sie sind alle drei Spitze, aber behaltet mal den Burschen in der Mitte im Auge, denn das ist mein Mann! Hier sind sie, das Will-Mastin-Trio mit Sammy Davis, Jr.«

Frank nahm mich ganz unter seine Fittiche. Er ließ unsere Namen groß rausbringen, war wunderbar zu meiner Familie und lud mich zwischen den Vorstellungen fast immer in seine Garderobe ein. Wenn ich gerade zur Essenszeit kam, wurde ich eingeladen.

Ich stand in den Kulissen und sah ihm bei der Arbeit zu, wie immer. Sidney Piermont, der Chef der Loew Agentur, stand neben mir. »Euer Trio ist wirklich hervorragend.«

»Vielen Dank. Und auch für diese Chance, Sir.«

»Mir brauchst du nicht zu danken. Ihr seid nur Franks wegen engagiert worden. Ich hatte die Berry Brothers vorgeschlagen, aber er sagte: ›Nein, da ist ein Junge, der immer zu meiner Radioshow kommt, er arbeitet mit seiner Familie, sein Name ist Sam Soundso. Nimm den.‹ Ich versuchte rauszukriegen, wen er meinte. ›Du denkst nicht an den Kleinen in der Will-Mastin-Nummer?‹ Frank sagte: ›Genau. Die meine ich.‹ Ich sagte: ›Aber sie sind unbekannt. Warum sollten wir das riskieren?‹ Frank bestand darauf. ›All right, Frank. Wieviel willst du ihnen zahlen?‹ ›Gib ihnen zwölf fünfzig.‹ Na ja, das war natürlich lächerlich. ›Für das Geld können wir die Nicholas Brothers kriegen. Und die haben gerade einen Film gemacht.‹ Er sagte: ›Zwölf fünfzig und nichts anderes. Ich will nicht die Nicholas Brothers. Ich will Sam und seine Familie.‹

Frank hatte mir gegenüber nicht die leiseste Andeutung davon gemacht. Nur: »Ich freue mich, daß wir zusammen auftreten.«

Am vorletzten Tag der Show lud er die gesamte Bühnenmannschaft zu einem Thanksgiving Dinner ein. Er hatte einen Probensaal im Keller zu einem Party-Raum umbauen lassen, und seine Mutter brachte Riesentöpfe voll selbstgemachter italienischer Speisen. Wir aßen wie die Scheunendrescher. Dann schrie jemand: »Hey, Sammy, zeig Frank die Nummer auch mal, die du uns neulich vorgeführt hast.«

Ich hatte ein bißchen an einer Parodie von ihm gebastelt. Da ich ihn immer wieder bei der Arbeit beobachtet hatte, hatte ich viel von ihm aufgeschnappt: Handbewegungen, Mimik und natürlich auch seine Stimme.

»Na los, Sam, zeig was!« Er hatte keine Ahnung, was ihn erwartete, und ich hatte Angst, daß er sich beleidigt fühlen könnte. Aber ich brachte die Parodie, und er lachte. »Köstlich. Köstlich! Ein echter Heuler.« In seiner Garderobe fragte er mich: »Warum singst du eigentlich nicht?«

»Na ja, ich singe, wenn ich Parodien bringe. Aber um einfach so zu singen, dafür habe ich nicht genug eigenen Stil.«

»Laß doch mal die Parodien hören.« Ich brachte ein paar, und er nickte. »Bring sie auf der Bühne. Und du solltest auch singen. Du hast Stimme, arbeite daran, versuch deinen eigenen Stil zu finden. Und bring so viele Parodien, wie du kannst. Bring sie alle.« Er runzelte die Stirn. »Du hättest sie schon vorher bringen sollen. Du hast drei Wochen verschenkt.« Es hätte nichts gebracht, zu erklären, daß sie mir gestrichen worden waren.

Nach der letzten Vorstellung, als die Mitglieder der Mannschaft in seine Garderobe kamen, um sich zu verabschieden, stand ich abseits und dachte darüber nach, daß ein Star von Franks Größenordnung sich die Zeit genommen und die Mühe gemacht hatte, mir zu helfen.

Als der letzte draußen war, gaben wir uns die Hand. »Bis dann, Sam.« Er sah mir ins Gesicht. »Wenn ich irgendwas für dich tun kann – du hast einen Freund fürs Leben gefunden.« Ich nickte mein bestes Dankeschön und ging zur Tür. Er rief hinter mir her: »Hey, Charley.« Er lächelte. »Paß auf dich auf, Charley. Und denk dran – wenn dir irgend jemand in die Quere kommt, laß es mich wissen.«

4

Ich verbrachte zwanzig Minuten damit, mir einen perfekten Knoten in die Zehn-Dollar-Krawatte zu binden, die ich mir am Nachmittag bei Saks in der Fifth Avenue gekauft hatte.

Mein Vater fragte: »Was hast du heute abend vor?«

»Nichts besonderes...« Ich blieb ganz cool. »Ich geh' rüber ins Copa, um Frank Sinatra zu sehen.«

Er zog seine Stirn in Falten. »Hör zu, Poppa...«

»Ist schon in Ordnung, Dad. Ich geh' mit Buddy Rich. Er ist ein anständiger Kerl, oder? Er wird wissen, daß es klargeht, sonst hätte er mich nicht eingeladen.«

Obwohl die U-Bahn, die in die Stadt fuhr, halb leer war, blieb ich die ganze Fahrt über stehen, um keine Falten in den Anzug zu kriegen. Im Geräusch der Räder hörte ich mich wieder pfeifen, wie damals, als ich mit meinem Vater zu Fuß von Harlem in die Stadt ging, pfeifend, damit uns nicht so kalt war und wir im Eingang des Gebäudes Nr. 15 East Sixtieth Street stehen konnten, um das Copacabana auf der anderen Straßenseite zu sehen, die Leute, die ankamen, den Portier, der ihnen aus den Wagen und Taxen half, wie er an seine Mütze tippte, ihnen die Tür aufhielt, bis sie drinnen verschwunden waren, lachend, schön, reich, um Joe E. Lewis zu sehen, Tony Martin, Jimmy Durante, Martin und Lewis... die besten Showstars, die es gab. Denn da traten sie auf. Im Copa. Wir warteten dort zwei Stunden, bis das Publikum wieder herauskam, nur um ihre Gesichter nach der Show zu sehen und vielleicht einen Blick auf einen der Stars zu erhaschen. Um viertel vor elf stand ich vor dem Eingang des Copa, Buddy und seine Freunde kamen im Taxi. Als wir auf die Treppe zugingen, hielt uns der Türsteher an. »Nur für Leute mit Platzreservierung.« Er trat uns in den Weg. »Hey, haben Sie nicht gehört?«

»Ich bin Buddy Rich, und ich habe Platzkarten.«

Er schüttelte den Kopf. »Warten Sie hier. Ich muß es prüfen.« Nach ein paar Minuten kam er zurück. »Da weiß niemand was von Reservierungen für Sie.« Er sah mich bedeutungsvoll an und wandte sich dann an Buddy. »Vielleicht werden die Karten noch gefunden, wenn Sie nochmal weggehen und etwas später wiederkommen.«

Buddy hatte den Arm schon oben, um zuzuschlagen. »Wollen Sie damit sagen, daß wir einen Tisch kriegen, wenn wir ohne unseren Freund zurückkommen? Wenn Sie das damit sagen wollen, dann will ich es auch hören.«

Das Gesicht des Türstehers färbte sich rot. »Das habe ich nicht gesagt. Also, hören Sie, jetzt machen Sie doch keinen Ärger...« Ich nahm Buddy zur Seite. »Komm, laß uns gehen.« Wir gingen die Straße hoch. Ich konnte ihm gar nicht in die Augen sehen. »Hört zu. Das ist doch alles lächerlich. Geht ihr rein. Warum solltet ihr Franks Show verpassen?«

»Wenn du das noch mal sagst, schlage ich dir die Zähne ein.« Schweigend gingen wir in Richtung Fifth Avenue. Als wir an die Ecke kamen, drehte ich mich noch einmal nach der Leuchtschrift um. Copacabana. Ich fühlte Buddys Hand auf meiner Schulter. »Eines Tages wirst du auf ihren Tischen tanzen.«

Mein Vater saß in der Küche und wartete auf mich. »Wie war's?«

»Sie haben uns nicht reingelassen. Gute Nacht, Dad.«

Ich ging ins Schlafzimmer und zog mich aus. Es war heiß, aber ich schloß das Fenster, um den Geruch der Abfälle auszusperren, die die Leute aus den Fenstern warfen und die sich im Hinterhof stapelten. Ich hörte ihn in den Raum kommen. »Hör zu, Poppa, sie haben uns nie an diesen Orten gewollt, und sie werden uns nie wollen, und es macht mich einfach fertig, zu sehen, wie du dich damit quälst, obwohl du es längst besser wissen solltest.«

»Gibt's was Neues von Will?«

»Ja, wir werden im Flamingo in Vegas auftreten. Will hat unterschrieben, sie haben unsere Gage auf 750 Dollar erhöht, plus Reisekosten. Ich weiß, daß du wütend sein wirst, weil wir wieder in der Westside wohnen müssen, aber wir können es uns nicht leisten, dieses Geld auszuschlagen, Poppa.«

»Dad, ich trete sogar im Palast des Gouverneurs von Alabama auf, wenn es uns hilft, etwas schneller hochzukommen! Ich mache *alles*, damit wir nicht mehr so zu leben brauchen wie jetzt. Ich muß da raus! Ich *muß*!«

Er sah auf meine Hand, auf das Halstuch, das ich, ohne es zu merken, in meiner Faust zerknüllt hatte. Langsam und traurig schüttelte er den Kopf. »Sammy... du wirst da bis an dein Lebensende nicht rauskommen.«

Buddy sagte: »Ich habe gestern abend mit Frank gesprochen. Er möchte, daß du ihn anrufst.« Ich sah von meinem Kaffee auf. Er nickte. »Ich hab' ihm gesagt, du wirst ihn anrufen.« Er zeigte zur Telefonzelle. »Eldorado 5-3100.«

»Du kommst heute in den Club, Charley. Ich habe dir einen Platz reserviert, und du wirst allein reingehen.«

»Hör zu, Frank. Ich möchte lieber nicht. Ich finde das...«

»Wir diskutieren das nicht. Sei einfach da.« Seine Stimme wurde weicher. »Eine falsche Sache wird nicht eher richtig, als bis du was daran änderst. Ich weiß, daß es hart ist, Charley, aber du mußt es tun.«

Buddy erzählte mir: »Frank hatte einen Streit mit dem Maître d', er sagte zu ihm: ›Du hältst den verdammten Tisch für ihn frei. Es ist mir egal, ob er auftaucht oder nicht.‹«

Langsam ging ich in Richtung Copa. Selbst wenn ich eingelassen werde und einen Tisch bekomme –, sich irgendwo hineinzudrängen, wo man unerwünscht ist, ist noch erniedrigender, als abgewiesen zu werden. Aber ich würde Frank nicht mehr in die Augen sehen können, wenn ich umkehrte. Sein Stern begann zu sinken, und er brauchte das Copa mehr als sie ihn. Außerdem kämpfte er für mich.

Ich ging die drei Stufen zum Eingang hoch. Der Türsteher beobachtete mich, sagte aber nichts. Ich zog die Tür auf und ging hinein, nahm mich zusammen, weil ich Leute erwartete, aber ich fand mich allein in einem Vorraum. Ich zögerte, dann stieß ich die nächste Tür auf. Zu meiner Rechten standen Leute an einer Bar. Links sah ich nur einen großen Spiegel, und so ging ich nach rechts hinüber. Ein Kellner lächelte – etwas zu strahlend. »Guten Abend, Sir. Einen Drink an der Bar?«

»Nein, danke. Ich habe eine Reservierung für die Show.«

»Die Show ist unten.« Er lächelte nachsichtig und wies nach links. Zwei Gruppen von Leuten waren vor mir, als ich runterkam. Der Oberkellner fragte nach ihren Namen, prüfte auf einer Liste nach und zeigte ihnen ihre Tische. Ich trat vor, doch ehe ich meinen Namen sagen konnte, schnippte er mit den Fingern, ein Kellner erschien und sagte: »Hier entlang, Sir.« Er ließ mich an einem Tisch zurück. Ich saß so weit hinten, daß ich die Vorgänge in der Küche besser verfolgen konnte als das, was auf der Bühne geschah.

Die Blicke, die mich wie Stiche trafen, kamen von allen Seiten. Ich nippte an der Coke, die ich bestellt hatte. Ich zündete mir eine Zigarette an, nahm einen tiefen Zug, hielt die Zigarette mit meinen Fingerspitzen und versuchte, all die gewinnenden Cary Grant Bewegungen zu imitieren, die ich gerade in *Mr. Lucky* gesehen hatte. Zwei Kerle kamen quer durch den Raum direkt auf mich zu. Eine Hand wurde ausgestreckt. »Sam? Wir sind Freunde von Frank. Er sagte, es würde dir nichts ausmachen, wenn wir uns an deinen Tisch setzen.« Frank hatte gewollt, daß ich allein hereinkam, ohne Rückendeckung von irgend jemandem, doch er hatte sie geschickt, damit ich mich nicht fühlen sollte, als wäre ich allein auf einer Insel.

Als ich in seiner Garderobe war, legte Frank seinen Arm um meine Schulter.

»Du hast etwas Gutes gemacht, Charley.«

Die U-Bahn schaukelte hin und her, und ich schwang mit. Zum ersten Mal, seit ich mich erinnern konnte, genoß ich die Fahrt nach Harlem und ließ mich mit Behagen in die beruhigende, anonyme Billigkeit hineingleiten. Normalerweise sah ich nur die Schattenseiten von Harlem und lehnte es ab, an die Zweitklassigkeit dieses Viertels gekettet zu sein, doch nun war mir die Ruhe, die es bot, willkommen. Ich wußte, daß ich falsche Gedanken im Kopf hatte, und ich versuchte, sie loszuwerden. *Ich war im Copa gewesen.* Ich wiederholte es so oft, bis ich es als Echo im Rhythmus der Räder dröhnen hörte: »Ich war im Copa ... war im Copa ... war im Copa ...«, und doch fühlte ich mich, als hätte ich einen brandneuen Cadillac Kabrio gekauft – für hunderttausend Dollar. Zum Frühstück zündete ich mir eine Zigarette an und ließ das Streichholzheftchen vom Copacabana auf den Tisch fallen. Mein Vater griff danach. »Hey! Wie bist du denn an die rangekommen? Warst du drin?« Ich nickte. »Teufel auch!« Er lachte, etwas benommen. »Wie ist es dort?«

»Es ist unglaublich! Du kommst runter, und da steht ein Typ im schwarzen Anzug mit der Reservierungsliste. Er winkt einem Typen im roten Anzug, der dich zu deinem Tisch bringt. Dann kommt ein Typ im blauen Anzug und nimmt deine Bestellung auf, und ein Kellner mit einer weißen Jacke bringt sie dir. Und wenn du fertig bist, kommt eine braune Jacke und nimmt das Geschirr weg ...« Er hing an meinen Lippen.

In Vegas hatte unsere Haut zweimal am Abend für zwanzig Minuten keine Farbe. Dann, in der Sekunde, in der wir von der Bühne gingen, waren wir wieder Schwarze. Jeden Abend kehrte ich für das Publikum mein Innerstes nach außen. Sie schenkten uns mehr Aufmerksamkeit und Anerkennung als je zuvor, und nach jedem Auftritt war ich so aufgedreht durch den Applaus, daß ich erwartete, einen der Besitzer sagen zu hören: »Du warst großartig. Zum Teufel mit den Regeln. Komm rein, trink was und fühl dich wohl.« Doch es passierte nie. Die anderen Künstler konnten spielen oder in der Lounge sitzen und etwas trinken, aber wir mußten durch die Küche hinaus, zusammen mit dem Abfall. Ich hätte alles für einen Blick ins Kasino gegeben, einfach um zu sehen, wie es dort aussah, aber es hätte mich zu sehr gewurmt, von irgend jemandem dabei erwischt zu werden, wie ich meine Nase am Schaufenster des Bonbonladens platt drückte. Und doch konnte ich nicht aufhören, mir vorzustellen, wie es sein mußte, akzeptiert zu werden, in jedes Kasino der Stadt gehen zu können. Ich sah immer noch die Wärme auf den Gesichtern der Leute, vor denen wir am Abend gespielt hatten. Wie konnte es angehen, daß sie mich auf der Bühne mochten – und dann das?

Mein Vater verbrachte seine Zeit in den Westside Bars und im El Morocco, wo er würfelte und Blackjack spielte. Ich wäre gern ein Teil von all dem Spaß in der Gesellschaft der anderen Leute aus dem Showgeschäft gewesen, aber ich konnte es nicht ertragen, gesagt zu bekommen, daß dies die einzigen Orte waren, an denen ich sein durfte. Also ging ich auf mein Zimmer, um das verführerische Licht vom Strip nicht zu sehen, bis mich sein unwiderstehlicher Schimmer doch ans Fenster zog. Es war erst drei Uhr morgens, also Mittag in Las Vegas. Ich war so hellwach wie der Rest der Stadt, die vor Erregung vibrierte. Ich träumte mich mitten hinein in dies alles, die Musik, die Fröhlichkeit, die Stapel von Geldscheinen auf den Tischen, die Frauen in schönen Kleidern mit Diamanten, die Vermögen verspielten und dabei lachten.

Es kostete mich einige Anstrengung, mich vom Fenster loszureißen. Ich zwang mich, es zu vergessen, und sagte mir immer wieder: Eines Tages...

Ich hörte Schallplatten und las, bis ich müde genug war, um einzuschlafen, und ich fragte mich immer, wann dieser Tag wohl kommen würde.

Wir hatten ein Engagement bei Ciro in Hollywood. Auf dem Plakat stand »JANIS PAIGE«, dann in kleineren Buchstaben darunter: »THE WILL MASTIN TRIO«.

Für eine Vorgruppe gibt es keinen Abend, an dem sie nicht dächte: »Diesmal ist es soweit! Heute abend kommen wir auf die Bühne, und das Publikum läßt uns nicht wieder gehen. Sie werden aufstehen, uns zujubeln, und keine andere Nummer wird mehr auf die Bühne kommen können. Dann, morgen abend, sind *wir* die Hauptattraktion, wir werden ganz oben stehen und der krönende Abschluß der Show sein. Und von da ab werden wir Stars sein.« Tatsächlich passiert es nur einmal von zehntausend Malen und nur einem unter Tausenden von Künstlern. Aber uns passierte es.

Es war der Abend der Oscar-Verleihung. Es gab nur eine Show, um Mitternacht, und alle Berühmtheiten Hollywoods waren gekommmen, um Janis Paige zu sehen. Die Band spielte die ersten Takte von »Dancing Shoes«. Mein Vater und Will gingen hinaus, um die Nummer zu eröffnen. Acht Takte später kam ich dazu, und es war, als tanzten wir barfuß auf heißem Sand, unsere Füße waren weniger auf dem Boden als in der Luft. Unser Auftakt war wahrscheinlich rasanter als irgendeine Nummer, die das Publikum bis dahin gesehen hatte, und wir erhöhten das Tempo noch, wir strengten uns an wie nie zuvor. Wir beendeten den ersten Auftritt, gingen ab, ohne den Applaus lange zu genießen, und tanzten schon wieder, zuerst Will, dann mein Vater, dann ich. Unser Bewegungsrausch hatte die Zuschauer vom ersten Moment an mitgerissen, und bald schien es, als wären sie vom bloßen Zusehen außer Atem. Es gab begeisterten Applaus, als mein Vater und Will ihre Nummern beendet hatten und abgingen. Ich nahm das Mikro und brachte Sinatra, und sie fingen an zu johlen. Ich brachte die anderen Sänger, Billy Eckstine, Mel Tormé, Nat »King« Cole, Vaughn Monroe, Frankie Laine, und als ich mit Satchmo durch war, trommelten sie so wild auf den Tischen herum, daß ich das Tafelsilber auf- und abhüpfen sehen konnte. Ich schaltete auf die Schauspieler um: Bogart, Cagney, Garfield, Edward G. Robinson, Lionel Barrymore, George Saunders, James Mason, Ronald Colman – und spürte plötzlich, wie der ganze Saal mir entgegenkam. Von einer Sekunde auf die andere hatten sie sich auf mich eingelassen. Sie reagierten auf alles, ließen sich nichts entgehen, nahmen jede Modulation, jede kleine Bewegung und Geste auf. Ich hatte sie gepackt. Es war der herrlichste Augenblick in meinem ganzen Leben. So wahr ich da stand, ich hatte sie gepackt.

Wir gingen wieder in unsere Tanznummern hinein, ließen nicht zu, daß sie zur Ruhe kamen oder sich langweilten, gingen von einer Nummer in die andere, wechselten immer wieder das Tempo, und als wir nach vierzig Minuten aufhörten, wollte uns das Publikum nicht von der Bühne lassen. Es war, als ob sie wüßten, daß etwas ganz Großartiges mit uns geschah, an dem sie teilhaben wollten. Sie applaudierten und applaudierten, fingen an, mit Messern, Gabeln und Fäusten auf die Tische zu trommeln und schrien nach Zugaben. Man hatte uns gesagt, daß wir uns nicht mehr als zweimal verbeugen sollten, daß es so in Janis Paiges Vertrag stand. Mein Vater und Will standen in den Kulissen und zögerten. Ich sah sie an. »Zum Teufel mit ihrem Vertrag. Das lasse ich mir für niemanden entgehen!« Wir gingen noch zweimal raus. Sie riefen immer noch nach einer Zugabe. Ich hatte alle Parodien gebracht, die ich konnte. Aber wir mußten etwas tun, und als ich Jerry Lewis im Publikum sitzen sah, brachte ich eine Jerry-Lewis-Parodie, was ich noch nie vorher gemacht hatte. Die Vorstellung von einem farbigen Jerry Lewis war die absolute Spitze. Er selbst schrie vor Begeisterung und alle anderen auch, dann war es vorbei. Als ich das Geschrei hörte, wußte ich, daß es nichts mehr gab, was ihre Begeisterung noch hätte steigern können.

Janis Paige konnte nicht einmal mehr ihre Aufmerksamkeit erringen. Es herrschte eine Atmosphäre da draußen wie nach einem Opernfinale, und sie war nur ein Mädchen, das auf die Bühne kam, um zu singen, nachdem drei starke, hungrige Männer gerade die Show ihres Lebens geboten hatten.

Dean Martin und Jerry Lewis kamen hinter die Bühne. Jerry hatte Notizen zu einigen Sachen gemacht, die mir weiterhelfen konnten. Dean sagte: »Du bringst alles, Kleiner.« Bogart kam nach hinten und noch ein Dutzend anderer großer Stars, die wir nie getroffen hatten, und die sich freundlich zeigen wollten. Frank war leider in Europa.

Wir blieben auf bis acht Uhr morgens. Dann gingen wir alle drei hinaus und kamen mit den Morgenzeitungen zurück in Wills Zimmer. Ich las Herb Steins Kritik im *Hollywood Reporter*: »Selten genug kommt es vor, daß ein Künstler in die Stadt kommt und das Publikum völlig aus dem Häuschen bringt. Ein solcher Fall ist der junge Sammy Davis, Jr. vom Will Mastin Trio, das im Ciro gastiert.« Paul Coates Kolumne im *Mirror*: »Die Sensation der Show war das Will Mastin Trio, eine Vater-Onkel-Sohn-Kombination, deren Darbietungen das Größte sind, was Hollywood seit Monaten gesehen hat.« Und *Daily Variety*: »... eine wilde Gruppe schwarzer Sänger und Tänzer, die mit der Verbindung von Begeisterung, Spielfreude und offensichtlicher Liebe zum Showgeschäft einen ansteckenden Charme entwickelte, der das Publikum mit einem Schlag überzeugte... ein überwältigender Erfolg...«

Will las in der *Los Angeles Times*. »Hört euch an, was Walter Ames schreibt: ›Das Will Mastin Trio mit dem dynamischen Sammy Davis, Jr. hatte im Ciro einen derartigen Erfolg, daß der Star Janis Paige ihnen die Abschlußnummer überlassen hat.‹«

Noch vor einigen Wochen in Vegas hatten wir uns mißbraucht gefühlt, waren verletzt und wütend gewesen. Zu der Zeit hätte ich eine Liste von allen verwanzten Matratzen aufstellen können, auf denen wir seit zehntausend Nächten geschlafen hatten; ich hatte jede Verletzung, jede Frustration, jeden Schmerz und jede Abweisung, die uns seit dreiundzwanzig Jahren widerfahren waren, noch im Kopf. Sie hatten tiefe Wunden hinterlassen, und sie zu vergessen, war ebenso unmöglich, wie sie ungeschehen zu machen. Doch während wir die Kritiken lasen, hatte das Rauschgift des Erfolgs schon angefangen, unsere Erinnerungen zu dämpfen, die Vergangenheit verschwamm, bis es auf wunderbare Weise kein Gestern mehr gab.

Abe Lastfogel, der Direktor der William Morris Agentur, kam hinter die Bühne, und wir unterschrieben einen Vertrag mit ihm. Er lud mich zum Golfspielen und zum Mittagessen im Hillcrest Country Club ein. Ich hatte genaugenommen bislang keine Zeit gehabt, diesen Sport zu lernen, aber es machte mir Spaß, mit ihm über das Feld zu gehen. Er schmeichelte mir. Warum? Wenn ich an all die großen Stars dachte, mit denen er zusammen sein konnte, fragte ich mich, was ihn dazu bewegen mochte, seinen Arm auszustrecken, um mich heraufzuziehen.

Im Clubhaus sagte er: »Das ist Jolson, der da drüben sitzt. Nach dem Essen werde ich dich vorstellen. Es ist wichtig, daß du diese Leute kennenlernst. Sie werden bald deinesgleichen sein.« Groucho Marx war da, George Burns, Jack Benny, Al Jolson, sie saßen alle zusammen mit Harry Axt, Jolsons Pianist, um den runden Tisch. Mr. Lastfogel stellte mich jedem vor. Jack Benny sagte: »Ich habe seine Show gesehen. Du bist wunderbar, Junge. Ich werde an dich denken, falls sich etwas ergibt.«

»Ich danke Ihnen, Mr. Benny.«

Er wandte sich an die anderen. »Das ist der Junge, der bei Cantor aufgetreten ist.«

Ich stand mit Mr. Lastfogel da und sah auf all die Größen. Groucho Marx sagte: »Dieser Junge ist der größte Entertainer. Und das betrifft dich, Jolson. Er bringt alles, singt besser als du...« Jolson lächelte nur und winkte. »Nett, dich kennenzulernen.« Im Laufe der nächsten Wochen nahm mich Mr. Lastfogel mehrere Male mit dorthin, um »guten Tag« zu sagen. Wir standen immer am Tisch. Sie boten uns nie einen Stuhl an. Sie baten Abe Lastfogel nicht, Platz zu nehmen. Nie hörten wir: »Bringt doch noch einen Stuhl mit rüber.« Das war etwas, was ihnen nicht in den Sinn kam. Sie waren die Könige, und die anderen Leute standen um sie herum und erwiesen ihnen Reverenz. Man hatte Ehrfurcht. Geschäftsleute, alte Hasen, neue Berühmtheiten bewegten sich um ihren Tisch, aber niemand setzte sich; in diesen Kreis kam man nicht herein. Es gab ein ungeschriebenes Gesetz: »Respektiert dies...« Man war froh, daß man sich nähern durfte.

Die Morris Agentur verschaffte uns ein Engagement in einer Show mit Georgia Gibbs und Jackie Miles in Bill Millers Riviera, auf der anderen Seite des Hudson. Danach kam das Beachcomber in Miami Beach und dann das Copacabana in New York.

Milton Berle, der Fernseh-König, kam ins Riviera, um unsere Nummer zu sehen, und danach kam er hinter die Bühne und sagte uns alle Sachen, von denen ein Künstler zu hören träumt. Danach nahm er mich beiseite. »Dieser Witz über den Swimming-pool ist prima, aber er könnte noch besser ankommen, wenn du ihm einen anderen Rahmen gibst.« Er sagte mir, wie der gleiche Witz besser wirken würde und warum. Die Richtigkeit seiner Anmerkung beeindruckte mich. Es war nicht von ungefähr, daß man ihn den wichtigsten Komiker seiner Zeit nannte. Und ich war gerührt, daß er sich die Mühe machte, hinter sich zu greifen und mich zu sich heraufzuziehen.

Als er ging, sagte er: »Komm doch nach deinem zweiten Auftritt rüber ins Lindy's und iß ein Sandwich mit mir.« Milton Berles nächtliche Tafelrunde im Lindy's war eine Institution am Broadway. Ich wäre nur zu gerne hingegangen, um mit ihm an einem Tisch zu sitzen, zusammen mit den besten Komödienschreibern und den berühmtesten Schauspielern vom Broadway. Aber das letzte Mal, als mich ein Freund auf ein Sandwich ins Lindy's einlud, hatte mich der Türsteher nicht hereingelassen.

Ich hatte einen Eisklumpen im Magen, als das Taxi vor dem Lindy's hielt. Ich gab dem Fahrer fünf Dollar, in der Hoffnung, daß sein Glück auf mich abfärbte. Es war schon nach Ladenschluß, und die Drehtür war verschlossen. Ich sah Berle drinnen am Kopf seiner Tafelrunde, wie er, mit einer dicken Zigarre in der Hand, Hof hielt. Und ich sah den Türsteher und klopfte gegen die Glastür. Er winkte mir, zu verschwinden. Aber gleichzeitig hatte Berle mich gesehen, schnippte mit den Fingern, zeigte zu mir herüber, und die Tür öffnete sich.

Die Leute an seinem Tisch waren alle Profis, mit vielen Stars gut bekannt, und sie wußten, daß ich nur ein »Junge war, der gerade hochkam«, aber sie behandelten mich fast so, als wäre ich schon oben. Ich nahm diese Umarmung gern an. Ich hatte noch die Nächte in den Knochen, in denen ich nicht gewußt hatte, was ich noch tun könnte, um besser zu tanzen und noch witziger zu sein – doch das lag hinter mir, ich hatte ihre Aufmerksamkeit, alles lief gut, und die Erinnerung an mein Leben im Ghetto begann zu verblassen. Eine Stunde später, als wir gingen, standen wir vor Berles Cadillac. »Kann ich dich an deinem Hotel absetzen?« Ich dankte ihm, doch ich hatte alles genug ausgekostet. Die Welt war wunderschön, und ich wollte sie einfach zu Fuß erleben. Ich ging die Straßen in die Stadt hinein, überquerte die Einundfünfzigste Straße, und als ich am Capitol Theater vorbeikam, dachte ich an Frank. Ich sah zur anderen Straßenseite herüber, und so unglaublich es sich auch anhören mag, da sah ich ihn gehen. Ich wollte hinter ihm herlaufen, ihm nachrufen, doch dann ließ ich es, obwohl mein Arm schon in der Luft war. Er ging langsam den Broadway hinunter, ohne Hut, den Kragen hochgeschlagen – und keine Menschenseele beobachtete ihn. Das war der Mann, der noch vor ein paar Jahren Verkehrsstaus an allen Seiten des Times Square verursacht hatte. Wie war das nur möglich?

Ich konnte meinen Blick nicht von ihm abwenden, wie er dort so ging, allein, ein Niemand, der ein Riese gewesen war. Er kämpfte, um wieder nach oben zu kommen. Ganz allein. Die »Freunde« waren verschwunden. Er ging langsam. Mehr als hundert Leute gingen an ihm in diesen wenigen Minuten vorbei, Dutzende davon mußten Fans von ihm gewesen sein, die noch vor ein paar Jahren nach ihm geschrien hatten, doch niemand kümmerte sich um ihn. Ich wäre am liebsten zu ihm hingelaufen, aber ich fühlte, daß es aufdringlich gewesen wäre, daß er nicht wollte, daß ich ihn so sähe.

Und dann dachte ich: Mein Gott, wenn es ihm passieren kann, wie leicht kann es dann mir passieren! Dieser zerbrechliche Ruhm konnte durch eine falsche Bewegung zerschlagen werden oder durch Selbstgefälligkeit. Die Türen würden sich wieder schließen.

Ich hatte keine Lust mehr weiterzugehen.

Ich nahm ein Taxi zum Hotel. Ich mußte noch besser werden, ich mußte alles tun, um meinen Elan zu bewahren. Ich konnte das Bild von Frank Sinatra, wie er allein über den Broadway ging, nicht loswerden. Er war so weit oben gewesen, hatte so fest im Sattel gesessen. Wie war es nur möglich?

5

An der Bahnhofswand stand ein Schild: »WILLKOMMEN IN MIAMI.« Im Bahnhof gab es Wartesäle: »WEISS«, »SCHWARZ«.

Das Lord Calvert war ein erstklassiges Hotel im Herzen des Negerviertels von Miami. Niggy Stein, einer der Bosse des Beachcomber, sah sich mein Zimmer an. »Alles in Ordnung?«

»Ja, klar, prima. Es ist alles wahnsinnig.«

Er zeigte aus dem Fenster auf einen neuen Corvette. »Das ist deiner, solange du hier bist. Nur weiße Taxen dürfen über die Brücke von Miami zum Strand, und sie dürfen keine Farbigen befördern.« Er sagte es sehr schnell, wie ein Mann, der in kaltes Wasser springt. »Hier, ich hab' dir eine Bescheinigung von der Polizei besorgt. Der Strand ist für alle Farbigen gesperrt, und sie können dich festnehmen, wenn du ihnen dies nicht zeigst. Es erklärt, daß du dort arbeitest.«

»Aber es gibt ein Gesetz gegen Rassentrennung!«

Er sah mich mit einem mitfühlenden Blick an. »Nicht, wenn sie es nicht durchsetzen.«

Die Topstars im Beachcomber waren Sophie Tucker und Harry Richman. Er moderierte die Shows, und als ich ihn am ersten Abend hinter der Bühne traf, sagte er: »Ich habe gehört, daß du ›Birth of the Blues‹ so großartig bringst. Laß sie toben, Junge, das war immer einer meiner Lieblingssongs.«

Arthur Silber, Jr., der mit mir reiste, kam mit einer Zeitung in der Hand in die Garderobe. »Vor dem Club steht ein Typ, der das hier ausruft.« Die Schlagzeile lautete: »NIGGER AM STRAND«, der Untertitel: »Merzt Sammy Davis, Jr. aus.« Weiter hieß es: »Die Schwarzen sind eine unamerikanische Seuche, die sich über den gesamten Strand auszubreiten droht...« Die Chormädchen und die Mannschaft sahen mich mitleidig an, als wollten sie fragen: »Wie kann er unter diesen Umständen noch auftreten?« Doch ich hatte keine Wahl. Wollte ich mich nicht unterkriegen lassen, mußte ich die Kränkung und die Wut in Energie umwandeln, um mich voranzutreiben.

Ich hatte drei Zugaben. Arthur war in der Garderobe, als wir von der

Bühne kamen. »Also, der Zeitungsmann ist weg. Aber wer, glaubst du, hat ihn verjagt? Milton Berle. Ich bin gerade draußen, als Berle aus dem Wagen steigt und hört, wie der Kerl schreit ›Nigger am Strand‹. Er traf ihn direkt auf den Mund, ein Schlag, der ihn sofort von den Füßen riß. Die Zeitungen flogen durch die Luft, und Berle stieß sie in eine Pfütze.«

Niggy kam nach dem zweiten Auftritt zurück. »Was haltet ihr davon, wenn wir ein bißchen durch die Gegend ziehen?« Ich wußte, daß er mir das Gefühl zu geben versuchte, daß ich nicht gleich wieder ins Hotel zurück mußte. Er nahm mich in ein paar Jazzkneipen mit, wo ich mich halb auf die Musik konzentrierte und halb auf die Leute, die um uns herum waren. Niemand sagte etwas. Aber das war gar nicht nötig, der Druck war auch so spürbar.

Ich wachte etwa gegen zwei Uhr nachmittags auf. Am Pool war der Teufel los: Nat King Cole und Sugar Ray Robinson waren da, die Baseball-Mannschaften waren zum Wintertraining in die Stadt gekommen, so daß auch die Campanellas und Jackie Robinson sich dort tummelten. Ich genoß die Mädchenmenge um mich herum, bis eine von ihnen sehnsüchtig seufzte: »Ach, was würde ich dafür geben, deine Show zu sehen.« Ich war bestürzt darüber, in einem Club aufzutreten, in den ich nicht mal eingelassen werden würde, wenn ich nicht einer von den Stars wäre.

Ich verabredete mich für den Abend mit ihr, und wir gingen in die besten farbigen Clubs, lachten, tranken Champagner, und überall, wo wir hinkamen, stellte mich der Showmaster von der Bühne herunter vor. Gegen sechs Uhr morgens kam ich zurück in mein Zimmer, obwohl ich müde war, schlief ich doch nicht besser als die Nacht davor. Ich hatte viel gelacht und trotzdem keinen Spaß gehabt. Ich hätte Spaß haben sollen, und ich hätte auch welchen gehabt, wenn man es mir nicht in die Kehle gestopft hätte, wenn man mich nicht immer wieder zurückgestutzt hätte mit diesem: »Deine Seite der Stadt ist drüben. Bleib da.«

Will schloß die Garderobentür. »Eddie will, daß wir nächste Saison wiederkommen. Er bietet...«

»In Miami Beach wird es für *mich* keine nächste Saison geben! Jedenfalls nicht eher, als bis sie Farbige dort als Kunden zulassen. Es ist mir gleich, wieviel Geld er bietet.«

Er lächelte. »Das habe ich ihm schon gesagt.« Er wischte meine Entschuldigung beiseite. »Ich sage dir das nur, damit du dich darüber freuen kannst, daß wir jetzt in der Position sind, zu wählen. Und du wirst ebenfalls erfreut sein, zu hören, daß ich einen Auftritt in Vegas ausgeschlagen habe. Sie bieten inzwischen 7500 Dollar, aber sie wollen uns immer noch kein Zimmer im Hotel geben.«

»Sie müssen verrückt sein. Sie wollen uns unbedingt haben und erwarten trotzdem, daß wir in den Slums hausen.«

»Du glaubst gar nicht, auf was für Ideen die noch kommen. Sie wissen, daß wir nicht mehr in der Westside wohnen würden, also kommen sie neuerdings mit einer Kompromißlösung, die von einigen farbigen Künstlern sogar schon in Anspruch genommen worden ist: drei erstklassige Wohnwagen, die auf dem Hotelgelände geparkt sind.«

Ich saß an einem Tisch in der oberen Etage des Copacabana. Morty Stevens, der in der Band im Riviera gewesen war und nun als Dirigent mit uns reiste, ging mit der Band noch einmal unsere erste Nummer durch. Sie spielten sie laut und grell, so wie es sein sollte. Ich hörte auf die Musik, die ich schon tausendmal zuvor gehört hatte, und plötzlich gefiel es mir nicht mehr, was sie ausdrückte.

Ich ging rüber zu Morty. »Baby, hast du einen Moment Zeit?« Er gab den Musikern eine Pause, und wir setzten uns an einen Tisch. »Morty, ich möchte die erste Nummer ändern.«

»Aber hoffentlich nicht bis morgen abend?«

»Es tut mir leid. Es ist mir egal, und wenn ich zehn Leute bezahlen muß, die die ganze Nacht aufbleiben und Partituren abschreiben – ich kann diese Nummer nicht gebrauchen.«

»Warum denn nicht?«

»Ich will morgen abend nicht auf die Bühne gerannt kommen, wie wir es immer gemacht haben – keuchend und schnaufend, nach dem Motto: ›Na, Leute, bin ich gut genug?‹ Ich möchte etwas machen, was noch kein farbiger Tänzer bisher gemacht hat. Von jetzt an werde ich auf die Bühne *gehen.*« Ich hoffte, daß ich nicht zu erklären brauchte: »Mit Würde. Ich bin ein Spitzenstar. Ich will wie ein Gentleman auf die Bühne kommen.«

Er sah an mir vorbei und dachte nach. »Es gibt da ein Stück in *Street Scene*. Es ist ruhig, im New-York-Stil...« Er summte es. »Das ist perfekt. Geh mit zwölf Takten von dem rein, was du gerade geübt hast, um sie aufmerksam zu machen, dann wechselst du zu *Street Scene*, und ich komme auf die Bühne.«

Mein Vater und ich verließen unser Hotel an diesem Abend gegen achtzehn Uhr dreißig, und ich sagte dem Taxifahrer: »Zum Copacabana.« Als wir von der Madison Avenue in die Sechzigste Straße einbogen, sagte ich: »Fahrer, halten Sie an der anderen Straßenseite.« Mein Vater und ich stiegen aus und gingen hinüber zu unserem alten Häusereingang. Auch er genoß diese verrückte »Show-Business«-

Stimmung des Augenblicks. Zehn Jahre waren vergangen. Mein Vater sah auf die andere Straßenseite und blickte zurück durch die Jahre, ebenso wie ich. Ich erinnerte mich an das Gesicht des Türstehers, der mich weggejagt hatte. Ich hörte Buddy sagen: »Eines Tages wirst du auf ihren Tischen tanzen.«

Die Zeit, die ich auf der Bühne verbrachte, könnte eine Minute oder eine Stunde oder meine gesamte Lebenszeit gewesen sein, sie war so unwirklich, so unermeßlich wie ein Traum, der ein ganzes Jahr entfaltet und doch nur Sekunden dauert. Es gab kein Morgen und kein Gestern. Ich war verschmolzen mit den Gefühlen des Publikums. Plötzlich zerriß ein erstes zaghaftes Händeklatschen das trennende Band zwischen uns. Noch im selben Moment antwortete prasselnder Applaus in einem anderen Teil des Saals, der wurde an einer dritten Stelle aufgenommen und nahm schnell an Heftigkeit zu. Es war, als sei ein Staudamm gebrochen, und immer größere Wassermassen rollten mir mit einer derartigen Kraft entgegen, daß ich weder die Musik hören konnte noch die Worte, die ich sang – nur dieses gewaltige Rauschen, das anschwoll und anschwoll und mich immer mehr umhüllte.

Mein Kopf fiel auf die Brust. Taub hingen meine Arme an den Seiten herunter. Als ich aufblicken konnte, sah ich eine Wand von Menschen, die sich überall um uns aufrichtete; Tisch für Tisch erhob sich das Publikum zu stehenden Ovationen. Ich konnte weder meine Füße auf dem Boden fühlen noch meine Finger, von denen ich wußte, daß ich sie in die Handflächen preßte, noch konnte ich irgend etwas hören außer diesem gewaltigen Rauschen, das nicht aufhören wollte. Ich sah zu meinem Vater und Will hinüber, denen die Tränen ebenso aus den Augen liefen wie mir. Nach mehr als zwanzig Jahren, die wir zusammen auf der Bühne gestanden hatten, war dies der Höhepunkt, die endgültige Belohnung. Ich verlor den Überblick darüber, wie oft wir uns verbeugten und wie viele Zugaben wir hatten, bevor ich von der Bühne taumelte, erschöpft, überwältigt, vor Freude weinend.

Wir hatten ein Engagement als Sommerersatz für Eddie Cantors Colgate TV-Shows. Ich fing an, Plattenaufnahmen für Decca zu machen, und »Hey There« tauchte gerade in den Hitlisten auf. Es sind nicht nur die Motten, die von Feuer und Wärme angezogen werden, mit den Mädchen geht es genauso, und ich ging von einer zur anderen, wie es mein Vater schon immer gemacht hatte, ging mit zweien auf einmal aus. An den ruhigen Abenden konnte ich mit guten Freunden wie Tony Curtis, Janet Leigh und Jeff Chandler endlos zusammensitzen, und meine Freundschaft mit Frank war mir besonders kostbar. Ich konnte nun etwas entspannter mit ihm umgehen als in den früheren

Zeiten, doch war ich immer noch der »Kleine« für ihn, und er war »Sinatra« für mich. Er nahm mich mit zu den Bogarts, und das waren wunderschöne Abende. Bei Bogarts gab es kein »er ist dies« oder »er ist jenes«. Bogart hätte als farbenblind durchgehen können. Er mußte einen Mann erst einmal kennenlernen, bevor er sich entschied, ob er ihn mochte oder nicht.

»Wir treten in Vegas auf«, sagte Will. »Wir arbeiten im Old Frontier, und wir werden im Old Frontier *wohnen*! In den besten Suiten, die sie haben! Und kostenlos. Plus Essen und Trinken sowie 7500 Dollar die Woche.«

Der Mann von Morris sagte: »Sie wollen euch im November, das bedeutet, daß ihr in Detroit, Chicago, Atlantic City, Buffalo, Syracuse und Boston auftretet, bevor ihr nach Vegas kommt. Das sind zwölf durchgehende Wochen ohne Ruhetag, außer an den Reisetagen...«

Ich war nicht auf Ruhetage aus. Wenn Vegas sich so für uns öffnete, dann war es nur noch eine Frage der Zeit, bis das ganze Land sich öffnen würde. Ich konnte es kaum erwarten, auf Achse zu gehen, zu singen, zu tanzen, alles zu geben, um diesem Augenblick näher zu kommen.

Ich ging auf einem Umweg in mein Zimmer, durch das ganze Kasino, nur um des Vergnügens willen, dort hindurchzulaufen. Der Hilfssheriff, der im Gang stand, grüßte mich mit einem betont freundlichen »Hallo, Sammy«. Ich winkte zurück und bewegte mich weiter durch die lebhafte Menge. Ein paar Burschen an einem Würfeltisch machten mir Platz. »Steig ein, Sammy, wir spielen einen heißen Würfel.« Es machte mir Spaß, zu sehen, wie die Menge mir Platz machte, und ich ging zweimal durch den Raum, um mich an der Atmosphäre zu berauschen, von der sie uns die anderen Male, als wir in Vegas aufgetreten waren, ferngehalten hatten. Nun stieg jedesmal die Freude in mir auf, wenn ich durch diese Tür ging. Zwei von den Chormädchen, die an einem Roulettetisch standen, winkten und traten zur Seite, damit ich zwischen ihnen hindurchgehen konnte. Ich hatte kein Verlangen danach, zu spielen, doch Leute blieben um uns herum stehen, um zu sehen, was ich machte. Ich warf fünf Hundertdollarnoten auf den Tisch. »Auf rot, bitte.« Aufgeregtes Gemurmel erklang um mich herum. »Sammydavis... Sammydavis... Sammydavis...« Die Mädels waren begeistert von dem hohen Einsatz. Der Croupier ließ das Rad laufen. Ich drohte ihm mit der Faust. »Wenn du schwarz zu mir sagst, gibt es einen Rassenkrawall.« Man lachte, und die Kugel fiel auf die rote Sechs. Der Croupier zählte meinen Gewinn in Chips aus und schob sie mir herüber. Ich schob jedem der beiden Mädels einen Stapel hin, brachte die Nummer Cary Grant an der Riviera, indem ich mich verbeugte und sagte: »Danke, daß Sie mir Glück brachten, meine Damen«, drehte mich um und überließ die Damen ihrer Bewunderung für mich.

Es war, als hätte sich ein guter Geist aus dem Showgeschäft materialisiert und gesagt: »Du bist ein Star, und alles, was du willst, gehört dir. Jetzt bist du so gut wie jeder andere auch«, und hätte uns dabei einen Schlüssel aus purem Gold ausgehändigt, der in jede Tür paßte, die uns bisher vor der Nase zugeschlagen worden war.

Ich saß in einem bequemen Sessel in meinem Hotelzimmer, sog die Anerkennung in mich ein, genoß den Luxus der Suite und das Bild, das ich abgab, mittendrin. Ich legte mir ein Paar Levis und einen Pullover heraus, die ich im Wagen tragen wollte, und bestellte über den Zimmerservice einen Hamburger. Ich war gerade mit dem Duschen fertig, als ich jemanden an die Tür klopfen hörte. Eines der Chormädchen stand davor und lächelte mich an.

»He, das ist aber ein rasanter Zimmerservice hier.«

Sie verstand den Witz zwar nicht, lachte aber trotzdem. Wenn du oben bist, lachen sie sogar, wenn du »guten Morgen« sagst. Ich sagte: »Darling, ich hab' Charley rumgeschickt, allen Bescheid zu sagen, daß die Party heute ausfällt. Ich muß nach L.A.«

»Ich weiß.« Sie kam näher. »Aber ich dachte, vielleicht hast du gern ein bißchen Gesellschaft, während du dich anziehst.«

Die Türen öffneten sich nicht nur, sie fielen aus den Angeln!

Das kreischende Geräusch von berstendem Stahl und splitterndem Glas war überall um mich herum. Ich hatte die Kontrolle verloren. Ich war einfach da, völlig benommen, und konnte nicht glauben, daß ich einen Autounfall hatte. Ich sah, wie der Aufprall den anderen Wagen herumwarf und außer Sicht schleuderte, dann schlug meine Stirn auf das Lenkrad.

Als ich Schmerzen spürte und sah, wie meine Hand sich bewegte, war ich verwundert darüber, noch am Leben zu sein.

Wagen hielten, Leute aus dem Imbiß und von der Tankstelle kamen angerannt. Jemand sagte: »Es ist Sammy Davis.« Ich wollte raus auf die Straße, um zu sehen, was mit den Leuten aus dem anderen Wagen passiert war. »Denen geht's gut. Aber Sie müssen dringend in ein Krankenhaus.« Er zeigte auf mein Gesicht und schloß die Augen.

Ich griff nach oben. Als ich meine Hand über meine Wange führte, fühlte ich, daß mein Auge nur noch an einem Faden heraushing. Wie ein Wahnsinniger versuchte ich, es wieder zurückzustecken, als ob, wenn ich das täte, es drin bliebe und keiner es wissen würde, und es sein würde, als wäre nichts geschehen. Ich verlor den Boden unter den Füßen und fand mich auf meinen Knien. »Laßt mich nicht blind werden. Bitte, lieber Gott, nimm mir nicht alles...« Leute nahmen mich hoch, trugen mich und legten mich irgendwohin. Ich konnte nichts sehen. Ich konnte mich nicht bewegen. Halb schlief ich, halb war ich wach, hing irgendwo zwischen der Vergangenheit und der Zukunft. Aber es gab keine Zukunft mehr. All die schönen Dinge, all die Pläne, das Gelächter – das alles lag in Trümmern, wie der Wagen. Die Türen würden sich wieder schließen. Die Leute, die nett zu mir waren, als ich oben war, würden sich von mir abwenden. Keiner von ihnen würde je wieder »Hallo, Sam« zu mir sagen.

Dann hörte ich eine Sirene. Etwas bewegte sich unter mir, und ich wußte, daß ich mich in einem Krankenwagen befand. Geht das wirklich so schnell? Sechsundzwanzig Jahre Arbeit, Anstrengung, dann Erfolg – war all das umsonst? Ist es möglich, daß es so schnell ungeschehen gemacht wird? War dies wenige wirklich alles für mich? Werde ich nie wieder ein Star sein?

Sie werden mich wieder hassen.

»Schwester? Was ist das für ein Duft? Blumen?« Der Arzt hatte mein verletztes Auge herausoperiert. Mein ganzer Kopf war bandagiert.

»Das sind alle Blumen von San Bernardino. Wir können hier schon keine mehr hereinstellen, sonst ersticken Sie uns noch. Der Rest steht im Flur, die Körbe stehen bis hinunter zur Halle. Außerdem sind über fünfhundert Telegramme für Sie eingegangen.«

»Ich kenne ja nicht mal fünfhundert Leute. Also, ersparen Sie mir die Trost-Arie.«

Sie nahm meine Hand und führte sie an einen Stapel von Umschlägen, der mindestens einen Fuß hoch war. »Wir haben acht Bündel von dieser Sorte.«

»Da muß ein Irrtum vorliegen. Können Sie mir die Namen auf den Blumenkarten vorlesen?«

»Betty und Charles Schuyler...«

»Darling, ich kenne überhaupt niemanden, der so heißt.«

»Auf der Karte steht, ›Obwohl wir uns nie getroffen haben, schließen wir Sie in unsere Gebete ein. Haben Sie Mut. Betty und Charles Schuyler.‹«

Wie wunderbar! Völlig fremde Menschen machten sich die Mühe und die Ausgaben, mir Blumen zu schicken. Sie ging die anderen Karten und Telegramme durch und las die Namen von Gouverneuren,

Bürgermeistern, Film- und Fernsehproduzenten, Kleindarstellern, Stars, Oberkellnern und Vaudeville-Künstlern, von denen ich jahrelang nichts gesehen oder gehört hatte. Doch die meisten waren Fremde für mich.

Ich hörte, wie jemand hereinkam. »Na, Alter, das war ja wirklich ein netter, kleiner Publicity-Gag, den du dir da ausgedacht hast.« Ich erkannte die Stimme von Jess. »Du hast die Herzen von ganz Hollywood damit gewonnen, Eddie und Debbie von den Titelseiten zu vertreiben. *Das* hat nicht mal Korea geschafft.«

»Halt mal die Luft an, Kleiner. Willst du damit sagen, daß ich auf der Titelseite war?«

»Gibt's denn keine Zeitungen hier?«

»Jess, es sind zufällig noch ein paar andere Sachen passiert. Wie etwa, um damit anzufangen, ich habe ein Auge verloren.«

»Ich weiß. Hör zu, du hast zwei Tage lang im ganzen Land die erste Seite besetzt. Fotos, Geschichten, alles. Meine Telefone haben nicht aufgehört zu klingeln, seit es passiert ist.«

»Jess, wenn das ein Witz sein soll...«

»Alter, das ist wahr! Du bist die heißeste Nummer im Geschäft. Die Schlagzeilen waren phantastisch: ›Wird der kleine Mann mit dem großen Talent diesen Schlag gegen seine Karriere überleben?‹... ›In dem Augenblick, in dem sich der Traum seines Lebens erfüllte...‹«

Ich hörte mir Walter Winchells Sonntagnacht-Programm im Radio an. »Hier ist ihr New Yorker Korrespondent mit einer neuen Folge dieser Sendung und einem guten Rat für den jungen Sammy Davis, Jr., der irgendwo in San Bernardino, Kalifornien, im Krankenhaus liegt. Sammy: wenn du mich hörst, denk dran... Kein Champion hat je einen Kampf dadurch verloren, daß er niedergeschlagen wurde. Nur dadurch, daß er unten geblieben ist.«

Die Schwester nahm gerade das Frühstückstablett weg, als ich meinen Vater und Will hereinstürmen hörte. »Poppa, was würdest du von allem in der Welt am liebsten haben?«

»Komm, hör auf, Dad.«

»Kein Flachs!«

»Ich will meine verdammte Karriere wiederhaben.«

Will sagte: »Sammy, dieses Telegramm ist vom New Frontier in Las Vegas. Hier steht: ›Festes Angebot für das Will-Mastin-Trio mit Sammy Davis, Jr. *Fünfundzwanzigtausend pro Woche*, erstmöglicher Termin, bitte um Nachricht.‹«

Ich konnte die Aufregung in der Halle hören. Schwestern liefen von Zimmer zu Zimmer und riefen aufgeregt: »Er ist hier, hier im Krankenhaus! Frank Sinatra!« Sie waren am Durchdrehen, ließen die Thermometer fallen und griffen nach ihren Lippenstiften. Er hatte einen Oscar für *From Here to Eternity* bekommen und war wieder ganz oben.

Frank stand in der Tür und grinste. »Hallo, Charley.«

Er kam herein, warf seinen Hut auf einen Stuhl und sah mich genau an. »Du kommst wieder in Ordnung.« Die Schwester stand wie angewurzelt, starrte ihn an und war so durcheinander, daß sie nicht einmal daran dachte, ihm einen Stuhl anzubieten. Er lächelte sie an. »Hallo, Süße.« Sie nickte wie eine Betrunkene, mit dem gleichen Grinsen und den gleichen trüben Augen. Er zog sich einen Stuhl heran und setzte sich so darauf, daß seine Arme auf der Lehne lagen. »Also, was ist mit dem Auge?«

»Ich werde eine Augenklappe tragen müssen, bis die Höhle ausgeheilt ist, dann kriege ich ein neues Auge. Plastik.« Ich nahm eine Zigarette aus einem Päckchen und hielt das Feuerzeug daran, doch die Flamme traf das Ende der Zigarette nicht. Als ich sie schließlich angezündet hatte, lächelte Frank. »Du steckst voller kleiner Party-Tricks, Charley.«

»Geh noch nicht. Als Zugabe zünde ich mir die Nase an.«

»Was sagen die Ärzte, wann du wieder auf den Beinen bist?«

»Sie sagen, vielleicht in drei Monaten, sie sind aber nicht sicher.«

»Logierst du immer noch im Sunset Colonial?« Ich nichte. »Also, da müssen wir raus. Du solltest ein Haus kaufen.«

»Das hab' ich versucht, aber...«

»Wir werden ein Haus in den Hügeln finden, wo du Ruhe hast und trotzdem nicht zu weitab vom Schuß bist.« Er sah meinen Vater an. »Ich kümmere mich darum und melde mich.« Dann wandte er sich wieder zu mir. »Wir werden etwas Kleines für dich finden, ein Mietshaus, bis du genau weißt, was du willst. Du solltest ein paar Helfer um dich haben, bis du wieder auf den Beinen bist. In der Zwischenzeit kommst du raus in die Springs und verbringst ein paar Wochen bei mir. Schon entschieden, wo ihr zuerst auftreten werdet?«

»Na ja, das Vegas-Angebot sieht verdammt gut aus, aber irgendwie habe ich ein komisches Gefühl, wenn ich an den ersten Auftritt denke. Herman Hover kann uns nur fünftausend geben, und obwohl ich nicht die geringste Lust habe, mich unter Wert zu verkaufen, denke ich doch, daß es vielleicht besser wäre, im Ciro zu starten, wo es alles für uns angefangen hat.«

»Du siehst es genau richtig. Das Wichtigste ist, einen guten Start zu haben, und in L.A. wirst du dich zu Hause fühlen, weil du weißt, daß du Freunde um dich hast. Das Vegas-Geld geht dir nicht verloren. In der Zwischenzeit, Charley, sieh zu, daß du wieder gesund wirst, ruh dich aus und übereile nichts.«

»Ich wünschte, es wäre so einfach. Angenommen, ich brauche drei Monate. In der Zeit ist die phantastische Publicity keinen Pfifferling mehr wert – dann ist die ganze Wirkung futsch. Andererseits ist mir klar, daß ich nicht zu früh wieder auftreten kann, sonst denken sie noch, ich will mit meinem Gestolper ihre Sympathie.«

»Du wartest, bis du wieder fit bist! Mach dir keine Gedanken über die Wirkung der Pressekampagne. Sie werden auf dich warten. An dem Tag, an dem du wieder auf die Bühne kommst, bist du für sie genauso interessant wie heute.«

»Wäre schön, wenn ich das glauben könnte.«

Er zog eine Augenbraue hoch. »Du willst mir was über Comebacks erzählen?« Er nahm seinen Hut in die Hand. »Wir sehen uns in den Springs.« Er legte eine Hand auf meine Schulter. »Ganz ruhig. Du wirst größer sein als vorher, Charley. Größer als vorher.«

6

Als wir im Ciro wieder anfingen, brachten es alle Zeitungen auf der ersten Seite, und vor dem Club standen Menschenschlangen zu jeder Vorstellung. Nach den Auftritten war ich bei Frank oder den Bogarts oder bei Judy Garland.

Mein Wohnzimmer war brechend voll. Ich setzte mich neben Mama und legte meinen Arm um sie. »Hat es dir Spaß gemacht, heute abend?«

»Es ist schön, zu hören, wie die Leute von dir denken, und zu sehen, wie sie dich behandeln, Sammy. Aber jetzt gehe ich doch besser ins Bett.« Ich brachte sie zur Tür.

Es waren ungefähr noch ein Dutzend Leute übriggeblieben, als Dave sagte: »Hey, was haltet ihr davon, wenn wir an einem Ende der Stadt anfangen und uns jeden Laden ansehen, der auf dem Weg liegt?« Auf seinem Gesicht schimmerte noch die Begeisterung über diesen Abend. »Ich hab' gehört, daß sie eine tolle Barnummer im Desert Inn haben...«

Eine eisige Welle ging durch meinen Magen. »Junge, uns geht's doch bestens hier, es ist spät, wir haben alles, was wir brauchen.«

»Es ist doch erst vier Uhr. Kommt, laßt uns feiern.«

»Ich kenne die anderen Läden nicht, Dave.« Ich mußte es erklären. »Kleiner, dies ist Vegas. Es ist eine Sache, mich hier aufzuhalten, wo ich arbeite, aber ich bin nicht sicher, wie man mich in den anderen Hotels behandeln würde. Mit anderen Worten, willst du eine Barnummer sehen oder eine Hinrichtung?«

Jemand anders sagte: »Weißt du nicht, was für eine große Nummer du bist? Sie werden einen roten Teppich ausrollen, wo immer du auch hinkommst.«

Dave zuckte mit der Schulter. »Er ist 'n bißchen verdreht.« Er griff nach dem Telefonhörer. »Vor Jahren war das vielleicht eine andere Sache... Hallo, können Sie mich bitte mit dem Desert Inn verbinden?«

Ich fing an, meine Schallplatten in die Schutzhüllen zu sortieren.

Die Gespräche waren verstummt. Dave schlug ein Bein über das andere und blies Rauchringe an die Decke. »Verbinde mich bitte mit der Bar, Darling... Hallo, ich möchte gern einen Tisch reservieren, wir kommen in etwa zwanzig Minuten, für Sammy Davis, Jr. und eine Gruppe von...« Er wurde knallrot. Dann legte er den Hörer wieder auf die Gabel. »Sam... es tut mir leid.« Es gab ein Gemurmel. »Wenn sie sich so verhalten, dann wollen wir nichts mit ihnen zu tun haben...« »Sie sind hundert Jahre hinter der Zeit zurück...« Jeder wollte mir seine Bestürzung zeigen. Der Abend lag tot am Boden.

Ich stand auf. »Tu mir einen Gefallen, Morty. Bestell zwanzig Steak-Sandwiches beim Zimmerservice und eine Kiste vom besten Champagner, sie sollen sich beeilen. Und geh zum Kasino rüber und erzähl Sonny und den anderen, daß hier 'ne Party läuft. Lad jeden ein, den du siehst, von denen, die wir mögen.«

Ich drehte die Anlage auf. Innerhalb von zehn Minuten wurde sie von den Mädels und Jungs vom Chor übertönt, und der Raum fing an zu vibrieren, als hätte uns jemand in die Steckdose gesteckt.

Dave kam zu mir herüber. »Ist alles in Ordnung?«

»Danke, Kleiner. Mir geht's gut.« Ich fühlte mich wie jemand, der sich sein ganzes Leben lang einen Regenmantel gewünscht hat, und der, als er ihn schließlich bekommen hatte, feststellte, daß er nicht wasserdicht war.

Ich fragte Jack Entratter, den Direktor des Sands: »Kann ich am Sonnabend noch eine dritte Show auf die Bühne bringen? Ich möchte alle Künstler und Artisten vom Strip einladen.«

Al Freeman, der Pressemann des Sands, sah das Potential für guten Ruf und Mundpropaganda. Für mich war es der schnellste Weg, jeden in der Stadt kennenzulernen, und ich wußte, daß mich die meisten, wenn sie mich auf der Bühne gesehen hatten, mögen würden.

Ich fing an, Filme nach den Shows zu zeigen, in der zweiten Etage, im Grünen Salon. Ich ließ jeden Abend zwei Spielfilme aus L.A. einfliegen und hatte die ganze Riege der »Texas Copa Girls« eingeladen, unsere Vorgruppe und jeden sonst in der Show. Ich gab einen Dauerauftrag für ein warmes Büffet mit chinesischem Essen, ein Sandwich-Büffet und einen Kellner. Die ganze Sache begann nie vor drei Uhr morgens, denn die »Texas Copa Girls« waren verpflichtet, nach der letzten Vorstellung noch eine Stunde an der Bar zu sitzen, falls ein großer Spender eine Gefährtin suchte. Das war so üblich für die Show-Mädchen der Hotels am Strip. Sie waren nicht nur da, weil sie toll aussahen und gute Laune hatten.

Eines Nachts kam mein Vater herein. »Sammy, kann ich dich mal einen Moment sprechen?« Als wir draußen im Foyer allein waren, gab er mir einen Zeitungsausschnitt. Die Schlagzeile lautete »Schämt sich Sammy, schwarz zu sein?«

> Sammy Davis, Jr., der erst vor kurzem auf der Bühne des Fairmont wie ein Star aus 14karätigem Gold strahlte, war uns als Kritikern und als Farbigen ein besonderes Vergnügen. Doch leider lassen die ständigen Berichte von seinen Darbietungen hinter der Bühne viel zu wünschen übrig. Seine wüsten nächtlichen Parties, die fast ausschließlich von Weißen besucht werden, sind das Stadtgespräch von Las Vegas, wo er zur Zeit auftritt. Wir bedauern, daß wir es sein müssen, die Mr. Davis an seine Verpflichtungen gegenüber der schwarzen Bevölkerung erinnern, und wir bedauern noch mehr, daß es notwendig ist, dieses überhaupt tun zu müssen.

»Ich verstehe das nicht, Dad. Was bewegt sie, so einen Mist über mich zu schreiben?«

»Poppa... also, da drüben in dem Raum, sieh dich mal um, wie deine Gäste aussehen. Das sind nur weiße Affen.«

»Dad! Wo um alles in der Welt soll ich denn in Las Vegas Farbige finden? Soll ich in die Westside rübergehn und mir Leute einladen, die ich nicht kenne? Nur um den Raum optisch aufzumöbeln?«

»Na ja, vielleicht könntest du deine Feierei mal ein bißchen einschränken.«

»Und was soll ich noch tun? Ich gebe jeden Abend mein Letztes auf der Bühne, habe ich nicht das Recht, mich zu entspannen? Okay, ich kann es nicht wie jeder andere machen; ich kann nicht eben mal ins Desert Inn reingucken oder sagen: ›Hey, laßt uns mal die neue Barnummer im El Rancho ansehn.‹ Ich beklage mich nicht, aber hier im Sands bin ich auf einer Insel. Und ich finde es nicht richtig, daß ich dir erklären muß, warum ich Leute einlade.« Er sagte nichts mehr, und mein Zorn verwandelte sich in ein schlechtes, hohles Gefühl. »Weil ich es wollte, saßen zum ersten Mal in der Geschichte Farbige im Zuschauerraum eines Hotels in Las Vegas. Das schreiben sie nicht. Nur, daß ich Partys gebe.« Ich starrte auf den Zeitungsausschnitt. »Bei Gott, und ich habe mir vorgestellt, sie würden sich jedesmal freuen, wenn einer von uns ausbricht und anfängt, gut zu leben.«

Die Bühnenmanager der anderen Hotels begannen anzurufen: »Was für einen Film seht ihr heute?«, und dann schrieben sie es auf das schwarze Brett hinter der Bühne, und bald kamen alle Künstler von Las Vegas. Irgendwelche Kerle sprachen mich an. »Mann, Sammy, wir finden nichts mehr zum Bumsen. Die ganzen Mädchen der Stadt sind auf deinen verdammten Partys und sehen die verdammten Filme. Das muß aufhören.«

Okay, ich hatte den Berg zu Mohammed gebracht, ich hatte mir meine eigene Welt aufgebaut, und sie war nicht schlecht. Aber ich wollte keine eigene Welt. Ich wollte in derselben Welt leben, in der alle anderen auch lebten.

Ich mußte berühmter werden, das war alles. Ich mußte noch berühmter werden.

Lenny Hirshon, mein Agent im William-Morris-Büro, zeigte wenig Interesse für mein Problem. »Sammy, wenn du weiß wärst, hättest du schon vor einem Jahr einen Film gemacht.«

»Hör zu, Lenny. Ich muß einfach das Kino im Rücken haben. Ich muß expandieren, ich will raus aus diesem Image des Sängers und Tänzers und Komikers, und du mußt mir dabei helfen.«

»Tja, das ist nicht leicht. Es gibt einfach keine Rollen für Schwarze. Außerdem, die könnten dich gar nicht bezahlen.«

»Wie hoch ist mein Preis?« Ich lehnte mich über seinen Schreibtisch. »Mein Preis für eine Rolle in einem Film beträgt fünfzig Dollar! Hast du gehört, was ich gesagt habe? *Fünfzig Dollar!* Und ich mach's sogar billiger, wenn nötig.«

Sein Telefon klingelte, er griff nach dem Hörer und hielt mir die andere Hand hin. »Sammy, ich werde es in der nächsten Konferenz zur Sprache bringen.«

Ich ging hinunter zur Fernsehabteilung.

»Sammy, Tatsache ist, daß wir bisher keine geeignete Rolle für dich finden konnten. Aber du kannst jede Varieté-Show haben, die du willst. Zu Spitzengagen.«

»Schön. Aber ich will auch einen Auftritt im Fernsehen.«

»Ja, aber für einen Star von deinem Kaliber müssen wir erst mal das richtige Vehikel finden.«

»Erzähl mir nichts von Vehikeln. Ich will keinen Rolls-Royce. Findet einen kleinen gebrauchten Chevy für mich. Es brauchte bloß eine Szene zu sein, wenn es die richtige ist. Überlaßt es ruhig mir, zu sagen: ›Nein, das ist zu wenig.‹«

»Sammy, warum willst du dich selber ins Aus stellen? Warum willst du einen Reinfall im Fernsehen riskieren? Du bist ein erstklassiger Sammy Davis, Jr.; warum ein zweitklassiger Sidney Poitier sein?«

Ich hielt mich zurück und sagte mir: *Mach dir keinen Feind, du brauchst ihn, du brauchst ihn.* »Du bist ein großartiger Entertainer, aber das bedeutet noch lange nicht, daß du ein Schauspieler bist. Vielleicht, wenn du ein paar Schauspielstunden nimmst, im Actors Studio oder so, irgendwas, was uns ein bißchen Professionalität an die Hand gibt, damit wir damit arbeiten können.« Ich stand auf und zerdrückte meine Zigarette in seinem Aschenbecher. »Du willst Professionalität? Was hältst du von vierundzwanzig Jahren im Showgeschäft? Was hältst du von *achthunderttausend Dollar* im Jahr, von denen Leute wie du vielleicht zehn Prozent haben? Was hältst du von der Tatsache, daß ich ein Star bin, für den du nicht einen Finger zu rühren brauchst, um ihm ein Engagement zu verschaffen? Alles, was du tun mußt, ist, Anrufe zu beantworten. Laß uns bitte aufhören, uns hier was vorzumachen. Es ist ein Rassenproblem.«

»Nun, es *ist* außerordentlich delikat. Wir wissen alle, daß in verschiedenen Kanälen überhaupt keine Schwarzen auftreten dürfen, außer als Bedienungspersonal.«

»Sieh mal, wir beide wissen, daß sie nicht durch die Stadt laufen, um einen farbigen Schauspieler aufzutreiben. Aber ich bin jemand. Vielleicht kann ich die Vorstellungen verändern, nicht? Die Tür ist nicht verriegelt. Sie ist nur geschlossen, und es muß einen Weg geben, sie zu öffnen.«

Als ich wegging, wußte ich, daß sie es weiterhin auf die leichte Schulter nehmen und die zusätzliche Arbeit, mich irgendwo unterzubringen, vermeiden würden, nach dem Motto: »Wer macht sich gern Probleme?«

Einen Monat später waren wir wieder in Vegas, und Jule Styne kam in meine Garderobe, schüchtern, doch voller Energie. Ich hatte ihn bei Frank kennengelernt. Er und Sammy Cahn hatten eine Menge von Franks Hits geschrieben. »Sammy, ich habe deine Show gesehen. Phantastisch! Du bist ein großes Talent, aber du wirst dich in Varietés vergeuden. Du mußt expandieren, du brauchst größere Dimensionen...« Sein Enthusiasmus war schwindelerregend. »Du gehörst an den Broadway.«

Ich sah ihn an, als ob er der Messias wäre. »Erzähl weiter, Jule. Aber komm mir nicht zu nahe, sonst kriegst du einen Kuß.«

»Du solltest die Hauptrolle in einem Musical haben. Du könntest singen und tanzen und alles tun, was du auch in den Clubs machst. Ich werde es produzieren, und wir werden ein paar gute Autoren engagieren, die uns eine moderne Musical-Komödie schreiben. Das kann überhaupt nicht schiefgehen. Und der Imagegewinn wäre enorm für dich.«

Als er gegangen war, saß ich da und lächelte die Wände an: wenn das Fernsehen und der Film nichts von mir wissen wollen, sollen sie doch zum Teufel gehen, an Format und Prestige können sie mit dem Broadway sowieso nicht mithalten.

7

Sowie ich wieder an der Küste war, fuhr ich ins Morris-Büro. Ich hatte von einem neuen Mann gehört, Sy Marsh, den sie als Direktor der TV-Abteilung eingestellt hatten, und auch von der Liaison mit der Universal, dem größten Studio der Welt. Ich ließ mir keinen Termin geben. Ich wollte ihm keine Zeit geben, sich auszudenken, wie er mir am besten sagen könnte: »Es ist ein Problem...«

Seine Sekretärin kündigte mich telefonisch an: »Sammy Davis, Jr. ist hier...«

Seine Bürotür flog auf, ein junger Bursche kam auf mich zu und ergriff meine Hand. »Kommen Sie rein, kommen Sie rein, ich bin furchtbar aufgeregt. Sie sind mein Idol als Entertainer.« Er war Anfang dreißig, und in unserem Gespräch fand ich heraus, daß er in Brooklyn aufgewachsen war und Show-Künstler werden wollte, bevor er Agent geworden war.

»Sy, ich will eine Rolle im Fernsehen. Gut, ich weiß, daß es ein Problem gibt, ich bin Schwarzer, und es gibt nicht viele Rollen für uns, außer als Bedienstete. Aber ich glaube, daß es irgendwo einen Platz für mich geben müßte und daß ich schauspielern kann...«

Er sagte: »Es ist unglaublich. Bei Ihrem Talent! Es ist eine Beleidigung. Natürlich sind Sie ein Schauspieler. Was sind denn Ihre Parodien anderes als Schauspielerei?« Er zuckte mit der Schulter. »Ich nehme an, der Grund dafür war bisher, daß die Werbefirmen ihre Kunden auf den Südstaatenmärkten nicht verprellen wollen.«

»Baby, hast du dir schon mal vorgestellt, wie fünf Millionen schwarzer Kinder verprellt werden, die stundenlang vor ihrem Fernseher sitzen und die fast nie jemanden zu sehen kriegen, der aussieht wie sie? Es ist, als wenn sie und ihre Familien und ihre Freunde überhaupt nicht existieren.«

»Schrecklich. Das geht nicht.« Er dachte einen Augenblick nach. »Universal bringt das *GE Theater*. Der Produzent ist Harry Tugend... bei dem versuchen wir's mal.« Eine Minute später sagte er: »Hör zu, Harry, wir beide haben die Möglichkeit, einen wichtigen Schritt vorwärts zu tun. Sammy Davis, Jr. ist ein großer Name, die Presse schreibt sich über ihn die Finger wund. Er ist ein Broadway-Star, wo immer er in Shows auftritt, hat er einen ungeheueren Zulauf, egal ob im Norden oder Süden, und ich denke, er sollte im Fernsehen auftreten. Er steht gerade im Moulin Rouge drüben am Sunset Boulevard auf der Bühne. Ich möchte dich dazu einladen, und ich denke, ich werde dich davon überzeugen können, daß er noch andere Qualitäten hat als singen und tanzen. Du wirst Sensibilität sehen und schauspielerisches Talent...«

Ich setzte sie an einen Tisch direkt vor der Bühne. Ich brachte Cyrano de Bergerac, eine Szene aus *The Caine Mutiny*, Olivier als Hamlet, Sachen, die ich sonst nicht machte, sowie alle Standardnummern: Bogart, Cagney, Ronald Coleman, Frank, Jerry, und während ich auf der Bühne stand, konnte ich Harry Tugend von den Lippen ablesen, »Großartig! Phantastisch!«. Das war der Treibstoff, der mich höher und höher brachte.

Wir aßen in der Villa Capri zu Mittag, und Harry sagte: »Ich habe da eine Sache gekauft, die am Broadway aufgeführt worden ist, ein kleines Stück mit dem deutschen Titel *Auf Wiedersehen*, eine herzzerreißende Geschichte...«

Das Drehbuch war wunderbar, wir legten die Termine fest. Ich war in Form und spielte wie nie zuvor, und jeder, der dabei war, hatte Tränen in den Augen. Am letzten Drehtag sagte Ronald Reagan, der Gastgeber des GE-Theaters, zu Sy: »Das wird eine wunderschöne Episode. Was meinen Sie, wie soll ich in der Einführung Sammy vorstellen?«

Sy schlug vor: »Es ist das erste Mal, daß ein schwarzer Entertainer diese Grenze überschreitet und eine Hauptrolle in einem Fernsehspiel übernimmt.« Später kam er in meine Garderobe. »Kleiner, du hast Fernsehgeschichte gemacht. Jedes Buch über die Glotze wird in Zukunft erwähnen müssen, daß Sammy Davis, Jr. der erste schwarze Schauspieler war, der in einer Fernsehserie aufgetreten ist. Und die Türen werden sich jetzt für eine Menge anderer schwarzer Schauspieler öffnen. Du wirst als ihr Wegbereiter gelten!«

Ich konnte mir das Vergnügen vorstellen, das Fernsehgerät anzuschalten und junge schwarze Schauspieler und Schauspielerinnen zu sehen, die Doktoren spielten, Anwälte, Polizisten und Räuber, Gute und Böse..., egal was, solange sie nur aus den Dienstmädchen- und Butlerrollen ausbrachen.

Ich parkte mein Motorrad in der Einfahrt des Beverly Wilshire Hotels und ging in die Penthouse Suite. Ich hatte Elvis Presley bei den Aufnahmen zu seinem dritten Film, *Loving You*, kennengelernt. Wir waren beide Rebellen, jeder auf seine Weise, und wir hatten uns voneinander angezogen gefühlt. Wir fuhren beide Motorrad. Ich hatte eine frisierte Harley, und wir machten Fahrten zusammen, wann immer wir in derselben Stadt waren. Er saß in seinem Wohnzimmer am Piano. Nicky Blair, Natalie Wood, Dennis Hopper und ein paar Jugendliche waren da, die nicht im Showgeschäft waren.

Elvis brachte eine Nummer von Ray Charles. Er war ein ausgezeichneter Parodist. Ich konnte auch Ray Charles singen, aber nur ohne Piano. Elvis brachte den ersten weißen Ray Charles, den ich je gehört hatte. »Okay, alter Freund, jetzt habe ich eine Nummer für dich: Dr. Jekyll und Mr. Hyde.« Elvis ging zum Sofa rüber, und die jungen Leute, die um ihn herum am Piano gestanden hatten, setzten sich auch, um mich zu sehen.

Ich trug die Haare damals sehr lang und brachte sie tüchtig durcheinander, wie die des verrückten Mr. Hyde. Ich nahm meine Prothese heraus, machte verrückte Augen und brachte, gebeugt, das schwere Atmen, die ganze Verwandlung, die Fredric March zeigt. Ich sprang auf das Sofa neben Elvis und schrie: »Ich bin frei... Ich bin frei...« Er duckte sich. »Faß mich nicht an.« Er war ganz verstört, und so stieg ich aus der Rolle aus. Er war immer noch ziemlich nervös. »Tu die Zähne wieder rein und kämm dir die Haare.« Endlich, als ich wieder wie ich aussah, entspannte er sich. »Das mußt du unbedingt in deiner Show bringen.«

Ein paar Abende später, ich saß in meiner Garderobe im Mou und machte mich für die zweite Vorstellung fertig, sagte man mir: »Elvis sitzt vorne.« Ich ging zu Big John Hopkins, meinem Roadmanager. »Elvis sitzt im Publikum, und ich werde etwas Besonderes bringen. Bleib zwischen den Kulissen und fang mich auf, denn ich werde durch die Luft geflogen kommen.«

Ich brachte alle meine Nummern, auch die von Elvis, mit den weißen Schuhen und der Gitarre. Dann sagte ich: »Dies ist für meinen Freund.« Ich brachte ungefähr zwei Minuten Jekyll und Hyde-Dialog und schrie am Schluß, »ich bin frei, freiiiii...«, nahm Anlauf und sprang dann hoch in die Kulissen, wo John mich auffing. Licht aus.

Das Publikum tobte noch, als ich wieder auf die Bühne kam. Elvis stand von seinem Tisch auf und gab mir die Hand. Ein paar Tage später, als ich ihn wieder im Beverly Wilshire besuchte, nahm er mich beiseite. »Stanley Kramer hat ein Drehbuch, das er verfilmen will. Die zwei Hauptrollen sind Kettensträflinge. Sie brechen aus, aber sie sind aneinandergekettet. Einer ist ein Schwarzer, der andere ist ein weißer Südstaatler, und sie hassen sich bis aufs Blut, aber sie müssen sich irgendwie arrangieren, weil sie zusammengekettet sind und gejagt werden. Gegen Ende des Films haben sie große Achtung voreinander. Der Titel ist *The Defiant Ones.* Er hatte mich für die Rolle des weißen Burschen vorgesehen, aber er hatte keine Ahnung, mit wem er die schwarze Rolle besetzen sollte, bis er dich vor einigen Abenden im Mou gesehen hat. Er hat gesehen, wie wir uns die Hand gaben, und er fand die Mischung gut...« Er sah mich hoffnungsvoll an. »Was meinst du? Wärst du interessiert?«

»*Interessiert???* Ich wüßte nicht, was ich lieber täte.«

»Weiß Gott, ich auch nicht. Die Strand- und Bikini-Filme stehen mir bis hier oben.« Ich wußte, daß Elvis' Vorbilder Schauspieler wie Marlon Brando, Rod Steiger und Jimmy Dean waren. »Ich würde wirklich gern spielen, etwas Vernünftiges machen. Mr. Kramer schickt mir ein Drehbuch. Sag doch den Leuten im Morris-Büro Bescheid, daß du Interesse hast, und daß sie ihn dazu bewegen sollen, dir auch eins zu schicken.«

Nach all dem Drängeln und Betteln, um meine Agenten dazu zu bringen, mir eine Filmrolle zu verschaffen, hatte es sich einfach so ergeben, aus einem Handschlag in einem Nachtclub, in dem zufällig Stanley Kramer anwesend war, mit einem Drehbuch im Kopf, für das er einen weißen und einen schwarzen Schauspieler brauchte. Aber war das alles Zufall? Oder hatte Gott es so gefügt?

Die hundert ersehnten Drehbuchseiten kamen innerhalb von vierundzwanzig Stunden, und nach meiner Spätvorstellung lasen Elvis und ich das Manuskript laut. Es war eine wirklich große Sache. Dynamit. Und unsere Mischung auf der Leinwand und in der Presse würde die Sensation perfekt machen.

Elvis war in Stimmung. »Ich werde Schauspieler! Sag mal, glaubst du, daß die Jugendlichen sich für mich auch ohne Gitarre, enge Hosen und Entenschwanzfrisur interessieren werden?« Seine Begeisterung wurde etwas gedämpfter. »Natürlich muß ich erst mit dem Colonel sprechen. Er hat das Sagen, was ich mache und was nicht.« Colonel Parker war nicht mit Elvis in Beverly Hills. »Er kommt in fünf Tagen«, sagte Elvis. »Ich werde ihm die Geschichte nicht am Telefon erzählen. Das mache ich besser, wenn wir uns gegenübersitzen.«

»Glaubst du, daß er es gut finden wird?«

»Ich denke, das einzige, was ihm nicht so gefallen könnte, ist, daß er nicht so viel Geld in der Kramer-Produktion sieht wie in den Teenager-Filmen, zu denen sie immer noch die Schallplatten verkaufen.«

»Wird er den Wert eines Stilwechsels erkennen, ich meine, daß die Schauspielerei karrieremäßig eine Erweiterung bedeutet?«

»Da bin ich ziemlich sicher. Der Colonel ist schlau. Er hat noch nie eine falsche Entscheidung getroffen. Und das große Plus ist, er mag dich. Er schätzt dich sehr. Wir sind eine sichere Nummer. Komm, laß uns noch mal lesen.«

Ich rief die Filmabteilung der Morris-Agentur an und sagte: »Wenn es zu Vertragsverhandlungen kommt, mir geht es nicht ums Geld. Auch nicht um die Reihenfolge der Namen. Ich will nur eine Chance...«

»Also, ich weiß nicht, Sam. So gut Elvis auch im Geschäft ist, du bist der größte Entertainer der Welt, du bist am Broadway aufgetreten...«

Ich fing an zu schwitzen. »Hör zu, was Film angeht, bin ich immer noch der Anfänger. Schiebt mir hier keine Bud-Abbott-Nummer unter. Laßt mich die zwei Dollar bezahlen. Bitte! Ich stehe mit Freuden hinter Elvis, an zweiter Stelle. Aber verpatzt es mir nicht!!«

Am Abend der letzten Vorstellung kam Tony Curtis hinter die Bühne. »Komm doch rüber zu uns. Wir haben ein paar Leute eingeladen.« Ich kannte fast alle, die da waren, und Janet stellte mir die wenigen vor, die ich bislang noch nicht getroffen hatte. Kim Novak streckte mir die Hand entgegen und lächelte. »Ich freue mich ganz besonders, Sie kennenzulernen. Ich bin eine große Bewunderin von Ihnen.«

Am nächsten Nachmittag kam Arthur Silber in das Haus am Evanview Drive in den Hügeln von Hollywood, das ich für Mama und mich gekauft hatte. Er setzte sich ans Ende der Bar. Ich hörte mir gerade eine der neuen Platten an, die ich für Decca aufgenommen hatte. Er sagte: »Ich hätte nie gedacht, daß du dich so beherrschen kannst vor mir.«

Ich legte die andere Seite auf. »Beherrschen?«

Sein Grinsen ging in ein mysteriöses Lächeln über. »Du weißt genau, was ich meine. Komm, vor mir brauchst du doch nichts zu verbergen. Die ganze Stadt weiß es schon.«

»*Was* weiß die ganze Stadt?«

»Na, das mit dir und Kim Novak. Hast du die Zeitung nicht gelesen?«

»Natürlich. Aber da stand nichts von Kim Novak und mir.«

Er zeigte mir eine der Spalten. »Kim Novaks neuer Flirt wird ihre Studiobosse zum Schäumen bringen...« Ich hatte das am Morgen überflogen, aber nicht im Traum daran gedacht, daß ich damit gemeint war. Ich erzählte ihm, daß wir kaum zwanzig Worte miteinander gesprochen hatten, doch als ich ihn ansah und die Bewunderung in seinem Gesicht entdeckte, lächelte ich und zuckte nur vieldeutig mit den Schultern.

Nachdem er gegangen war, ließ ich mir ihre Telefonnummer geben. »Kim, hier spricht Sammy Davis, Jr.«

»Hallo. Wie geht's?«

»Ich habe ein schlechtes Gefühl wegen eines umlaufenden Gerüchts.«

»Ich hab's gehört.«

»Ich rufe nur an, um zu sagen, daß es mir wahnsinnig leid tut, und ich hoffe, du weißt, daß ich damit nichts zu tun habe.«

»Natürlich weiß ich das.«

»Sag mir, wie wir am besten damit umgehen sollen. Ich weiß, wie du mit dem Studio stehst.«

»Das Studio besitzt mich nicht! Hör zu, ich mache gerade was zu Essen. Es ist nicht viel, aber vielleicht hast du Lust, mir Gesellschaft zu leisten?«

Ich rief Arthur an und bat ihn, zurückzukommen. Ich trug Jeans und eine Lederjacke, als er ins Haus kam. »Also, hier kommt der Hammer: Ich bin bei Kim zum Essen eingeladen.« Sein befriedigtes Lächeln entging mir nicht. »Es ist klar, daß ich meinen Wagen nicht in ihrer Auffahrt parken kann. Du mußt mich in deinem mitnehmen und mich dann vor dem Haus rauslassen.«

Einen halben Häuserblock vor ihrem Haus sagte ich: »Ich steige hier aus. Laß uns die Uhren vergleichen. Um genau zehn Uhr, auf die Sekunde, möchte ich, daß du hier vorbeikommst. Ich werde pünktlich sein, und ich habe keine Lust, hier an der Ecke rumzustehen und von irgendwelchen Fotografen oder Nachbarn gesehen zu werden. Und mach mir die Wagentür auf, wenn du kommst.« Ich schlug den Kragen hoch, schlüpfte aus dem Wagen und rannte den letzten halben Block zu Fuß, duckte mich hinter Bäume und schlich dann über ihren Rasen. Als ich die Klingel berührte, öffnete sich ihre Tür. Ich schlüpfte hinein, und sie machte zu.

Sie hatte Spaghetti mit Hackbällchen gekocht, und während wir aßen, dachte ich: *Was würden die Zeitungen dafür geben, ein acht mal zehn Foto von mir bringen zu können, wie ich mit Kim Novak zu Abend esse.*

Sie lächelte verschwörerisch. »Eine Stunde nach unserem Telefonat hat das Studio angerufen. Sie wollten wissen, ob wir uns jemals begegnet sind.«

»Was hast du ihnen erzählt?«

Sie schien mit sich zufrieden zu sein. »Die Wahrheit. Ich sagte, ›Ja, ich habe ihn auf einer Party getroffen. Ein reizender Mensch.‹«

Ich lachte. »Und dann?«

»Dann kam das, was in den Drehbüchern ›betroffenes Schweigen‹ heißt. Die vom Studio versuchten sich wieder zu sammeln und fragten, mit vorgetäuschter Lässigkeit: ›War es das einzige Mal, daß Sie ihn gesehen haben?‹ Ich erzählte ihnen, daß wir uns seitdem nicht wiedergesehen hätten.« Der vergnügte Ausdruck verschwand aus ihrem Gesicht. »Oh, wie ich Leute verabscheue, die sich in mein Leben einzumischen versuchen. Verstehst du, was ich meine?«

»Doch, ich denke schon.«

Sie lächelte mich erfreut an. »Nun... wenigstens hast du kein ganzes Studio hinter dir, das jede deiner Bewegungen verfolgt. Die scheinen wirklich zu glauben, daß sie mich besitzen.«

»Das kann einem manchmal schon auf die Nerven gehen, aber, Hand aufs Herz: so unangenehm ist es auch wieder nicht?«

»Du nimmst das alles ziemlich ernst, was?« Dann, während sie mich mit einem theatralischen Ausdruck ansah, sagte sie: »Du bist wie eine frischgestrichene Wand.«

»Mit lauter Schildern: ›Nicht berühren!‹« Sie nickte eifrig. Ich hatte es schon in dem Moment gewußt, als sie mich zum Essen einlud. Durch mich rebellierte sie gegen die Leute, die ihr Vorschriften machen wollten. Und ich? Machte ich nicht das gleiche? Wir waren ein paar Stunden zusammen auf einer Party gewesen, und als wir uns voneinander verabschiedeten, hatte es keinen heimlichen Austausch von privaten Telefonnummern gegeben, nicht einmal einen Gedanken, sich wiederzusehen. Ich war beeindruckt von dem Glanz einer Schauspielerin, und sie war beeindruckt von meinem Talent. Doch dadurch, daß es verboten war, waren wir Verschwörer geworden, zueinander hingezogen durch die einzige Sache, die wir gemeinsam hatten: Trotz. Ich hatte es schon am Telefon gespürt, und daß sie mich hinter der Tür erwartet hatte, war wie eine Szene aus einem Abenteuerfilm gewesen. Aber ich hatte ja selbst alles dazu getan, außer einen schwarzen Umhang und einen Schnurrbart zu tragen.

Um genau drei Sekunden vor zehn öffnete ich die Tür und raste auf die Straße. Arthur war pünktlich wie die Uhr; seine Autotür schwang auf, als ich den Kantstein erreichte, und noch bevor der Wagen stand, war ich drin, und wir rauschten ab, als wenn er einen Fluchtwagen steuerte.

Ich hatte noch ein paar freie Tage in L.A., bevor ich in Las Vegas auftrat, und in jeder freien Minute saßen Elvis und ich zusammen und lasen unsere Szenen. Colonel Parker kam an einem Freitag in die Stadt. Elvis sagte: »Er ist auf seinem Zimmer und schläft. Ich schnapp' ihn mir, wenn er frühstückt.«

Als ich aufwachte, hatte ich eine Nachricht von Elvis. Ich sollte ihn anrufen. Er sagte: »Kann ich zu dir rüberkommen? Oder du zu mir?« Schon beim Eintreten wußte ich, daß es schlechte Neuigkeiten gab. »Der Colonel ist dagegen.«

Ich setzte mich. »Hat er gesagt, warum?«

»So ungefähr, wie ich es mir gedacht habe. Daß wir damit keine Platten verkaufen würden und daß wir wahrscheinlich von Kramer kein so gutes Angebot für mich als Schauspieler mehr kriegen würden, wie das, was ich bekomme, wenn wir diese verdammten Musikfilme machen.« Ich sah die Tränen in seinen Augen und versuchte, ihn zu trösten.

»He. Na komm, du kriegst deine Chance schon noch. Es wird sich wieder etwas ergeben...«

Er begann zu schluchzen. »Darum geht es ja gar nicht. Es geht darum, daß du mein Freund bist und ich dir hier einen Haufen Mist erzähle. Entschuldige, Sam. Der wahre Grund ist, daß er sagt, daß unter all den vielen Leuten, die meine Schallplatten kaufen, eine Menge sind, denen es nicht passen würde, mich mit einem Schwarzen zusammengekettet zu sehen, den ich am Ende sogar mögen würde.«

Ich rief Sy Marsh an, um mich zu verabschieden, und er sagte: »Sweetheart, ich ruf' dich an, sobald ich einen Sendetermin habe.«

»Wann, denkst du, wird das sein?«

»Den Sendetermin kriege ich immer ein paar Wochen nach dem Drehen.«

»Ich frage nur, weil ich ein paar ganzseitige Anzeigen in den Fachblättern aufgeben will, als kleines ›Dankeschön‹ an GE.«

»Wunderbar. Die ganze Industrie wird diese Anzeigen sehen. Wir sind auf dem richtigen Weg, Kleiner.«

Das einzige, was ich sehen konnte, waren die roten Lichter an den Enden der Tragflächen, und ich stellte mir vor, wie friedlich es sein könnte, da draußen zu sitzen, meine Beine über die Kante baumeln zu lassen, durch den Raum zu reiten und die reine, frische Luft allen Druck von mir blasen zu lassen.

»Guck dir das an.« Arthur zeigte auf einen Artikel in einer der Zeitungen, die wir am Flughafen gekauft hatten. »Ratespiel: Von welchem tintenfarbenen Entertainer geht das Gerücht, daß seine Aufmerksamkeiten der Todeskuß für die Karriere welches blonden Filmstars seien?«

Ich öffnete eine Skandalzeitschrift und überflog »Die wahre Geschichte zwischen KIM und IHM«, ein Aufguß von all dem Klatsch und Tratsch. Die wahre Geschichte aus meiner Sicht war die Beleidigung für mich und alle Schwarzen. Kam es den Leuten, die so etwas schrieben, überhaupt nicht in den Sinn, was für ein Gefühl es sein könnte, zu hören: »Die Karriere einer Frau kann ruiniert werden, nur weil sie mit dir in Verbindung gebracht wird?« Verstanden sie nicht, daß es das war, was sie damit sagten? War es ihnen egal? Schlimmer – sie dachten nicht. Sie konnten nichts fühlen, das sie vielleicht zum Denken *veranlaßt* hätte, denn ihre Sensibilität war von einer dicken Schicht bedeckt, die Jahrhunderte von Dummheit hatten wachsen lassen.

Ich ließ mich in den Sitz fallen. Die Stewardeß kam vorbei. »Möchten Sie ein Kissen, Mr. Davis?« Ihre Augen huschten über die Zeitschriften, sie behielt ihr Lächeln bei und machte einen geschäftsmäßigen Versuch, das Urteil in ihren Augen zu überspielen. Während sie den Gang hinunterging, lehnte sich Arthur zu mir herüber und las laut. »Ratschlag für Sammy Davis, Jr., bevor es zu spät ist. Sammy, ich betrachte mich als deinen Freund, deshalb spreche ich, um dich zu bitten, vernünftig zu werden. Zerstöre eine vielversprechende Karriere nicht, und vielleicht auch deine eigene. Wäre es nicht viel angemessener für einen Mann von deiner Bedeutung, eine Ehre für seine Leute zu sein, anstatt ein Mann, dessen Leben nur Skandale, Skandale, Skandale sind? Denk darüber nach, Sammy, du bist zu klug dafür.« Arthur fragte: »Was wirst du tun? Wirst du sie weiterhin treffen?«

»Zum Teufel, warum nicht?« Ich drehte mich zu ihm. »Kannst du dir vorstellen, wie sehr ich die Schnauze davon voll habe, beobachtet, beurteilt und kritisiert zu werden? Ist dir aufgefallen, daß sogar die verdammte Stewardeß bereit ist, ihre Stimme darüber abzugeben, wie ich zu leben hätte?«

Er sah sich nervös um, ängstlich, daß jemand zuhörte, und sprach leise und beruhigend. »Ich habe nur gedacht, daß es dir möglicherweise mehr Schwierigkeiten machen könnte, als es wert ist.«

»Du kannst nicht davon aufhören, was, Arthur?«

»Hältst du es denn wirklich für klug, damit weiterzumachen?«

»Nein, aber ich werde es trotzdem tun.«

»Aber die ganze Welt sagt dasselbe...«

Ich wandte mich ab. »Wenn ich darauf gehört hätte, was die ganze Welt sagt, wäre ich Schuhputzer in Harlem.«

Auf der Premiere in Las Vegas gab es eine Pause von all den Anzüglichkeiten und unerwünschten Ratschlägen. Die Show zündete, und ich war mit dem Publikum wie in einem Vakuum, nur ich und diese Leute, deren Namen ich nicht einmal kannte und die doch die besten Freunde waren, die ich hatte. Offensichtlich hatten sie von all diesen üblen Gerüchten gehört, aber es schien ihnen nichts auszumachen, und so wollte ich ihnen etwas von den guten Nachrichten erzählen. »Seit Jahren versuche ich nun schon, eine Rolle als Schauspieler im Fernsehen zu bekommen, doch diese Türen waren Farbigen immer verschlossen... Aber ich habe eine gute Nachricht. Ich komme gerade aus L.A., wo ich die Ehre hatte, eine Hauptrolle in einer demnächst ausgestrahlten Episode des GE-Theaters zu spielen...« Ein Mann an einem der Tische ganz vorne begann zu applaudieren. »Danke. Ich liebe euch. Es ist klar, daß ihr Freunde seid, sonst wäret ihr nicht hier. Deshalb wollte ich auch meine Neuigkeit mit euch teilen, denn wenn ihr nicht wäret, dann würde ich hier nicht stehen und logischerweise auch keine Rolle im GE-Theater haben. Also, vielen Dank. Und haltet die Augen offen, wann die Sendung läuft. Ich möchte, daß ihr sie anseht. Und wenn ihr gerade ein neues Bügeleisen oder einen Kühlschrank braucht, es gibt da einen Hersteller, den ich sehr empfehlen möchte...«

Ich rief Sy an. »Wann wird es gesendet, Kleiner? Ich hab' meinem Publikum schon Bescheid gesagt, daß sie es sich ansehen sollen.«

»Das ist prima, Kleiner. Bleib dran. Ich habe immer noch keinen Sendetermin bekommen, aber wenn ich nicht binnen einer Woche von ihnen höre, rufe ich Harry an.«

Ich blätterte die Zeitungen durch. »Sammy Davis, Jr. erhielt eine Warnung von Großgangstern aus Chicago. Wenn er die blonde Schauspielerin noch einmal wiedersieht, werden ihm beide Beine gebrochen und an den Knien abgerissen.«... »Der Boss einer gewissen großen Filmgesellschaft hat ein Foto von SD, Jr. an der Wand seines Büros und übt daran Pfeilwerfen.«

Das mußte Harry Cohn sein, der Chef der Columbia, Kims Studio. Es war bekannt, daß er Beziehungen besaß, und man unterstellte, daß er einen Betrag auf mich ausgesetzt hatte. Ich wählte eine Nummer in Chicago und fragte nach Dr. Goldberg. Sam Giancana benutzte diesen Namen, wenn er mich anrief, etwa wenn wir in derselben Stadt waren und er wollte, daß ich mit ihm und Phyllis McGuire, mit der er ein Verhältnis hatte, ausging.

»Wer ruft ihn an?«

»Sammy Davis, Jr.«

»Wo sind Sie? Er ruft Sie zurück.«

Schon fünf Minuten später fragte Murphy: »Kennen Sie einen Dr. Goldberg?« Murphy war noch neu.

»Ich nehm's an, Kleiner.« Nachdem wir mit den Höflichkeiten durch waren, fragte ich: »Sam, habe ich Schwierigkeiten mit deinen Jungens?«

»Nein. Und selbst wenn, du weißt, ich würde es für dich erledigen.«

»Danke. Das wußte ich. Ich wollte mich nur noch mal vergewissern.«

Ich hatte Premiere in Lake Tahoe. Wenn du stirbst, kannst du nur hoffen, daß der Tod so gut wird, wie es war, als du im Harrahs Club als Nummer eins aufgetreten bist. Bill Harrah zahlte gutes Geld und dazu alle Extras. Bill war der Meinung: »Dies sind ungewöhnliche Menschen, die einen bestimmten Lebensstil haben, in Beverly Hills, Bel Air oder wo auch immer. Ich will, daß Sie auf die Bühne kommen und die beste Show liefern, die Sie bringen können, und Sie sollen nicht davon abgelenkt werden, daß der Raum oder das Essen oder der Service nicht das sind, was Sie gewohnt sind. Wenn wir alle Privilegien mit einrechnen, kostet das noch mal fünftausend Dollar die Woche für eine Qualitätsvorstellung, aber es lohnt sich.«

Bill stellte ein Haus mit vier Schlafzimmern am See zur Verfügung, mit einem Service rund um die Uhr. Die Mannschaft bügelte, nähte und kochte alles, was man wollte, und es gab immer die Hotelküche, falls man Appetit auf etwas anderes hatte. Das Haus hatte ein Schwimmbecken und so viele Rolls-Royces, wie man benutzen konnte. Nach der Premiere rief ich Sy an. Ich hatte immer noch keinen Sendetermin vom GE-Theater, und ich fragte, ob irgend etwas schiefgelaufen sei.

»Was könnte schieflaufen, Sweetheart? Es ist alles unter Dach und Fach. Fertig zur Vorführung. Aber Terminplanung beim Fernsehen ist kompliziert, das ist ein Schachspiel. Ich geb' dir Bescheid, sowie ich etwas weiß.«

Ich sah mir jede Woche das GE-Theater an. Nach zwei Monaten merkte ich, daß sie eine Show von Bob Culp brachten. Ich erinnerte mich, wie er davon erzählte, und sie war *nach* unserer gedreht worden.

Ich rief Sy an und machte ihn darauf aufmerksam. »Außerdem ist nicht mehr allzuviel übrig von dieser Saison.«

»Du hast recht,« sagte Sy, »das ist nicht normal. Sofort nach unserem Gespräch gehe ich rüber zur Universal und verlange, daß sie mir einen Sendetermin geben. Ich rufe in ein paar Stunden zurück.«

Als ich nach der zweiten Vorstellung ins Haus zurückkam, war Sy am Telefon. »Sam...« Irgend etwas stimmte nicht. Er hatte mich noch nie bei meinem Namen genannt. »Paß auf, ich bin hier in Tahoe. In der Hotelhalle...«

Ich wartete an der Tür und führte ihn ins Wohnzimmer. Er versuchte, zu lächeln, aber er schaffte es nicht. Irgend etwas fraß an ihm, und ich wußte, es war wegen mir, daß es um etwas ging, das er mir sagen mußte. »Sieh mal, Sy, es ist mir klar, daß du nicht nach Tahoe geflogen kommst, um mir eine gute Nachricht zu bringen. Es ist eine schlechte, habe ich recht?«

»Ich konnte es dir nicht am Telefon sagen. Es macht mich krank, aber ich will dich nicht anlügen, und es gibt nichts, was es leichter machen könnte: GE will die Sendung streichen.«

»Streichen?«

»Ja. Auf den Abfall damit. Lieber den Verlust hinnehmen, als sie zu zeigen.«

»Aber warum? Jeder mochte die Show.«

»Ich erzähle dir, wie es war. Ich ging rüber zu Alan Miller, dem Präsidenten der Universal, und verlangte von ihm einen Sendetermin. Er sagte: ›Setz dich, Sy, und laß uns darüber reden. Wir müssen diese Show sterben lassen. Das Problem ist folgendes. Die Werbeagentur von General Electrics schickt Repräsentanten her, um den Film zu begutachten, sie sehen einen Farbigen in einer Hauptrolle, sie verkaufen dreiundsechzig Prozent aller GE-Produkte südlich der Mason-Dixon-Linie, sie sagen, ihre weißen Kunden und Händler werden sie boykottieren: Also, wir können die Show auf keinen Fall senden.‹

Ich war fertig. Ich sagte: ›Alan, diese Nachricht wird Sammy am Boden zerstören. Er rechnet damit. Er erzählt es seinem Publikum und macht Werbung für GE, er hat in seiner Rolle wunderbare Arbeit geleistet.‹ Alan sagte: ›Es ist nicht meine Entscheidung, Sy. Auf der menschlichen Ebene bin ich mit dir einer Meinung. Aber der Sponsor ist der Boss. Es tut mir leid, Sy, aber GE hat die Show bezahlt, und GE hat das Recht, sie sterben zu lassen.‹ Ich sagte ihm: ›Das wird Sammy umbringen. Das ist falsch. Das ist nicht gerechtfertigt. Wenn diese Show nicht über den Sender geht, wende ich mich an die Presse. Ich werde General Electric ruinieren.‹ Dann bin ich gegangen.

Sofort, als ich in mein Büro kam, sagte meine Sekretärin mir, daß mich Abe Lastfogel unverzüglich zu sehen wünschte. Alan Miller hatte ihn angerufen und ihm erzählt, daß ich ihm gedroht hätte. Er sagte: ›Sy, ich brauche dir wohl nicht zu erklären, daß wir das ganze Jahr über mit Universal zusammenarbeiten. Willst du das Verhältnis wegen dieses einen Vorfalls verschlechtern?‹ Ich sagte: ›Nein, Sir. Ich will unser Verhältnis zu Universal nicht verschlechtern. Aber ich sage Ihnen, Mr. Lastfogel, dies ist unfair, und ich kann nicht zulassen, daß es geschieht.‹ Er sah mich kalt an. ›Wollen Sie Ihren Job aufs Spiel setzen?‹ Das war ein Schock, ich bekam Angst und fragte: ›Soll das heißen, daß mein Job zur Verfügung steht, wenn ich dies weiterverfolge?‹ Ich war so wütend, daß ich sagte: ›Wenn das der Fall ist: ja, Sir, dann bin ich bereit, meinen Job zu verlieren.‹«

Ich konnte es nicht mehr ertragen. »Sy, es tut mir leid...«

»Warte, Sweetheart, laß mich ausreden. Mr. Lastfogel sieht mich eine verdammt lange Zeit mit Knopfaugen an, und dann sehe ich, wie ein Lächeln auf seinem Gesicht erscheint. Er sagt: ›Nun... dann laß uns mal sehen, was wir tun können‹, und er ruft Alan Miller an. ›Alan, es hat den Anschein, als sei Sy Marsh ein junger Mann mit Rückgrat.

Ich habe ihm gedroht, daß er seinen Job verliert, aber er will nicht von der Sache lassen. Wenn ich ihn rausschmeiße, hat er nichts zu verlieren und wird die Sache an die ganz große Glocke hängen, so daß alle darunter leiden werden. Ich denke, du solltest noch mal mit dem Sponsor sprechen.‹ Und so steht es jetzt, Süßer. Entweder sie entscheiden, daß sie die Show senden, oder ich schalte die Presse ein.«

Ich wußte nicht, was ich sagen sollte, welche Worte hätten meine Dankbarkeit dafür ausdrücken können, daß er seinen Job aufs Spiel gesetzt hatte und daß er zumindest eine Spitzenverbindung zu Universal verlor.

Als er gegangen war, starrte ich auf den See hinaus. Ich konnte verstehen, daß Tom Parker, ein Südstaatler, Angst hatte, daß es Elvis schaden könne, wenn er mit mir in Verbindung gebracht wurde. Elvis konnte bis in alle Ewigkeit Strand- und Bikinifilme für eine Million das Stück drehen. *Das* sollte man nicht aufs Spiel setzen. Aber ich konnte einfach nicht begreifen, daß die Opposition gegen meine Hautfarbe so stark war, daß ein kommerzieller Sponsor es vorzog, einen 50000 Dollar teuren, wirklich guten Film auf den Abfall zu schmeißen.

Ein paar Tage später in New York, im Copa, kam ich gerade von der Bühne, als Sy anrief. »Du wirst es mir nicht glauben, wenn ich es dir sage.«

»Sie werden ihn tatsächlich verbrennen?«

»Schlimmer. Sie nehmen ihn als Einstieg für die nächste Saison. Das ist aber nicht so gut, wie es sich anhört. Es ist nur eine elegantere Lösung, den Film sterben zu lassen. Das GE-Theater steht in Konkurrenz mit Dinah Shore, die, das brauche ich dir nicht zu erzählen, die heißeste Show von allen Sendern bringt, und sie wird die Saison mit Rock Hudson eröffnen, der noch nie in einem Fernsehvarieté aufgetreten ist. Jeder Fernsehapparat in Amerika wird auf den Kanal eingestellt sein. GE setzt dich dagegen, um die geringstmögliche Zuschauerquote für deine Show zu bekommen.«

»Sie denken, keiner wird merken, daß ich überhaupt im Fernsehen aufgetreten bin.«

»Sie haben gewonnen. Wir können weder eine Pressekampagne starten noch sie verklagen. Sie würden sagen: ›Was ist los? Wir eröffnen sogar unsere Saison mit Sammy.‹«

Es ergab keinen Sinn. Nichts ergab Sinn. Außer, daß ich meine Arbeit tun mußte. Ohne das gab es überhaupt keine Hoffnung. Ich ging ins Copa zurück und zwang mich, mir zu vergegenwärtigen, wie die Dinge sich dort verändert hatten. Es gab Gründe für mich, optimistisch zu sein. Vielleicht würden sie sich auch anderswo ändern. Vielleicht konnte ich mithelfen, sie zu ändern.

Sy rief mich in Miami an, im Eden Roc, am Morgen, nachdem mein GE-Theater über den Sender gegangen war. »Sweetheart, die Einschaltquoten sind da, und in New York, Chicago, Philly und L.A. hast du Dinah überflügelt.«

Als sämtliche Einschaltquoten vorlagen, waren wir nur einen halben Punkt hinter Dinah. GE wartete auf die Briefflut an das Studio. In den Briefen standen Dinge wie: »Es wurde Zeit, daß Sie eine Hauptrolle mit einem Schwarzen besetzten...« Es gab einige Haßbriefe, im Verhältnis gesehen waren es aber wenige. GE erzählte Sy, daß sie mich für eine Show in jedem Jahr einkaufen wollten. Und dann wurde ich für einen Emmy nominiert.

8

Am Premierenabend in Vegas wartete ein Freund – einer meiner Freunde mit sehr guten Verbindungen – in der Garderobe. Er sagte: »Wir müssen uns unterhalten.« Ich nahm ihn mit in mein Schminkzimmer und schloß die Tür. »Sam, du hast Schwierigkeiten mit den Jungs.«

»Nein, das ist schon okay. Danke, ich weiß das zu würdigen, aber ich habe mit Sam in Chicago gesprochen, und es waren nur Schmierereien in den Klatschspalten. Außerdem gibt es die Beziehung sowieso nicht mehr.«

Er schüttelte den Kopf. »Ich spreche nicht von Chicago. Ich spreche von L.A., an der Westküste. Harry Cohn dreht durch. Er hat den Auftrag gegeben, dir die Beine zu brechen. Und die Jungs haben die Angewohnheit, die Kniescheiben so mit einem Vorschlaghammer zu zertrümmern, daß sie nicht mehr zusammenzuflicken sind. Sei vorsichtig, Sam, es macht ihnen Spaß, Leuten Verletzungen zuzufügen, und möglicherweise hätten sie auch Lust, dir dein gesundes Auge auszustechen.« Ich setzte mich, weil ich nicht mehr stehen konnte. Wenn dieser Mann etwas sagte, dann war es hundertprozentig. »Gut, wir können dich schützen, solange du in Vegas bist, das weißt du. Hier kommt niemand rein. Wenn du hier arbeitest, bist du sicher, auch in Chicago, Miami, New York – wir werden da sein. Aber fahr nicht nach Hause, bevor du die Angelegenheit mit Cohn geklärt hast.«

»Wie soll ich das machen?«

»Keine Ahnung. Das ist eine Sache zwischen euch beiden. Aber nimm den Ratschlag eines Freundes an: wenn ich du wäre, würde ich mir was einfallen lassen.«

Mein Vater war übers Wochenende aus L.A. gekommen, und durch die Art, wie er die Garderobentür schloß, wußte ich, daß er nicht sagen würde: »Prima Vorstellung, Junge.« Er reichte mir einen Zeitungsausschnitt. »Poppa, ich muß dir zeigen, was sie in unseren Zeitungen über dich schreiben. Mama hat diesen Bericht gelesen, und er hat ihr sehr weh getan.«

Sammy Davis, Jr., einst ein Stolz aller Schwarzen, ist zu einem ständigen Ärgernis geworden. Die Berichte von Mr. Davis' Liebesabenteuern, seine Wechsel von einem Schlafzimmer ins nächste, die uns auf den Titelseiten endloser Skandalmagazine entgegenkommen, ziehen uns mit ihm durch den Schmutz. Errol Flynn mag vielleicht aus dieser Art von Publicity Vorteile ziehen, doch bei einem von uns sieht sie nicht gut aus. Mr. Davis ist nie besonders rassenbewußt gewesen, doch der gegenwärtige Skandal zeigt, daß er seine Verantwortung als Farbiger auf eine unverantwortliche Weise ignoriert. Schau in den Spiegel, Sammy. Du bist immer noch einer von uns.

Ich ließ die Zeitung fallen. »Ich brauche keinen Spiegel, um mich daran zu erinnern. *Niemand* in dieser gottverdammten Welt kann mir dieses Bewußtsein nehmen.«

Will sah mich böse an. »Ich habe mein Leben lang eine saubere Show gebracht, aber so wie du dich im Schmutz herumsuhlst, wird noch der Tag kommen, wo die Leute aufhören, ihre Familien mit in unsere Show zu bringen.« Er verließ das Zimmer. »Poppa, ich...« Es folgte ein langes Schweigen. Dann: »He, was hältst du davon, wenn wir uns ein bißchen was zu essen besorgen. Vielleicht chinesisch, nur wir beide?«

»Ich bin nicht besonders hungrig, Dad.«

»Na ja... Ich schätze, ich werde mal ins Kasino reinschauen.«

Als ich mich umgezogen hatte und herauskam, stand er an einem Würfeltisch. Seine Miene hellte sich auf. »Schön, dich zu sehen, Junge.«

»Bist du sicher, daß es in Ordnung ist, daß ich jetzt hier bin? Hast du keine Angst, daß die Zeitungen mich Onkel Tom nennen könnten oder reicher Nigger?«

»Sammy...«

»Bis später, Dad.« Ich ging rüber zum Fenster des Kassierers. »Gib mir fünftausend.« Ich setzte mich an einen Blackjack-Tisch und schob fünfhundert Dollar ins Spiel. Mindestens fünfzig Leute standen um mich herum und stöhnten, als ich Blatt für Blatt verlor. »Gib mir am besten noch fünftausend, Junge.« Ich unterschrieb die Quittung und spielte weiter. Es kam mir alles so albern vor: Ich unterschreibe, ein Mann gibt mir einen Haufen Chips, ich lege sie auf den Tisch, und ein anderer Mann nimmt sie weg. »Gib mir noch fünf, Kleiner.«

Eine Cocktail-Kellnerin kam vorbei. »Coke, Sammy?«

»Das ist die Publicity vom letzten Jahr, Darling. Jetzt ist es Jack Daniels.« Ich ging zu dem Würfeltisch hinüber und tippte meinem Vater auf die Schulter. Er drehte sich um und lächelte. »Ich dachte, es würde dich interessieren, Dad. Ich habe gerade neununddreißigtausend Dollar verloren!« Ich wartete darauf, daß er schockiert sein oder wütend werden würde, doch er sah nur traurig aus, und ich hätte mich am liebsten umgebracht. Ich legte meine Hand auf seinen Arm, dann ging ich weg.

Ich brachte meine zweite Vorstellung, betrank mich im Clubraum und stolperte halb besoffen in meinen Wagen. Als ich keine Lust mehr hatte weiterzufahren, sah ich mich um. Ich befand mich vor dem Silver Slipper.

Ich schlug auf den Tresen und rief aus: »Wirt! Bringt Wein für meine Pferde und nichts für meine Männer!« Sehr witzig. Zitate aus meiner Nummer.

Der Barmann grinste. »Was darf es sein, Sammy?«

»Einen kleinen Daniels, alter Kumpel, einen kleinen doppelten Daniels für den alten Sam, damit er die verlorene Zeit aufholen kann.« Die Show war zu Ende, und die Mädchen kamen heraus. *Hm, welche Dirne frommt euch, Milord?* ... Eine von ihnen kam zu mir herüber. Der Körper kam mir bekannt vor... aber ich konnte mich nicht an das Gesicht erinnern.

»Hallo, Sammy.«

Ich versuchte sie klar ins Visier zu kriegen, aber sie bewegte sich ständig. Ich bewegte meinen Kopf vor und zurück, um in den gleichen Rhythmus mit ihr zu kommen. »Kenn' ich dich nicht?... Ich *weiß*, daß ich dich kenne... oh, um Himmels willen, hallo, Loray, was machst *du* denn hier?«

»Ich arbeite hier. Ich hoffe, du bist in deiner Verfassung nicht mit dem Wagen hergefahren.«

»Keiner ist gefahren, Herr Wachtmeister, wir waren alle auf dem Rücksitz und haben gesungen. Wie ist es dir ergangen, Loray, meine Süße?«

»Gut, Sammy. Und wie ist es mit dir?«

»Ausgezeichnet. Wahnsinnig! Liest du keine Zeitungen?« Sie nickte. »Ich bin 'n großer Star, hm? Trink was mit mir, Loray! Was willst du trinken?«

»Ich nehme ein Glas Champagner.«

»In Ordnung. Jetzt erinnere ich mich. Barmann! Champagner für die Dame und noch 'n Augenröter für den alten Sam.« Ich grinste. »Wo bist du denn bloß die ganze Zeit gewesen, Loray?«

»Ich hatte verschiedene Engagements in Südamerika...«

»Rio oder Mississippi?« Ich wurde immer origineller. »Komm, spielen wir ein bißchen.«

»Nein, Sammy. Und ich denke, du solltest auch nicht spielen.«

»Was? Von wegen. *Mir* hat niemand zu sagen, wann ich spiele.« Ich nahm ein Bündel Geldscheine aus der Tasche. »Siehst du das? Tausende!« Ich gab ihr eine Handvoll und manövrierte sie zum Würfeltisch hinüber. »So, jetzt zeigen wir's denen aber.« Ich hatte sofort eine Glückssträhne, aber es interessierte mich nicht.

»Komm, Loray, das ist langweilig.«

Sie schnappte nach Luft. »Du bist verrückt. Du hast eine Strähne.«

»Ich habe 'ne Strähne, und ich habe heißes Blut.« Ich stopfte die Hundertdollarchips, die ich gewonnen hatte, in meine Tasche. »Ach, die beulen mir nur die Hosen aus.« Ich nahm eine Handvoll heraus und gab sie ihr. »Kauf dir einen Hut.« Sie war völlig durcheinander. »Sag nichts, holde Maid. Das ist nur ein Groschen. Ich habe tausend Morgen feinsten Rinderlandes, so weit das Auge sehen kann...« Wir gingen an die Bar zurück. »Weißt du, du bist ein wunderschönes Mädchen, Loray. Du bist eine tolle Braut, weißt du das? Wieso haben wir aufgehört, miteinander auszugehen?«

»Das weißt du besser als ich, Sammy. Du bist einfach verschwunden.«

»Wir hatten doch eine schöne kleine Affäre. Nichts Berauschendes, aber irgendwie war es doch schön, oder?« Ich erinnerte mich wieder. Sie konnte es nicht spielen, das Bäumchen-wechsle-dich. Ich hatte ein Heim und einen Herd gerochen und die Stadt verlassen, ohne sie wieder anzurufen. *Vielleicht war das dumm gewesen... vielleicht hatte ich die ganze Zeit nur eine Frau gebraucht, vielleicht ist es das, was ich jetzt brauche. Wenn ich verheiratet wäre, würde ich irgendwo hingehören. Ich würde die Skandalpresse loswerden. Harry Cohn wäre zufriedengestellt. Sie ist schön. Sieht besser aus als je zuvor. Hey, das ist 'ne wunderschöne Braut, Charley. Sie versteht was vom Geschäft, und sie ist eine Dame.* »Weißt du, Loray, wenn ich nur ein bißchen Verstand hätte, würde ich dich heiraten. Es war mir nie ernster in meinem Leben. Glaubst du, ich sage das jeder, die ich treffe? Das habe ich nicht nötig, um 'ne Braut abzuschleppen. Sie kommen mir zu den Ohren raus. Nur weil ich einen Fehler gemacht habe, bedeutet das ja nicht, daß ich denselben Fehler mein ganzes Leben lang machen muß, oder? Oder?«

»Ich will nicht undankbar sein, aber du bist betrunken, Sammy.«

»Klar, bin ich, aber ich weiß, was ich tue. Warum glaubst du, bin ich überhaupt hier reingekommen? Hey, trink noch einen mit mir, Loray. Was möchtest du trinken?«

»Immer noch Champagner.«

»Kellner, Champagner für die Dame und was zu saufen für Sam. Aber klar doch, Loray, Süße. Was denkst'n du? Daß sie im Sands nichts zu saufen haben? Ich mußte doch nicht extra hierherkommen, um einen Drink zu bestellen.«

»Bitte, vielleicht findest du das witzig...«

»Hey, beruhige dich! Habe ich dich schon jemals gefragt, ob du mich heiraten willst?«

»Nein, aber...«

»Beantworte die Frage. Habe ich mich schon jemals gefragt, ob ich dich heiraten will?«

Sie lächelte. Ich merkte, daß ich mich versprochen hatte. »Okay. Ich nehme deinen Antrag an.«

»Wirklich? Hey, das ist ja ganz schön verrückt.« Ich lehnte mich zurück, um sie deutlicher erkennen zu können. *Sie ist so natürlich. Das ist genau das, was ich brauche. Ein nettes Mädchen, bei dem ich mich zu Hause fühlen, jemand, den ich mit Stolz als meine Frau vorstellen kann; in der Öffentlichkeit werde ich plötzlich als ganz normal erscheinen. Die Zeitungen werden die Geschichten von dem »wilden Burschen« fallen lassen. Die schwarze Presse wird durchdrehen; sie werden das einsaugen wie Honigseim. Es wird Umarmungen und Küsse geben und Titelseiten mit Komm-nach-Hause-Junge-es-soll-alles-vergeben-sein.* Und das Harry-Cohn-Problem wäre auch gelöst! Was könnte ihn glücklicher machen, als daß ich geheiratet habe und aus dem Verkehr gezogen bin? Eine große Entscheidung würde alle meine Probleme lösen.

Ich stand auf. »Komm. Laß es uns bekanntgeben.« Während ich sie zum Orchesterpodium führte, kam mir die ganze Idee immer besser vor. *Auf Nimmerwiedersehen, Charley Single.* »'tschuldigt, Leute. Ich muß was ansagen.« Es wurde sofort still im Saal. »Meine Damen und Herren, ich bitte um Ihre Aufmerksamkeit...«

Der Pressemann des Clubs schob sich durch die Menge zu uns. »Können Sie hier warten, bis ich einen Fotografen besorgt habe? Bitte. Nur ein paar Minuten.« Ich nickte, und als er sich umdrehte, um abzuzischen, stieß ich ihn in die Rippen. »Glückwunsch, Kleiner.« Menschen boten uns Drinks an. Ach, ist das schön, und alle sind begeistert. »Etwas zum Anstoßen für das glückliche Paar! Wie oft kommt es schon vor, daß man heiratet? Was willst du trinken, Loray, mein Schatz?«

Arthur stand nahe an meinem Kopf. »Sammy? Bist du wach?« Warum zum Teufel flüstert er denn? Warum redet er nicht einfach, wenn ich wach bin? Und wenn ich schlafe, soll er mich ganz in Ruhe lassen. »Sammy, dein Vater ist am Telefon. Er will wissen, was es mit der Verlobung mit Loray White auf sich hat.«

O Gott. Ich begann mich aufzusetzen, aber ich griff an meinen

Kopf und sank zurück ins Kissen. »Ich rufe zurück. Und, Arthur, bring mir 'ne Coke mit viel Eis.« Ich erholte mich und versuchte, den Abend auf die Reihe zu kriegen.

»Wie hat mein Vater davon erfahren?«

»Aus dem Radio. Und heute steht es in allen Zeitungen. Die Titelseite hier in Vegas. Wann hast du wieder mit Loray angefangen?«

»Frag nicht so viel, Kleiner. Ich muß nachdenken.«

»Was soll das heißen? Stimmt es nicht?«

»Arthur, ich war besoffen, und mein Whisky hat sie gefragt, ob sie mich heiraten will.«

»Aber du hast sie jahrelang nicht gesehen. Womit ich nicht sagen will, daß sie nicht ein wahnsinnig nettes Mädchen ist...«

»Arthur, sie ist ein bezauberndes Mädchen. Aber Eleanor Roosevelt ist auch ein bezauberndes Mädchen, und ich liebe sie trotzdem nicht.«

»Dann wirst du sie nicht heiraten?«

»Was glaubst *du* denn? Du weißt, daß Loray und ich uns vor zwei Jahren getrennt haben. Glaubst du wirklich, daß ich sie jetzt *heiraten* will?« Mein Kopf platzte mir fast, als ich schrie.

»Loray ist klug. Sie fragt sich wahrscheinlich schon, ob du es noch willst.«

»Sie weiß, daß ich voll war...« Ich sah einen Hoffnungsschimmer. Er reichte mir einen Stapel mit Nachrichten, die über Telefon gekommen waren. »Alle Zeitungen aus L.A. haben angerufen. Draußen steht ein Kerl von einer der Radiostationen. Die schwarze Presse hat alle zehn Minuten angerufen. *Jet, The Courier*, eine Frau aus New York – eine soundso Cunningham.«

»*Evelyn* Cunningham?«

»Ja, die war es. Sie war ganz aufgeregt...«

Die schärfste Kolumnistin in der schwarzen Presse.

Selbst wenn Loray mich vom Haken läßt, werden sie mir das in die Ohren blasen: »Er brauchte sie nur für Publicity.« »Er will sie nicht, weil sie nicht weiß ist.« Bevor sie damit durch sind, wird es nicht einen einzigen Schwarzen im ganzen Land mehr geben, der noch ein Wort mit mir spricht.

Ich nahm den Telefonhörer auf, um Bill Rowe anzurufen, der die New Yorker Presse für mich betreute. Er würde sie im Zaum halten können. Doch das andere Telefon läutete, und ich hörte, wie Arthur sagte: »Ja, er ist da, Mrs. Cunningham.«

Ich zischte: »Ich schlafe noch.«

Er verdeckte die Muschel. »Aber ich habe gesagt, du bist wach.«

Ich drohte ihm mit der Faust und nahm den Hörer. »Hallo, Mrs. Cunningham, wie nett, von Ihnen zu hören.«

»Hally, Sammy. Ich glaube, Glückwünsche sind angebracht.«

Sie sagte es prüfend, als eine Art Testfrage. »Danke, Mrs. Cunningham. Das ist sehr nett von Ihnen.«

»Dann ist es also wahr?« Ich spürte, wie das Telefon sich erwärmte. »Sie und Loray White *sind* verlobt?«

Der Sarg war zugenagelt. »Ja, gnädige Frau. Wir haben uns gestern abend versprochen, wie man sagt.«

»Das ist ja wunderbar.« Es hörte sich an, als wenn sie dachte: haben wir uns in ihm getäuscht? »Wann werden Sie heiraten?«

»Wir haben das Datum noch nicht festgelegt. Aber ich hoffe bald.«

»Wird Loray ihre Karriere fortsetzen? Oder wird sie mit Ihnen reisen?«

»Nun ja... wenn sie ihre Karriere fortsetzen will, habe ich natürlich nichts dagegen – sie ist sehr begabt, wissen Sie.«

»Vielleicht möchte sie mit Ihnen zusammen auftreten?«

Noch ein Partner. »Nun, das ist sicherlich eine interessante Idee. Aber selbstverständlich könnte niemand meinen Vater und meinen Onkel ersetzen.« Blablabla.

»Sammy, ich finde das wunderbar. Ich freue mich mit Ihnen. Manchmal braucht ein Mann etwas Verantwortung.«

Arthur glotzte mich an, als ich auflegte. Ich warf ihm einen bösen Blick zu. »Vielen herzlich Dank, Arthur. Für eine der größten und dümmsten Taten unserer Zeit.«

Das Telefon läutete. »Geh ran, Kleiner. Tiefer kannst du mich nicht mehr begraben.«

Er flüsterte: »Dr. Goldberg.« Ich griff nach dem Hörer. »Sammy, hör zu, als wir uns neulich unterhielten, wußte ich nicht, daß du Schwierigkeiten in L.A. hast. Ich rufe dich an, weil ich gerade mit einem Verbindungsmann in L.A. gesprochen habe. Er sagte: ›Du bist ein Freund von Sammy, bestell ihm, daß Mr. Cohn sagt, das geht so in Ordnung.‹ Also, entspann dich, Junge, der Druck ist weg.«

Ich sagte zu Arthur: »Ruf Loray an und frag sie, ob sie heute nachmittag um fünf hiersein kann.«

Er hängte ein. »Sie wird kommen. Was wirst du tun?«

Ich konnte nicht atmen, ohne daß mir schlecht wurde. »Ich werde alles erklären und sie bitten mitzumachen. Wir werden heiraten, wir werden für eine Weile ein gutes Bild abgeben, und dann werden wir uns scheiden lassen.«

»Glaubst du, daß sie das mitmacht? Du hast sie nicht so behandelt, daß sie scharf darauf sein könnte, dir einen Gefallen zu tun. Und wenn ein Mädchen erst mal Mrs. Sammy Davis, Jr. ist, wird sie das so schnell nicht wieder loslassen.«

»Arthur, ist das langsam alles, was du heute an guten Nachrichten für mich hast?«

»Ich meine ja nur, daß es sich vielleicht nicht lohnt. Du hast schon öfter Unannehmlichkeiten mit der Presse gehabt.«

»Natürlich lohnt es sich nicht. Aber diesmal kann ich mir die Unannehmlichkeiten nicht leisten.«

»Warum denn jetzt weniger als sonst?«

»Kleiner, eines mußt du wissen: wenn ich jetzt aussteige, bin ich ein toter Mann.«

Will kam herein. »Ist das wahr, Mose Gastin?« So hatte er mich schon seit Jahren nicht mehr genannt. Er sah verwirrt aus, warum hätte er unter diesen Umständen auch anders aussehen sollen?

Ich nickte. »Liebst du dieses Mädchen?« Er versuchte in meinem Gesicht zu lesen. »Hast du sie in Schwierigkeiten gebracht?«

»Nicht so, wie du denkst. Massey, ich war betrunken und habe sie gefragt, ob sie meine Frau werden will. Öffentlich.«

»Na ja, dann mußt du dich stellen und sagen, daß alles ein Irrtum war.«

»Klar, ich werde ganzseitige Anzeigen im *Defender*, in den *Amsterdam News* und im *Courier* aufgeben: ›Tut mir leid, Leute, es war ein Irrtum. Der alte Sam war nur besoffen. Hahaha!‹ Massey, ich habe darüber nachgedacht. Es gibt keine andere Möglichkeit, mit der Sache fertig zu werden.«

Ich ging ins Badezimmer, aber er folgte mir, Arthur hinter ihm. »Sammy, nichts ist so schlimm, wie jemanden zu heiraten, den man nicht liebt.« Er sprach sehr behutsam – als wäre ich ein Insasse einer Verrücktenanstalt.

Arthur nickte. »Ich stimme Will zu, Sammy.«

Ich sah ihn böse an. »Tust du das, Doktor?« Er zog sich zurück. »Paßt auf, Leute, das ist mein Leben. Ich habe mir die Suppe eingebrockt, und ich werde sie auch auslöffeln.«

Loray saß steif und aufrecht auf der Couch und rechnete damit, daß ich sagen würde: »Es ist alles ein Irrtum.« Ich sagte: »Loray... ich brauche deine Hilfe.«

»Du mußt mich nicht heiraten, Sammy.«

Nachdem ich ihr meine Idee erklärt hatte, sah sie mich nur an, dann stand sie auf. »Gut.«

»Großartig. Ich weiß nicht, wie ich dir danken soll. Ich rufe dich an, sobald ich dich brauche.«

Mein Vater versuchte, es mir auszureden; jeder wußte, was das Beste für mich war. Ich bestellte das Aufgebot. Je eher, desto besser.

Am Tag der Hochzeit gab ich nur eine Vorstellung im Sands. Loray saß ganz vorne. Ich stellte sie vor und brachte all die Sprüche, die das Publikum von einem Burschen erwartet, der gerade geheiratet hat. Ich trank ein paar Schlucke Bourbon mit einigen Leuten, die in die Garderobe gekommen waren, aber ich konnte die Fassade nicht länger aufrechterhalten. Ich schickte sie mit Loray zur Party vor. Ich weiß nicht, warum sie dachten, daß ich allein sein wollte, aber sie kniffen die Augen zu, grinsten und gingen. Ich verschloß die Tür. Ich hätte es nicht ertragen, zu sehen, wie sie sich gegenseitig in die Seiten stießen: »Sieh mal, er weint vor Glück.«

Ich las ein paar der Telegramme, die von allen Seiten eingegangen waren, von Leuten, die mir etwas Gutes wünschten. Wie billig konnte ich noch werden? Ich mißbrauchte ihre Wärme und Zuneigung und brachte sie in wenig schmeichelhafte Lagen wie diese.

Vom Hochzeitstag an wußte jeder im Geschäft, die Presse, all die schlauen Geldleute, daß die Hochzeit getürkt war. Da sie keine Ahnung hatten, warum, griffen sie nach den nächstliegenden Gründen, und die Presse stürzte sich auf mich, als wäre ich der dritte Weltkrieg: ›Ein blonder Filmstar hat 20 Pfund abgenommen. Ohne Diät. Sie bat die Liebe ihres Lebens, eine andere zu heiraten, um ihre Karriere zu retten, und nun sehnt sie sich nach ihm und weint sich jede Nacht in den Schlaf...« – »Die Tatsachen: Mrs. Sammy Davis, Jr. hat einen Sechsmonatsvertrag mit ihrem Gatten. Der Handel: schäbige 10000 Dollar und keine weiteren Forderungen...« – »Insider sagen, daß Harry Cohn einem Sänger und Tänzer – raten Sie, wem! – 50000 Dollar gezahlt hat, um ihn von Columbias Kassenstar Nummer eins fernzuhalten.«

Fast alles waren Falschmeldungen, außer der einzigen Tatsache, daß sich durch die Hochzeit keiner hatte an der Nase herumführen lassen. Sie spürten den Schwindel. Doch aus irgendwelchen Gründen blieben sie auf meiner Seite. Als ich durch das Land reiste, waren die Zuschauerzahlen höher denn je. Ich war eine heiße Nummer. Sie hatten mir einen Rassenskandal und eine falsche Hochzeit nachgesehen.

Als ich von der Bühne ins Publikum sah und die Wärme spürte, die mir entgegenschlug, dachte ich, daß Gott mir nicht nur das Talent gegeben hatte, sie zu unterhalten, er hatte auch eine Tür zwischen mir und ihnen geöffnet, so daß sie etwas für mich empfanden, daß man für einen Freund empfindet, der Mist gebaut hat. Man ist zwar nicht einverstanden, aber er ist trotzdem noch ein Freund. Warum hatte ich diesen Freibrief bekommen? Ich konnte nicht verstehen, warum er soviel Geduld mit mir hatte, hinterfragte es aber auch nicht. Ich war einfach dankbar dafür, daß Gottes Arme immer noch um mich waren.

Ich versuchte, dieses Gefühl mit Humor auszudrücken. »Meine Damen und Herren, ich habe immer geglaubt, daß die Engel im Himmel oben alle um Gott herumsitzen, während er alles fügt. Ich habe mir immer vorgestellt, wie er auf die Erde herabblickt und sagt: ›Schaut euch das Baby dort unten an, niedlich... es wird Harry Belafonte heißen. Laßt ihn 1 Meter 85 groß werden, gut aussehen, begabt und ein guter Geschäftsmann sein... und gebt ihm ein paar Hemden ohne Knöpfe vorne...

Wen haben wir denn da noch... Sidney Poitier, ah, dieser Name gefällt mir. Laßt ihn den ersten Farbigen sein, der den Oscar gewinnt. Er soll ein brillanter Schauspieler werden, sensibel... Gut, wunderbar. Der nächste.

Sammy Davis, Jr. Hm. He, Tom, komm mal eben rüber. Ich weiß, daß du Kleinwüchsigkeit hast. Gib mir ein bißchen für den kleinen Sammy. Und du, Charley, da drüben an der Wolke, was willst du mit dem Unfall machen, den du da hinten rumliegen hast? Ja, der mit dem verlorenen Auge. Gib mir den für Sammy. Laßt uns mal weitersehen. Eddie, du hast drei gebrochene Nasen, genau, das ist prima für ihn. Außerdem soll er Jude sein.‹

Dann ruft Gott nach einem anderen seiner Engel: ›Johnny, du hast doch alles Talent der Welt. Das geben wir ihm auch, und dazu soll er noch Spaß an dem haben, was er macht...‹ Dann ruft Gott noch einen anderen Engel: ›Gib ihm viele Freunde... und laß sie die Art von Menschen sein, die bei ihm bleiben, wenn er Mist baut, die ihm auf jeden Fall die Treue halten...‹«

Ich verbeugte mich vor ihnen. »Vielen Dank... und gute Nacht.«

9

Ich saß in der Fox Kantine beim Mittagessen, als ein hochgewachsenes Mädchen mit langen blonden Haaren hereinkam und sich allein an einen Tisch setzte. Ihr Haar war sehr glatt, und mir gefiel die dramatische Art, wie es ihr Gesicht einrahmte, das unglaublich schön war. Ich preßte die Zähne zusammen und stieß Barbara Luna an, eine Freundin, die gerade an einem Remake vom *Blauen Engel* arbeitete.

Sie folgte meinem Blick durch den Raum. »Das ist May Britt«.

»Mann, ist das eine Frau. Nicht zu fassen. Eine tolle Frau!«

»Vergiß es.«

»Ich habe sie in *The Young Lions* gesehen, da sah sie schon rassig aus. Aber in natura ist sie unglaublich.«

»Vergiß es. Ich sehe sie jeden Tag im Studio. Sie ist ein nettes Mädchen, aber sie tut nichts als arbeiten. Sie geht nirgendwohin, mit niemandem!«

Einige Abende später saß ich in meinem Jaguar und fuhr Richtung Santa Monica. Ich hielt an einer Ampel. May Britt ging über die Straße. Durch ihre Frisur war sie unverkennbar. Sie trug einen blaugrauen Rock, ein Männerhemd mit Button-down-Kragen und ein Jackett. Sie hielt sich sehr aufrecht, und ihr Schritt war energisch. Eine ältere Frau war bei ihr, vermutlich ihre Mutter.

Jemand klopfte auf mein Autodach. Ein Polizist lehnte an meinem Fenster. »Wollen wir tanzen, Sammy?« Die Ampel war umgesprungen, und die Wagen hinter mir hupten. »Entschuldigen Sie, Wachtmeister.« Ich grinste wie ein Idiot und fuhr los. Ich erwähnte ihren Namen bei einigen Freunden, doch alles, was ich zu hören bekam, war: »Vergiß es. Die Besten haben es versucht, aber sie interessiert sich nicht für Verabredungen, für Partys, sie interessiert sich für gar nichts! Ihr Leben besteht nur aus Arbeit. Sie läßt sich gerade von einem millionenschweren Typen scheiden, aber sie nimmt keinen Pfennig von ihm.« Ungefähr drei Wochen später war ich wieder an der Küste und hatte ein paar Leute bei mir. Rudy Duff, ein Mann, den ich als Chauffeur für Mama angestellt hatte, machte Drinks und führte den Film vor. Ich setzte mich neben Barbara Luna und sagte, daß ich May Britt treffen wollte. »Ich gebe eine Party zu Dinah Washingtons Abschiedskonzert im Cloister.«

»Ich gebe dir ihre Telefonnummer, und du kannst sie einladen.«

»Das ist nichts. Wenn ich dieses Mädchen einfach so anrufe, kriege ich mit Sicherheit einen Korb. Du mußt sie für mich anrufen.«

Am nächsten Tag rief Barbara mich an. »Also, ich hab' mit ihr gesprochen.«

»Sie kann nicht, stimmt's?«

»Sie sagte: ›Warum ruft er mich nicht selber an, wenn er mit mir sprechen will?‹ «

»Was soll das heißen?« Ich wußte genau, was das bedeutete.

Jemand nahm prompt den Hörer auf. »Sprechen, bitte.« Sprechen, bitte? Was, zum Teufel, ist *das?* Noch einmal sagte die Stimme: »Sprechen, bitte.«

Wie schwedisch kann man werden? »Ich möchte bitte mit Miss Britt sprechen.«

»Wer ruft an?«

Ihre Stimme *allein* ließ den Wunsch aufkommen, einen warmen Pullover anzuhaben. »Hier ist Sammy Davis, Jr.«

»Ach, hallo.« Etwas von der Eiseskälte schwand. Sie war immer noch ein bißchen kühl, aber sie schien nicht ärgerlich zu sein, daß ich anrief.

Ich brachte die Orson-Welles-Stimme, sonor, voller Timbre: »Miss Britt, Sie kennen mich nicht...«

»Das kenne ich.« Na bestens. Das hatte ich gebraucht. Sie sagte: »Ich habe sogar Ihre Vorstellung gesehen. Im Moulin Rouge. Ich fand Ihre Show wunderbar.«

Das hätte sie nun nicht zu sagen brauchen. »Miss Britt, ich gebe eine kleine Party –, das heißt, eine große Party, im Cloister, Donnerstagabend, und ich habe gedacht, ob Sie mir nicht vielleicht die Freude Ihrer Anwesenheit machen würden.« Vorsichtshalber schob ich die kleine Information nach: »Barbara Luna wird dasein.«

»Ich würde gerne, aber ich habe meine Mutter aus Schweden zu Besuch.«

»Bringen Sie sie doch bitte mit.«

»Vielen Dank. Das wird gehen.«

Die Show fing gerade an, als ich sie mit George Englund hereinkommen sah, der *Odds Against Tomorrow* produziert hatte. Ich stieß Barbara an. »Die Mutter deiner Freundin sieht aber komisch aus.«

Ich ging zu ihnen, um sie zu begrüßen.

Sie lächelte: »Meine Mutter war müde. Kennen Sie Mr. Englund? Ich hoffe, es macht Ihnen nichts aus, daß ich ihn bat, mich zu begleiten.«

Ich brachte sie zu ihrem Tisch. »Möchten Sie Champagner?«

»Ich hasse Champagner.«

»Oh. Nun, wie wär's mit etwas Wodka? Scotch? Bourbon?«

»Ich trinke nicht. Ich nehme ein einfaches Tonic. Danke.«

»Schweppes oder Wildroot?« Sie sah mich mit einem leeren Blick an und verstand überhaupt nicht, wovon ich sprach. *Ich Idiot!* »Also, viel Spaß... wir sehen uns später.«

Nach der Show tanzte ich mit Dinah und Barbara, beobachtete dabei aber May und Englund. Wenn sie tanzte, könnte ich sie ihrem Partner entführen, aber ich wollte auf keinen Fall riskieren, an ihren Tisch zu gehen und zu hören: »Es tut mir leid. Ich tanze nicht.« Als die Party sich auflöste, ging ich hinüber. »Wir gehen alle noch zu mir rüber auf einen Schlummertrunk. Hätten Sie Lust, mitzukommen?«

»Nein.«

»Glauben Sie niemandem, der Ihnen sagt, Sie wären nicht direkt.«

Sie gab mir die Hand. »Danke, daß Sie mich eingeladen haben.«

Ich wartete ein paar Tage und rief sie an. »Ich habe einige Freunde zu mir eingeladen heute abend; wir zeigen ein paar Filme. Hätten Sie Lust, vorbeizukommen?«

Sie war lässig gekleidet. Ich hätte die ganze Nacht damit verbringen können, ihre Bewegungen zu beobachten. Sie ging wie ein Athlet. Ein sehr weiblicher Athlet allerdings. Wie alt mochte sie sein? Dreiundzwanzig vielleicht. Sie war so bestimmt, sie wirkte so sicher in allem. Sie war ein so jugendliches, anziehendes Geschöpf. Sie sagte: »Wissen Sie, was ich hasse?«

»Was ist das?«

»Ich möchte Sie nicht verärgern.«

»Aber sagen Sie es doch bitte.«

»Sie haben May zu mir gesagt.«

»Oh. Also, es tut mir leid. Ich werde Sie Miss Britt nennen, und Sie können Kato zu mir sagen.« O Gott, das nächste Fettnäpfchen.

Sie schenkte mir den leersten Blick aller Zeiten. »Alles, was ich damit sagen will, ist, daß es zwar M-a-y geschrieben, aber wie das englische ›My‹ ausgesprochen wird, nicht wie ›May‹. Mein richtiger Name ist Maybritt Wilkens.«

»Es tut mir leid. Das wußte ich nicht.«

»Ich hoffe, Sie sind nicht böse, daß ich es Ihnen gesagt habe.«

»Nein. Ich bin froh, daß Sie es taten. Wirklich, sehr froh...« Wir kamen nicht mehr weiter und fingen an zu lachen. Als der Abend vorüber war, bot ich ihr an, sie nach Hause zu fahren. Ich bat jemanden, uns in meinem Wagen zu folgen, während ich Mays Thunderbird in Richtung Strand steuerte. Sie saß neben mir und brach ihr Schweigen nur, um mich durch die Malibu Kolonie zu lotsen, zu einem großen Anwesen, auf dem sie das Gästehaus gemietet hatte.

Ich wollte ihr einen Abschiedskuß geben, aber ich fühlte, daß es nicht so sein könnte wie mit den anderen Mädchen, mit Anfassen und Drücken und Was-konnte-ich-verlieren? Sollte ich fragen: »Kann ich einen Kuß bekommen?« wie Andy Hardy? Sie blieb vor ihrer Tür stehen. Ich streckte meine Hand aus. »Ich danke Ihnen, daß Sie heute abend gekommen sind. Ich fahre morgen nach Las Vegas. Darf ich Sie anrufen?«

»Ich würde mich sehr freuen.« Sie lächelte und hob ihren Kopf, und das Mondlicht beschien ihr Gesicht so wunderbar, daß ich merkte, wie ich schwach wurde. Sie hatte Sommersprossen, und ihre Haut und ihr Haar sahen schöner aus als alles, was ich je gesehen oder mir vorgestellt hatte. Ich fühlte ein Glühen in mir, wie ich es noch nie zuvor erfahren hatte. Dieser Augenblick war losgelöst von allen anderen meines Lebens. Sie senkte den Blick, drehte sich um und ging hinein.

10

Die Anzeigentafel an der Vorderfront des Sands war ein Klassiker:

FRANK SINATRA
DEAN MARTIN
SAMMY DAVIS, JR.
PETER LAWFORD
JOEY BISHOP

Einige Monate zuvor, als wir planten, gleichzeitig den Film *Ocean's Eleven* zu drehen und im Hotel aufzutreten, waren die Zeitungen voll von Geschichten über Eisenhower, de Gaulle und Chruschtschow gewesen, die ein Gipfeltreffen planten, und Frank hatte gewitzelt: »Wir werden unser eigenes kleines Gipfeltreffen veranstalten.« Eine Zeitung hatte das gedruckt, andere hatten es übernommen, und so blieb es haften.

Wir kamen gegen halb oder Viertel vor zwei von der Bühne und tranken im Clubraum, bis die Lichter ausgingen. Wir waren seit einer Woche in Vegas, und immer noch kamen Flugzeug-, Zug- und Busladungen von Leuten in die Stadt, die in Hallen, Autos und sonstwo schliefen und hofften, Zimmer zu bekommen. Senator John F. Kennedy, im Wahlkampf für die Präsidentschaft, war in Vegas auf einem Treffen mit den Delegierten von Nevada im Convention Center. Frank hatte die Theatergemeinde dazu bewegt, Kennedy zu unterstützen, und wir fünf hatten angefangen, Versammlungen zu organisieren und für ihn zu trommeln. Es gab nur eine Stargarderobe im Sands, und um des Spaßes willen benutzten wir sie alle fünf. Als wir uns für die zweite Show fertigmachten, erzählte uns Frank: »JFK wird heute im Publikum sitzen.«

Wir hatten immer berühmte Leute im Publikum. Wir standen alle fünf auf der Bühne, und wir stellten sie nacheinander vor, jeder immer einen und den größten immer am Schluß, wie man es eben macht. An jenem Abend kam Frank nach hinten, wo wir eine Bar auf der Bühne hatten, und sagte, während ich mir einen Drink eingoß: »Smokey, du wirst den Präsidenten vorstellen.«

Er warf mir das einfach so zu. Anstatt die Ehre für sich selber zu beanspruchen und es auf der Bühne in eine Nummer einzubauen – was *ich* getan hätte, wenn ich dem Mann so nahe gewesen wäre –, überließ er sie mir. Er war immer noch dabei, mich nach vorne zu schieben, hatte immer noch den Arm um mich gelegt.

Später kamen der Senator und sein Gefolge nach oben und nahmen Drinks mit uns. Jeder nannte ihn »Nummer eins«. Nach einer Weile sagte einer seiner Mitarbeiter, daß sie gehen müßten, damit er etwas Schlaf bekäme, das Flugzeug starte in sechs Stunden. Aber ihm gefiel es zu gut. »Macht euch keine Sorgen um mich. Ich werde im Flugzeug schlafen.«

Peter nahm mich beiseite und flüsterte: »Wenn du mal sehen willst, wie eine Million Dollar in bar aussieht, geh ins Nebenzimmer; da ist ein brauner Lederkoffer im Schrank; mach ihn auf. Es ist ein Geschenk von den Hotelbesitzern für Jacks Wahlkampf.« Ich wollte davon nichts wissen. Ich hörte auch, daß sie vier scharfe Mädchen zu seiner Unterhaltung engagiert hatten, und auch davon wollte ich nichts wissen und verließ die Gesellschaft. Es gibt Dinge, von denen man besser nichts weiß. Zum Beispiel, wenn Gangster sich unterhalten und man daneben sitzt, diese Sachen will man nicht wissen. Etwa, wenn ich mit Julie Podell im Copa in einer Nische saß und er Besuch von irgendwelchen schweren Jungen bekam, wie Frank Costello. Dann stand ich auf. »Entschuldigen Sie mich, meine Herren ...« – »Nein, setz dich, Junge, du kannst doch mithören«, und sie zuckten gegenseitig die Schultern. »Wem, zum Teufel, sollte *er* etwas erzählen? Setz dich, Sam.«

Was den Präsidenten anging, so hörte man Gerüchte, man hatte seine Vermutungen, aber man wußte besser nichts von alledem. Manchmal, wenn ich mit Peter zusammen war, ließ er ein paar Worte fallen, oder wenn ich nach Santa Monica in Peters und Pats Haus kam und da drei oder vier Mädchen herumliefen. Na ja, man brauchte kein Hellseher zu sein, um sich vorzustellen, warum sie da waren. Der Präsident war angekündigt. Habe ich sie bumsen gesehen? Nein, habe ich nicht. Habe ich gesehen, wie sie sich auf die Lippen küßten? Nein, habe ich nicht. Aber ich weiß auch, daß sie nicht zum Mensch-ärgere-dich-nicht-Spielen gekommen waren.

Als wir unsere Drehtermine unter Dach und Fach hatten, rief ich May an. »Sprechen, bitte.« Ich lächelte über die inzwischen vertraute Begrüßung. Sie sagte: »Ich habe gehört, daß es da toll sein soll.«

»Was hältst du davon, wenn du übers Wochenende kommst und es dir selber einmal ansiehst?«

Als Neunjähriger mit Sam senior und Will Mastin.
Als ich neun war, sagte ich einmal zu meinem Vater: »Ich kann besser tanzen als du.«
»Ach ja? Wie kommst du darauf?«
»Ich habe dir alles abgeschaut.«
»Ja, aber ich habe dir nicht alles gezeigt.«

The Same goes
for me Sam —
all the way
Affectionately
Frank

May ist die beste Mutter, die ich je erlebt habe. Ganz allein hat sie unsere Kinder zu jungen Leuten erzogen, auf die ich stolz bin. Als sie einmal einen Freund hatte, drängte ich sie zur Heirat. »Es geht nicht«, antwortete sie. »Es wäre unfair. Wenn es jemals Schwierigkeiten zwischen ihm und den Kindern geben sollte, wäre ich auf der Seite der Kinder, selbst wenn ich wüßte, daß sie im Unrecht wären.«

LINKE SEITE:
Oben: Mit Will Mastin und Sam senior, am Abend der ersten Vorstellung ohne Augenklappe, 1955.
Unten: "The same goes for me – all the way. Affectionately, Frank."
»Dasselbe gilt für mich, Sam – unwiderruflich. Dein Frank.«

Oben: Ein unschuldiger Werbe-Schnappschuß vor der »Hollywood Bowl«. Marilyn und mir wurde ein Verhältnis nachgesagt. Wir waren Freunde, nicht mehr. Marilyn war für mich eines der entzückendsten Geschöpfe, die jemals gelebt haben.

Oben: Milton Berle ist immer zu Späßen aufgelegt. »Sammy, gut siehst du aus. Du scheinst kleiner geworden zu sein.«

Rechts: Fred Astaire begrüßte mich immer mit »Hallo, Steptänzer«. Das gefiel mir, aber ich antwortete immer: »Nicht, wenn du in der Nähe bist. Dann bin ich Sänger.«

Oben: Mit James Baldwin und Martin Luther King junior.
Unten: Bei der Beerdigung von Martin Luther King. Von links: Eartha Kitt, Sidney Poitier, Berry Gordy, Marlon Brando.

Oben: Ich habe an Bobby geglaubt. Für ihn Wahlkampf zu machen, hieß für mich, meinem Land, dem ich so viel zu verdanken habe, etwas zurückzugeben.
Unten: Ich war so entschieden gegen den Vietnamkrieg, daß ich anfangs Präsident Nixons Bitte, dorthin zu gehen, ablehnte. Die Reise wurde die wertvollste Erfahrung meines Lebens.

Oben: Bei einer Auszeichnung durch den Beverly Hills Friars Club. Von links: Eddie Cantor, (Unbekannter), Jack Benny, George Burns und ein Mann, den wir Ron nannten.

Links: Präsident Nixon schickte mir einen Abzug von diesem Foto mit seinem Autogramm. Im beiliegenden Brief hieß es trocken, nachdem dieses Bild »in der Presse so starke Beachtung gefunden« habe [ich wäre von Schwarzen und Weißen fast gelyncht worden], »dachte ich, sie hätten zum Andenken gern eine Kopie«.

»Aber ich habe gehört, daß es unmöglich ist, ein Zimmer zu bekommen.«

Ich benahm mich wie der König von Frankreich, der verkleidet durch Paris streift. Die klassische Szene: der loyale Untertan, dessen Frau zu Unrecht im Gefängnis sitzt, fragt voller Hoffnung: »Wird es Ihnen möglich sein, meinen Fall der Aufmerksamkeit seiner Majestät zu unterbreiten?« und der König unter seiner Maske in sich hineinlacht: »Ich glaube, es wird mir gelingen.«

Ich stellte May den anderen Berühmtheiten von der Bühne herunter vor. Nach der zweiten Vorstellung trafen wir uns im Clubraum und nahmen mit Frank und den anderen einen Bissen zu uns. Da ich am nächsten Nachmittag nicht drehen mußte, machte ich eine Besichtigungstour mit ihnen. Als wir vom Lake Mead durch die Wüste wieder zurückfuhren, sagte May: »Meine Mutter ist ein wenig müde. Wir werden auf dem Zimmer zu Abend essen, so daß sie früh zu Bett gehen kann. Kann ich zu deiner zweiten Vorstellung allein kommen?«

»Aber natürlich. Ich habe immer einen Tisch reserviert. Es werden ein paar Freunde von mir dasein, du brauchst also nicht allein dort zu sitzen.«

Sowie ich von der Bühne kam, schickte ich Murphy, sie hinter die Bühne zu geleiten. »Hallo. Deine Show hat mir gefallen.« Murphy setzte sich diskret ab, und wir waren allein. Sie trug ein leuchtendgelbes Kleid. Sie hatte einen Sonnenbrand, der ihre Sommersprossen besonders zur Geltung brachte, und ihr Haar hing lang und golden über ihre Schultern.

»Möchtest du einen Drink?«

»Nein. Vielen Dank. Aber nimm dir einen, wenn du möchtest.«

»Nein, danke. Ich möchte auch nichts.«

»Der Club war ja brechend voll.«

»Ja... es läuft ganz gut.« Ich versuchte verzweifelt, Konversation zu machen, aber ich hatte vorher nie wirklich mit einem Mädchen *gesprochen*. Es waren immer Gelächter, Witze und hopplahopp! ins Bett oder nicht. Sie ging hinüber zum Fernseher, stand da, und ihre Augen klebten an dem Gerät. Ich starrte es ebenfalls an. Es war unglaublich. Da ist ein Mädchen, dessen bloßer Anblick mich betrunken machen konnte, sie hat mich gerade in der Show meines Lebens gesehen, sie ist in meiner Garderobe, die Tür ist verschlossen –, und wir stehen da wie Idioten und sehen uns einen zwanzig Jahre alten Film an.

Sie blickte auf, als sie merkte, daß ich sie ansah. Der hochmütige Ausdruck, den sie in *The Blue Angel* und auch bei unserem Wiedersehen gehabt hatte, war verschwunden. Ihre Wangen waren gerötet, und sie schien sich der Situation bewußt zu sein. Ich ging die zwei

Schritte zu ihr hinüber, legte meine Hände auf ihre Schultern und küßte sie. Sie war ein wenig groß für mich. Ich fragte: »Würde es dir etwas ausmachen, die Schuhe auszuziehen?« Sie lachte und streifte sie ab. Plötzlich war es einfach, zu sprechen. Ich erinnerte mich an die verschlossene Tür, öffnete sie, und als ich mich umdrehte, sah ich einen Ausdruck der Befriedigung auf ihrem Gesicht.

Ich legte den Hörer auf, bevor sie antwortete. Ich sah hinaus auf meinen Pool. Auf der Wasseroberfläche nicht die geringste Bewegung. Alles war ruhig und geordnet. Ich konnte mit tausend Mädchen Affären haben und einfach verschwinden, aber jedesmal, wenn ich an May dachte, fühlte ich mich tiefer hineingezogen. Es war gegen alle Logik. Wie weit sollte das noch gehen? Ich mußte verrückt sein, mich so weit zu öffnen. Ich trieb mich mit den Kumpels herum und dehnte jede Nacht so lang aus, bis ich müde genug war, um einschlafen zu können. Ich war mitten in der Planung, wie ich einen weiteren Abend totschlagen sollte, als ich mich zusammenriß. *Ich bin nicht mehr bei mir. Hier habe ich die erste freie Zeit seit Jahren – zwei Wochen, und ich bin dabei, sie zu vergeuden. Ich habe da zuviel hineininterpretiert. Warum kann ich nicht, wenn ich vorsichtig bin, eine freie und offene Beziehung mit May haben? Niemand ist gezwungen, sich zu binden.* Von dem Augenblick an, in dem sie sagte: »Sprechen, bitte«, war ich glücklich. Ich lud Leute ins Playhouse ein; zeigte Filme; charterte ein Boot, wir kreuzten eine Woche lang und hatten wunderbare Abendessen. Ich liebte es, mit ihr zu sprechen, ihr zuzuhören, sie anzusehen, sie zu fotografieren.

Der Kennedy-Wahlkampf kam langsam in Schwung. Meine Rolle hieß: »Laßt Sam sich um alle ethnischen Gruppen kümmern – er ist Jude und Farbiger, und seine Mutter kommt aus Puerto Rico.« Wo immer ich auftrat, gab mir ein Beauftragter eine Liste von Versammlungen oder Cocktail-Partys, wo ich ein Lied singen oder mich einfach nur unter die Leute mischen sollte, um der Spannung, die sich um die Figur JFK gebildet hatte, noch etwas hinzuzufügen. Die Kampagne war straff organisiert. Wir verteilten uns und veranstalteten Treffen in L. A., San Diego, und die ganze Küste hinauf bis San Francisco, dann trafen wir uns wieder bei Frank. »Wie ist es gelaufen? Was ist passiert?« Oder draußen in Santa Monica bei Peter und Pat. »Wie ist es heute gegangen? Irgendwelche Probleme?«

In der Präsidentensuite des Beverly Hilton liefen Konferenzen in fünf verschiedenen Räumen. John trat aus einem Raum, als ich ankam, es hieß: »Hallo, Sam…«, und nach zwei Witzen war er schon wieder in einem anderen Zimmer, bei einem anderen Treffen. Überall gab es Gruppen, die die Köpfe zusammensteckten, Aktivitäten planten, und es war aufregend, dabeizusein, jeder kannte dich, und du kanntest jeden, und alle gaben ihre ganze Kraft für etwas, an das sie fest glaubten. Es war, als gehörte man einem Club an.

Wenn Frank ein Benefiz-Konzert für Kennedy gab, rief er mich an, fragte: »Bist du verfügbar?«, und ich ging hin und machte mit. Bobby Kennedy bekamen wir selten zu Gesicht. Er war nicht so verbunden mit der Gruppe oder mit dem Showgeschäft wie John. Ich sah Bobby meistens, wenn ich in Boston war und im Blinstrub's auftrat. Gelegentlich, wenn ich in New York im Copa gastierte oder in Chicago im Chez und in den Club kam, war schon eine Nachricht für mich hinterlegt worden: »Bobby Kennedy hat angerufen.« Er war höflich und voller Anerkennung, aber sehr geschäftsmäßig, und ich hatte das Gefühl, daß er, obwohl er unseren Wert bei Veranstaltungen anerkannte, auch etwas Negatives sah, das diese Verbindung mit dem aufdringlichen Showgeschäft der Kampagne beimischte.

Es war Mitte März, und Mays Geburtstag war am zweiundzwanzigsten. Wir waren bei den Innenaufnahmen für *Ocean's Eleven*, und es war der einzige Tag, an dem ich freihatte und ihr ein Geschenk kaufen konnte. Ich wußte, daß es ein Schmuckstück sein sollte, aber ich wollte mir viel Zeit nehmen, um das richtige auszusuchen. Für den zweiundzwanzigsten hatte ich sie zum Abendessen eingeladen: nur wir beide, ein bißchen Kerzenlicht, eine gute Flasche Wein, und ich würde es ihr überreichen, wenn der Geburtstagskuchen aufgetragen wurde. Der Fotograf, der meine Filme entwickelte, brachte einen Umschlag mit einer Serie von Fotos vorbei, die ich von May gemacht hatte. Ich legte sie auf dem Boden aus. Aus jeder Perspektive war sie schön. Ich nahm ein vor mir liegendes Foto auf, und als ich es in der Hand hielt, war ich schockiert von dem Kontrast meines Daumens gegen ihren Arm. Ich legte das Foto wieder hin und ging ins Schlafzimmer. Ich zwang mich, in den Spiegel zu blicken und mein zerschlagenes Gesicht anzusehen, mein kaputtes Auge, die Narbe auf meiner Nase ... Ich dachte daran, wie schön sie war, an die begehrenswerten Männer, die sie haben konnte. Und doch, sie bat mich nicht, zu verschwinden, sie traf sich jeden Tag mit mir. *Klar doch, Charley, sie braucht genau dich! Mach dir ruhig weiter was vor und sieh dich als den tollen Typen, den Star! Nur zu, vergiß, daß du schwarz bist und klein und häßlich –, bis man dich daran erinnert. Oder besser noch: wirf dich vor einen Lastwagen! Das geht schneller und tut weniger weh.*

Ich hob den Deckel der Schachtel und legte sie auf den Kaffeetisch vor sie hin. Sie enthielt einen einfachen Cocktail-Ring mit einem Diamanten, man konnte ihn unmöglich für einen Verlobungsring halten.

»Okay. Du kannst die Augen jetzt aufmachen.« Sie sah ihn an. Sie sprach nicht und bewegte sich nicht. Ich zuckte mit den Schultern. »Nicht jeder mag Juwelen, also ich würde nicht beleidigt sein...«

Sie nahm den Ring aus der Schachtel und steckte ihn sich an den Finger. Ihre Stimme war nur ein Flüsterton. »Danke.«

Wir telefonierten jeden Tag, sooft es ging. Ich hatte die ganze Woche über Dreharbeiten und ging an den Abenden früh ins Bett. Am Sonntag rief ich sie an, um ihr einen guten Morgen zu wünschen, und wir telefonierten bis in den Nachmittag. Wir hatten beide an diesem Tag nichts zu tun, aber zwischen uns lagen dreitausend Meilen.

Ich streunte durch das Haus und versuchte, mich mit Büchern, Fernsehen oder Schallplatten zu beschäftigen. Es war unglaublich, daß trotz all der Dinge, die ich getan hatte, all der Leute, die ich kannte, ein einziges Mädchen mit einem winzigen schwedischen Akzent, das sich am Telefon mit »Sprechen, bitte« meldete, mein Leben auszufüllen vermochte – oder es so leer sein lassen konnte. Ich wußte, daß ich, wenn ich nur Verstand genug im Kopf hätte, das ganze Appartement voller Mädchen haben könnte. Aber ich hatte keine Augen für die Mädchen in Hollywood. Es war nicht so, daß ich mir plötzlich sagte: »Dies ist die Frau, die ich liebe«; und doch war es mir unmöglich, mir den Tag vorzustellen, an dem ich sie nicht mehr treffen sollte, und ich wußte, daß ich, verglichen mit dem, was auf mich zukam, noch nie in meinem Leben ein Problem gehabt hatte.

Was soll ich tun, wenn sie merkt, wie sehr ich sie liebe, und sie sagt: »Es tut mir leid, ich mag dich, vielleicht liebe ich dich sogar, aber ich... also, ich habe nie daran gedacht, daß du an eine Heirat denken könntest.«

Doch auf was sollte ich meine Hoffnung sonst setzen? Angenommen, sie liebt mich. Es ist eine Sache, intime Abendessen zusammen zu veranstalten, Kreuzfahrten zu machen, mit ihrer Mutter nach Las Vegas zu fahren. Aber durch eine Heirat mit mir kommt es an die Öffentlichkeit. Sie glaubt, daß ihre Karriere ihr nicht soviel bedeutete, aber was für ein Gefühl hätte sie, wenn man sie ihr nähme? Wie kann ich erwarten, daß sie sich der Welt und ihrer Familie stellt und sagt: »Das ist mein Mann. Tja, Leute, er ist ein bißchen dunkel...«

Nacht für Nacht meldete ich meine Gespräche an, wie ein Alkoholiker, der dem Barmann beim Einschenken zusieht, um mich dann, schließlich, wenn die Wärme ihrer Stimme durch mich hindurchging, zu entspannen und meine Ängste zu verdrängen. Dann, wenn der Hörer wieder auf der Gabel lag, ergriffen mich die Ängste und Zweifel erneut, ich lag ausgestreckt auf meinem Bett und haßte mich dafür, daß ich Leben in eine Beziehung atmete, von der ich wußte, daß sie zum Tode verurteilt war, bevor sie begann. Wir hatten seit einer

Stunde telefoniert, wir zählten die Tage, die sie noch fort sein würde, und ich sagte, aus einer Laune heraus: »Wäre es nicht wunderbar, verheiratet zu sein?« Im gleichen Moment, als ich die Worte aus meinem Mund kommen hörte, beeilte ich mich, einen Witz daraus zu machen. »Ich meine, bei diesen Telefonrechnungen würden zwei billiger leben als einer.«

Sie sagte: »Ja, das wäre großartig, nicht?«

Ich war nicht in der Lage, weiterzusprechen. Ich sagte, daß ich zurückrufen würde, und wir legten auf. Ich saß auf der Bettkante, meine Hand noch auf dem Telefon, und hörte immer und immer wieder ihre Antwort. Aber sie war in New York, und ich war in Kalifornien, und sie konnte meine Haut nicht durch das Telefon sehen. Hatte sie bedacht, daß nach einer Hochzeit Kinder kommen? Und daß unsere eventuell farbig sein könnten? War sie in der Lage, damit umzugehen? Ich ließ das Telefon los und versuchte, wieder auf die Erde zu kommen und die Realität zu sehen. Wußte sie, was sie gesagt hatte? Hatte sie vorher jemals ernsthaft darüber nachgedacht? Oder hatte sie einfach vorschnell geantwortet?

Ich ging in meinem Zimmer auf und ab und dankte Gott, daß sie nicht nein gesagt hatte, aber ich wußte auch, daß ich uns nicht so einfach für einen Monat oder länger glücklich mit einem Fehler leben lassen konnte und sie, wenn wir irgendwann über Kinder sprechen würde, sagen könnte: »Ich glaube, ich habe nicht lange genug darüber nachgedacht.« Ich war es mir und ihr schuldig, jetzt sicherzugehen, daß sie wußte, was sie tat.

Ich rief zurück, und nachdem wir eine Weile gesprochen hatten, sagte ich: »Du weißt, wie sehr ich Kinder liebe. Wäre es nicht wunderbar, wenn wir heirateten und viele kleine braune Babys bekämen?«

»Ich würde gern. Viele, viele. Sammy...? Sammy, willst *du* kleine braune Babys?«

Tränen strömten über mein Gesicht. Ich wußte nicht genau, was ich befürchtet hatte – ein tödliches Schweigen oder Worte, die mich in Stücke geschnitten hätten. Ich hatte befürchtet, daß ich einen Schritt vor der Himmelspforte war und sich die Tür schließen könnte. Und statt dessen waren nun alle Ängste verschwunden wie ein Alptraum, aus dem man gerade erwacht ist, die Sonne scheint, es ist ein wunderschöner Tag, und man weiß, daß es für immer ein wunderschöner Tag bleiben wird – diese Erlösung war lähmend. Vor ein paar Stunden noch hatte ich nicht einmal gewußt, daß ich einen Antrag machen würde, doch wenn sie abgelehnt, wenn sie keine kleinen braunen Babys gewollt hätte, dann hätte ich, so wahr ich auf Gottes Erde stehe, den Hörer aufgelegt und mir eine Kugel in den Kopf gejagt.

11

»WAS IST LOS, SAMMY? KANNST DU KEIN FARBIGES MÄDCHEN FINDEN?« »GEH ZURÜCK IN DEN KONGO, DU KOSCHERER NIGGER.« Neo-Nazi-Sturmtruppen mit Hakenkreuzbinden demonstrierten mitten in Washington D. C. gegen mich. Es war im September 1960. Unsere Hochzeit sollte im Oktober sein, und ich war gerade nach Washington gekommen, um im Lotus Club aufzutreten. Sie hatten einen kleinen schwarzen Hund bei sich, dem sie ein Schild auf dem Rücken befestigt hatten: »ICH BIN AUCH SCHWARZ, SAMMY, ABER ICH BIN KEIN JUDE.«

Ich konnte sie nur anstarren und denken: *Ich träume nicht –, das passiert gerade wirklich. Gott, ich danke dir, daß May nicht hier ist.*

Die schon abgestandene Neuigkeit, daß Frank mein Trauzeuge sein würde, erschien immer noch auf den Titelseiten, und nur zu oft waren »rein zufällig« gleich daneben Berichte über Franks Kampagnen für Kennedy.

Auch ich widmete meine ganze Freizeit der Wahlhilfe, in Los Angeles, in Watts, in mindestens zwanzig größeren Städten. Ich ging zusammen mit Ethel Kennedy oder Bobby und gelegentlich auch mit John. Am Broadway und in den Klatschspalten von Hollywood waren eine Menge politischer Witze im Umlauf: »Wenn Kennedy gewählt wird, ist sein erstes Problem: soll er Sammy Davis, Jr. zum Botschafter in Israel oder im Kongo ernennen...?« – »Experten der öffentlichen Meinung gehen davon aus, daß, wenn Frank Sinatra auf der interrassischen Hochzeit seines Freundes erscheint, es Kennedy ebensoviele, wenn nicht noch mehr, Stimmen kosten wird, wie der Nachtclubsänger in seinen erfolgreichen JFK-Kampagnen für ihn gewonnen hat.«

Ich war noch keine zwanzig Minuten in Vegas, als ich hörte, daß die Buchmacher drei zu eins boten, daß Frank nicht auf meiner Hochzeit erscheinen würde. Frank, Dean und Peter waren übers Wochenende gekommen, und ich saß mit Frank im Dampfbad. Er fragte:

»Wie erträgt sie all diesen Schmutz?«

»Soweit ganz gut. Aber die Geschichte wird immer schlimmer.

Wenn ich wenigstens bei ihr sein könnte –, je weniger wir vor der Hochzeit zusammen gesehen werden, desto besser ist es wahrscheinlich, um so weniger haben sie in der Hand.«

Als ich May zwischen den Auftritten anrief, sagte sie: »Frank hat vor einer Weile angerufen. Er wollte nur guten Tag sagen und hören, wie es mir geht.«

Ich sah ihn am nächsten Nachmittag, als er und die Kumpels wieder abfuhren. »Ich habe gestern abend mit May gesprochen, Frank. Danke.«

»Wir sehen uns auf der Hochzeit, Charley. Ich fliege am vierzehnten in Hawaii ab und werde einen Tag eher zurück sein, um sicherzugehen, daß mich nicht ein Unwetter abhält.«

In meiner Garderobe ging ich die Post durch. Jemand hatte mir einen Zeitungsausschnitt geschickt, einen Witz aus zwei Bildern. Das erste Bild zeigte mich in der Kleidung eines Butlers, wie ich John F. Kennedy grinsend einen Teller mit Brathuhn und Wassermelone servierte. Im zweiten Bild saß ich am Tisch und aß mit ihm. Die Bildunterschrift lautete: »Wird das noch das *Weiße* Haus sein?«

Nach den Auftritten hängte ich ein »Bitte nicht stören«-Schild an die Tür meiner Suite und saß allein in meinem Wohnzimmer. Fair oder nicht, meine Hochzeit gab den Nixon-Leuten die Möglichkeit, Kennedy lächerlich zu machen und ihm bei den Wahlen zu schaden. Ich konnte mir den Druck vorstellen, dem Frank ausgesetzt war: achtzig Leute, die ihm sagen: »Sei kein Narr. Du hast hart für Kennedy gearbeitet, willst du das jetzt alles aufs Spiel setzen?« Und es war verständlich. Wenn er sich ein paar Wochen vor der Wahl auf einer umstrittenen gemischtrassigen Hochzeit für mich stark machte, würde er Stimmen für Kennedy verlieren. Und die bisherigen Unterstellungen und Presseberichte waren nur ein schwacher Abglanz von dem, was passieren würde, nachdem er auf meiner Hochzeit gewesen war und sie Nachrichtenmaterial in der Hand hatten, mit dem sie arbeiten konnten.

Wie kann ich mich sein Freund nennen, wenn ich ihn in dieser Zwickmühle lasse? Wenn er mir so die Stange hält, muß ich mich da nicht ebenfalls als Freund erweisen und ihn von seiner Verpflichtung entbinden?

Doch abgesehen davon, daß ich mir nicht vorstellen konnte zu heiraten, ohne daß er dabei wäre: wenn Frank zu diesem Zeitpunkt nicht erschiene, würde der Schuß nach hinten losgehen. Sie würde es so darstellen, als wenn Kennedys Stab ihn zurückgepfiffen hätte. Vielleicht würde er die Stimmen der Scheinheiligen zurückgewinnen, aber er würde einige Liberale und eine Menge schwarzer Wähler verlieren. Es gab nur eine Möglichkeit, den Druck von allen Beteiligten zu nehmen: die Hochzeit verschieben. Ich wußte, daß er mit Peter in den Springs war.

»Hallo, Charley, was gibt's Neues?«

»Frank, wir müssen die Hochzeit um ein paar Wochen verschieben. Du machst dir keine Vorstellung, welche Probleme sich vor einer armen Seelen auftürmen, die heiraten will: es gibt einen Haken bei der Terminierung des Escoffier Room für den Empfang, der Rabbi kann nicht kommen, weil er schon eine Bar Mitzvah auf dem Terminkalender hat. Auf jeden Fall kann ich jetzt noch nicht sagen, wann es sein wird, aber ich gebe dir rechtzeitig vorher Bescheid.«

»Du lügst, Charley.«

Ich zögerte, aber es war sinnlos. »Hör zu, es ist das beste, wenn wir es bis nach der Wahl aufschieben.«

Eine Weile war es still am anderen Ende. Dann: »Du mußt es nicht tun.«

»Ich will aber. Das ganze Gerede...«

»Vergiß das Gerede.«

»Ich weiß, aber ich halte es für besser so.«

Als er schließlich wieder sprach, war seine Stimme nur noch ein Flüstern. »Wann immer es ist, ich werde dasein. Das weißt du, nicht wahr?«

»Ich weiß es, Frank.«

»Ich würde dich nie darum bitten, so etwas zu tun. Nicht, wenn es um deine Hochzeit geht.«

»Deshalb bin ich es, der es sagen muß.«

»Du bist ein besserer Mensch als ich, Charley. Ich weiß nicht, ob ich das für dich tun könnte oder für irgend jemand anders...«

»Du hast es schon getan. Hast du das vergessen?«

Ich hörte, wie er den Hörer hinlegte, und dann war Peter dran. Wir machten keine Witze. Nichts von den üblichen Beleidigungen, die wir uns sonst an den Kopf warfen. Er sagte: »Frank kann nicht mehr sprechen.« Wenn es ihn so mitgenommen hatte, wenn er mitten in einem Telefongespräch zusammenbrach, dann mußte der Druck größer gewesen sein, als ich es mir vorgestellt hatte.

»Charley?«

»Ja, Peter.«

»Charley, ich... das ist wunderbar von dir.«

Ich betrachtete Mays Bild auf meinem Nachttisch. Was sollte ich ihr sagen? »Wir müssen unsere Hochzeit verschieben, weil einige Leute sonst so angeekelt wären, daß sie nicht für Kennedy stimmen würden?« Wie kann ein Mann dies der einzigen Person erklären, von der er vor allen anderen sich wünscht, daß sie ihn achtet und bewundert?

Ich stieg in meinen Wagen und fuhr ziellos durch Las Vegas, niedergeschlagen, mit dem Bild ihrer Vorfreude der letzten Wochen im Kopf, wie sie sich bemühte, das Haus für die Hochzeit herzurichten, auf die Ankunft ihrer Eltern aus Schweden wartete, Einladungen verschickte und das Hochzeitskleid aussuchte... Je schneller ich die Sache in Angriff nahm, desto eher hatten wir es hinter uns. Ich ging in einen Drugstore und setzte mich in eine Telefonzelle. Man spürte ihre Aufregung durch die Leitung. »Sharley Brown, unsere ersten Geschenke sind angekommen. Sechs Stück. Eins ist von George und Gracie Burns, bei den anderen sind die Namen im Paket. Ich kann es gar nicht abwarten, bis du zurückkommst, damit wir sie zusammen aufmachen können.«

»May, ich muß dir etwas Wichtiges sagen, doch bevor ich es tue, möchte ich, daß du weißt, daß dies die erste und einzige Geschichte ist, die uns beide betrifft, bei der ich entschieden habe, ohne mit dir darüber zu sprechen.« Während ich es erklärte, spürte ich an ihrem Schweigen, daß sie verletzt und traurig war. »Liebling, es läuft darauf hinaus: seit über zwanzig Jahren hat Frank seine Hand über mich gehalten, und er bedeutet mir mehr als jeder andere Mann. Nun braucht er etwas von mir, und da gibt es kein Abwägen, kein Zögern, keine Grenze. Für ihn gehe ich bis ans Ende der Welt und zurück, wenn es nötig ist.«

»Ich verstehe es«, sagte sie, »und ich stimme dir zu. Es gab keine andere Möglichkeit.«

Rogers und Cowan, die für meine Öffentlichkeitsarbeit zuständig waren, gaben eine Presseerklärung heraus: Aufgrund juristischer Verfahrensprobleme, die noch aus Frau Britts mexikanischer Scheidung herrühren, ist die Hochzeit von Sammy Davis, Jr. und May Britt verschoben worden.

Das war die Lüge, und so haben wir sie erzählt.

Es gab Bombendrohungen zu meiner Premiere im Huntington Hartford Theater in Los Angeles: »Wir haben Gewehre und Handgranaten, wir werden das ganze Ding in die Luft sprengen. Will dieser verdammte schwarze Bastard etwa immer noch auftreten? Es befindet sich eine Bombe im Theater.« Der Theaterdirektor hatte die Polizei angerufen, und sie durchsuchten das Gebäude. Und noch ein Anruf: »Wir werden es ihm zeigen, und sein Negerliebchen kriegen wir auch.«

Ich rief May an. »Ich muß es dir sagen, bevor du es in den Nachrichten hörst. Es gab ein paar Drohungen, und ich möchte nicht, daß du heute abend hierherkommst.«

»Was für Drohungen?«

»Nur Idioten. Aber ich will trotzdem nichts riskieren.«
»Wirst du auftreten?«
»Ja.«
»Dann werde ich auch dasein.«
»May, das kommt überhaupt nicht in Frage.«
»Versuch mich nicht zu überzeugen, Sammy. Niemand wird es schaffen, mich aus Angst von dir fernzuhalten.«
Ich rief den Sheriff von Los Angeles County an und engagierte zehn Polizisten, die gerade dienstfrei hatten. Sie sollten sich vor und hinter sie setzen.
Murphy brachte mir ein gefaltetes Stück Papier. »Jemand hat das unter dem Bühneneingang durchgeschoben.«
In die Mitte des Blattes hatte jemand eine Pistolenkugel gezeichnet. Darunter stand: »Ich werde dich während deine Show erschießen. Rate mal, wann?«
Verrückte, Sadisten, Idioten, gewiß. Doch unter den vielen leeren Drohungen konnte eine echte sein. Wie kann man das Denken eines Mannes voraussehen, wenn er es selber nicht unter Kontrolle hat?
May kam in die Garderobe. Ihre Gesichtszüge waren gespannt. »Sammy, willst du wirklich weitermachen? Wäre es nicht besser, die Premiere um ein paar Tage zu verschieben, damit die Polizei Zeit hat, das Gebäude zu sichern?«
Ich legte meine Hände auf ihre Schultern. »Liebling, du mußt wissen: ich bringe hier nicht die Heldennummer mit The-show-must-go-on-Pathos. Aber ich kann mir nicht erlauben, mich von jedem, der mir droht, von der Bühne jagen zu lassen, sonst werde ich den Rest meines Lebens vor Schatten davonlaufen.« Ich ging in die Kulisse. Überall hinter der Bühne waren Polizisten postiert. Ich sah durch den Vorhangschlitz und betrachtete das Publikum. Wie kannst du sie unterhalten, während du dich fragst, ob eine Bombe explodieren wird? Wie schaffst du es, zwei Stunden lang zu singen, zu tanzen und Witze zu erzählen, immer abgelenkt von dem Gedanken, daß dich jeden Moment ein Wahnsinniger erschießen kann?

Am Tage unserer Hochzeit lagen die Leute den ganzen Weg den Hügel hinauf mit Ferngläsern in den Fenstern, und auf den Balkonen der höher gelegenen Häuser drängten sie sich, als wenn sie Karten für ein Fußballspiel gekauft hätten. Vor der Tür standen sich Reporter und Kameraleute auf den Füßen. Fotografen waren auf Bäume geklettert, um freie Sicht auf den Eingang zu haben.
Frank wirkte völlig souverän: eine Zigarette in der einen Hand, ein Glas in der anderen, konzentriert und doch lässig, wie er es auch war,

wenn er seine Sätze mit der typischen Sinatra-Handbewegung unterstrich. Ich dachte, diejenigen, die weniger im Rampenlicht standen, konnten leicht sagen: »Es ist nur recht und billig, daß er da ist, schließlich ist er dein Freund, oder etwa nicht? Es ist seine Pflicht!« Doch so einfach war es nicht. Trotz all seiner Unabhängigkeit hat er nicht vergessen, wie teuer erkauft sie ist und wie leicht sich durch die Laune des Publikums eine Karriere in nichts auflösen kann. Wenn er sagte: »Das ist mein Freund, ob ihr es hören wollt oder nicht«, bedeutete es, daß er alles aufs Spiel setzte, wofür er gearbeitet hatte, was er verloren und wiedergewonnen hatte und wofür er kämpfen mußte, um es zu erhalten. Es war keine kleine Sache für Frank, mein Trauzeuge zu sein, und auch nicht für Peter und Pat, die Schwester und den Schwager des Präsidenten, zu meinen Hochzeitsgästen zu gehören.

Am Tag nach unserer Hochzeit rief mich der Manager des Geary Theaters in San Francisco zu Hause an. »Mr. Davis, es hat eine Anzahl von Bombendrohungen und Morddrohungen gegen Sie gegeben.«

May schlief noch. Sie war lange aufgeblieben, um für San Francisco zu packen. Es sollte unsere erste gemeinsame Reise und gleichzeitig unsere Hochzeitsreise sein, die ja durch die Verschiebung der Zeremonie ausgefallen war.

Nun war es klar, daß es keine Hoffnung mehr gab, den Aufruhr in Hartford nur als eine Lappalie vor unserer Hochzeit ansehen zu können. Es war die Warnung, daß sie nun überall im ganzen Land auf mich warteten. Ich durfte May nicht ins Ungewisse mitnehmen. Ich mußte sie hier zu Hause lassen, wo ich sie unter Schutz stellen konnte.

Ich öffnete die Schlafzimmertür. »Guten Morgen, Sharley Brown.«

Ihre Koffer waren gepackt, ihre Reisekleidung hing an der Schranktür bereit.

Ich setzte mich aufs Bett. »Liebling...« Sie hörte auf, zu lächeln, denn sie spürte, daß etwas Ernstes kam. Ich zwang mich, zu sprechen. »Es tut mir leid, aber ich kann dich nicht mit nach San Francisco nehmen.« May hörte mir zu, ohne mich zu unterbrechen, als ich ihr den Stand der Dinge erklärte. »Wir können sagen, es ist falsch, es ist schrecklich, aber das ändert nichts. Zur Zeit von König Artus oder zur Zeit der Römer gab es das Gottesurteil, sie sagten: ›Wir stecken ihn mit einem hungrigen Löwen zusammen‹, und wenn er überlebte, wurde er freigelassen. Mit uns wird es ähnlich sein. Das erste Jahr wird das härteste. Wenn wir das überstehen, dann haben wir es, glaube ich, geschafft.«

»Glaubst du wirklich, daß es ein ganzes Jahr dauern wird, bis sie uns zufriedenlassen?«

»Ich weiß es nicht. Aber ich weiß, daß ich das, was mir teuer ist, schützen muß. Wir müssen uns eine Routine aneignen, Sicherheitsvorkehrungen, die wir so lange beachten, bis der Druck nachläßt. Wir werden nie zusammen in eine Stadt einreisen. Ich werde vorfahren, und mir erst einmal einen Eindruck verschaffen, was los ist. Wenn es mir nach ein paar Tagen sicher erscheint, rufe ich an und sage dir, daß du das nächste Flugzeug nehmen sollst.«

Sie stand vom Bett auf und schloß wie beiläufig die Schranktür, damit ich nicht daran erinnert würde, daß ihre Reisekleidung schon bereithing, und setzte sich neben mich.

»In der Zwischenzeit habe ich jemanden engagiert, der hier wohnen wird und so lange bleibt, wie ich weg bin. Sicher, Rudy wird auch hiersein, aber es ist bestimmt nicht verkehrt, noch einen Mann im Haus zu haben.«

»Einen Wächter?«

»Er ist Privatdetektiv.«

»Meinst du, ich brauche das wirklich?«

»Nein. Ich rechne auch nicht damit, daß das Haus abbrennt, und doch habe ich eine Feuerversicherung gegen die geringe Chance, daß es passiert.« Ich stand auf. »May? Danke, daß du keine Probleme aus etwas machst, das ich nicht ändern kann.« Ich nahm ihre Hand. »Ich möchte, daß du weißt, wie sehr mir dies alles leid tut und wie sehr ich dich schätze.«

Sie lächelte verlegen. »Findest du mich tapfer?« Ich sah sie an. Dann war es Zeit für den Abschied, und sie brachte mich zur Tür. »Sammy...« Ihr Gesicht verlor die Fassade der Fröhlichkeit. »Ich fürchte, ich werde nicht so tapfer sein...« Ihre Stimme begann zu zittern. Ich hielt sie in meinen Armen und streichelte ihren Kopf, während sie sich ausweinte. »In eine schöne Johanna von Orleans habe ich mich da verwandelt.« Ihre Ohren wurden rot, und plötzlich, ohne Übergang, nahm sie sich zusammen und schritt munter durch das Wohnzimmer. »Okay, genug davon.« Sie sah mich an. »Es tut mir leid. Es ist das letzte Mal, daß ich dir dies antue. Ich verspreche es. Ich will es nicht noch schlimmer für dich machen, als es schon ist.«

In San Francisco ging es mit den Drohungen und Haßbriefen verstärkt weiter. Ich bat May, nicht zu kommen. »Vielleicht in Reno.« Ich rief sie aus Reno an. »Es tut mir leid, du kannst nicht hierherkommen...«

Und ein paar Wochen später sagte ich ihr: »Es tut mir leid, aber du kannst nicht nach Chicago kommen...«

Und dann sagte ich zu ihr: »Es tut mir leid, aber du kannst nicht nach Philadelphia kommen...«

Sie kämpfte nicht dagegen an. Sie beschwerte sich nicht. Sie behielt ihre verletzten Gefühle für sich, um es nicht noch schwerer für mich zu machen. May war jung und schön, nach dem Gesetz waren wir verheiratet, aber sie war gefangen im Gefängnis meiner Haut.

Der Applaus schwoll an, wurde immer lauter, doch das einzige, das ich denken konnte, war, dies wäre die ideale Tarnung für einen Gewehrschuß. Trotz all der Polizisten in Zivil, die über das ganze Latin Casino in Camden verteilt waren, trotz jeder möglichen Vorkehrung, die getroffen worden war, sah ich mich nicht in der Lage, mich voll und ganz jedem Lied, jedem Tanz zu widmen: ich suchte nach Anzeichen für Gefahr, studierte verschwommene Gesichter, soweit ich sie im Licht erkennen konnte. Wenn ich die Parodien brachte, war mein geistiges Ohr nicht völlig auf Cagney oder Robinson eingestellt, und wenn ich sang, war ich nur halb bei den Worten des Liedes, während die andere Hälfte betete, daß nicht jemand ein Fenster im Haus offen oder eine Tür unverschlossen gehalten hatte. Ich hatte Angst. Irgendwo da draußen, in diesem oder im nächsten Publikum, saß der Kerl, der es auf mich abgesehen hatte. Oder, schlimmer noch, vielleicht war er in Hollywood, schlich sich an das Haus heran, um eine gräßliche Rache an May zu nehmen.

Ich war mir plötzlich gar nicht mehr so sicher, wo ich sie am besten schützen konnte. Selbst bei einem professionellen Sicherheitsspezialisten gab es immer noch den Faktor menschliches Versagen. Vielleicht wäre es sicherer, sie dort zu haben, wo ich zusätzlich auf sie aufpassen konnte. Außerdem wollte ich meine Frau sehen. Bislang hatten mehr als neunzig Prozent unserer Ehe am Telefon stattgefunden. Ich riskierte es und nahm sie mit nach New York.

Earl Wilson berichtete: »Die Sammy Davis, Juniors erwarten ein Kind. Wenn es ein Junge wird, soll er Mark Sidney heißen, wenn es ein Mädchen wird, Tracey.« Hunderte von Briefen trafen im Copa ein: »Gott wird dich für deine Taten strafen. Du hast dich gegen Gottes Willen versündigt.« – »Was wird aus den Kindern?«

Wäre es besser, wenn ich eine schwarze Frau geheiratet hätte? Würden sie mein Kind besser behandeln? Würden sie weniger Grenzen aufbauen? Nein. Mein Baby würde es sowieso immer schwerhaben, bis *kein* Baby es mehr schwerhaben würde.

Mit der Post kam unsere Einladung zu John F. Kennedys Amtseinführung, in einem großen flachen Umschlag, mit einem Stück Pappe, damit sie nicht zerknickt wurde. Ich zeigte sie May. »Na, wie ist das für unser Geschichtsbewußtsein? Wenn man bedenkt, daß jeder, der dies bekommt, es sich am liebsten einrahmen würde.« Ich betrachtete meinen Namen auf der Einladung und dachte: *Es ist wirklich möglich in Amerika. Trotz aller Widrigkeiten ist es doch im Jahre 1960 möglich, daß sich eine Junge aus Harlem hocharbeitet und ins Weiße Haus eingeladen wird.* Ich fühlte, wie May mich ansah, und es war mir peinlich, daß ich so stolz darauf war, diese Einladung erhalten zu haben. Ich erklärte: »Diese Dinger werden nicht gerade an jeden Burschen an der Ecke verschickt.«

»Ich bin sehr beeindruckt...«, preßte sie hervor. Tränen strömten über ihr Gesicht, auf dem gleichzeitig ein glückliches Sonnenscheinlächeln erstrahlte.

»Jetzt wein doch nicht.«

»Ich weine nicht...«

Ich trocknete ihre Augen. »Dann regnet es wohl irgendwo rein.«

»Ich freue mich so für dich, Sharley Brown.«

Wir saßen da in glücklicher Eintracht und erlaubten dem Moment, ein paar von unseren verspannten Muskeln wieder zurückzudrücken, sie weich und wieder in Form zu kneten. Dann sagte ich: »Morgen mußt du unbedingt zu Bergdorf Goodman rüber und dir das eleganteste Kleid kaufen, das du finden kannst. Eins, bei dem allen die Augen rausfallen. Und zwar für die Nacht des Einführungsballs. Frank stellt die Show zusammen, und ich werde auftreten. Du wirst auch etwas Nachmittagsmäßiges brauchen wie ein Chanelkostüm für die Zeremonie bei der Leistung des Amtseides.«

»Sammy, ich dachte, wir wollten ein bißchen sparsamer sein.«

»Liebling, wenn mir als Junge in Harlem jemand gesagt hätte: ›Du wirst im Weißen Haus auftreten‹, hätte ich mein Geld für dein Kleid gespart. Da ich aber diese Nachricht heute erst bekam... Hör zu, mach dir jetzt keine Sorgen darüber, wir sparen später. Wobei mir einfällt, daß ich am besten gleich Sy Devore anrufe, um mir einen neuen Smoking machen zu lassen.«

»Aber du hast fünfzehn oder zwanzig Smokings.«

»Meinst du, ich würde so einen schlechten Geschmack zeigen, einen schon einmal getragenen Smoking anzuziehen, um den Präsidenten zu unterhalten? Und nachdem ich ihn im Weißen Haus getragen habe, wird er eingemottet. Sie sollen ihn bei uns zu Hause abgeben, und wenn du nach Washington fliegst, kannst du ihn mitbringen. Ich komme dann vom Latin in Camden.«

Am Abend der letzten Vorstellung im Copa sagte May: »Ich fahre sehr ungern ohne dich an die Westküste zurück.«

»Freuen wir uns darüber, daß wir in Washington wieder zusammenkommen, das ist ein Extra, mit dem wir nicht gerechnet haben.«

Der *Philadelphia Inquirer* brachte einen Artikel: »Sammy Davis, Jr. wird unter den Ehrengästen sein, die zu den Amtseinsetzungspartys des Präsidenten geladen sind. Die Vorstellung des Sängers und Tänzers im Latin Casino in Camden wird am Abend des 20. Januar ausfallen.«

Drei Tage vor der Amtseinsetzung lag ich in meinem Hotelzimmer, als Murphy mich gegen elf Uhr morgens weckte. »Sammy, die Sekretärin von Präsident Kennedy ist am Apparat...«

Es war Evelyn Lincoln, JFKs persönliche Sekretärin, die ich von der Wahlkampagne her kannte. »Mr. Davis... Sammy... der Präsident hat mich gebeten, Ihnen mitzuteilen, daß er nicht wünscht, daß Sie auf der Amtseinsetzung anwesend sind. Es gibt eine Situation, die ihn dazu zwingt, und wenn er dagegen ankämpfen würde, würde es den Zielen, die er sich gesetzt hat, schaden. Er hofft sehr, daß Sie dies verstehen werden...«

Ich fühlte, wie ein Sturzbach von Worten meine Kehle hochgeschossen kam: »Nein, bitten Sie mich nicht um Verständnis. Tun Sie das nicht. Demütigen Sie mich nicht. Schneidet mich nicht vor meiner Frau in zwei Hälften. Vor allen Leuten habe ich davon gesprochen, vor meiner Familie, meinen Freunden und meinem Publikum. Herrgott, meine Frau hat ihre Eltern in Schweden angerufen! Wenn John mir das antun kann, dann sagen Sie ihm, daß ich ihn hasse. Bitte!! Ich habe auch Ziele. Ich habe als Wahlhelfer gearbeitet, ich habe das nicht verdient...«

Doch ich sagte nichts davon. Ich sagte: »Ich verstehe. Danke für den Anruf.«

Und ich verstand, daß der Haß bemerkt worden war und neutralisiert werden mußte, wobei die Liebe nur hinderte. Ich verstand, daß in der Politik tausend Stimmen genau tausend Stimmen mehr wert sind als ein Freund. Ich setzte mich aufs Bett, dann fühlte ich mich krank und ließ mich auf den Rücken fallen. Ich konnte damit umgehen, wenn irgendein Idiot von der Straße mich beschimpfte, beleidigte oder mir Briefe schrieb. Aber wenn der Präsident der Vereinigten Staaten sich so verhält? Gegenüber jemandem, den er kennt? Jemandem, dem er die Hand geschüttelt und gesagt hat: »Ich werde deine Hilfe nicht vergessen...?« Mein Gott, wenn er mir das antun kann, was haben dann die Millionen Menschen zu erhoffen, die unsichtbar im Hintergrund blieben?«

Murphy sah mich ängstlich an.

»Sag unsere Reservierungen für Washington ab, Murphy. Und sag im Club Bescheid, daß ich den freien Abend nicht mehr brauche.« Ich hatte das Gefühl, daß es Murphy mehr schmerzte als mich, und ich war schon kurz vor dem Bluten. »Aber Sammy, du hast hart für ihn gearbeitet – er hat sich bei dir bedankt, ich hab' es gehört.«

»Sie wollen mich nicht, Baby. Und jetzt laß uns kein Drama in drei Akten daraus machen.« Ich legte mich auf den Rücken und versuchte, es zu verstehen. Die Wahl war vorbei. Die Stimmzettel abgegeben! Wir hatten alle sehr hart gearbeitet, damit Jack Präsident werden konnte... und in dieser ganzen Zeit hatte man nie etwas von einem Unterschied gemerkt. Bei einigen Gelegenheiten hatte ich May mitgenommen. Ich hatte sie ihnen vorgestellt. Sie hatten mich mit weißen Frauen und mit schwarzen Frauen gesehen, und nie hatte jemand die Nase gerümpft. Sie waren kultiviert, in jeder Bedeutung des Wortes.

Offensichtlich würde meine Gegenwart ihm schaden. Ich wußte, daß man von mir erwartete, daß ich dies verstand. Ich galt als Mann von Welt. Man nahm an, daß ich es verstehen würde. Mein Schmerz und meine Verwirrung verwandelten sich in Wut gegen meine Freunde, gegen Frank und Peter: warum hatten sie sich nicht für mich eingesetzt? Doch ich wußte, daß sie es getan hatten, jedenfalls in dem Maße, in dem es ihnen möglich war.

Murphy öffnete die Tür. »Peter ist am Apparat. Ich habe gesagt, du schläfst, ich wußte nicht, ob du wolltest...«

»Ich will nicht. Aber ich werde rangehen.« Ich wollte nicht, daß er merkte, daß es mich getroffen hatte. Aber er merkte es. Ich ging ans Telefon und begann mit unseren üblichen kleinen Beleidigungen. »Hör zu, es ist mir gleichgültig, ob du der Schwager des Präsidenten bist oder nicht. Ich will nicht mit dir in eine Schule...«

»Sam... Pierre hat mir alles erzählt. Sie haben es dem Präsidenten eingeredet. Sie haben gesagt: ›Hör zu, es ist das erste Mal, daß wir in der Öffentlichkeit stehen. Wir sollten nichts tun, was ein schlechtes Licht auf uns werfen könnte. Wir haben Südstaatensenatoren, bigotte Kongreßmitglieder. Um es gleich zu sagen, sie halten dich für zu liberal. Peter Lawford ist Schauspieler, und da ist immer noch ein schlechter Nachgeschmack von ‚The Clan's Taking Over the White House'. Wenn wir Sammy einladen, wird er seine Frau mitbringen? Wir können ihn nicht bitten, sie zu Hause zu lassen.‹ Der Präsident sagte: ›Okay, dann laßt es fallen. Ruft Sam an. Er wird es verstehen.‹ Charley? Es wird dich vielleicht interessieren, zu wissen, daß Bobby sich für dich eingesetzt hat: ›Das ist Bockmist! Das ist falsch. Der Mann hat bei der Wahl geholfen.‹ Aber sie haben ihn überstimmt. Er war so wütend, daß er die Gesprächsrunde sofort verlassen hat.«

Es tat gut, das über Bobby zu hören, aber es half nicht viel. Ich hatte das Verlangen, den Hörer so aufzuknallen, daß er durch den Fußboden ging. Ich legte auf. Wie sollte ich es May erklären? Was konnte ich tun, um es zu entschärfen, es weniger peinlich sein zu lassen? Damit sie kein Mitleid mit mir hatte?

Es war Mittag. Erst neun Uhr morgens an der Westküste. Zu früh, um sie anzurufen. Unsinn, ich wußte nur zu gut, daß sie wach war. Sie war an die Studiozeiten gewöhnt. Ich schob es hinaus, weil ich wußte, daß sie mich noch einige Stunden im Bett vermuten würde. Ich zwang mich, den Hörer aufzunehmen, und erzählte es ihr.

»Oh, Sammy, sie müssen dein Herz gebrochen haben.« Sie versuchte nicht, es zu überspielen und leicht darüber hinwegzugehen, in der Art wie: »Na und? Eine Party mehr oder weniger...«

Ich wußte ihre Ehrlichkeit zu schätzen, aber ich konnte sie nicht erwidern. »Ich werde davon nicht sterben. Liebling, ich bin eine widersprüchliche Figur, das war ich immer, und sie können sich jetzt nichts erlauben, was das Staatsschiff zum Schlingern bringen könnte – ja, reden kann er wirklich. Aber im Ernst, ich bin nicht so wichtig, wie ich es manchmal gerne glauben würde. Sie werden meinetwegen keine Kabinettssitzung einberufen. An diesem Punkt seiner Karriere macht John sich Gedanken über seine Einführungsrede, und ob ich da bin oder nicht, ist bestenfalls von untergeordneter Bedeutung. Die ganze Diskussion darüber hat weniger Zeit gekostet, als es uns jetzt kostet, darüber zu reden.«

»Sharley Brown... es tut mir wirklich sehr leid. Es liegt ja an mir. Wenn ich nicht wäre, dann wäre das alles nicht passiert. Aber ich muß nicht unbedingt hingehen. Er ist ja nicht *mein* Präsident. Vielleicht könnte Peter ihnen sagen, daß du allein kommst...«

Nie zuvor hatte ich so sehr den Wunsch gehabt, sie in den Arm zu nehmen und ihr zu sagen, was sie mir bedeutete, doch wieder waren wir durch dreitausend Meilen voneinander getrennt. »Liebling, ich würde nicht ohne dich gehen. Ende. Aber ich danke dir.«

»Ja, das wurde mir klar, als ich es sagte. He, ich habe eine Idee...« Mit einem Mal wurde ihre Stimme überschwenglich. »Ich komme nach Miami Beach, um bei dir zu sein. Ich weiß, daß du die Situation lieber erst vorher prüfst, aber, Sharley Brown, es gibt Zeiten für Mann und Frau, wo sie zusammensein müssen, und jetzt ist so eine Zeit. Ich werde mein neues Kleid mitbringen und deinen Smoking, und wir werden unsere eigene Party feiern...«

»Liebling... Florida ist nicht der richtige Ort für uns.«

»Ich weiß, daß der Süden ›anders‹ ist, das hast du mir erzählt, und ich glaube dir, aber schließlich, wie anders kann er schon sein? Ich will doch nur mit meinem Mann zusammensein.«

Eine Art verletzter Verwunderung klang in ihrer Stimme durch. Ich wußte, daß »Liebling, es ist der Süden« einem Mädchen, das in Schweden aufgewachsen ist, einfach nicht genug sagen konnte. Sicher, sie hatte davon in der Schule gehört, über die Plantagen und wie Lincoln die Sklaven befreit hatte und wie alle herumgetanzt waren und »Swanee River« gesungen hatten. Aber sie würde sich nicht vorstellen können, was es 1960 für einen Schwarzen bedeutete, für mich, der es abgelehnt hatte, vor einem getrennten Publikum aufzutreten, und dem es gelungen war, Miami Beach für jeden zu öffnen, der seine Show sehen wollte. Wenn sie mich schon dafür haßten, daß ich das Publikum gemischt hatte, wie würden sie mich erst dafür hassen, daß ich mit einer weißen Frau verheiratet war? Ich hatte Angst um Leib und Leben. Ein Gewehrschuß, Säure in ihr Gesicht. Aber ich war auch nicht in der Lage, noch länger Mitleid von meiner Frau zu ertragen oder meine Landsleute als so hart und herzlos hinzustellen. Ich sagte: »Hör zu, ich werde zwei Wochen dort sein. Laß mich hinfahren und sehen, wie es ist«, und sie war damit einverstanden.

Das Latin Casino kündigte an, daß keine Vorstellung ausfallen würde. Irgendwas in der Art von: »Sein Publikum geht vor.«

Als ich hinter den Kulissen stand und mir das anhörte, was ich immer für eine glänzende Ouvertüre gehalten hatte, fragte ich mich, was die Leute, die wußten, daß die ganze Bande in Washington war, wohl denken würde, wenn sie mich jetzt auf der Bühne im Camden sahen. Es tat verdammt weh.

Von Miami Beach telefonierte ich mehrmals am Tag mit May.

»Vermißt du mich wirklich?«

Ich saß auf dem Bett, nachdem wir aufgelegt hatten, und hörte immer noch das Zittern des Zweifels in ihrer Stimme. Wenn jemand die wirklichen Gründe für etwas nicht versteht, fängt er an, Vermutungen anzustellen und kommt zu falschen Antworten: Geht es ihm mehr um seine Karriere, hat er Angst, daß ein paar Leute wegbleiben würden? Sie konnte alles mögliche denken, und ich merkte, daß ich ihr, um mir selber Demütigungen zu ersparen, Grund zum Zweifeln gab.

Sie nahm nach dem ersten Klingeln ab.

»May... ich muß dir diese Miami Beach-Geschichte erklären.«

»Nun, da du sie gerade erwähnst, ich muß sagen, ich verstehe sie nicht, obwohl ich es bestimmt gerne würde.«

»Okay. Versuch zu verstehen, daß wir nicht nur die Kardinalsünde des Südens begangen haben. Der Staat Florida hat ein *Gesetz* gegen Rassenmischung – also eine weiße Person, die sich mit einer farbigen Person einläßt. Sie können uns, wenn sie wollen, dafür ein Jahr ins Gefängnis stecken.«

»Aber wir sind verheiratet...«

»Verheiratet oder nicht, hier unten habe ich nicht einmal das Recht, mit dir zusammen auf der Straße zu gehen.«

»Das wußte ich nicht.«

»Liebling, ich brauche hier einen Sonderausweis von der Polizei, ansonsten werde ich, wenn sie mich nachts auf der Straße antreffen, verhaftet. Ich brauche eine besondere polizeiliche Genehmigung, damit der Taxifahrer mich überhaupt befördert...«

Als sie sprach, waren Tränen in ihrer Stimme. »Ich fühle mich scheußlich, weil ich dich dazu gebracht habe, mir das zu sagen... es tut mir leid.«

Noch lange nachdem wir aufgelegt hatten, saß ich allein da und betrachtete zum millionsten Mal meine Haut. Die Haut meiner Hände, meines Gesichtes. Durch mein Zimmerfenster sah ich jeden Tag Leute am Swimming-pool, wie sie in Liegestühlen lagen, unter der Sonne litten und versuchten, ihre Haut zu bräunen. Wo lag der gottverdammte Unterschied? Die Frage machte mich krank. In diesem Moment wünschte ich, daß ich nur einen Reißverschluß aufzuziehen brauchte und aus meiner Haut steigen könnte, aus all den Schwierigkeiten, die sie hervorrief. Ich wollte meine Frau sehen und sie im Arm halten.

12

Ein wirklicher Mann ist man erst, wenn man ein Kind sieht, das man gezeugt hat, und durch die Gnade Gottes stand ich da und betrachtete meines, sah ihr winziges Gesicht und ihre Hände, das ganze wundervolle kleine Wesen. Ich sah der Schwester, die Tracey wieder mitnahm, nach, bis sie verschwunden war. Ich war nicht in der Lage, nach unten zu gehen und mit Leuten zu reden. Ich ging ins Wartezimmer und setzte mich nahe an ein Fenster. Ich betete, daß unser Baby, wenn es groß war, in einer Welt von Menschen leben würde, denen die Hautfarbe egal war. Doch wird das möglich sein? Jemals? Sind die Menschen bereit, sich zu ändern? Würden sie jemals bereit sein, die Unschuld eines Kindes zu verstehen? Ich sah aus dem Fenster, dankbar für das Talent, das ich bekommen hatte, und dankbar dafür, daß ich dadurch vielleicht die Möglichkeit hatte, etwas für die Veränderung der Welt zu tun, so daß eines Tages meine Kinder oder vielleicht meine Enkel nicht mehr würden kämpfen müssen.

Martin Luther King war in L. A., und er kam, um mich zu besuchen. Als ich ihn fragte, wie er mit seiner Arbeit vorankäme, sagte er: »Wir brauchen dringend Geld. Es reicht nicht einmal für das Nötigste.«

Wie viele andere betrachtete ich ihn als eine Hoffnung.

»Wieviel brauchst du?«

»Einhunderttausend Dollar würden unsere Schulden abdecken und uns etwas Spielraum geben.«

Ich besaß bei weitem nicht so viel, sonst hätte ich es ihm gegeben. Aber ich rief Frank und Dean an, und wir gaben ein Benefizkonzert für die Southern Christian Leadership Conference in der Carnegie Hall. SCLC erhielt 250000 Dollar, um weiterarbeiten zu können.

Hinter der Bühne umarmte mich Martin und dankte mir. »Ich melde mich wieder.«

»Wenn du mich brauchst, kannst du mich haben. Nur eins, ich komme nicht in den Süden. Ich mache so viel Benefizkonzerte, wie du willst –, aber im Norden.«

»Wir kriegen dich schon da runter.« Martin war ein sehr offener Mann, der einen guten Witz zu schätzen wußte und über sich selbst lachen konnte. Ich zahlte ihm mit gleicher Münze zurück. »Du willst mich da runterholen, damit ich gelyncht werde, was? Du weißt doch, daß ich hier mit einer weißen Frau verheiratet bin. Du mußt verrückt sein, zu wollen, daß ich da runterkomme.« Er saß da mit vor sich gefalteten Händen und lachte. »Mach dir keine Sorgen darüber, mach dir keine Sorgen. Wir sind sicher. Wir sind alle in Gottes Hand.«

»Ja, aber stell dir vor, er hat gerade was anderes zu tun?«

Jesse Jackson, der auch da war, nickte. »Du bist der Richtige für unseren Doktor. Du bringst ihn zum Lachen.«

Murphy hatte die Bar übernommen, die Musikanlage funktionierte prächtig, es war eine warme Nacht, und sechs oder sieben Leute vergnügten sich im Swimming-pool, junge Schauspieler, die ich bewunderte, Steve McQueen, die Culps, Peter Brown. Clint Eastwood saß am Rand und sah aufs Wasser. Ich setzte mich neben ihn. Ich wußte, daß sie *Rawhide* gerade gestoppt hatten und daß er arbeitslos war. »Niemand will mich hier haben, Sam. Der Western ist am Ende. Ich werde nach Europa gehen.« Ich versuchte ihn zu trösten, ihm Mut zu machen. Dann stand ich auf und ging wieder zu den anderen. Ich sah, daß May etwas abseits von den Leuten saß, und ging zu ihr.

»Sammy, werden wir immer Leute um uns herum haben?«

»Es tut mir leid. Ich habe einen Fehler gemacht. Kollegen um mich zu haben, ist eine alte Angewohnheit von mir. Als wir noch Vaudeville machten, waren wir immer mit den anderen Künstlern zusammen, die auch auftraten. Später, als wir die Stars in Las Vegas waren, habe ich die Partys, die ich gegeben habe, und die Filme, die ich gezeigt habe, immer genossen. Dasselbe, als ich in *Mr. Wonderful* auftrat. In Gesellschaft fühlt man sich einfach wohler, und so wurde es zur Gewohnheit. Aber, Liebling, ich will ein richtiges Familienleben, und ich werde dies ändern. Doch einige davon sind wirklich gute Freunde. Wir können nicht ein Schwert nehmen und ihnen einfach die Köpfe abschlagen, das muß sich langsam entwickeln.«

»Gut, ich kann so lange warten. Ich möchte nur nicht das Gefühl haben, daß ich, wann immer wir zusammensein können, meinen Mann mit Leuten teilen muß, die ihn schon länger kennen als ich.«

Murphy wußte, was ich gewöhnlich mit auf Reisen nahm. Ich legte noch ein paar neue Pullover dazu und wählte die Schallplatten und die Kameras aus, die ich mitnehmen wollte. Dann, während er einpackte, mischte ich mir einen Drink und setzte mich zu May.

»Ich habe über unser Gespräch nachgedacht, und ich werde dir ein besserer Ehemann sein. Ich weiß nur nicht, wie weit ich es wage, mich zu ändern. Wenn du mich fragtest: ›Wie machst du es, ein Sammy Davis, Jr. zu sein?‹, hätte ich Schwierigkeiten, es dir zu sagen. Offensichtlich hängt es damit zusammen, daß ich Talent habe. Aber es gibt Dutzende besserer Tänzer als mich und Dutzende besserer Sänger, die unbekannt bleiben, während ich ein Star geworden bin. Es gibt bessere Parodisten als mich, und ich garantiere dir, daß Buddy Rich besser am Schlagzeug ist als ich. Ein Maler kann vier Farben zusammenmischen, und es ergibt ein großartiges Blau, das ist eine exakte Wissenschaft. Meine Kunst ist es nicht. Wenn ich auf die Bühne komme und sage: ›Guten Abend, meine Damen und Herren‹, weiß ich, daß ein Teil dessen, was die Leute sehen, eine ständig sich bewegende Figur ist, der kleine Kerl mit der unbezähmbaren Energie. Sie sagen gern: ›Keiner arbeitet so hart wie Sammy Davis!‹ Sie sehen auch den ›Weiberhelden‹, den ›Sinatra-Freund‹, den ›Farbigen, der zum Juden geworden ist‹, der ›ein Auge verloren hat‹. Sie sehen meine Kleidung, sie wissen, daß ich zuviel Geld ausgebe, daß ich immer in Schwierigkeiten bin, daß ich irgendwie aber immer wieder herauskomme. Und doch wüßte ich nicht, wie ich jeden einzelnen dieser Züge bewerten sollte. Würde ich meine ganzen Kleider wegwerfen und nur Blue Jeans tragen, würden sie mich nicht erkennen. Wenn man an die Öffentlichkeit brächte: ›He, er ist kein Weiberheld, er ist noch unberührt‹, wüßte ich nicht, ob sie es glauben oder sich überhaupt darum kümmern würden.

Ich weiß, ich würde mich nicht trauen, eine einzige Facette dessen zu verlieren, was ›Sammy Davis, Jr.‹ ausmacht, denn für mich ist ›Sammy Davis, Jr.‹ zu sein ungleich viel wichtiger, als es für dich war, ›May Britt‹ zu sein oder für Frank ist, ›Frank Sinatra‹ zu sein. Die Hautfarbe macht den Unterschied. Ich könnte dieses Haus in den Hügeln von Hollywood nicht besitzen, wenn ich nicht ›Sammy‹ wäre. Ich glaube auch nicht, daß May Britt sich in den Sammy Davis verliebt hätte, der in Harlem leben mußte. Die einzige Art und Weise, wie ich in dieser Welt überleben kann, ist ›Sammy Davis, Jr.‹ zu sein. Ich sage nicht, daß es richtig oder falsch ist, es ist eine Tatsache, mit der ich zu leben habe.«

»Ich will dich ganz bestimmt nicht ändern«, entgegnete May. »Ich möchte nur ein bißchen mehr mit dir zusammensein. Nun, da Tracey aufwächst und wir mehr Kinder haben werden, möchte ich die Atmosphäre eines richtigen Heimes schaffen. Ich verstehe, daß du eine ganze Menge Geschäftsleute und Freunde treffen mußt, aber im Mittelpunkt von alledem möchte ich an einem Tisch sitzen, nur mit meinem Mann, und zusammen mit ihm zu Abend essen.«

Unsere Gespräche hatten mich verblüfft. Und doch hätten sie es nicht sollen, denn von Anfang an war sie jemand gewesen, der die Einsamkeit suchte. Als ich sie das erste Mal in der Kantine gesehen hatte, hatte sie allein an einem Tisch gesessen, und niemand, der so aussieht, ißt allein zu Mittag, außer wenn er es will. Ich mochte es, wenn meine Freunde um mich waren, aber ich erinnerte mich an die Wehmut in ihrer Stimme: »Ich möchte an einem Tisch sitzen, nur mit meinem Mann, und zusammen mit ihm zu Abend essen.« Ich trat in San Francisco auf, und sie war mit Tracey zu Hause geblieben. Ich hatte etwas arrangiert und rief sie an. »Liebling, kannst du dich am Mittwoch etwas elegant für ein Diner anziehen, sehr gepflegt, und um Punkt acht bereit sein?«

»Aber, Sharley Brown, du mußt doch dann in Vegas sein.«

»Du hast doch gesagt, du würdest dich über ein ruhiges Essen mit deinem Mann freuen...«

Ich engagierte einen Partykoch und einen Kellner, und ich hatte ein Flugzeug gechartert, mit dem es mir möglich sein würde, zu Hause zu essen und trotzdem rechtzeitig in Las Vegas zu sein. Punkt acht stand ich, mit einer schwarzen Krawatte, vor meiner Haustür und klingelte. May trug ein taubenblaues Satinkleid, ihr Gesicht war rot, glühend vor Freude, wie ich es gehofft hatte.

Tracey schlief. Ich nahm sie auf, ohne sie richtig zu wecken, und drückte sie zärtlich. *Hallo, Wunder.* Ich küßte sie auf die Stirn und legte sie wieder zurück in die Wiege. »Tolles Kind. Kein Geheule, nur ›Hallo, Dad, wie war die Show?‹, und schon wieder eingeschlafen.«

Wir saßen auf der Couch, während der Kellner uns den Champagner einschenkte, und wir nahmen ein paar kräftige Bissen aus der Dose mit dem frischen Beluga Kaviar.

Kerzen brannten auf dem Eßtisch, der nur für uns gedeckt war.

»Ich habe nachgedacht; es wäre wunderschön, wenn Gott uns erlaubte, noch mehr Kinder zu haben, aber ich möchte auch ein paar Negerkinder adoptieren. Es gibt viel zuviel farbige Waisen, niemand will sie, niemand kümmert sich um sie...«

»Ohhh, Sharley Brown, ich bin ganz deiner Meinung! Vielleicht können wir mit einem größeren Bruder für Tracey anfangen.«

Ich war erleichtert, daß sie begeistert von der Idee war, schwarze Kinder zu adoptieren, daß die Kriege, die wir durchgestanden hatten, sie nicht geschwächt hatten, daß sie nicht bereit war, einen leichteren Weg zu gehen.

»Wir werden mehr Platz brauchen«, sagte ich. »Sy hat mir erzählt, daß David Selznicks Haus in Beverly Hills zu verkaufen ist. Die Garage ist für vier Wagen gebaut, die Schlafzimmerfenster bewegen sich auf

Knopfdruck, und es gibt einen Projektionsraum mit Ausstattung für 35-mm-Filme, den ich unbedingt haben will. Ich hasse die alte Rattermaschine, die unten im Playhouse steht.«

»Es hört sich teuer an.«

»Es *ist* teuer, aber dafür verdiene ich schließlich ein paar Millionen Dollar im Jahr.«

»Ich weiß, aber wir haben schließlich Schulden.«

Der Kellner kam mit dem Hauptgang. May wartete, bis er den Raum verlassen hatte. »Als ich mir ein Abendessen zu zweit mit meinem Mann wünschte, habe ich nicht gemeint, einen Chefkoch und einen Kellner zu engagieren, auch nicht Champagner, Kaviar und ein Privatflugzeug.«

»Liebling, das ist nur ein wenig Petersilie, die Garnierung. In einer Welt von Fleisch und Kartoffeln hast du das Recht auf ein wenig Petersilie. Du mußt sie nicht essen. Aber sie macht das Leben angenehm.«

»Nun, ich akzeptiere, was du heute abend getan hast, aber ich habe schon Strümpfe verkauft und Teller gewaschen. Ich mag Luxus, aber ich kann auch darauf verzichten.«

»›Ich nicht‹, sagte der kleine braune Bär. ›Ich will ihn *haben.* Soviel ich kriegen kann.‹«

Sie legte ihre Hand auf meine. »Es tut mir leid, ich wollte nicht an deiner Überraschung herummäkeln.«

Wieder einmal wurde mir der Unterschied zwischen uns bewußt. Ich hatte sie als Filmstar gesehen und stillschweigend vorausgesetzt, daß die Liebe zum Theatralischen, die Neigung zur großen Geste einfach dazugehörten. Mir wurde klar, daß wir verschiedene Vorstellungen von Glück hatten. Auf dem Weg zum Flughafen und dann im Flugzeug dachte ich darüber nach, wie wenig Zeit wir uns eigentlich genommen hatten, uns kennenzulernen, daß wir die gewöhnlichen Dinge des Alltags kaum miteinander geteilt hatten. Unser gemeinsames Leben war überschattet gewesen von Dramatik und Angst; es bestand aus ihrem Mut, ihrem Stehvermögen, ihrer Liebe, es beruhte auf meiner Rolle als Beschützer. Es gab Leibwächter, Abschirmung von feindseligen Briefen, Verstecke, aber all dies waren künstliche Welten, um die Härten der wirklichen Welt draußen zu lassen.

Es ist unglaublich, wie die Leute sich über Rassenwitze kaputtlachen konnten, die ein kleiner, schwarzer Mann Mitte der sechziger Jahre in Vegas brachte. Mit der Bürgerrechtsbewegung ging es nur langsam voran, jedenfalls dachten wir es alle. Ich konnte mich jedoch noch an 1950 erinnern, als wir drüben in Mrs. Cartwrights Haus hatten wohnen müssen.

Ich drehte mich zu meinem Pianisten George Rhodes um, mit dem ich seit *Mr. Wonderful* zusammenarbeitete, und sagte: »George, ich weiß, wie sensibel du bist, aber könntest du bitte auf den *weißen* Tasten spielen?«

Die Sechziger waren eine eigenartige Zeit; es war ein merkwürdiges Gefühl, plötzlich »schwarz« zu sein. Über Nacht waren dreißig Millionen »Farbige« und »Neger« zu »Schwarzen« geworden. Es machte mir Schwierigkeiten, mich selbst als »schwarz« zu betrachten, nach all den Jahren, in denen ich »schwarzer Bastard« und »schwarzes Schwein« gehaßt hatte. Niemand wurde je »Negerbastard« oder »farbiges Schwein« genannt. Es war immer »schwarz«, und das Wort war häßlich und hart. Noch vor ein paar Monaten hatte ich jemanden sagen hören: »Dieser schwarzer Bursche...«, und es hatte mich abgestoßen. Ich wies ihn dafür zurecht. »Ich habe noch nie einen Menschen mit schwarzer Haut gesehen. Ich habe Leute mit brauner Haut gesehen oder mit hellbrauner, aber nie mit schwarzer.«

Doch, die Stimmung des sozialen Wandels nutzend, hatte James Brown den Song »Black is beautiful« aufgenommen, mit dem eindringlichen »Say it loud, I'm black and I'm proud«, und plötzlich hatten wir keine Berührungsängste mehr mit dem Wort »schwarz«. Es war nun kein Schimpfwort mehr, es war eine Hymne. »Say it loud, I'm black and I'm proud.« Ein Song drückte den Stolz eines verstreuten Volkes aus, ein Song hatte unsere Rücken wieder aufgerichtet und unsere Köpfe erhoben und schweißte uns mehr zusammen als je zuvor, indem er uns alle zu »Schwarzen« vereinte.

In der Garderobe reichte Murphy mir den Telefonhörer. »Es ist Finis. Er ist in der Stadt.« Finis Henderson war ein Freund früherer Tage in Chicago. Ich sagte: »Komm doch mal rüber, Junge.«

»Ich bin mit einigen unserer Brüder in der Westside.«

»Bring sie mit. Du hast meinen Tisch für die zweite Show.«

»Ich würde deine Show gern sehen, alter Knabe...« Er wollte sich herauswinden.

»Komm, mach dir keine Gedanken. Ich gebe deinen Namen aus, und es wird problemlos gehen.«

»Ich weiß, Sam, und ich schätze das auch, aber, offen gesagt, es ist schwierig. Verstehst du mich? Ich wollte einfach nur guten Tag sagen, deine Stimme hören. Wir sehen uns in Chicago oder irgendwo anders...«

Ich saß hinter der Bar und mixte mir einen Drink. Ich wußte genau, wie er sich fühlte. Black Power! Was für ein Witz! Wir waren immer noch machtlos. Vor meinem geistigen Auge sah ich mein Dinner-Show-Publikum: da draußen hatte es keine schwarzen Gesichter gegeben. Schwarze kamen nicht in meine Show in Las Vegas, denn wenn die Leute nicht mit dem Spezialausweis »Sammys Gast« ausgestattet waren, wurden sie gar nicht erst eingelassen. Und wer wollte das schon in Kauf nehmen? Wer wollte die »Erlaubnis«, an meinem Tisch vor der Bühne zu sitzen, als einzige schwarze Gruppe im Saal, und beim Versuch, die Show zu genießen, die Blicke im Nacken spüren? Das sollte Vergnügen sein?

Ich kam aus der Garderobe und ging durch das Kasino. Alle Spieler hatten weiße Hände. Ich sah Cocktail-Kellnerinnen, Geldwechsler, Reinigungspersonal. Alle weiß. Auch an der Hotelrezeption, keiner, keiner war schwarz.

Ich rief Jack Entratter an, und er bat mich, in sein Apartment zu kommen. Wir setzten uns auf die Couch. »Jack, ich muß ein paar meiner Leute im Publikum sehen.«

»Sam, du weißt, daß du jeden einladen kannst, den du willst. Deine Familie ist jederzeit herzlich willkommen, deine Freunde...«

»Ich weiß, und ich weiß es auch zu schätzen, aber das reicht nicht. Die Türen müssen jedem offenstehen.«

Er seufzte. »Sam, wir haben immer noch Gäste aus Kansas City; warum nennen wir die Tänzerinnen die ›Texas Copa Girls‹? Weil eine Menge großer Spenden von dort hereinkommen.«

Ich konnte es verstehen, aber ich konnte nicht akzeptieren, daß der Satz »Geschäft ist Geschäft« das Sesam-öffne-dich für alles sein sollte. Es waren nicht nur die Texaner oder die Jungs aus Kansas City. Las Vegas war zwar eine Stadt mit tief verwurzelten Vorurteilen, und es war von Südstaatlern und Nordstaatlern gebaut worde, die ihrerseits aus Städten mit tief verwurzelten Vorurteilen kamen: die Purple Gang aus Detroit, die Jungs aus Chicago, aus Kansas City. Doch seither waren eine Menge von Sit-ins und Pray-ins abgehalten worden.

»Jack, Schwarze nicht einzulassen, ist inzwischen illegal, und moralisch falsch sowieso. Außerdem ist es unfreundlich.«

Er nickte. »Dann bist du also auch der Meinung, daß es aufhören muß. Und daß wir es sein sollten, die damit anfangen. Wir sind diejenigen, die damit anfangen, die es machen und in Bewegung bringen! Wir müssen schwarzes Publikum zu den Shows zulassen und es so einrichten, daß sie sich wohlfühlen dabei. Und es müssen Arbeitsmöglichkeiten für Schwarze in dieser Stadt geschaffen werden, und zwar so, daß man sie auch sehen kann. Die Dinge ändern sich, Jack. Sogar in Mississippi fangen sie an, sich zu ändern.«

»Sammy, wenn ich an unsere gut betuchten Kunden aus den Südstaaten denke, ist das kein geschickter Schachzug. Aber ich werde es im Aufsichtsrat vorbringen. Ich werde mir etwas einfallen lassen, damit wir wenigstens einen Anfang machen.«

Ethel Kennedy lud mich zum Mittagessen nach Hickory Hill ein, ihrem Stammsitz in Virginia. Ich gab Vorstellungen im Shoreham Hotel in Washington. Unter den Gästen dieser kleinen Zusammenkunft waren Peter und Pat, Pierre Salinger, General Maxwell Taylor und Art Buchwald. Ein Tablett mit Bloody Marys in großen, langstieligen Steubengläsern wurde herumgereicht, als die Gäste eintrafen.

Ich war dankbar dafür, daß Bobby mich eingeladen hatte, um mir zu sagen: »In *meinem* Haus bist du willkommen.«

Nach dem Essen, als Ethel und ich Bobby und Max Taylor und noch zwei anderen beim Tennisspielen zusahen, sagte sie: »Sammy, diese Geschichte mit Jacks Amtseinführung, ich hoffe, du weißt, daß wir damit nichts zu tun hatten. Bobby war außer sich über das, was sie da taten.«

»Das wußte ich schon damals. Peter hat es mir erzählt. Du hättest es nicht noch einmal zu erwähnen brauchen, aber ich danke dir.«

Kurz bevor es Zeit zum Aufbrechen war, zeigte mir Bobby das Haus, um in Ruhe mit mir sprechen zu können. »Du bist nicht sehr beliebt beim Klan«, sagte er, »oder den Vertretungen der weißen Bevölkerung. Du stehst auf allen ihren Listen. Wann immer du irgendwo in der Öffentlichkeit auftrittst, bei umstrittenen Veranstaltungen, also alles, was mit der Bürgerrechtsbewegung zu tun hat, vergiß nicht, mich ein oder zwei Tage vorher anzurufen, daß ich wengistens ein paar Leute da hinstellen kann, die ein Auge auf dich haben.«

Sy Marsh rief aus Kalifornien an, als ich in New York im Copa auftrat. Seit der Geschichte mit dem GE-Theater hatte ich zu verstehen gegeben, daß ich nur noch mit Sy verhandeln würde. Er fragte: »Mein Guter, erinnerst du dich an den Film *Golden Boy* von Clifford Odets? Ein Produzent namens Hillard Elkins möchte daraus ein Broadway Musical machen, und du sollst den Kämpfer spielen. Er hält die Rechte, und er hat Odets selbst dafür gewonnen, eine Bühnenfassung zu schreiben.«

Als Odets in meiner Garderobe war, sagte er: »Ich werde dir jedes Wort auf den Leib schreiben...«

Hilly Elkins war ein paar Jahre jünger als ich, er hatte große, neugierige Augen und sprühte vor Begeisterung. »Einer der Hauptkonflikte sollte darin liegen, daß du in ein weißes Mädchen verliebt bist. Ich denke, wir könnten da etwas Wichtiges für die Annäherung der Rassen tun.«

Daß ein weißer Mann so dachte, war bemerkenswert. Ich mochte ihn von Anfang an. »Und wie steht's mit einer wirklich gemischten Truppe, Hilly, nicht nur ein paar Alibi-Schwarze im Chor?«

»Ganz klar. Fifty-fifty. Was mehr als fair ist. Aber es wird Zeit, daß das Pendel mal etwas weiter zu der anderen Seite ausschlägt.«

»Und warum nicht zum ersten Mal einen schwarzen Dirigenten? Mein Pianist, Georges Rhodes, hat für mich dirigiert und Arrangements geschrieben. Er ist ein begabter, erfahrener Mann. Er würde es wunderbar machen.«

Hilly war mit allem einverstanden. Wir saßen und sprachen darüber bis zum Morgengrauen. Er sagte: »Ich habe dich vor zwei Jahren in London gesehen, und ich habe an *Golden Boy* und an dich gedacht, und seitdem geht es mir nicht aus dem Kopf. Ich habe Clifford, ich habe die Finanzierung...«

»Und du hast mich.«

»New York?« May war nicht sehr begeistert von der Idee. »Wir sind doch kaum in dieses Haus eingezogen! Ich habe keine Ahnung, wie das mit den Schulen für Mark in New York werden soll...«

Ich war voreilig gewesen, es ihr am Telefon zu erzählen. Ich hätte damit warten sollen, bis ich zu Hause war, aber ich wollte es mit ihr teilen.

»Wie lange, glaubst du, werden wir dort bleiben müssen?«

»Hilly bittet mich um ein Drei-Jahres-Engagement.«

Als ich endlich an die Westküste zurückkam, hatte sich May für die Idee erwärmt. »Baby, Sharley Brown, drei Jahre zusammen. Ich muß verrückt gewesen sein, daß ich das nicht gleich gesehen habe. Endlich werden wir ein richtiges Familienleben haben.«

Während May den Kindern in der Frühstücksecke etwas zu essen machte, fotografierte ich sie. Tracey war drei, Mark fast sechs. Dann briet Rudy uns ein paar Koteletts. Ich hatte eine Woche frei und brauchte am nächsten Abend nicht in meine Hosen zu steigen, also schickte ich jemanden den Hügel hinunter zu Will Wright, und wir saßen auf dem Boden und aßen Eis, während der Fernseher lief, ohne daß wir hinsahen.

Ich konnte von nichts anderem reden als von *Golden Boy*. Ich sagte: »Und ich werde mir die Chance nicht entgehen lassen, die Scharte mit *Mr. Wonderful* wieder auszuwetzen, künstlerisch und rassisch.«

»Künstlerisch? Ich dachte, es war ein großer Hit. Es lief ein Jahr.«

»Durch meine Zugkraft als Nachtclub-Entertainer, aber nicht wegen des Stücks. Fast der ganze zweite Akt bestand aus meinen Nachtclub-Nummern. Und rassenmäßig lief gar nichts! Mit *Golden Boy* haben wir jetzt eine Chance, etwas auszusagen. *Das* scheint mir wichtig. Wenn ich einfach das Geld von den Clubs nehme und mich damit aus dem

Staube mache, wenn ich nicht stehenbleibe und sage: ›Menschenskind, ich habe ein Publikum, das mich mag, ich habe ihre Aufmerksamkeit, und das sollte ich nutzen‹, dann wäre ich ein Parasit.«

Harry Belafonte rief mich an. »Sam, wir rechnen mit dir in Washington.«

»Selbstverständlich komme ich hin. Wieviel Leute, schätzt ihr, werden den Marsch mitmachen?«

»Wenn zehntausend kämen, wäre es ein Erfolg. Zwanzigtausend wäre unglaublich.«

Zwei Tage vor dem Marsch auf Washington rief Bobby Kennedy an. »Sam, du bist auf den Listen der White Citizens Councils unter die zehn meistgehaßten Männer aufgerückt. Wenn du nach Washington kommst, bleib in der Mitte, und wenn es vorüber ist, dann sieh zu, daß du wegkommst. Ich werde ein paar Agenten schicken, die sich dir zu erkennen geben werden. Sie begleiten dich bis zum Flughafen und bleiben so lange bei dir, bis dein Flug geht.«

Wenn Bobby Kennedy sagte: »Keine Gefahr von hinten, du wirst bewacht«, konnte man sich ruhig bewegen.

Ich gastierte im Elmwood Casino in Windsor, Ontario. Murphy und ich fuhren um fünf Uhr morgens in Windsor los und verließen Detroit mit dem Flugzeug gegen zehn Uhr morgens, um nach Washington zu gelangen. Tausende waren schon vor uns angekommen. Sie gingen in Richtung Washington Monument und Lincoln Memorial, sie gingen in Gruppen und Grüppchen von Weißen und Schwarzen. Jeder wirkte angespannt, besorgt. An den Straßenecken waren Polizisten postiert; ihr Gesichtsausdruck war hart und nervös. Es hatte viele Drohungen gegeben, den Marsch zu stören. Zu dieser Zeit gab es noch keine Mordgedanken. Doch die Gewaltdrohungen waren da. Trotz Bobbys Hilfe hatte ich Angst. Was, wenn es zu Ausschreitungen käme? In der Hauptstadt der Nation? Es war möglich, daß es passierte. Es war erst ein paar Jahre her, daß hier gegen mich demonstriert worden war.

Ich stand auf den Stufen des Lincoln Memorial und sah zum Washington Monument hinüber. Ich blickte über all die Köpfe, in die Gesichter, und dann, völlig unvermittelt, brach die Sonne durch die Wolken, und es gab keinen ersichtlichen Grund, aber die Leute fingen plötzlich an, zu lächeln. Überall gab es freundliche Worte, auf einmal war es klar, daß es keine Unruhen geben würde, es war, als hätte sich ein gutartiger Virus der Fröhlichkeit unter all diesen Männern und Frauen ausgebreitet. Ich sah kleine Szenen, in denen Menschen sich anfaßten, einander bei den Händen hielten; schwarze Menschen, die nie zuvor einen Weißen berührt hatten; eine schwarze Frau reichte einem weißen Jungen, der vor Rührung weinte, ein Taschentuch. Es gab Schwarze und Weiße, die nie zuvor einen Menschen der anderen Hautfarbe in den Arm genommen oder sonst eine körperliche Berührung mit ihm gehabt hatten; Weiße, die noch nie zuvor neben einer armen, einfachen schwarzen Frau gestanden hatten, die ihr Kind hielt. Alle hatten sie Liebe in ihren Herzen und auf ihren Gesichtern, es war wunderbar, es machte froh. Die Polizisten waren entspannt und freundlich.

Zehntausend? Zwanzigtausend? Es waren dreihunderttausend Menschen gekommen, und alle fühlten sie das gleiche. Vor vierundzwanzig Stunden noch hätten sie sich vielleicht umgebracht, und vielleicht würden sie es in vierundzwanzig Stunden wieder tun, doch für diese aus der Zeit herausgelösten wenigen Stunden gab es mehr Liebe in dieser Menge, als die Welt jemals gesehen hat.

Auf diesem Marsch wurde deutlich, was die Bürgerrechtsbewegung zusammenhielt. Es zeigte sich, daß die Menschen zusammenleben konnten, Schwarze, Weiße, Hispano-Amerikaner, daß es möglich war, zusammenzurücken. Dieser enorme Zulauf brachte an den Tag, daß das ganze Land hinter der Bewegung stand, nicht nur hunderttausend Schwarze und eine Handvoll einflußreicher Liberaler. Für mich war es der amerikanischste Tag in der Geschichte unseres Landes, abgesehen vielleicht von der Schlacht von Bunker Hill oder der Unterzeichnung der Unabhängigkeitserklärung. Es war ein gleichrangiges Ereignis.

Einer der Köpfe der Bürgerrechtsbewegung, A. Philip Randolph, stellte Martin Luther King als »den moralischen Führer unseres Landes« vor. Und vom Lincoln Memorial, über den Köpfen von dreihunderttausend Amerikanern, begann Dr. King zu sprechen: »Ich habe einen Traum...«

Nach dem Marsch trafen sich alle Show-Leute in Harry Belafontes Hotelsuite. »Ruf Bobby Kennedy an«, meinte Harry, »und sag ihm, daß die Künstler ein Treffen im Weißen Haus wollen.«

Bobby nahm meinen Anruf an, aber er blieb unerbittlich. »Nein. Die Künstler können nicht kommen. Niemand außer den Führern der Bürgerrechtsbewegung kann kommen. Ich kämpfe um mein Leben, Sam, nur um die Bürgerrechtsführer hier hereinzuschleusen. Der Präsident hat eine Menge Ratgeber, die ihm sagen, daß er überhaupt *niemanden* empfangen solle, auch nicht Dr. King, *niemanden.* Wenn die Show-Leute hier heraufkommen, wird es Aufsehen erregen. Die Presse würde eine Farce daraus machen. Wir wollen keine Karikaturen mehr.«

Natürlich hatte er recht. Unsere Bilder würden von den Medien verbreitet werden, wir hatten unseren Zweck erfüllt. Nun waren die Regierung und die Führer der Bürgerrechtsbewegung an der Reihe.

Im November 1963 begannen wir, *Robin and the Seven Hoods* zu drehen. Bing Crosby hatte eine Gastrolle übernommen, und das Studio hatte gesagt: »Bing steht im Vorspann an dritter Stelle.« Frank sagte: »Nein, kommt nicht in Frage. Sammy steht mit uns über dem Titel. Die Reihenfolge ist: Frank Sinatra, Dean Martin, Sammy Davis, Jr.«

»Aber Frank...«

»Dabei *bleibt* es. Gebt Bing einen Extra-Platz.«

Ich trat im Sands auf und mußte für die einzelnen Szenen nach L. A. fliegen. Eines Morgens hatte das Flugzeug von Las Vegas Verspätung. Als ich am Drehort ankam, begrüßte Frank mich mit den Worten: »Du kommst verdammt spät. Wir mußten die erste Szene ohne dich drehen.«

»Francis, hör auf... du weißt genau, daß ich in deinem Laden arbeite.«

Er grinste. »Ich hab' dir gesagt, daß du in dem verdammten Ding nicht auftreten sollst. Wir haben die erste Szene ohne dich gedreht... Wer braucht dich schon, Smokey?«

Die Witze machten mir wirklich nichts aus. Aber ich war trotzdem froh, daß meine Frau nicht dabei war.

Es wurde weitergedreht, eine Friedhofsszene, in der Gangster Edward G. Robinson zu Grabe tragen, während in der Nähe eine schwarze Beerdigung stattfindet. Es war ein wunderschöner, sonniger Tag, voller Fröhlichkeit, und das, obwohl wir auf einem Friedhof drehten.

Nach dem Mittagessen nahmen wir einen Drink in Franks Wohnwagen, Dean, Frank, Bing Crosby, Joey Bishop. Dann ging ich in meinen eigenen Wohnwagen, um mich für die nächste Szene vorzubereiten. Als ich hineinkam, sagte Murphy: »Hey, da ist was über den Präsidenten im Radio...« Er drehte es lauter, und wir hörten: »Ja, es ist wahr, auf den Präsidenten ist geschossen worden... Ob er tödlich getroffen wurde, wissen wir noch nicht. Er wurde sofort in das Park Cities Hospital gebracht...«

Auf dem Weg zu Frank hinüber sah ich, wie er aus seinem Wohnwagen kam, in unsere Kulisse hineinlief, und ich starrte einem Mann nach, der über einen Friedhof geht. Ich stand in der Tür und sah, wie er um den Mann trauerte, der ihm das Herz gebrochen hatte, als er sich öffentlich weigerte, im »Palm Springs White House« abzusteigen, einem Einfamilienhaus mit vier Schlafzimmern, das Frank für die Kennedys gebaut hatte. Ich hatte das Schild an der Tür gesehen: »Palm Springs White House«, so sicher war er, daß JFK kommen würde. Doch Bobby brachte den Präsidenten davon ab, wegen Franks angeblicher Verbindungen mit der Unterwelt, und weil Sam Giancana in dem Haus geschlafen hatte. Präsidenten können sich viel erlauben. Es hieß einfach: »Sagt Frank, daß ich nicht kommen kann. Unmöglich.« Und er fuhr den Hügel ein Stück weiter hinauf und wohnte in Bing Crosbys Haus. Das hatte Frank das Herz gebrochen. Es wurde öffentlich bekannt und ging durch alle Klatschspalten.

Ich habe von Frank nie ein böses Wort über John F. Kennedy gehört. Ich habe Sätze gehört wie: »Darüber will ich nicht reden«, aber es gab nicht eine Minute irgendwelche kleinmütigen Abrechnungen. Zwei Bilder habe ich von Frank im Kopf, wie alte Fotos, die man in der Brieftasche mit sich herumträgt. Frank in den fünfziger Jahren, wie er den Broadway hinunterging, von niemandem erkannt, allein, ohne Hut, den Kragen hochgeschlagen. Und das Bild wie er – an diesem wunderschönen Sonnentag – über den Friedhof geht.

Am nächsten Morgen brachte ein Bote einen Umschlag, der adressiert war an »Mr. und Mrs. Sammy Davis, Jr.«, eine Einladung zu den Beerdigungsfeierlichkeiten für John F. Kennedy, am 25. November 1963 um zwölf Uhr mittags. Wir konnten nicht nach Washington reisen, aber wir besuchten einen Gedächtnisgottesdienst in Los Angeles. Und ich nahm mir vor, daß ich, wann immer ich die Gelegenheit hatte, in Washington zu sein, Blumen auf John Kennedys Grab legen und ihm die letzte Ehre erweisen würde. Er war kein Freund gewesen, aber er war der Präsident, den ich und meine Leute gebraucht hatten.

13

Als Robert Kennedy für das Amt des US-Senators von New York kandidierte, wollte es der Zufall, daß ich in New York City war, zu den Proben für *Golden Boy*. Sarge Shriver kontaktierte mich. »Bobby sagt, daß du vielleicht mitarbeiten würdest.«

Bobby war ein Mann ohne Geheimnisse. Man wußte immer genau, wo er stand. Schon als Generalstaatsanwalt hatte er es gezeigt, als er seinen Einfluß geltend machte, um den Marsch zu ermöglichen und die Demonstranten zu schützen, soweit er konnte. Ohne Bobby Kennedy wäre es eine andere Bürgerrechtsbewegung geworden. Die Wählerregistrierung, die Versammlungen in Imbißstuben, die öffentlichen Gebete waren oft von Gewaltausbrüchen begleitet, doch er verhinderte das Blutbad, das daraus hätte entstehen können. Es ist schwer zu sagen, wie viele Leben er rettete, wieviel Blutvergießen er verhinderte.

Bobby war human. Er war nicht einer, der predigte, Gutes zu tun, sondern einer, der es auch tat, ein Ritter aus alter Zeit mit Buttondown-Kragen, ein Mann, der das Falsche berichtigen wollte. Es gab keinen Zweifel für mich, daß ich Robert Kennedy als Senator, der die Gesetze meines Landes machte, wollte und auch hinter ihm stand, als er um die Präsidentschaft kandidierte. Bobby war die Kraft in der Kennedy-Familie gewesen. John war immer derjenige, der mit »hochgezogenen Augenbrauen« herumlief und über den nächsten vorteilhaften Zug nachdachte; der »Pianist«, der ganz vorn im Rampenlicht saß. Der andere Musiker, der den Rhythmus hielt, war der Schlagzeuger. Er erschien nie im Rampenlicht, er brachte nie ein Solo; aber er hielt den Rhythmus, er hielt die Musik in Bewegung. Bobby war der Schlagzeuger.

Wieder übernahm ich die Termine, die mit Rassenfragen zu tun hatten. Sarge rief an. »Kannst du dich nächste Woche freimachen, Sam? Wir gehen ins Textilrevier.«

Wir fuhren verschiedene Male, gewöhnlich in der Mittagspause, um die Leute nicht von der Arbeit abzuhalten. Für eine Stunde etwa blockierte die Polizei die Seventh Avenue zwischen der Sechsunddreißigsten und der Siebenunddreißigsten Straße, und Tausende von Menschen strömten aus den Gebäuden, um Robert Kennedy zu sehen, und ich stellte ihn »meinen Leuten« vor. In Harlem machten wir es genauso: 125ste Straße, an der Ecke des Teresa Hotels. »Ich bitte euch um eine Minute, um einen Mann vorzustellen, von dem, darüber besteht kein Zweifel, wir *wissen*, wofür er steht...«

Harlem liebte Bobby. Sie wußten, daß Bobby Kennedy wichtig für sie war.

Zweiundzwanzig Wochen lang waren wir mit *Golden Boy* auf Tournee, länger, als die meisten Stücke am Broadway laufen, denn wir hatten Angst, damit nach New York zu kommen. Die Premiere hatte in Philadelphia stattgefunden, es war ein Reinfall. Wir blieben vier Wochen dort, um die Show auf Vordermann zu bringen, bevor wir zu unserem nächsten Versuch in Boston starteten.

Clifford Odets war gestorben, bevor er die modernisierte Fassung von *Golden Boy* hatten beenden können. Das meiste davon war immer noch von gestern, und so war die Hölle los, jeder, ich eingeschlossen, schrieb Szenen und Dialoge.

May, Tracey und Mark waren mitgekommen, aber ich hatte keine Zeit für sie. *Golden Boy* beschäftigte uns vierundzwanzig Stunden jeden Tag. Am Abend gaben wir eine Vorstellung, und am nächsten Tag übten wir die neuen Texte, bis der Vorhang hochging.

May saß in der Suite und wartete auf mich, als ich morgens um vier zurückkam, auf dem Nachttisch ein Aschenbecher voller Kippen und zwei leere Kaffeekannen. »Entschuldige«, sagte sie, »ich hasse es, zu klagen, aber wir sind jetzt drei Wochen hier, und die Kinder und ich haben noch nicht einmal mit dir zusammen Mittag gegessen. Ich kriege dich nie zu Gesicht.«

Ich warf mich ihr gegenüber in einen Stuhl. »Liebling, das wird besser, sobald wir uns in New York eingerichtet haben. Das jetzt sind die harten Tage.«

Es war Freitag. Ich ließ mich am Sonntag von der Probe beurlauben, dann fragte ich May: »Was hältst du von einem gemeinsamen Mittagessen, nur wir vier, bei Bookbinder, am Sonntag nachmittag?«

Sie hatte die Kinder schon angezogen und ausgehfertig gemacht, bevor ich wach wurde. Ich war selber ganz aufgeregt; eine Pause von der Show, vom Textauswendiglernen, von neuen Konzepten. Es war mir gar nicht klargewesen, wie sehr ich ein paar Stunden im Kreise meiner Familie gebraucht hatte.

Ich saß neben May auf der Bank, und die Kinder saßen auf den

Drehstühlen. Tracey war vier, Mark sieben. Sie waren bezaubernd. May hatte sie sorgfältig gekleidet, und sie waren weder laut noch die Sorte von Kindern, die das ganze Lokal durcheinanderbringen. May hatte seit Freitag nicht aufgehört zu lächeln. Sie strahlte förmlich. Ich sah von ihr zu den Kindern und nahm Mays Hand und drückte sie, um ihr damit zu sagen: »Danke für deine Geduld, deine Schönheit und deine Liebe und dafür, daß du die Kinder so großartig aufziehst, dafür, daß du mir dieses Wunder schenkst…«

Als wir in das Restaurant kamen, lächelten und winkten die Leute, der Chef führte uns an genau den richtigen Tisch, und ich hatte, abgesehen von den katastrophalen Problemen mit *Golden Boy*, das Gefühl, das Leben könne nicht angenehmer oder besser sein.

Und dann passierte es. Die Stimme einer Frau vom Nebentisch: »Sind ihre Kinder genauso dunkel wie er?« Sie saß mit dem Rücken zu uns, und sie mußte schwerhörig sein, denn sie glaubte, daß sie flüsterte. »Ich kann mich doch nicht umdrehen und gucken, du Dummkopf. Sag es mir einfach, sind sie hell oder dunkel?«

Ich hatte tatsächlich gedacht, daß die Leute uns so sahen wie ich: eine gesunde Familie mit zwei schönen, gesitteten Kindern, die ein sonntägliches Beisammensein genießen.

Als ich endlich um die Rechnung bitten konnte, kam der Besitzer des Restaurants an unseren Tisch. »Sie sind unsere Gäste, wir freuen uns, daß Sie uns besucht haben. Bitte kommen Sie wieder.«

Mein Sohn sah mich voller Ehrfurcht an. »Du brauchst nichts zu bezahlen, Papa? Toll!« Sein Gesichtsausdruck half mir, wenigstens etwas.

In Boston wurden wir von Elliot Norton, dem brillantesten Kritiker der Stadt, völlig verrissen. Hilly lud Norton zum Essen ein und ließ sich von ihm alles auseinandersetzen. Daraufhin engagierte er William Gibson, um die Show umzuschreiben, und ersetzte den bisherigen Regisseur durch Arthur Penn.

Nachdem wir die erste Woche in New Haven hinter uns hatten, sagte Hilly: »Wir sind noch nicht so weit, daß wir von hier nach New York gehen könnten. Wir müssen noch mehr daran arbeiten. Ich werde einen Auftritt in Detroit organisieren.«

Am ersten Probentag in Detroit sah sich Arthur Penn die Szene im zweiten Akt an, in der Paula Wayne und ich entdecken, daß wir uns lieben, und wo wir uns küssen sollen. Eine weiße Frau und ein schwarzer Mann. Doch wegen der Rassenkrawalle, die überall in der Stadt aufflammten, hatten wir Angst davor. Er meinte: »Ich habe noch nie in meinem Leben eine Liebesszene gesehen, in der die Leute sich nicht küssen. Haltet euch bei den Händen. Irgendwas. Es gibt keine Liebeserklärung...« Natürlich hatte er völlig recht. Wenn unser Stück eine Botschaft hatte, dann mußten wir sie auch bringen. An jenem Abend fielen Paula und ich uns in die Arme und küßten uns, direkt auf den Mund. Umarmung, Kuß. In Detroit im Staate Michigan. Uns allen saß die Angst im Genick.

Der Bühnenkuß brachte ein paar Leute auf die Palme, und Hilly erhielt Drohungen. »Wir werden dieser Hure die Titten abschneiden. Und dem Neger die Eier.« Paula brauchte nun einen Leibwächter. Ich hatte schon einen.

Als ich mit May telefonierte, erzählte sie: »Ich habe eine sehr nette Frau angestellt, die mir mit den Kindern und der Wohnung hilft. Sie heißt Lessie Lee Jackson. Früher war sie Krankenschwester, und sie kocht hervorragend *soul food*.« In fast jedem anderen Augenblick meines Lebens hätte ich mich über Mays Begeisterung für »schwarze« Küche gefreut, aber jetzt konnte ich mich nicht konzentrieren.

Wir änderten die Dialoge und fügten so oft etwas Neues hinzu, daß ich eines Abends nicht mehr wußte, ob ich einen Geiger oder einen Pianisten spielte. Ich arbeitete so hart, daß mir die Stimme wegblieb und ich meine Songs nur noch flüstern konnte.

Hilly brachte daraufhin einen Kehlkopfspezialisten mit zur Probe. »Sie haben Wucherungen auf den Stimmbändern. Hören Sie auf zu rauchen und zu trinken, und vor allen Dingen benutzen Sie Ihre Stimme nicht. Setzen Sie die Show für ein, zwei Monate aus, und erholen Sie sich, sonst singen Sie vielleicht nie wieder.«

Es war unmöglich, die Show abzubrechen, und wäre es nur für drei Tage gewesen. May rief jeden Tag an, wollte mich als »Vater« und »Gatte« teilhaben lassen, mich um Rat fragen, Entscheidungen mit mir zusammen treffen. »Ich habe mich um eine Schule für Mark gekümmert. Ich bin sehr geneigt, ihn in eine gemischte Schule zu schicken und denke an Dalton. Es gibt andere, in denen er vielleicht ein besseres Sportangebot hätte, weil sie nicht im Zentrum von New York liegen, aber andererseits...« Ich konnte mich auf nichts anderes konzentrieren als auf die Show und das Überleben.

Als wir schließlich mit unseren Kulissen im Majestic Theater in New York ankamen, hatten wir eine völlig neue, glänzende Show. Am Tag unserer Premiere war meine Stimme total im Eimer. Ein anderer Kehlkopfspezialist untersuchte mich hinter der Bühne und sagte Wort für Wort das, was wir schon einmal gehört hatten. An diesem Abend, kurz vor der letzten »halben Stunde«, rief ich alle, die auf der Bühne mitwirkten, zusammen. »Ihr habt alle gehört, wie meine Stimme klingt. Heute abend werden sie bestimmt nicht davon reden, daß sie den schwarzen Caruso gesehen haben. Noch nie in meinem Leben habe ich jemanden auf der Bühne um Hilfe gebeten... aber für diese eine Vorstellung... jede Art von Unterstützung – jeden Song, den ihr singt, jeden Tanz, den ihr tanzt, wenn ihr euch ein bißchen mehr Mühe gebt, noch sauberer zu singen versucht – all dies würde mir helfen, und ich wäre euch dankbar.«

Unsere Eröffnungsnummer explodierte am Broadway. Das Publikum war völlig verblüfft, nicht nur eine Boxhalle zu sehen, sondern das Gefühl zu haben, mittendrin zu sitzen: Kämpfer arbeiteten an den Sandsäcken, machten Seilspringen, Trainingskämpfe, Schattenboxen, rhythmisches Boxen nach Musik. Es folgte, langsam beginnend, dann schneller und wilder werdend, ein »Boxerballett«: Schlag, Finte, Cross; Schlag, Finte, Cross. Jede Bewegung verursachte nur ein kurzes, trockenes Geräusch: klick, klick, bam, bam; Präzision, Stil, Tempo, alles kam aus dieser ganz bestimmten inneren Kraft, die im Bauch entsteht und durch das Herz geht und die bloßes Handwerk in Kunst verwandelt

Um Mitternacht kamen die Morgenzeitungen herein. »Umwerfend!« – »... der Schwergewichtsmeister des Jahres« – »Sie haben ein neues Kapitel am Broadway aufgeschlagen« – »Im Majestic wird etwas Wichtiges gewagt«. Wir waren ein voller Erfolg.

Die Wohnung, die May an der Second Avenue für uns gemietet hatte, war neu und geräumig. Sie hatte einen gemütlichen Frühstücksraum und ein Spielzimmer für die Kinder, doch als ich sie nun so richtig sah, hatte ich das Gefühl, daß sie nicht wie die Wohnung eines Stars wirkte. Ich wußte um meine Popularität, und ich wollte eine angemessene Umgebung. Ich sagte zu May: »Ich werde uns etwas suchen, das so ein bißchen meine Handschrift trägt, wo jeder sagt: ›Ja, das kann nur Sammys Wohnung sein.‹«

Sie war etwas enttäuscht. Ich fragte: »Das macht dir doch nichts aus, Liebling, oder? Ich meine, wenn wir was Besseres finden, um unsere Gäste zu unterhalten?«

Sie schüttelte den Kopf. »Nein. Das ist in Ordnung.«

»Ist irgendwas?«

»Nein. Es tut mir leid. Ich habe nicht daran gedacht, daß wir Gäste unterhalten müssen. Was ich gesucht habe, war ein Appartement für eine Familie.« Ich mietete Serge Rubinsteins Stadthaus, 3 1/2 East Ninetieth Street. Das Wohnzimmer war so eingerichtet, daß man darin Gäste unterhalten konnte, und es gab einen Hinterhof, in dem die Kinder spielen konnten. Ich kaufte eine marineblaue Cadillac-Limousine mit Bar und Telefon. Auf dem Nummerschild stand: SAMMY.

Gegen neun Uhr hatte May die Kinder im Bett und saß, lässig in Jeans, inmitten von meinen Büchern und Zeitschriften in meiner Garderobe und wartete darauf, daß ich nach dem ersten Akt von der Bühne kam. Ich konnte nur ›Hallo‹ sagen, denn ich mußte mich auf den Verlauf der Show konzentrieren, aber ich hatte es gern, wenn sie da war und mit Murphy und Shirley Rhodes, Georges Frau, zusammensaß. Nach der Vorstellung kamen Leute in die Garderobe, Leute, die draußen gesessen und die Show gesehen hatten, Bekannte und Geschäftsfreunde. »Sammy, du warst großartig. Brillant. Phantastisch.« Ich machte sie mit May und Shirley bekannt. Noch mehr Leute kamen herein. »Sammy, alter Junge, großartig. Brillant. Phantastisch.« May ließ die immer gleichen Redensarten über sich ergehen. Shirley setzte sich ab. Die Chormädchen kamen, um gute Nacht zu sagen, starrten May an wie Fans und machten Witze mit mir, was ich unterstützte, um das Gemeinschaftsgefühl zu fördern. Irgendwann warf ich sie dann hinaus. »Okay, Kinder, amüsiert euch gut, aber seht zu, daß ihr auch etwas Schlaf bekommt und morgen den Unterricht nicht versäumt, sonst kommt ihr nicht in den Zigeunerhimmel...«

Endlich, nach über einer Stunde, waren alle Besucher verschwunden. Shirley und George kamen aus seiner Garderobe herein. George machte nie viele Worte. »Es lief gut«, sagte er.

»O ja«, stimmte May zu, »brillant, alter Junge. Phantastisch.« Ich hielt sie zurück, als sie aufbrechen wollten, und sah, wie sich eine kleine Verschwörung der Ehefrauen bildete, aber es gefiel mir.

Ich fragte George und Shirley: »Habt ihr Lust, Leute, noch ein bißchen zu Sardi zu gehen, oder wollt ihr lieber mit nach Hause kommen und noch etwas gemütlich zusammensitzen?«

George schüttelte den Kopf. »Ich muß morgen früh aufstehen, muß zur Schule.« Er erklärte: »Da wir nun schon einmal in New York sind, habe ich mir gedacht, ich könnte Dirigieren und Musiktheorie bei Juilliard studieren. Morgen habe ich die erste Stunde. Morgen früh um neun Uhr vormittags.«

»Du willst dirigieren lernen? Du *hast* doch den Job schon!« Doch ich war beeindruckt, da war ein Mann, der schweres Geld verdiente, dessen Name zusammen mit meinem über allen Nachtclubs stand und der sich die Mühe machte, sich in der Juilliard Musikschule einzuschreiben, sich selber aus dem Bett warf, um sich weiterzuentwickeln. »Alle Achtung! Und ich dachte, du wüßtest schon genug. Ich habe immer das Gefühl, daß die Band genau mit mir zusammen aufhört.«

Er grinste. »Na ja, *damit* hast du recht. Aber eines Tages werde ich auch wissen, *warum* das so ist.«

Vor der Kasse stand eine lange Schlange. Ich lehnte mich in meiner

Limousine zurück, und meine Gedanken waren mit Wohlgefallen bei der »Kundschaft«. Es gibt Zeiten, da glaubt man es kaum, daß man ein Renner am Broadway ist. So ganz im Ernst, ein richtiger Renner am Broadway! Wo Jolson ein Renner war. Wo Ziegfeld die großen Shows arrangierte. Es war nicht zu fassen! In den alten Tagen, als wir kleine Brötchen backten und Auftritte bei Loews und Keiths schon eine »große Sache« waren, wagten wir nicht einmal vom Broadway zu träumen. Wir hatten größere Hoffnungen, in den Himmel zu kommen als an den Broadway.

Im Theater bat ich Hilly: »Tu mir einen Gefallen und reserviere einen Tisch im »21« für heute nach der Vorstellung. Für dich, die Dame deines Herzens, May und mich. Und auf meinen Namen.«

Als ich in die erste Szene der Show einstieg, wußte ich, daß ich mir den »21«-Streß nicht hätte antun sollen. Er zerstörte das Vakuum, in dem ich mich eigentlich hätte befinden sollen. Ich hinkte eine Sekunde hinter dem Tempo her, und ich brauchte zehn Minuten, um hineinzukommen und mich wieder ganz auf *Golden Boy* zu konzentrieren, wie es sein sollte.

Während ich mein Make-up entfernte, kam Hilly mit May herein. Sie sah wunderschön aus in ihrem schwarzen Chanel Anzug, zu dem sie eine schockrosa Bluse trug, die ich ihr aus Paris mitgebracht hatte. »Ich habe gesagt, daß wir so gegen Mitternacht kommen werden«, gab Hilly bekannt.

Allem Anschein nach hatte das »21« die Reservierung akzeptiert. Das war besser, als es mir in *Mr. Wonderful* mit dem El Morocco ergangen war. Ich dachte zurück an jene Nacht. Und dann dachte ich unwillkürlich noch weiter zurück, zu einem Kind, das in den Kulissen eines Vaudeville-Theaters stand. Ich war drei oder vier Jahre alt, es war kurz vor meinem Auftritt, und mein Vater sagte zu mir: »Komm nicht mit deinen Händen ins Gesicht.« Es war nämlich mit verbranntem Kork geschwärzt, und dazu hatte ich dicke weiße Negerdowns-Lippen. So war es damals: alle Komiker mußten pechschwarz auftreten. Ich trug einen gestreiften Anzug und ein beiges Hemd und auf dem Kopf ein kleines Hütchen. Dazu weiße Handschuhe und ein schwarzes Gesicht, und mein Vater sagte zu mir: »Komm nicht mit den Handschuhen ins Gesicht, Poppa, dann geht die Farbe ab...«

Wir fuhren zum Eingang des »21« hinauf. Dann waren wir da. Die Tür unseres Wagen wurde geöffnet. Ich gab Hilly zu verstehen, er solle zuerst aussteigen. Vor ihm sah ich ein Tor aus Eisen und Glas und dahinter einen kleinen, dicken, drohend aussehenden Mann. Doch dann hörte ich: »Bitte treten Sie ein, Mr. Davis, Mrs. Davis.«

Vorsichtig sah ich mich in der hölzernen Männerclubatmosphäre um.

Ich war der einzige Schwarze weit und breit. Die Rassenvorurteile waren offensichtlich noch nicht verschwunden. Doch war *ich* ihrem Zugriff entwachsen? Hatte ich irgend etwas erreicht, außer der oberflächlichen Tatsache, im »21« zu Abend zu essen? War es mir etwa gelungen, der Hautfarbe eines Menschen auch nur ein wenig von ihrer Bedeutung zu nehmen? Und wenn ich hier später einmal zurückkäme, würde ich die Tür für jemand anderen geöffnet haben?

Als wir ins Bett gingen, sagte ich zu May: »Es tut mir leid wegen des Abendessens heute. Ich hätte mit dir und den Kindern zusammensein sollen. Am nächsten Freitag machen wir es.«

Ihre Freude war mir eine wunderbare Belohnung. »Und ich möchte, daß du weißt, daß ich es großartig finde, daß du die Kinder alleine großziehst. Es tut mir leid, aber ich bin nicht gerade ein Vater, wie er im Buche steht.«

Sie fing an, mich zu verteidigen. »Es ist ja auch schwierig für dich, deine Arbeit hält dich fern...«

»Als ich euch heute abend am Tisch saß, habe ich gedacht, mal abgesehen davon, daß ich hätte bei euch sein sollen, es hätten noch mehr Kinder dasein können; du weißt schon, wir haben ja darüber gesprochen. Die Familie sollte wachsen, solange wir noch jung sind. Du kannst alles zusammenhalten, bis ich getan habe, was ich tun muß, und dann werden wir uns das Leben so einrichten, wie wir es wollen.«

Sie setzte sich auf den Hocker vor dem Bett und zündete sich eine Zigarette an, aber nur, um sich an etwas festhalten zu können. »Ich rufe morgen die Agentur für die Adoptionen an. Aber, Sammy, wann glaubst du, wird das sein, daß wir uns das Leben so einrichten, wie wir es wollen? Wann wirst du etwas Zeit finden, um Vater zu sein? Du willst ja nicht erst mit deinen Kindern zu tun bekommen, wenn sie schon alle erwachsen sind.«

»Nun mal langsam, so schlimm bin ich ja auch wieder nicht! Ich werde Zeit finden. Ich werde sie mir nehmen. Und das bald.«

Als ich auf dem Weg zur Matinee bei Saks in der Fifth Avenue vorbeikam, bat ich den Fahrer zu halten. »Hol mich an der Ecke Forty-ninth Street wieder ab.« Ich sah mir die Ski-Ausrüstung, die ich im Fenster entdeckt hatte, genauer an. Eine Strickmütze, ein Schal und Fäustlinge hatten mich angezogen, alle in leuchtendem Rot. Ich ging hinein und sagt zu der Verkäuferin: »Schicken Sie das an Fräulein Tracey Davis...« Ich gab ihr die Adresse und schrieb eine Karte: »Weil ich dich liebhabe, Papa«, und schickte es mit einem Boten nach Hause.

Als ich nach Mitternacht nach Hause kam, hatte May etwas von Lessie Lees gutem Mittagessen warm gehalten. Ich ging nach oben zu den Kindern. In Traceys Zimmer war es dunkel, und als ich mich über das Bett beugte, um sie zu küssen, berührte meine Hand etwas Wollenes auf ihrem Kopf. Sie trug die Mütze, die ich ihr geschickt hatte, und die Fäustlinge.

Während einer Autofahrt durch New York sah ich im Bordfernsehen wieder mal eine Reportage über Bull Connor und Jim Clark, den Sheriff von Selma in Alabama. Es ging um brutale, blutige Übergriffe der Polizei: Schläge mit Gummischläuchen, die mit Stacheldraht überzogen waren, und Behinderungen bei der Registrierung von Wählern aus der schwarzen Bevölkerung von Selma.

Hilly wartete in der Garderobe auf mich. »Belafonte hat angerufen. Sie wollen einen Protestmarsch in Selma organisieren. Es sollen so viele Berühmtheiten teilnehmen wie möglich, um die Aufmerksamkeit der Presse auf die Vorgänge dort zu lenken.«

»Du solltest nicht hingehen.« Alle Farbe war aus Mays Gesicht gewichen.

Zärtlich kniff ich sie in die Wange. »Jetzt bist du gerade etwas weißer als absolut notwendig.«

»Das ist nicht komisch. Ich habe Bull Connor im Fernsehen gesehen. Und Jim Clark. Sie werden dich töten, wenn sie können. Oder dich verletzen. Sammy, haben wir nicht schon genug für die Integration getan? Mein Gott, selbst in Kriegszeiten ziehen sie keine verheirateten Männer ein, wenn es nicht unbedingt nötig ist, und nie, wenn du zwei Kinder hast.«

Ich konnte gar nicht ausdrücken, wie wenig es mich dorthin zog, wie groß meine Angst war. Ich war auch der Meinung, daß sie recht hatte. Aus ihrer Perspektive war es schon schlimm genug, daß wir als Außenseiter nach Selma kamen, um ihnen zu sagen, wie sie zu leben hatten. Hinzu kam aber noch, ich war »der Nigger, der die weiße Frau geheiratet hatte«.

»Hast du nicht schon genug getan?«

Ich hatte eine ganze Menge getan. Ich war marschiert, seit ich siebzehn war. Lange vor der Bürgerrechtsbewegung war ich in die Halle des Waldorf-Astoria vorgedrungen, in die des Sands, des Fontainebleau, zu einem Tisch im Copa. Und ich war allein gewesen, schlimmer noch: oft war ich auch von Schwarzen verhöhnt worden. Aber hatte ich »genug« getan?

Man hat immer die Wahl: Engagement oder Angst. Da keine zwei

Dinge gleich sind, wiegt das eine schwerer als das andere. Meine Angst war da: »Warum, zum Tefuel, mache ich das? Ich habe Angst.« Aber der Bursche in deinem Herzen sagt: »Du mußt es tun, denn wenn du es nicht tust, dann mußt du dich fragen: Worum geht es mir eigentlich in meinem Leben, wofür stehe ich ein, wofür bin ich schon eingestanden? Du hast jetzt selber Kinder...«

Als ich an diesem Abend aus dem Theater zurückkam, sagte May: »Ich habe mit Shirley gesprochen. Sie sagt, George wird nicht gehen.«

»Liebling, auf die einfachste und einzige Formel gebracht, ich muß gehen, ich muß dasein. Eine Menge schwarzer und weißer Künstler haben gesagt: ›Ich werde nicht gehen. Ich gebe euch mein Geld, ich gebe euch mein Herz, aber ich kann nicht da runtergehen. Ich schaffe es nicht.‹ Andere, wie Marlon und Shelley und Sidney und Harry und ich, haben das Gefühl: ›Ich habe keine Wahl. Ich muß gehen.‹ Ich trage es George nicht nach. Es gibt nichts, was er erreichen könnte, wenn er ginge. Das wäre einfach nur ein Körper mehr. Aber ich habe nicht seine Anonymität.«

Am frühen Morgen fuhren wir in meinem Wagen aus New York zum Flughafen – Hilly, seine Freundin Sheila, Murphy, Joe Grant, Herb Seeger, der als Wachmann für mich gearbeitet hatte, und Billy Rowe, der ein Deputy Police Commissioner in New York gewesen war. Wir hatten kein Gepäck. Nichts, was uns bei Ankunft und Abfahrt in Alabama behindern könnte. Während ich in einer Ecke der Limousine saß, die Sirenen unserer Polizei-Eskorte hörte und mir vorstellte, wir wären in Selma, fiel mir Dean Martins Witz ein, als er mich in seiner NBC-TV-Show durch den Kakao gezogen hatte: »Sammy Davis, Jr. hat bewiesen, daß ein schwarzer Mann in einem weißen Restaurant speisen, in einem weißen Hotel leben, an einem weißen Imbißtresen essen und in einem weißen Krankenwagen fahren kann.«

Die Luft in Alabama war heiß und stickig, und als wir durch die Halle gingen, sah ich, wie uns Bull Connor am Tor entgegenstarrte.

Medgar Evers' Bruder wartete in einem Buick Lieferwagen auf uns. Er sagte: »Laßt Sammy in die Mitte«, und ich kam zwischen Murphy und Joe Grant zu sitzen. Auf der Fahrt nach Selma lief das Radio, und wir hörten die Nachrichten von unserer Ankunft. In der Absage hieß es dann: »Von ABC hörten Sie *weiße* Nachrichten.«

Ein Bus brachte uns dorthin, wo der Marsch beginnen sollte. Die Straßen waren mit hölzernen Barrikaden abgesperrt. Wir marschierten. Ohne Aggressionen. Würdevoll. Martin Luther King, Bob Abernathy, Harry, Shelley, Leonard Bernstein, Hilly, seine Freundin. Schwarze und Weiße. Wir waren dreitausend.

Zu beiden Seiten der Kleinstadtstraße stand die örtliche Bevölkerung und starrte uns an, ablehnend, wütend, mit Angst in den Augen. Es gab keine Zurufe, keine Beleidigungen; sie beobachteten uns schweigend, voller Verachtung. Die Nationalgardisten, Jungens aus der Umgebung, die uns schützen sollten, waren ein schwacher Trost. Mein Magen, meine Arme zitterten. Meine Beine waren schwach, und das Gehen fiel mir schwer. Aber ich war froh, daß ich dabei war. Jene, die uns zusahen, wie wir durch ihre Stadt marschierten, mußten feststellen, daß unsere Gegenwart Kameras und Druckpressen dazu brachte, zu dokumentieren, was geschah, und so unseren Protest Millionen anderer Amerikaner zu übermitteln. Und sie sahen eine Ära, eine ganze Lebensform zu Ende gehen.

Judy Garland war in der Stadt, sie trat im Palace auf, ich hatte sie zu einem Sonntagsessen zu uns eingeladen, und sie brachte ihre Tochter mit, Liza Minelli, die, als sie fünf oder sechs gewesen war, auf meinem Schoß gesessen und mich »Onkel Sammy« genannt hatte.

Im Verlauf des Abends begann Judy zu singen, und Liza stimmte mit ein. Ihre Stimme war ebenso überwältigend wie ihr Selbstvertrauen. Dann spielte Leonard Bernstein auf dem Flügel für Adolph Green, der ein paar von den Liedern sang, die er und Betty Comden mit Lenny für *On the Town* geschrieben hatte. Jule Styne spielte, und Adolph und Betty sangen Songs, die sie für *Bells Are Ringing* geschrieben hatten. Ich gab eine Vorstellung für sie, in deren Verlauf ich ein paar neue Charlie-Chaplin-Nummern erfand, weil ich versuchte, Sachen zu machen, die ich sonst nicht auf der Bühne brachte. Es war ein wundervoller Abend mit den Kollegen aus dem Show-Geschäft.

Ich ging zu May hinüber, um die Freude mit ihr zu teilen. Sie saß mit Amy Green zusammen. »Weißt du, was ich gedacht habe?« fragte ich. »Warum machen wir nicht jede Woche einen ›Sonntag bei Sammy‹?«

»Laß uns darüber noch mal reden«, sagte sie. Ihr gefiel die Idee nicht. Ihr gefiel die Idee *ganz und gar* nicht!

Als alle gegangen waren, beschäftigten wir uns damit, die Aschenbecher auszuleeren und die benutzten Gläser in die Küche zu tragen. Sie beeilte sich genausowenig mit dem Sprechen wie ich. Aber schließlich hatten wir alles aufgeräumt, waren nach oben gegangen, saßen zu zweit im Schlafzimmer und machten uns fertig, um ins Bett zu gehen. »May?« sagte ich. Sie sah mich an. Nicht wütend. Traurig. »Hat dir der Abend denn gar nicht gefallen?«

Sie schüttelte den Kopf, und ihr wunderschönes Haar flog hin und her, und ich erinnerte mich an den ersten Abend, an dem ich sie nach Hause gebracht hatte, nach Malibu, und wie der Mondschein darauf gelegen hatte. Ich hätte mir nie vorstellen können, daß wir jemals

Schwierigkeiten miteinander haben sollten. Ich konnte es immer noch nicht. Und doch war sie den Tränen nahe, und ich wußte nicht, wie ich diese Tränen aufhalten sollte. Weder ihre noch meine eigenen, die trockenen, die ich in meiner Brust fühlen konnte, die mir die Kehle zuschnürten.

»Liebling, kannst du keinen Spaß mit den Leuten haben, die hier waren? Oder wenigstens anerkennen, was es bedeutet, daß sie mich in meinem Haus besuchen kommen?«

»Sammy, ich liebe dich, aber ich hasse unser Leben.« Sie war verblüfft durch die Schärfe ihrer eigenen Worte. »Um ganz ehrlich zu dir zu sein, ich mache mir nichts aus einer großen Limousine oder Fenstern, die sich auf Knopfdruck öffnen, oder berühmten Leuten, die in meinem Wohnzimmer singen. Es tut mir leid« – sie begann zu weinen – »aber ich kann nichts dafür. Ich verstehe, daß es dir Vergnügen bereitet... aber ich hätte deinen freien Abend lieber mit dir allein verbracht. Ich will nichts von Judy Garland. Ich will meine Ehe, meinen Mann und meine Kinder. Ich bin... einsam.«

Ich hielt sie in den Armen und strich ihr übers Haar, um sie all die Liebe, die ich für sie empfand, fühlen zu lassen. Doch ich verstand ihre Einsamkeit nicht. Als Blinder versuchte ich, sie durch eine traurige Wüste hindurchzuführen.

Gegen Mittag stand ich auf. May war mit den Kindern in den Park gegangen. Ich ging in die Stadt in mein Büro. Shirley Rhodes saß am Schreibtisch vor einem Haufen unbezahlter Rechnungen. Ich verdiente mit *Golden Boy* etwa 20000 Dollar in der Woche, da ich aber immer noch mit Will Mastin und meinem Vater teilte, hatte sie für alles nur etwa 7000 Dollar pro Woche. Shirley war rundlich und liebenswert, doch an diesem Morgen wirkte sie überhaupt nicht liebenswert.

Ich spielte den Harmlosen und fragte: »Na, wo darf ich heute spazierengehen?«

Sie sah mich prüfend an. »Das Beste wird sein, du läßt dich nirgendwo mehr blicken.«

»Shirl, ich muß doch irgend etwas tun.«

»Ich werde dir eine Karte zeichnen.« Sie nahm ein Stück Papier und skizzierte Straßen und Alleen. »Bleib da weg, ich kann sie nicht mehr bezahlen. Und geh nicht bei Dunhill vorbei, sie haben heute morgen angerufen. Halt dich von Tiffany fern, das ist so heiß, da könnte eine Hand rauskommen und dich schnappen.« Sie machte ein Kreuz bei Gucci und bei Saks, dann markierte sie eine Stelle zwischen Fifty-second und Fifth Avenue. »Hier bist du sicher. Die Cartier-Rechnung habe ich vorige Woche bezahlt.«

Ich ging die Geschenk-Neuheiten für Damen durch. Goldene Haarspangen, Kämme und Bürsten, einen Stab, um die Kohlensäure aus den Drinks zu schlagen. Ich wählte einen einfachen sechskarätigen Solitär in Platin, der von Diamantsplittern umgeben war.

May reichte ihn mir zurück.

»Willst du ihn nicht wenigstens mal anprobieren?«

»Sammy, du weißt, was ich will, und wenn du mir das nicht geben kannst, dann gib mir nicht etwas, was ich nicht haben will. Bring ihn zurück und spar das Geld.«

Tief in meinem Herzen wußte ich schon damals, daß Schmuck nicht die Antwort war, aber ich mußte an die Show denken, an Benefizkonzerte und Schallplattenaufnahmen. Ich würde es ein anderes Mal wieder gutmachen müssen.

Am Ende der Woche kam ein entzückendes Kind, Jeffrey, von der Agentur in L. A. zu uns. Nun waren wir eine fünfköpfige Familie. Oder sie waren eine vierköpfige Familie, wenn man den abwesenden Vater nicht mitrechnete. Als ich zum Theater gehen wollte, am Wohnzimmer vorbeikam und meine Kinder spielen sah, wurde ich von einem Gefühl der Liebe und des Beschützenwollens überwältigt, ich hätte beide Strophen von »Soliloquy« aus *Carousel* singen können. Ich betrachtete May, wie sie sich so hingebungsvoll mit den Kindern beschäftigte. Sie hatte kein Make-up, sie trug ein formloses Hauskleid aus Baumwolle und dazu einen grünlich-blauen Gummigürtel. Sie hatte immer noch ihre großartige Figur, aber es war klar, daß sie nicht von ihrem Weg abweichen würde, um sie mir zu zeigen.

Ich setzte mich in einen Sessel im Wohnzimmer und sah ihr und den Kindern zu. Als sie zu mir herübersah, fragte ich: »May, was ist eigentlich mit dem Filmstar passiert, den ich geheiratet habe?«

Sie zuckte fröhlich mit den Schultern. »Filme machen bedeutet mir überhaupt nichts. Am liebsten wäre ich eine ganz einfache Frau Sharley Brown.«

Wir löschten die Lichter, schlossen die Vorder- und die Hintertür und machten uns fertig, nach oben zu gehen, als Sy Marsh von der Westküste anrief. »Sweetheart! Wir haben das große Los gezogen! Ich habe ein festes Angebot von NBC für eine ganze Fernsehserie, eine Art persönlicher Varieté-Show. Sie wollen die Aufnahmen so einrichten, daß du deine Mittwochs-Matinee trotzdem geben kannst. Die einzige Frage, die ich habe, ist, kannst du das, mit *Golden Boy* und allem, physisch verkraften?«

May sah mich an, und ihre Verwunderung steigerte sich langsam zur Wut. »Du hattest für die Kinder nicht eine Stunde in der Woche übrig, als du nur die Show hattest. Mit Benefiz-Veranstaltungen. Und Interviews. Und jetzt hast du eine Fernsehserie angenommen? Dann geh doch in den Zeiten zwischen Studio und Theater am besten gleich ins Hotel.«

»Liebling, ich kann es mir nicht leisten, eine eigene Fernsehshow abzulehnen.«

»Sammy, ich kann so nicht weiterleben.«

Ich ging zur Bar hinüber, um mir einen Drink zu machen, um Zeit zu gewinnen und zu verstehen, was sie da sagte. Ich setzte mich neben sie auf die Couch und fragte: »Du sagst, du kannst so nicht mehr leben?«

»Ich habe es dir schon einmal gesagt. Ich habe keine Freude am Lohn deiner Berühmtheit. Ich hasse diesen extravaganten Lebensstil, den wir haben. Ich habe das Gefühl, daß ich dir im Wege bin. Ich glaube, ich würde am liebsten mit den Kindern nach Kalifornien zurückgehen, bis du mit der Show durch bist. Ich bin es leid, sie dir ständig vorzuhalten. Und, um ehrlich zu sein, ich ertrage es nicht mehr, mich selbst klagen zu hören: ›Ich will meinen Mann sehen.‹ Dann möchte ich fast lieber lernen, ohne ihn zu leben.«

Ich schwitzte und fühlte mich krank und wußte ganz genau, daß war das letzte in der ganzen Welt, was ich wollte, daß May mit den Kindern von mir wegging. Blitzartig wurde mir klar, daß ich alles aufs Spiel gesetzt hatte, wofür wir so hart gekämpft hatten. Ich mußte tief Luft holen. Ich nahm ihre Hände in meine. »Liebling, geh nicht. Ich liebe dich, und ich liebe unsere Kinder. Bitte bleib. Ich werde die Fernsehserie absagen. Vergiß es. Keine Presse mehr. Keine Interviews. Oder wenigstens das absolute Minimum. Ich werde achtmal die Woche auf der Bühne stehen, wir werden den ganzen Tag zusammen verbringen, bis ich ins Theater muß, und wir haben den ganzen Sonntag. Verflucht, ich werde sogar lernen, wie man ein Picknick macht.« Tränen strömten ihr Gesicht herab, aber sie lächelte, und ihre Stirn war glatt und heiter wie schon seit Jahren nicht mehr. »Gott sei Dank, Sharley Brown...« Sie umarmte mich. »Aber picknicken zu gehen werde ich dir nicht zumuten.«

»Warum nicht? Ich gehe zu Abercrombie und Fitch und kaufe uns den besten Picknick-Korb, den ich finden kann.« Sie sah mich an, um festzustellen, ob ich sie auf den Arm nehmen wollte. Das wollte ich natürlich. Aber gleichzeitig war ich so froh, sie in meinen Armen zu halten, und dankbar dafür, daß sich alles noch zum Guten gewendet hatte, bevor es zu spät war. Ich hielt sie fest, froh darüber, ihre Wärme fühlen zu können, und fröstelnd bei dem Gedanken, sie fast verloren zu haben.

Ich rief Sy an. »Baby, es tut mir leid, aber sag den Leuten von NBC vielen Dank, ich kann die Serie nicht machen.«

»Du willst mich hochnehmen?«

»Nein. Ich kenne kaum meine eigenen Kinder. Und das kann ich nicht dadurch beheben, daß ich noch mehr Arbeit annehme.«

»Sweetheart, ich bin ganz deiner Meinung. Ich habe auch Kinder. Ich... na ja, du hast mich einfach überrascht...«

Als Hilly in die Garderobe kam, sagte ich zu ihm: »Sag unseren Presseleuten, daß sie keine Termine mehr für mich machen sollen, außer wenn wir absolut nicht darauf verzichten können.«

Er blinzelte und schüttelte den Kopf, als wenn es ihn erwischt hätte. »Das ist unmöglich, Sam. Wir brauchen eine ständige Promotion.«

»Versuch nicht mit mir darum zu kämpfen, Hilly. Bitte! Ich habe die *Life*-Geschichte gemacht, wir hatten einen großen Artikel in der *Saturday Evening Post*, ich habe ein Buch in den Bestsellerlisten, ich habe alle Radio- und Fernsehinterviews gegeben. Nun brauche ich Zeit für meine Familie.«

Ich gab noch die bereits zugesagten Benefiz-Vorstellungen, und dann war ich »nicht mehr verfügbar« und richtete mich in einem ruhigen Eheleben ein.

Wir saßen an einem Acht-Personen-Tisch bei Jilly, einer kleinen Bar mit Restaurantbetrieb, West Fifty-second Street, wir tranken und aßen chinesische Gerichte. Frank war nicht verheiratet und hatte auch keine feste Freundin, er hatte ein paar Mädchen im Schlepp. May sah hinreißend aus in ihrem Silberkleid, sie saß zwischen zwei Männern, die nicht sonderlich interessant für sie sein konnten, aber sie war charmant und versuchte, der Konversation etwas hinzuzufügen. Gegen zwei Uhr dreißig sagte ich zu Frank: »Morgen früh Matinee!«, und wir verabschiedeten uns.

Auf der Autofahrt nach Hause sagte ich May, daß es mir gefallen hatte, wie sie mit dem Abend umgegangen war. Sie sagte: »Ich danke *dir* dafür, daß du Schluß gemacht hast. Ich weiß, daß du am liebsten die ganze Nacht mit Frank durchgemacht hättest.«

»Das stimmt nicht.« Ich hörte, wie ich es sagte, und war mir selber nicht ganz sicher, ob ich es so meinte. Doch, ich hätte schon gerne mit Frank die Nacht durchgemacht. Aber ich hatte mich auch dazu zwingen wollen, nicht aufzubleiben. Was ich wollte, war, zu normalen Zeiten ins Bett gehen und meine Frau und meine Kinder glücklich machen.

Bevor wir das Licht ausknipsten, sahen wir uns die Zeitungen an. »Möchtest du mal was Schönes sehen, Sharley Brown?« Sie reichte mir die *Post* mit Earl Wilsons Klatschspalte, und da stand: »Nachtschwärmer Sammy Davis, Jr. ist zu einem Haustier geworden. Nach der Vorstellung beeilt er sich, nach Hause zu kommen, um mit seiner schönen Frau, May Britt, zusammenzusein und ihren drei Kindern einen Gute-Nacht-Kuß zu geben.« Sie glühte vor Stolz.

Ich fühlte mich eigenartig, unwohl. Mir war, als wenn es eigentlich gar nicht über mich wäre.

Als ich gegen Mittag aufstand, brachte Lessie Lee mir meinen Tomatensaft und den Kaffee. Ich ging nach unten und stellte mich an die Hausbar, um mir ein Katerfrühstück zusammenzustellen. »Ein kleines Schlückchen fürs Gesicht, und auch dem Körper schadet's nicht.« Ich füllte meinen Wodka mit Coke auf und drehte mich um. »Um das Herz wieder ein bißchen in Bewegung zu bringen.«

May lächelte nicht.

»Was ist los?«

»Nichts.«

»Bist du sauer, weil ich nicht eher aufgestanden bin, um mit Mark und Tracey zu spielen?«

»Nein, nein. Du brauchst deinen Schlaf nun wirklich.«

Aber sie war nicht zufrieden mit mir. »Hör mal, ich kann ja keinen Untersuchungsausschuß des Kongresses initiieren, weil ich gar nicht im Kongreß bin, also bitte, erzähl mir, was geht dir auf die Nerven?«

»Es geht mir nicht auf die Nerven. Es ist... ich *möchte* gern ein einfaches Mutter-Vater-Gespräch führen. Was denkst du darüber, daß die Kinder ihren Vater immer mit einem Glas Alkohol in der Hand sehen? Zu jeder Zeit. Morgens, mittags...«

Ich setzte mich. Daran hätte ich nie gedacht. So lange wie ich zurückdenken konnte, war ein Glas die normale Verlängerung meiner Hand. »Liebling, haben sie mich schon mal taumeln sehen? Bin ich ihnen gegenüber schon mal ausfallend geworden? Oder mit dir, während sie dabei waren? Haben sie mich schon mal richtig voll gesehen, mit sechs Mädchen im Schlepptau?«

»Nein...«

»Dann denke ich so darüber.« Ich nahm einen Schluck. »Ich halte mich nicht an die gesellschaftlichen Regeln. Ich kann nicht einsehen, warum jemand bis um fünf Uhr dreißig am Nachmittag warten soll, wenn er Lust hat, früher einen zu trinken. ›Ah, endlich steht die Sonne über dem Besanmast, jetzt werde ich einen Rollmops essen‹, und dann fällt er um, weil er den ganzen Tag schon einen haben wollte. Vergiß es. Wenn du mich vor den Kindern taumeln siehst, dann kannst du noch mal anfragen.«

Drei der Tänzerinnen kündigten mit zwei Wochen Frist. Sie gingen zu neuen Shows. Ich merkte, daß die Mädels, wenn ich keine Treffen arrangierte, wieder in den früheren Zustand des mangelnden Zusammenhalts zurückfielen. Und das reichte, um das Publikum die alte Intensität vermissen zu lassen, diese emotionale Schwingung, die ihre Einheit vorher hervorgerufen hatte.

Hilly kam hinter die Bühne. »Sam, die Konkurrenz hat die ganze Presse, Zero Mostel, Bob Preston... jeden Tag haben neue Shows Premiere. Und dein plötzliches Verschwinden aus der Öffentlichkeit macht sich auch bemerkbar.« Er breitete ein paar Statistiken aus. »Hier sind die Zahlen des täglichen Vorverkaufs, verglichen mit denen von vor einem Monat. Dadurch, daß wir keine Promotion mehr in Talk Shows haben und der Name nicht mehr in den Zeitungen auftaucht, verkaufen wir die Karten für *Golden Boy* nur noch über Kritiken, Anzeigenwerbung und Mund-zu-Mund-Propaganda, aber uns fehlen die paar zusätzlichen Prozent, die wir vorher hatten –, und die waren das Parfüm der schönen Frau.«

Der Unterschied war beträchtlich. Ich erkannte auch, daß meine Verantwortung über den Bühnenauftritt achtmal in der Woche hinausging. Der Produzent und die Geldgeber hatten ein Recht darauf, daß ich mein ganzes Gewicht in die Waagschale warf, um die Show so erfolgreich wie möglich zu machen. Und in den letzten anderthalb Monaten hatten sie nicht alles bekommen, was sie gekauft hatten.

»Sam, ich will keinen Druck machen, ich habe eine Anfrage für einen dringenden Mittagstermin mit Maurice Zolotow, der eine Geschichte für die *Sunday Times* schreiben will...«

»Ich kann nicht, Hilly, ich gehe mit den Kindern in den Zirkus.« Ich war bestürzt über meine eigenen Worte.

Während ich Zeitungsberichte, Fernsehnachrichten und Talk-Shows verfolgte, merkte ich, daß mein Image sich veränderte oder ganz verschwand. Für »Sammy«, in der Stadt zu sein und sich nicht im Brennpunkt des Geschehens aufzuhalten, war ein Widerspruch in sich. Earl Wilson hatte es gesagt, ich bekam langsam das Image eines Haustieres, was für Perry Como sicher passend war, aber nicht für »Sammy«, den Barsänger, den Frauenhelden, den Säufer, den »Wow, jetzt geht hier die Post ab!« Außerdem durfte ich mich nicht allein auf *Golden Boy* verlassen, sondern ich mußte mir auch Gedanken darüber machen, wie es später bei Auftritten in Vegas oder Tahoe sein würde. Einer der Gründe, warum man mit den Clubs pausierte, war, daß man vermißt werden wollte – nicht vergessen.

Als ich ins Theater kam, sah ich einen Zettel am schwarzen Brett: »Heute Geburtstagsparty für Lola. Alle sind eingeladen. Euer Hilly.«

Ich war gerade mit meinem Make-up beschäftigt, als Hilly vorbeikam. »Sam? Es würde den Mädels viel bedeuten, wenn du heute abend vorbeikämest.« Er sah mich über den Spiegel an, und sein Gesicht war sehr viel ernster, als es zu einer Geburtstagsfeier paßte.

»Ich werde dasein, Kleiner.«

Ich rief Sy Marsh an und bat ihn, die NBC-Interessen für eine Serie wiederzubeleben oder irgend etwas anderes in die Wege zu leiten. »Bring mich wieder ins Geschäft, Inge. Und beeil dich.« An diesem Abend ging ich nach der Show nach Hause und setzte mich mit May unten ins Wohnzimmer. Die Kinder waren im Bett, das Haus war friedlich, und ich versuchte, es zu erklären. »Der Versuch, meinen Lebensstil zu ändern, war keine gute Idee. Ich war einmal ein Original. Dann hörte ich auf, ein guter Sammy Davis, Jr. zu sein und war nur noch ein ganz gewöhnlicher Vater, der mit den Kindern im Haus herumtobte und sie mit in den Zirkus nahm. Da, wo ich jetzt bin, bin ich nur durch Zielstrebigkeit hingekommen, durch hundertprozentiges Engagement: Ich aß, sprach, atmete, schlief, lebte das Show-Geschäft. Dann habe ich angefangen, immer mehr Dinge telefonisch abzuwickeln. Ich wurde zu einem Teilzeit-Sammy Davis, Jr. Es war eine Krankheit. Gott sei Dank eine vorübergehende.

Der Versuch, etwas zu sein, was ich nicht bin, mich dem gesellschaftlichen Image oder deinem Image vom Vater und Gatten anzupassen, würde zwangsläufig in der Katastrophe enden. Das kann ich mir beruflich nicht erlauben. Gerade jetzt ist es wichtig, daß ich arbeite. Im Show-Geschäft gibt es keine ebene Straße. Es geht rauf, oder es geht runter. Und ich muß mit den Möglichkeiten wachsen, die sich anbieten.«

Sie hatte aufmerksam zugehört. »Ich habe immer verstanden, daß du der Größte und Beste sein mußt.«

»May, es geht nicht darum, der Größte oder der Beste zu sein. Es ist nicht die Krankheit des Ehrgeizes, anzukommen und es durchzuziehen, der Tausendsassa oder Alleskönner zu sein. Es ist die Angst, den Erfolg zu verlieren. Den Sockel unter mir langsam wegbröckeln zu lassen. Und es ist so, wie ich dir erklärte, als wir gerade geheiratet hatten, wenn ›Sammy Davis, Jr.‹ den Boden unter den Füßen verliert, ist es etwas anderes, als wenn es ›May Britt‹ passiert.«

»Das verstehe ich vollkommen. Aber wenn du jetzt anfängst, eine Fernsehserie zu machen, plus *Golden Boy*, heißt das, daß wir dich überhaupt nicht mehr zu Gesicht kriegen. Also, ade Familienleben.«

»Nicht völlig und nicht für immer. Wir werden unser Bestes tun. Aber ich kann nicht zulassen, daß sich irgend etwas ›Sammy Davis, Jr.‹ in den Weg stellt; nicht mir, als Person, ich meine die Figur SD, Jr.

Das ist es, was alles in Bewegung hält. Ich werde nicht in die Falle eines falschen Verständnisses tappen, was meine Bedeutung für dich und die Kinder angeht. Wenn Tracey und Jeff und Mark und May eine Weile warten müssen, bis sie sich mit mir amüsieren können, dann muß das so sein, denn ›Sammy Davis, Jr.‹ steht an erster Stelle. Wenn das, was ich persönlich will, *ihm* im Wege steht, wenn ich Golf spielen will und er denkt, daß er ein Benefiz-Konzert geben sollte, dann geben wir das Benefiz-Konzert. Er steht an erster Stelle. Ende.«

Wir sahen uns schweigend an, erschöpft.

Ich legte meine Hand auf ihren Arm. »Liebling, ich habe es versucht. Ich wollte, daß es funktioniert. Aber es konnte nicht funktionieren.«

»Ich weiß, daß du es versucht hast, Sharley Brown.« Sie trocknete sich ihre Augen. »Ich weiß es.«

Am 7. Januar 1966 war ich der Gastgeber der ersten *Sammy Davis, Jr. Show,* meine Gäste waren Elizabeth Taylor und Richard Burton.

Als wir die Schallplattenaufnahmen für das Originalalbum von *Golden Boy* machten, war meine Stimme so schlecht gewesen, daß ein Jahr später, als sie sich unerklärlicherweise wieder regeneriert hatte und ich ganz auf der Höhe war, Hilly sagte: »Reprise ist bereit, das Album neu aufzunehmen.«

Ich erzählte es May. »Unglaublich. Eine zweite Chance zu kriegen. Wir machen die Aufnahme nächsten Sonntag um die Mittagszeit. Komm doch so gegen zwei vorbei, dann habe wir die Proben hinter uns und können aufnehmen.«

»Ich kann nicht, Sammy. Ich bringe Mark und Tracey nach Westchester. Zu einer Geburtstagsfeier für einen Jungen aus Marks Klasse.«

»Und das hast du am Sonntag gebucht? Meinem freien Tag?«

Sie sah mich an, als ob sie noch unschlüssig sei, ob sie es mir sagen sollte oder nicht. »Aber es ist doch gar kein freier Tag. Nächste Woche ist die Aufnahme. Letzten Sonntag war es das Friars' Roast, am Sonntag davor...«

»Okay, okay... wie auch immer, komm und bring die Kinder mit.«

»Das kann ich nicht, Sammy. Sie freuen sich auf die Party.«

»Liebling, es sind dreiunddreißig Kinder in der Klasse, das macht dreiunddreißig Geburtstagsfeiern. Sie können doch eine auslassen. Schick eine Entschuldigung und ein kleines Geschenk.«

Sie schüttelte den Kopf. Was für Wertvorstellungen hatte sie?

»May, ich mache die zweite Aufnahme des Original-Albums eines bedeutenden Broadway Musicals. Wenn unsere Söhne und Töchter in zwanzig Jahren hören, daß dieses Album gespielt wird, werden sie sich daran erinnern können, daß sie dabei waren, daß sie ihrem Vater bei der Arbeit zugesehen haben.«

»Ich würde gern, Sammy, aber ich kann nicht. Kinder müssen sich auf etwas verlassen können.«

Sy rief an. »Sweetheart, ich habe hier eine Sache, die völlig außer der Reihe tanzt. Es geht um einen Spielfilm, den sie in New York drehen wollen, *A Man Called Adam*. Sie haben Frank Sinatra, Jr., Mel Tormé und Peter Lawford als Gaststar sowie Louis Armstrong in einer Nebenrolle. Ich habe ihnen gesagt, daß du kaum Zeit zum Atmen findest, aber sie haben darauf bestanden, daß ich dich anrufe.«

»Na, da bin ich doch dabei! Bei den meisten der Fernsehproben werde ich sowieso nicht gebraucht. Ich habe jeden Tag freie Stunden zur Verfügung.«

Als ich mich nach dem ersten Drehtag beeilte, nach Hause zu kommen, um mich für das Theater umzuziehen, fing ich an, May zu erzählen: »Ich habe eine tolle Szene mit Frank Jr. hingekriegt...« Doch ich sprach nicht weiter. Ich erkannte plötzlich, daß mein Enthusiasmus sie verletzen würde.

Ich erschien wieder in den Tageszeitungen. Sie wunderten sich: »Niemand in der Geschichte hat je gleichzeitig in einem Broadway Musical auf der Bühne gestanden, eine Fernsehserie aufgenommen und einen Film gedreht.« Ich war wieder auf der Gewinnerstraße. Jede meiner Bewegungen brachte die drei Kirschen am Spielautomaten zum Vorschein: die Anerkennung, die Karriere, das Geld.

Und ich hatte eine Ausrede, um nicht nach Hause zu gehen. Das war nicht der geringste Vorteil. Wenn ich nach Hause kam, wollte ich so müde und erschöpft sein, daß es nicht mehr zu einem Gespräch kommen konnte. Tag für Tag war der Graben zwischen uns tiefer geworden, es ging vom Streit bis zum Schweigen. Wir kamen und gingen, lebten unsere verschiedenen Leben, ich mit meiner Arbeit, May mit den Kindern. Wir sprachen kaum noch miteinander, aus Angst, glaube ich, vor den gefährlichen falschen Worten. Also tauschten wir nur Höflichkeiten aus. Wir waren zu einer Familie von Fremden geworden.

Ich kam spät nach der Vorstellung und einem Benefiz-Konzert nach Hause, und zum hundertsten Mal sahen wir uns schweigend an. May lag im Bett und las. Sie erzählte nicht, was sie mit den Kindern am Nachmittag gemacht hatte.

Ich zog mich aus. Ich erzählte ihr nicht, daß ich bei den Proben für die Fernseh-Show stehende Ovationen von den Bühnenarbeitern bekommen hatte.

May erzählte mir nicht, daß Tracey einen neuen Zahn bekam. Ich erzählte May nicht, daß ich am nächsten Tag *Mike Wallace* drehen würde, und fragte sie nicht, ob sie nicht Lust hätte, ins Studio zu kommen.

May erzählte mir nicht, daß Mark vom Fahrrad gefallen war und sich das Knie aufgeschlagen hatte und daß sie mit ihm beim Arzt gewesen war, für eine Tetanus-Spritze.

Wir hatten schon lange aufgehört, »Ich liebe dich« zu sagen, aber nun sagten wir überhaupt nichts mehr zueinander. Ich wollte alles mögliche sagen und hören, aber ich hatte Angst, daß mich das Ganze dann zu sehr absorbieren könnte.

Von außen sah es so aus, als wenn ich auf Skiern ohne Stöcke die Alpen heruntergesaust kam, und jeder sagte: »Sieh ihn dir an... er kann's... unglaublich...« Doch in meinem Innern sagte es: »Was tue ich da bloß!«, und ich wartete darauf, zu fallen, mir die Knochen zu brechen, die eine Hälfte meines Lebens sich verabschieden zu hören und sie weggehen zu sehen.

Dieselben Dinge, die dich zu Beginn motivieren und dich nach vorne bringen, können zerstörerisch sein, wenn du ihnen gestattest, dein Leben zu übernehmen. Doch der Wagen, in dem ich fuhr, hatte nur einen Gang: vorwärts. Es gab nicht mal den Leerlauf.

Eines Nachts kam ich so müde nach Hause, daß ich es nicht mehr bis nach oben schaffte und auf der Couch im Wohnzimmer einschlief. Als ich aufwachte, brachte May mir Saft und Kaffee.

»Guten Morgen«, sagte sie.

»Guten Morgen«, antwortete ich.

»Das Wetter ist nicht so toll heute.«

»Ja. Im Wetterbericht haben sie gesagt, es würde sich aufheitern.« Wenn man nur Höflichkeiten austauscht, hören sie auf, höflich zu sein. Ich glaube, sie wartete, bis ich ganz wach war, bevor sie sagte: »Was soll's, Sammy? Es wird immer schlimmer. Wir haben zuviel miteinander durchgemacht, um es am Ende dahin laufenzulassen, daß wir uns nicht mehr mögen. Ich denke, es ist besser, das zu vermeiden.«

Merkwürdig, wie man jemanden so sehr lieben kann, wenn man es gar nicht will, wenn man weiß, daß es vergeblich ist. Doch was hatte die Liebe mit dem Leben zu tun?

Ich sagte: »Ich kann einfach nicht glauben, daß das hier wahr ist.«

»Ich auch nicht.«

»Es ist nicht das, was ich will, May.«

»Es ist auch nicht das, was ich will.«

»Ich habe nie sagen wollen, daß es nur noch meine Karriere sein sollte. Ich wollte es mit dir und für dich...«

Da waren wir, zwei Menschen, die sich liebten, getrennt von Notwendigkeiten, die sich nicht miteinander verbinden ließen. Sie begann zu weinen und sagte mit tränenerstickter Stimme: »Ich weiß, daß ich Judy Garland und Liza und Frank nie ersetzen können werde. Auch nicht den Moment, wenn der Vorhang sich hebt und die Scheinwerfer angehen.«

»Du solltest es nicht müssen.«

Sie nickte, ihr Haar bewegte sich wie ein Vorhang vor ihren Gedanken, und sie sagte: »Ich weiß. Ich weiß, daß ich in der Lage sein sollte, mit dir zu leben *und* mit diesem ganzen Zeug, aber ich mag es nicht, ich mag den ganzen Show-Rummel nicht!«

»Warum hast du mich dann geheiratet?«

Sie blickte auf. »Ich hatte mich in dich verliebt.«

»Aber ich war schon immer so. So bin ich, und so werde ich immer sein.«

Wieder nickte sie, als warte sie auf das Ende der Schluchzer, damit sie wieder sprechen könne.

Ich nahm sie in die Arme, und wir hielten uns fest, nicht mehr wie Mann und Frau, wie Freunde jetzt, Freunde, die einen gemeinsamen Verlust teilen.

Vielleicht wäre es leichter gewesen, wenn wir wütend geworden wären, weniger traurig.

Am Morgen, als sie abreisten, blieb ich im Bett, tat so, als ob ich schlief, während May und die Kinder die letzten Sachen einpackten. Ich hätte einen langen Abschied nicht durchgehalten. »Mama.« Ich hörte Traceys Stimme. »Sollen wir Papa aufwecken oder sollen wir ihm einen Kuß geben, während er schläft?«

Ich sagte: »Ich bin wach«, und zog meinen Hausmantel an.

Es war ein verregneter New Yorker Morgen, ich stand am Eingang und sah, wie May und Tracey und Mark und Jeff zusammen mit Lessie Lee in meinen Wagen einstiegen. Sie schlugen die Türen zu, und dann begann der Wagen mit dem Nummernschild SAMMY sich fortzubewegen. Als er sich der Ecke näherte, ging ich auf den Bürgersteig, um noch einmal zu winken, um den Kontakt noch etwas länger zu halten, doch während ich es tat, dachte ich, daß sich vielleicht überhaupt niemand umsah. Dann sah ich, Gott sei Dank, Marks und Traceys Gesichter im Oval der Rückscheibe auftauchen. Sie winkten zum Abschied.

14

Das Haus war leerer als leer und ruhiger als ruhig. Es war, als hätte sich jeder außer mir in Luft aufgelöst. In Mays Schrank hingen nur noch die Bügel, auf denen ich mir die Kleider vorstellen konnte, in denen ich sie am liebsten gesehen hatte. Im Kinderzimmer kein Anzeichen dafür, daß sie jemals dagewesen waren. Nicht ein Spielzeug. Sogar der Papierkorb war leer. Durch die Hintertür konnte ich das Klettergerüst und die Wippe im Hof sehen. Ich sah nicht länger hin und dachte: *Sie haben mich wirklich verlassen. Trotz all meines Glanzes, trotz allem, was ich ihnen bieten konnte, haben sie es vorgezogen, nicht mit mir zusammenzusein.*

Der Fahrer kam vom Flughafen zurück und reichte mir einen kleinen roten Strickfäustling. »Das hab' ich im Wagen gefunden, Mr. D.« Ich nahm ihn ihm ab. Warum sollte ein Kind so etwas zurücklassen? Um mit mir Kontakt zu halten? Oder hatte sie es im Zorn weggeworfen, um den endgültigen Bruch mit mir zu demonstrieren? Ich hielt ihn an mein Gesicht. Er hatte Traceys sauberen Seifengeruch.

Wofür habe ich das aufgegeben? Ist es nicht alles, worum es im Leben geht? Eine Frau zu haben, die man liebt? Und Kinder, die man liebt und um die man sich kümmert und denen man zeigt, wie man in dieser Welt überleben kann? Man versucht, sie über die Stolpersteine zu führen, über die du gefallen bist, ohne daß sie sich weh tun. Und du hast ein bißchen Spaß mit ihnen zusammen. Und du wirst älter und stirbst, doch etwas von dir bleibt zurück, das Gute von dir. Und sie erinnern sich daran und vermissen dich dafür.

Nach allem schien es nun doch so, als hätte ich einen Pakt mit dem Teufel geschlossen. Unwiderruflich nun, denn ich hatte meine Rolle zugewiesen bekommen. Und was das anging, so würde es den Kindern nicht schlechtgehen. Sie würden Geld haben. Und sie hatten eine gute Mutter. Und eines Tages würden wir zusammenkommen und eine Beziehung zueinander haben. Und wenn nicht, dann hatte ich verloren. Und ich würde den Verlust akzeptieren. Ich war kein Opfer. Ich hatte selbst gewählt.

Wenn ich ein Drehbuch geschrieben hätte, in dem »die Frau geht«, hätte ich den Mann seine Wohnung in ein Playboy-Appartement umbauen lassen, so in dem Stil, daß, wenn man einen Hahn aufdreht, zwanzig nackte Mädchen herauskommen. Doch im Leben lief das anders ab. Ich hatte kein Verlangen danach, mein Versagen zu feiern. Ich sehnte mich nach Menschen, deren Gegenwart ich nicht genossen hatte, weil kein Platz für sie in meinem Leben war.

Nach zwei Jahren mit *Golden Boy* hatte ich auf dieser Bühne alle Möglichkeiten erschöpft, es gab nichts mehr zu tun in New York. Ich mußte wieder in meine eigene Welt zurück, mit verschiedenen Vorstellungen am Abend, in verschiedenen Städten, mit verschiedenen Menschen. Ich gab Hilly eine Option für ein Jahr in einer anderen Show, und er kündigte die letzte Vorstellung an.

May war mit den Kindern nach Kalifornien gegangen, in das Selznick-Haus mit den Knopfdruck-Fensterscheiben, die sie nie gemocht hatte. Sie rief regelmäßig an, um mich auf dem laufenden zu halten.

»Ist die Trennung den Kindern schwergefallen?« fragte ich sie.

»Nein, es geht ihnen gut. Daß du nicht hier bist, ist so natürlich für sie wie ein Vater, der immer in der Nähe ist, für ein anderes Kind. Da haben wir Glück gehabt. Wenn ein normal berufstätiger Vater, der von acht bis fünf arbeitet, verschwindet, dann ändert sich das Leben schon erheblich. Aber das war ja bei uns nie so. Du hattest die Koffer immer gepackt und bist abgereist nach Vegas oder Tahoe, oder du bist ins Theater gegangen, um ein Nickerchen zu machen, weil du erschöpft warst...«

Ich wußte, daß sie es nicht gesagt hatte, um mich zu verletzen. Im Gegenteil, sie war ganz die Mutter, die erleichtert war, sagen zu können, daß die Kinder nicht litten. Ich ging nach oben und nahm ein heißes Bad. Als ich mich rasierte, dachte ich: *Du kannst sie nicht zurückbekommen. Du hast gewählt und deinen Preis bezahlt. Aber es soll nicht umsonst gewesen sein. Sieh zu, daß es nicht umsonst war, daß du deine Familie aufgegeben hast.*

In jener Nacht stand ich zum letzten Mal in *Golden Boy* auf der Bühne, ging zum letzten Mal in das leere Haus zurück und wachte zum letzten Mal auf der Couch im Schlafzimmer auf.

Zur ersten Premiere in Vegas nach der Scheidung waren alle Vorstellungen im Vorverkauf ausgebucht, doch was erwartete mich dort draußen? Was für ein Gefühl brachten sie mir entgegen? Die Öffentlichkeit ist unberechenbar. Wenn schon so viele unsere Mischehe verurteilt hatten, wie würden sie auf die Scheidung reagieren? Aber, wenn sie mich auch zu Anfang hassen würden, sie würden den Saal nicht so verlassen, denn selbst wenn ich die ganze Nacht auf der Bühne stehen müßte, wenn ich jeden Song singen müßte, jeden Witz erzählen, jeden Trick, den ich kannte, bringen; selbst wenn ich mein Herz und meine Seele durch die Kluft zwischen uns schieben müßte – am Ende würden sie mich mögen.

Als ich »What Kind of Fool Am I?« sang, sah ich, wie sie sich ansahen, sich anstießen, und ich wußte, sie flüsterten: »Er singt über seine Frau, über May Britt.« Ich spürte Wärme und Mitgefühl. Ich war ihnen nicht gleichgültig, sie wußten über mein Leben Bescheid, so daß eine einfache Ballade beziehungsreich wurde. Sie interpretierten mehr Dramatik hinein, als ich absichtlich je hineingelegt hätte. Frank war es genauso gegangen. Wenn er, kurz nach seiner Trennung von Ava, sang: »I could have told you she'd hurt you...«, dachten die Leute: Er singt über sie. Tatsächlich aber war es ein Song, der von zwei Burschen im Brill Building geschrieben worden war. Sie hatten eine Idee gehabt und sie in zweiunddreißig Takten Wort und Musik zu Papier gebracht. Sie hatten nicht gesagt: »He, Frank, wie sind deine Gefühle für Ava? Wir wollen diesen Song schreiben, ›One for my baby and one more for the road...‹« Jedermann hatte vergessen, daß es für Fred Astaire geschrieben worden war, der es in einer Bar in *The Sky's the Limit* sang, weil Joan Leslie ihn verlassen hatte.

Aber ich wollte nicht, daß mein Publikum mich als den Ehemann mit dem gebrochenen Herzen sah. Nach der Trennung von Ava Gardner hatte Frank »The Loser« gesungen, genauso wie jeder andere es auch getan hätte. Doch bei mir war es anders, es wäre eine Lüge gewesen, denn ich hatte den Bruch herbeigeführt, und daraus jetzt Kapital zu schlagen, wäre billiges Theater, eine Untreue gegenüber den Leuten, die mich hochgebracht hatten, die einzigen Leute, die mir geblieben waren.

Ich feierte wenig. Ich kümmerte mich um das Geschäft, dachte buchstäblich sogar im Schlaf an meine Shows. George Rhodes begleitete mich mit telepathischem Einfühlungsvermögen, das sich über die Jahre entwickelt hatte. Ich sagte nie: »Wenn ich das und das tue, dann weißt du, daß du so und so reagieren mußt.« Es war mit der Zeit gewachsen, in Tausenden von Vorstellungen. Wenn wir in eine Stadt kamen, probte George mit dem Orchester und sorgte dafür, daß sie fünfundzwanzig meiner Nummern beherrschten. Ich brauchte gar nicht dabeizusein, außer für den Sound-Check. Ich sang ein oder zwei Songs, um zu hören, ob das Sound-System so ausgewogen war, wie ich es wollte. Vor jeder Vorstellung kam George in meine Garderobe und zeigte mir unser Songbook, und ich sagte: »Laß uns diese vier machen«, und das war unser Einstieg. Ansonsten gab es keine Vorbereitungen. Von da ab lief alles improvisiert, ich brachte das, von dem ich glaubte, daß das Publikum es wollte.

Ich sehe keine Möglichkeit, zu erklären, was das eigentlich ist, eine Publikumsanalyse. Osmose. Es hat etwas mit Gefühl zu tun, es ist fast spirituell. Ich lasse einen bestimmten Song aus, weil ich das Gefühl habe, das Publikum will ihn nicht hören. Da gehört kein Blau hinein. Gib ein Grün dazu. In fast jeder Vorstellung brachte ich ein Medley der Tony Newley und Leslie Bricusse Songs, die ich 1960 aus London nach Amerika mitgebracht hatte: »What Kind of Fool Am I?«, »Gonna Build a Mountain«, »Evie« und »Talk to the Animals«. Manchmal brachte ich das Medley gleich zu Anfang – sie wollen diese Songs hören, laß sie mich gleich auf den Weg bringen – dann kann ich Popnummern singen, dann unbekanntere Sachen. Manchmal war es ihnen völlig egal, ob ich überhaupt »What Kind of Fool Am I?« brachte oder »Hey There« oder »This Is My Beloved«. Nicht jedes Publikum will sie hören. Manchmal hatte ich ein Jazz-Publikum, sie wollen ins Schwitzen kommen. Oder ich hatte ein Show-Publikum, ein Publikum, das mich sprechen hören wollte, oder ein Publikum, bei dem all diese Dinge wichtig waren. Daß dieses Erkennen funktioniert, ist unheimlich. Mit verbundenen Augen traf ich zu neunundneunzig Prozent ins Schwarze.

George und ich hatten unsere eigene Sprache entwickelt. Wenn ich dem Publikum ankündigte: »Meine Damen und Herren, jetzt kommt eine Serie von Songs, die ich aus England mitgebracht habe...«, weiß er, daß ich das Medley haben will, und während ich weiterspreche, um ihm Zeit zu lassen, sagte er es unserer ersten Trompete, Fip Ricard, der es an die Saxophone weitergibt, die es an die Posaunen weitergeben, bis es beim Piano ankommt, den Streichern und dem Schlagzeug. Jede Nummer hat ihre eigene Ankündigung: »Meine Damen und Herren, im Jahre 1940 schrieb der verstorbene Jerome Kern...«, und George gibt an das Orchester weiter »All the Things You Are«.

George war ein Hüne und hatte einen bedächtigen Gang. Sein fester Schritt und meine nervöse Beweglichkeit ergaben eine wunderbare Mischung. Ich stichelte, wenn ich auf der Bühne stand: »Wann immer du so weit bist, George. Keine Eile.« Wir waren wie die Schildkröte und der Hase. Dieser kleine Kerl, ich, der wie ein Irrwisch über die Bühne tobte, und dieser große Kerl, George, ruhig, verläßlich, der im Hintergrund stand, durch den alles funktionierte und der nur manchmal ein gedehntes »Yeah!« hören ließ.

Ein Großteil meiner Möglichkeiten auf der Bühne hing davon ab, wie gut ich musikalisch in Stimmung gebracht wurde. Ich konnte eine

Bewegung mit der Schulter machen, und er wußte, die und die Nummer würde ich nicht bringen. Wenn ich sagte: »Wissen Sie, meine Damen und Herren...«, dachte George automatisch: Jetzt ändert er etwas.

Ich bin der einzige Unterhaltungskünstler weit und breit, der seine Show für jede Vorstellung verändert. Anfangs, als ich das erste Mal nach einer Nummer fragte, die sie nicht geprobt hatten, sagte George: »Es wird etwas dauern, bis wir die Noten gefunden haben«, und ich machte einen Witz darüber: »Wir bringen jetzt sechs Takte des Songs ›Auf der Suche‹.« Wenn sie heute nach einem Song suchen, sage ich zum Publikum: »Wenn Sie jetzt nahe genug herankämen, könnten Sie hören, wie sie sagen: ›Warum kann der kleine Spinner sich nicht an die Reihenfolge halten, die wir geprobt haben?‹«

Ich versuche jeden Abend eine 110prozentige Show zu liefern. Deshalb reise ich mit einer vollständigen Rhythmusgruppe, meinem eigenen Piano, Schlagzeug, Gitarre und Baß plus der Solotrompete. Die ortsansässigen Musiker neigen manchmal zur Lustlosigkeit – egal, wer auftritt, auch bei Frank oder Liza Minnelli –, so daß ich mich nicht auf sie verlassen kann. Ich setze auf meine eigenen Musiker. Sie gehen ab wie eine Rakete, und das übrige Orchester hat keine Wahl, es muß mitziehen.

Und doch, es gibt Vorstellungen, da ist das Orchester schlecht drauf. Dann muß ich die Musiker aufrichten, sie wieder zum Zuhören bringen, sie motivieren. Ich denke mir Sachen aus, die sie öffnen. Meine Vorstellung ist ebensosehr für die Musiker gedacht wie für das Publikum. Auch sie sollen die Show mögen, aufmerksam bleiben, sich fragen: Was wird er heute abend machen? Ich will nicht, daß sie ihre Begleitung zur »nächsten Nummer« spielen, Kaffee trinken und sich unterhalten, während ich zum Publikum spreche. Ich ändere die Reihenfolge der Nummern und halte sie damit bei der Stange: »Er weiß noch nicht, was er abrufen wird, also kann ich mich auch nicht zurücklehnen und schlafen. Er könnte ›Make up something‹ abrufen und dann vielleicht mittendrin sagen, ›Nein, das machen wir jetzt nicht.‹« Ich lasse nicht zu, daß sie gähnend dasitzen und auf den Feierabend warten. Ich spiele für ein doppeltes Publikum: das eine sitzt hinter mir, das andere vorn. Wenn die Vorstellung vorbei ist, rede ich mit den Leuten vom Orchester, und fast immer kann ich sagen: »Starke Performance. Ich danke euch.«

Die Leute, die vor mir sitzen, kann ich kaum sehen. Das Licht überblendet sie ab der dritten oder vierten Reihe. Aber ich kann sie fühlen, ich kann sie hören ... bis zum hintersten Ende des Raumes kann ich sie hören. Ich sehe sie mir nicht an, selbst die Leute in den vordersten Reihen nicht, denn wenn du ein tolles Mädchen da unten entdeckst und anfängst, die Show für sie zu bringen, dann verlierst du alle anderen.

Was George für mich zusätzlich wichtig machte, war, daß er Arrangements schreiben konnte. Ich kann keinen Kringel aufs Papier setzen, aber wenn ich eine Idee habe, dann summe ich sie auf ein Tonbandgerät, dann kann George es niederschreiben. Von mir muß nur das Konzept kommen. Es gibt gute Unterhaltungskünstler, die ganze Teams beschäftigen, die für sie arbeiten – Textschreiber, Choreographen, der Regisseur, die Musiker. Ich muß alles selbst machen. Kein Textschreiber kennt mein Publikum so wie ich und weiß, welche Art von Humor es von mir akzeptiert. Ich habe Autoren als Freunde, die nach einer Show zu mir gekommen sind und gesagt haben: »Diese Zeile über das und das, die ist überhaupt nicht witzig, wie kommt es, daß du trotzdem so viel Lacher dafür erntest?«

Es hat auch nie jemand zu mir gesagt: »He, du solltest sechs Ringe tragen, das könnte dich noch unverwechselbarer machen.« Es hat sich einfach so ergeben. Ich hatte einen kunstvoll geschnittenen Diamantring, so einen wie Frank immer trägt, und dann gab mir ein Freund in Europa einen Ring mit seinem Familienwappen und sagte: »Trag ihn auf dem Zeigefinger.« Sah großartig aus. Er ging zurück auf Heinrich VIII. Der Ring an meinem Zeigefinger wirkte gefährlich, wegen der hervorstehenden Kante und allem. Dann dachte ich: ich brauche noch einen Ring für den Mittelfinger, und noch einen für diesen. Aber geht das? Wie kannst du nur wagen, so herumzulaufen, fragte ich mich. Nein, es ist ein Witz. Man wird mich auslachen, wenn man überall Ringe an meinen Fingern sieht. Aber dann ging es doch immer weiter: Hände, Armband, Halsband, Krawattennadel, alles bis auf Ohrringe. Und ich konnte sogar Witz daraus schlagen, wie: »Ich weiß nicht, was sie in Washington, D. C. für die alten Leute zu tun gedenken, *meine* Altersversorgung habe ich jedenfalls.« So ging das weiter, andere Leute machten sich über meinen Schmuck lustig, so wie sie es über mein Judentum gemacht hatten ... die engen Hosen ... nichts davon war geplant, im Sinne von: »He, ich mach' jetzt dies und sie werden über mich reden.«

Zwischen den Auftritten spielte ich in meiner Garderobe Whist mit John Hopkins. Das Telefon klingelte. Murphy hielt die Hand über den Hörer und flüsterte: »Es ist die Bürgerrechtskommission von Nevada.«

»Na und? Warum flüsterst du deswegen?«

»Vielleicht hat man beschlossen, daß du nicht mehr schwarz bist.«

»Sehr witzig.« Es war Bob Bailey, ein Mann, den ich noch aus den

Zeiten kannte, als niemand in Las Vegas von Bürgerrecht redete. Er wollte ein Treffen mit mir und seinen Mitarbeitern. »Sam, seit Jahren reden wir mit den Hotels wegen Arbeitsplätzen, aber sie haben nicht reagiert. Wenn sie sich innerhalb von zwei Wochen nicht rühren, werden wir Streikposten aufstellen und das nationale Interesse darauf lenken. Da du zu der Zeit noch hier auftrittst, wollen wir, daß du Bescheid weißt.«

Ich sprach mit Jack Entratter. »Man wird euch Streikposten vor die Eingänge stellen, und das wird ziemlich peinlich für euch, denn ich werde mit in der Reihe stehen.« Er setzte sich auf, als wäre sein Zahn an einer Tür befestigt gewesen, die man gerade zugeschlagen hat. »Genau, Jack. Ich werde mich nicht, Zitat, ›in einem Krankenhaus von einer leichten Halsentzündung verbunden mit Erschöpfungszuständen erholen‹, Zitatende. Ich werde draußen vor der Tür stehen und auf und ab gehen.«

»Was sollen wir tun?«

»Wie ich schon vor zwei Jahren sagte, trefft euch in der Mitte. Stellt ein paar Portiers und Kellner ein. Ihr müßt nicht gleich mit Managern anfangen. Aber seht zu, daß man hier ein paar Schwarze arbeiten sieht. Und laß sie hier spielen. Niemand ist böse über eine Anzeige im *Ebony*-Magazin: ›Willkommen im Sands‹. Wenn die Sicherheitsleute nicht jedesmal blaurot anlaufen, wenn ein Schwarzer vor der Tür steht, wäre das auch schon ein Schritt nach vorn. Und weise deine Leute an, daß sie sie bedienen sollen. Und zwar gleich morgen. Nicht in ›Wir denken darüber nach‹-Zeit, denn das wäre zu spät. Morgen.«

»Die anderen Hotels werden mich das spüren lassen, aber du hast mein Wort darauf.«

Ich sah ihn mit all der Zuneigung an, die man für einen Menschen empfindet, der gerade in deinen Kampf eingestiegen ist und sagt: »Mich müssen sie auch erst mal schlagen.« Ich zögerte, wollte es nicht zu weit treiben, aber es mußte sein. »Jack, was die anderen Hotels angeht, was glaubst du, könnte ich da tun?«

»Die Vereinigung der Hotelbesitzer hält morgen ihr monatliches Treffen ab. Komm und sprich zu den Burschen.«

Die Direktoren und Besitzer der sieben Hotels vom Strip trafen sich in einem Konferenzraum des Sands. Einer der Besitzer lächelte geziert: »Mit welchem Grund wollen sie uns denn bestreiken? Sie haben überhaupt nichts mit uns zu tun. Sie arbeiten nicht für uns. Unsere Leute sind zufrieden, sie werden gut bezahlt. Hier streikt keiner. Wir werden sie mit Arschtritten in die Wüste schicken. Sie haben hier überhaupt nichts zu bestreiken.«

»Sir«, sagte ich, »sie können und sie werden alle Hotels bestreiken, in denen keine Schwarzen arbeiten. Es ist vom Gesetz her nicht länger möglich, zwanzig Prozent der amerikanischen Bevölkerung zu ignorieren, wenn man Leute einstellt.«

Er grunzte: »Schönes freies Land, das wir hier haben.«

Erst sahen sie mich an, dann sich, eine Handvoll mächtiger Männer, die nicht bereit waren, zu akzeptieren, daß sich der Lebensstil änderte, obwohl sie wußten, daß es sich so verhielt, daß Geschichte gemacht wurde, daß dieser Ozean von Menschen nicht länger gegen die Festungsmauern plätscherte, sondern daß die Bürgerrechtsbewegung eine Eigendynamik entwickelt hatte und wie eine Flutwelle über die Mauern schlagen würde. Als ich das Treffen verließ und in Richtung Kasino ging, legte Jack seinen Arm um meine Schulter. »Ich bin dabei.« In der Halle sahen wir den einzigen schwarzen Angestellten des Sands Hotels, einen Gepäckträger. »Er ist ein kluger Kopf«, sagte Jack. »Ende der Woche kommt er an die Rezeption, und wir werden ihn einweisen. Und wir haben zehn Kellner angestellt.«

»Jack, drüben in der Westside gibt es ein paar erstklassige Würfelspieler.«

Er nickte. »Ich werde Carl Cohen bitten, rüberzufahren und sie sich einmal anzusehen.« Er lächelte mich an. »Morgen.«

Wochen später, als die National Association for the Advancement of Colored People (NAACP) Las Vegas bestreikte, gab es keine Streikposten vor dem Sands. Sie ließen das Sands nicht aus, weil ich dort auftrat, sondern weil Jack sich noch vor den anderen bewegt hatte.

Ich nahm mir eine Woche frei, denn ich hatte versprochen, bei einer Kundgebung in Tougaloo, in Mississippi, dabeizusein. Die Kundgebung bildete den Auftakt zu einem Marsch auf Jackson, die Hauptstadt dieses Bundesstaates, in der James Meredith vor ein paar Wochen angeschossen worden war. Man rechnete mit Tausenden von Studenten aus dem Tougaloo College, SNCC-Mitarbeitern, Militanten, gemäßigten Arbeitern, Dutzenden von Theaterleuten, die sich für die Bürgerrechtsbewegung engagierten, sowie jedem Führer der Anti-Rassenbewegung von Martin Luther King abwärts. Ich hatte Harry, Sidney und den schwarzen Führern versprochen, daß ich ein Teil des Programms übernehmen würde. Als ich das erste Mal seit Jahren wieder nach L. A. zurückkam, hatte ich weder ein Haus noch eine Familie, zu der ich hinkonnte, aber ich wollte meine Kinder sehen, und so mietete ich mich im Century Plaza ein. Mark und Tracey sahen wunderbar aus, sie gingen in Beverly Hills zur Schule. Jeff würde in einem Jahr zur Schule gehen. Als May und ich allein waren, fragte ich: »Wie werden sie mit der Schule fertig? Irgendwelche Probleme?«

»Nein, was die Hautfarbe angeht, ist alles in Ordnung. Das einzige ist, daß Tracey nicht verstehen kann, warum unser Haus so viel größer ist als die Häuser ihrer Freunde.«

Das showmäßig aufgedonnerte Selznick Haus war, das mußte ich zugeben, nicht das Richtige für sie. May hatte sich in ein kleineres, gemütlicheres Haus am Angelo Drive verliebt. Ich erklärte mich damit einverstanden, es zu kaufen und das große Haus für mich selbst zu behalten. Da May ihren Haushalt selber führen wollte, kam Lessie Lee, nachdem sie ihr beim Umzug geholfen hatte, zu mir und kümmerte sich um mein Haus. Angelo Drive war so nahe, daß die Kinder, wenn ich zu Hause war, mit dem Fahrrad vorbeikommen konnten.

Ich war mit Peter Lawford bei Matty zum Mittagessen. Er erhielt einen Anruf auf dem Tischtelefon und reichte mir den Hörer: »Einer deiner Freunde will mit dir sprechen.«

Es war Bobby Kennedy. »Schlechte Nachrichten, Sam. Sie erwarten dich in Mississippi, in Tougaloo. Geh nicht hin, sie sind entschlossen, dich nicht davonkommen zu lassen, und ich kann dich nicht schützen.«

»Aber, Robert, ich habe zugesagt.«

»Ich sage dir, geh nicht. Laß diese eine Aktion aus. Von allen Berühmtheiten, die hinkommen werden, haben sie es auf dich abgesehen, die Losung ist: ›Tötet Sammy Davis, Jr.‹. Ich habe keine Möglichkeit, dir zu helfen, aber wenn du darauf bestehst hinzugehen, werde ich mit jemandem von den Justizbehörden sprechen, daß sie versuchen sollen, ein paar Detektive einzusetzen, die ein Auge auf dich haben sollen.«

Ich hatte einen Lear Jet gechartert, um von Los Angeles dorthin zu gelangen, zusammen mit Rafer Johnson, Tony Franciosa, Marlon Brando, Murphy und Joe Grant. Als wir zur Landung ansetzten, stand ich auf, stellte mich in den Gang und sagte: »Wenn die Veranstaltung vorbei ist und wir uns im Haus des Reverend treffen, oder wo auch immer, werde ich eine Tasse Kaffee trinken, aber in der Sekunde, wo die Höflichkeiten ausgetauscht sind, fahre ich ab. Sie haben Unterkünfte bei Leuten für uns bereitgestellt, aber ich werde nicht über Nacht bleiben.«

Marlon sagte: »Ich bleibe in Tougaloo, ich muß morgen den Rektor treffen.« Marlon steckte bis über beide Ohren in der Bürgerrechtsbewegung, voller Engagement. Nicht, um sich selber zu erhöhen, sondern aus tiefem Glauben an die gerechte Sache. Es gab einige Leute, die die Bewegung unterstützten, weil es im Moment Mode war. Aber man konnte auch nicht sagen: »Sieh mal, Marlon Brando, der macht es nur, um für seinen Film zu werben.« So populär war die Bürgerrechtsbewegung nun auch wieder nicht. Ich sagte: »Tu, was du tun mußt, Marlon, aber wenn wir heute abend abfliegen, bin ich morgen nicht mehr da.«

Rafer sagte: »Ich fliege mit dir zurück.«

Tony Franciosa sagte: »Ich bleibe.« Er hatte diesen romantischen Ich-starre-in-die-Zukunft-Blick in den Augen. »Ich will ein Gefühl dafür bekommen, was passiert, ich will dieses Feld sehen, auf dem Geschichte gemacht wird.«

»Kleiner, das ist wunderbar, aber ich werde heute abend mit dem Flugzeug zurückfliegen. Wir werden tun, was wir tun müssen, aber dann mache ich, daß ich wegkomme.«

Als wir gelandet waren, sagte ich zu den Piloten, zwei Burschen aus Kalifornien: »Laßt keinen in das Flugzeug. Nicht, um es sauberzumachen und gar nichts. Ihr tut nur das Nötige. Denn sie mögen euch genausowenig wie uns, weil ihr uns hierhergebracht habt.«

»Wir haben genau verstanden, was Sie sagen wollen, Mr. Davis. Wir werden uns nicht vom Flugzeug entfernen.«

Während ich zu dem kleinen Flughafen ging, Murphy neben mir, dachte ich: *Ich hätte auf Bobby hören sollen. Ich bin hier unten im tiefsten Süden. Irgend jemand wird mich erschießen. Niemand kann sie aufhalten.* Und ich fühlte mich nicht besser, als wir am College vorbeifuhren, und ich sah das Schild, das sie aufgehängt hatten: »Galgenstraße«.

Zwanzigtausend Leute hatten sich am College versammelt, es war Nacht, Scheinwerfer erhellten die Szenerie, Kameras blitzten aus den Bäumen, NBC machte einen Life-Mitschnitt.

Während die Reden noch liefen, drückte mich Martin Luther King. »Ich hab' dich nach Mississippi gebracht, Sam, ich wußte, daß ich es schaffen würde.«

»Ja, du hast mich nach Mississippi geholt. Ich liebe dich, Martin, du bist mein geistiger Führer, aber du bist zu weit gegangen. Offen gesagt, ich habe Angst!«

Harry und Sidney waren in unserer Nähe. Sie wirkten wie große schwarze Ritter. »Mach dir keine Sorgen, Sam, wir sind hier, wir werden dich beschützen.«

Alles, was sie hatten, war die Begeisterung in ihren Herzen. »Seid ihr nicht mehr ganz dicht!« rief ich. »Sie könnten euch genauso umlegen. Ist euch das nicht klar?«

Harry sagte: »Laß uns morgen darüber reden.«

Ich lachte auf. »Wenn du nicht mit mir nach L. A. kommst, wirst du morgen mit mir über gar nichts sprechen, außer durchs Telefon. *Ferngespräch!*«

Meine Aufgabe bestand darin, ein paar Lieder zu singen und Martin anzukündigen. Die Veranstaltung verlief ohne Zwischenfälle, was bestimmt nicht der Polizei zu verdanken war, denn die stand lustlos herum. Wir hatten nur ein paar Dutzend schwarzer Sicherheitsleute, ohne Waffen, College-Studenten, die ihren Körper in den Dienst der Sache stellten.

Als wir vom Podium kamen, sagte Martin: »Wir treffen uns im Haus des Reverend. Wir müssen dich überzeugen, hierzubleiben...«

»Martin, du weißt, daß ich dich liebe, aber ich werde morgen nicht mehr in Mississippi sein.«

Er lachte. »Ach was, jetzt bist du schon mal hier, immerhin haben wir es geschafft, dich hierherzukriegen...«

»Du willst mich nur tot hier irgendwo auf dem Platz liegen sehen.«

»Keiner wird dir was tun. Du bist viel zu klein.«

Harry packte mich bei der Schulter, um auf sich aufmerksam zu machen. »Paßt auf, daß wir beim Abgang in der Gruppe bleiben.«

Ich fragte: »Wozu soll das gut sein?«

»Auf diese Weise können wir uns gegenseitig schützen.«

»Ich dachte, du hast gesagt, wir brauchen uns keine Sorgen zu machen.«

»Na ja, für alle Fälle...«

Wir fuhren zusammen zum Haus des Reverend, wo wir alle im Wohnzimmer saßen und Kaffee tranken. Plötzlich sagte eines der Gemeindemitglieder zur Frau des Reverend: »Ohhh, Hazel, guck mal, wo Mr. Davis sitzt. Das ist doch direkt vor dem Fenster, wo... Ach, ihr habt die Scheibe ausgewechselt...«

Meine Kaffeetasse klapperte auf der Untertasse. »Was für eine Scheibe?«

»Die Fensterscheibe. Da wo sie die Rauchbombe durchgeworfen haben.«

Ich stand auf und setzte mich an die andere Seite des Zimmers an die Wand. Tony hatte das mitgehört, er hatte die Rednecks inzwischen gesehen und wie sie sich verhielten. Er setzte sich zu mir rüber. »Fahr nicht ohne mich.«

»Willst du nicht bleiben?«

»Mir ist gerade eingefallen, daß ich im Studio gebraucht werde...«

Wir fingen beide an zu lachen. Die latente Spannung ließ es sogar noch komischer erscheinen. Sidney, Harry, Marlon, die Anführer, hatten noch Dinge zu erledigen. Wir hatten unser Soll erfüllt.

Die Dodgers hatten ein Heimspiel. Mark und Tracey wollten sie gerne sehen, und so zog ich ein paar Fäden und bekam Tribünenplätze am Innenfeld. Ich rief May an, um das Ganze zu organisieren.

»Oh, Sammy. Das ist toll. Da werden sie sich aber freuen.«

»Sieh zu, daß sie gegen elf fertig sind. Ich gehe dann auf dem Weg mit ihnen Mittag essen.«

Frank rief an. »Komm doch auf ein langes Wochenende in die Springs, Junge. Wir setzen uns an den Pool und gucken uns die Miezen an. Ich hab' hier auch noch ein paar zerknitterte Rat-Pack-Drehbücher, von denen wir uns anöden lassen können. Ich schick' dir das Flugzeug nach Burbank.« Während wir sprachen, stellte ich mir Mays Gesicht vor, hörte, wie sie zu mir sagte: »Kinder müssen sich auf etwas verlassen können.«

Nun gut, sie können sich auf ihre Nahrung, ihre Kleidung, ihr Haus und die Schule verlassen, und auf mich, wenn sie mich wirklich brauchen. Und sie können sich darauf verlassen, daß sie das ganze Spiel über auf meinen Tribünenplätzen sitzen können, aber sie brauchen mich nicht, um ihnen ein Eis zu kaufen. Und ich konnte hören, wie sie sagte: *Du hast dich nicht geändert.* Und ich gab zurück: *Nein, ich habe mich nicht geändert. Und ich habe auch meine Farbe nicht geändert.*

Ich weiß, der brave Familienvater von nebenan hätte gesagt: »Danke, Frank, aber ich habe mich mit meinen Kindern verabredet«, nur daß Frank Sinatra eben nicht den verdammten braven Familienvater anrufen würde, und daß die Springs genau das waren, wo es für mich wirklich losging, und daß ich dort sein sollte und auch wollte.

Ich würde May nicht anrufen und mich auf so eine Unterhaltung einlassen. Statt dessen rief ich Mark an. »Ich kann morgen nicht kommen, aber ihr habt die Karten, und Sy und Molly können euch mitnehmen. Das macht bestimmt mehr Spaß, sie bringen ihre Kinder mit...«

Das sollte nicht heißen, daß ich nicht eines Tages mit Mark und Tracey und Jeff zu einem Spiel gehen würde, um zu schreien und zu kreischen und ein Bier zu trinken... aber es gab wichtigere Dinge.

Natalie Wood und R. J. Wagner warteten in Burbank auf Franks Flugzeug, und so flogen wir zusammen. Frank wartete in einem Lieferwagen am Flughafen, und es war noch ein anderes Auto da, für das Gepäck. »Um neun gibt's Essen, wir treffen uns um acht auf einen Drink. Ich koche selber.« Er ist ein guter Koch. Italienische Küche. Insgesamt gesehen, ein Koch für Männer: Steaks, Koteletts, Rostbraten. Er hat seine Küche im Griff, und er hat eine gute Hand mit Pasta, eine sehr gute Hand mit Saucen.

Franks Wohnung befindet sich in der Nähe des Golfplatzes, er hat eine Menge Sicherheitsvorkehrungen getroffen, eine Mauer ums Haus. Das Eßzimmer im Hauptgebäude hat Platz für sechzig Personen, es kann aber auch durch Seitenwände verkleinert werden. Außerdem befinden sich in dem Gebäude seine Privaträume, Schlafzimmer, Garderoben, Saunas. Dann ist da noch das große Gebäude, das er für die Kennedys gebaut hat, sowie vier Gäste-Bungalows. Der, in dem ich untergebracht war, hatte zwei Schlafzimmer, ein großes Wohnzimmer, eine eingerichtete Küche mit einem vollen Kühlschrank und einer Bar, es gab zu jeder Zeit Kaffee und Streichholzbriefchen mit persönlichem Aufdruck: »Smokey«.

Ich gönnte mir ein luxuriöses Bad, indem ich eine Mischung von Lactopine, Hermès und Eau sauvage benutzte, und ging um fünf vor acht ins Wohnzimmer, wo Frank auf uns wartete. Es kam nie vor, daß man bei ihm hereinkam und ihn erst mal suchen mußte. Er erwartete seine Gäste immer. »Dann laßt uns mal einen nehmen«, und er begann Drinks zu mixen. Jimmy Stewart war übers Wochenende gekommen, Jimmy van Heusen kam von seinem eigenen Haus in den Springs zum Essen herüber, und wir saßen die ganze Nacht zusammen, tranken, sprachen über die Geschäfte und hatten Spaß miteinander. Jemand sagte: »Das Rat Pack sollte wieder einen Film drehen.« Frank verzog das Gesicht. »Und was gibt's sonst Neues? Ich habe vier Drehbücher für uns auf dem Schreibtisch, aber in keinem findest du irgendwas, das wir nicht schon gemacht haben.«

Am nächsten Morgen, der um zwei Uhr nachmittags anfing, saßen wir trinkend herum und sahen uns das Spiel der Dodgers im Fernsehen an. Die Kamera zog über meinen Tribünenplatz, und ich sah Mark und Tracey. Sie amüsierten sich prächtig. Und ich war da, wo ich hingehörte. Aber ich war kein sonderlich guter Vater. Ach was, kein »Aber«.

In einer der Klatschspalten stand: »Ist SD, Jr. auf der Suche nach May Britt? Seine ständige Begleiterin zur Zeit ist die ihr sehr ähnlich sehende Jean Seberg.«

Jean war eine von denen, die die Black Panther unterstützten. Es gab eine Gruppe von Leuten in Hollywood, die die Panther mit Geld unterstützten, und sie war stark engagiert. Ich hatte nicht angefangen, mit ihr auszugehen, weil sie wie May aussah, ich sah nicht einmal eine besondere Ähnlichkeit, außer daß sie weiß und blond war. Aber wenn sie das unbedingt denken wollten – warum nicht? Ich war nicht böse darüber, daß mein altes, liebgewonnenes Frauenhelden-Image wieder aufpoliert wurde.

Ich besuchte mit Jean eine Veranstaltung und traf dort Ron Karenga. Er war der am meisten gefürchtete, aber auch der anerkannteste Bürgerrechts-Aktivist in L. A. Er war supermilitant, angsteinflößend, schwarze Sonnenbrille, kahlrasierter Schädel, Fu Manchu-Bart, ein unheimlicher Anblick.

Die Militanten von CORE und SNCC und den Panthers hatten das gleiche Ziel wie die gemäßigten Gruppen und Führer – Martin, Jesse Jackson, die NAACP und die Urban League –, aber sie arbeiteten nebeneinanderher, und da es keine Kontakte gab, vergeudeten sie Kräfte. Sie brauchten jemanden, der eine Verbindung herstellte, damit sie zu gemeinsamen Aktionen kommen konnten. Ich sagte zu Karenga: »Ich würde Sie gerne treffen. Mal reden.« Ohne zu lächeln: »Wenn Sie es ehrlich meinen, kommen Sie allein.« Er gab mir eine Adresse auf der Central Avenue in L. A., kurz vor der Grenze von Watts.

Ich mietete einen anonym aussehenden Chevy und steuerte ihn selbst durch Gegenden von L. A., die zu durchlaufen ich mich als Unbekannter gefürchtet hätte. Als ich dem angegebenen Ort näher kam, fing ich an zu zweifeln, daß dieses Treffen eine gute Idee gewesen war. Es war ein Restaurant mit Vinyltischen. Er saß hinten mit dreien seiner Jungs. Na, prima. Und *ich* sollte allein kommen. Die Hundesöhne saßen da mit Haaren »bis hier oben«, mit Bärten und schwarzen Sonnenbrillen. Ich rede nicht über schattierte Gläser, ich meine *schwarze* Gläser.

»Hallo, Ron, Leute.« Keiner lächelt. Keiner spricht. Grimmig. Sie stehen nicht auf, um mich zu begrüßen. Sie bitten mich nicht, Platz zu nehmen. »Hm... schätze, ich werde mir den Stuhl hier mal rüberziehen...«

Ich kann nicht einmal sicher sein, ob sie mich überhaupt ansehen, denn man sieht nicht einen Augapfel durch diese schwarzen Gläser. Diese Typen jagten mir Angst ein. *Warum mache ich so was? Warum habe ich mich hier reingedrängt? Hier komme ich nicht wieder her. Ich werde kein zweites Treffen vorschlagen.* Aber nun war ich erst mal da, und ich konnte nicht einfach dasitzen und ihr Spiel spielen.

»He, Brüder, glaubt ihr, daß ich Angst vor euch habe?«

Sie nickten.

»Na ja... *da* habt ihr recht.« Ich grinste.

Keine Antwort. »Und Sie sind nicht unser Bruder.«

Karenga sagte: »Mr. Davis, was wollen Sie?«

Ich hatte geglaubt, allein meine Anwesenheit hätte signalisiert: »Ich bin auch ein Schwarzer, laßt mich rein, es ist kalt hier draußen.« Ich wollte, daß man mich »Bruder« nannte. Aber ihr Verhalten verwandelte meine Furcht in Zorn. »Ein bißchen Höflichkeit wäre nicht schlecht. Ich habe mich hier nicht reingedrängt. Ja, ich wollte Sie treffen. Aber Sie waren einverstanden und haben mir diese Adresse gegeben. Ich bin hier ja nicht auf dem Nachhauseweg hereingestolpert.«

Karenga nahm seine Brille ab. »Sie haben völlig recht.« Als er sprach, hörte ich den gebildeten Mann heraus. Er streckte mir seine

Hand entgegen. »Wenn Sie wollen, fangen wir noch mal von vorne an.«

Ich sagte: »Ich möchte nur auf meine Weise behilflich sein, bei dem, was ihr auf eure Weise macht, aber dazu müßte ich erst mal etwas mehr über eure Strategie wissen.«

»Was verstehen Sie nicht?«

»Also, Spaß beiseite, was soll das? Diese Einschüchterung. Warum jeden zu Tode erschrecken? Was habt ihr davon?«

Der Mann, der rechts von Karenga saß, ein Leutnant, sagte: »Furcht ist eine notwendige Waffe, Mr. Davis. Es ist bisher viel zuwenig passiert, und es wird weiterhin viel zuwenig passieren, bis die Weißen sich für eine Weile vor den Schwarzen fürchten.«

Ron Karenga sagte: »Sie wissen sehr wohl, daß viele weiße Führer sich weigern, mit so einem vernünftigen Mann wie Dr. King zu verhandeln. Sie wissen auch, daß er die gewalttätigen Kräfte klein gehalten hat, beinah eigenhändig Ausschreitungen verhinderte, indem er junge Schwarze davon überzeugte, zu beten und zu knien, und trotzdem haben ihn die weißen Bullen ins Gefängnis geworfen. In seinem eigenen Staat! Also es gibt eine Menge von uns, die das Gefühl haben, daß die Weißen Militante sehen müssen, mit unseren Frisuren, unseren schwarzen Brillen, den rasierten Schädeln und Gewehren, und daß sie hören müssen, wie wir rufen, ›Tötet die Weißen‹, so daß es sie so aufrüttelt, daß sie die Alternative akzeptabel finden, daß sie denken: Vorsicht. Laßt uns diesen netten, friedfertigen Menschen aus dem Gefängnis holen und sehen, wie weit wir kommen.«

Ich sagte: »Ich verstehe, was du meinst, aber ich befürchte, es könnte ein Bumerang werden. Ich kenne eine Menge Weißer, die es mit der Integration und der Gleichheit ehrlich meinen. Ich fände es schlimm, wenn man sie verschrecken würde und ihren guten Willen verlöre.«

Karenga schüttelte seinen rasierten Schädel. »Wir werden die Gleichheit im Arbeits-, Wohn- und Erziehungsbereich nicht durch ihre Ernsthaftigkeit erlangen, weil sie uns all das nicht ernsthaft geben wollen. Ihnen ist der Preis zu hoch. Sie werden ihre Vorteile auf dem Arbeitsmarkt nicht einfach aufgeben. Und so weiter, und so weiter! Die Arbeiterschaft hat ihre Vorteile nicht aus dem guten Willen bezogen. Nur die Streikdrohung oder Gewalt oder eine Ausschreitung brachte die Firmenleitung an den Gesprächstisch. Also schüchtern wir ein.«

»Aber warum *mich* einschüchtern?« Ich rieb mir das Gesicht mit der Hand. »Diese Farbe geht nämlich nicht ab, versteht ihr? Ich bin nicht Al Jolson.«

»Aber schwarz sind Sie auch nicht«, sagte der Leutnant.

Ich hätte gelacht, wenn seine Feststellung nicht so traurig gewesen wäre.

»Ich habe Leute getroffen, die anderer Meinung sind.«

Er beharrte: »Im Klartext: ›Sie *sind* schwarz, aber Sie sind nicht schwarz *geblieben.*‹ Sie haben eine weiße Frau geheiratet. Sie leben in einer weißen Gesellschaft. Die Öffentlichkeit bringt Sie nur mit weißen Freunden in Verbindung. Und Sie arbeiten fast ausschließlich in weißen Städte, sogar mit Rassentrennung.«

Ich hätte fast gesagt, daß es sie verdammt nichts anging, wie ich lebte, aber da ich gekommen war, um sie zu verstehen, mußte ich versuchen, ihnen die Möglichkeit zu geben, auch mich zu verstehen. Ich sagte: »Ich habe die Frau geheiratet, die ich liebte. Ende. Alles klar?« Sie nickten. »Ich lebe in dem besten Haus, das ich mir leisten kann. Ich bin in Harlem geboren, und ich habe genug zweitklassige Hotels und Pensionen von innen gesehen, so daß es jetzt, wo ich es mir leisten kann, nichts Erstklassiges gibt, das erstklassig genug für mich ist. Klar?«

Sie nickten, diesmal nicht so zögernd, und ich hatte das Gefühl, daß sie nicht gewußt hatten, daß ich in Harlem geboren war, daß sie noch zu jung waren, um die Zeit zu kennen, in der ich mit Marilyn Monroe und Kim Novak durch die Presse gezogen wurde. Vielleicht hatten sie sogar gedacht, ich sei in Beverly Hills geboren.

»Und was die Arbeitsplätze wie in Las Vegas angeht: noch niemand aus Harlem oder Watts hat mir hunderttausend Dollar die Woche angeboten.«

Karengas steinerne Züge wurden weicher, leicht. Erst um die Augen, dann um den Mund. »Na ja... *damit* haben Sie recht.«

Wir unterhielten uns etwa zwei Stunden, und wir hätten Kerben machen können für alles, was wir nicht voneinander wußten. Als ich hereingekommen war, hatte ich schwarze Brillen vor weißen Wänden gesehen, und sie hatten schwarze Haut auf einem Burschen gesehen, der mit Weißen zusammenlebte.

»Jesse kommt nächste Woche in die Stadt«, sagte ich. »Es wäre prima, wenn ihr irgendwie zusammenkommen könntet...« Es war klar, daß Jesse Jackson sich genausowenig mit Ron Karenga in der Öffentlichkeit zeigen konnte wie Simon Peres mit Arafat. »Es wäre mir ein Vergnügen, euch mein Haus zur Verfügung zu stellen. Das ist privat, und es hatte alle Sicherheitsvorkehrungen, die nötig sind. Ich bin wirklich der Meinung, daß ihr im Endeffekt zusammenarbeiten müßt. Ihr könnt nicht gleichzeitig das System und euch gegenseitig bekämpfen...«

Als sie sich ein paar Wochen später trafen, hatte ich das gute Gefühl, etwas Konkreteres getan zu haben, als einfach nur ein Benefiz-Konzert zu geben oder mein Gesicht auf einem Marsch zu zeigen.

Als ich das El Al-Flugzeug in Tel Aviv verließ, begannen Hunderte von Israelis in Uniform für mich zu singen. Sie hatten einen roten Teppich bis zu den Treppenstufen ausgelegt, eine Militärkapelle spielte, und ich war so bewegt, daß sich Tränen in meinem Herzen bildeten, in meine Brust stiegen, durch meine Kehle, um unaufhaltsam aus meinen Augen zu strömen. Ich wußte genau, warum ich mich so stark mit Israel verbunden fühlte. Ich war in das Land derer gekommen, die unerwünscht waren, so wie ich es selbst oft gewesen war, und sie hießen mich willkommen.

Vor Jahren war ich zum jüdischen Glauben übergetreten, angezogen von der Affinität zwischen Juden und Negern. Die Juden waren schon seit dreitausend Jahren unterdrückt anstatt seit dreihundert, aber der Rest war ziemlich gleich, und ich bewunderte, wie sie an ihrem Glauben festgehalten, die Intoleranz ertragen hatten, die Schmähungen, weil sie »anders« waren. Wie sie immer wieder alles verloren hatten, aber nie ihren Glauben an sich selbst und ihr Recht, Rechte zu haben, und nichts anderes wollten, als daß die Leute sie in Ruhe ließen.

Ich trat im Mann-Auditorium auf, ein Benefiz-Konzert für die Frauen der Soldaten, die im Sechs-Tage-Krieg gefallen waren. In der ersten Reihe saßen all die Orden und Ehrenzeichen, und in den Gängen standen Rollstühle mit Soldaten, die die Beine verloren hatten. Es war die beste Show, die ich jemals gebracht hatte, und als es zu Ende ging, sagte ich: »Ich singe jetzt ein Lied, weil dieser Ort ein Symbol für das Ende der Suche aller Heimatlosen ist«, und ich sang »Exodus«. Ich weiß nicht, woher meine Stimme kam. Ich sang wie ein Kantor in einem Tempel. Weil Israel nicht nur ein realer Ort für mich war, sondern etwas Geistiges, das mich durchdrungen hatte, klang, trotz zugeschnürter Kehle und klopfendem Herzen, eine majestätische Stimme, von der ich nicht sagen kann, woher sie kam, durch die Halle.

Der Empfang fand hinter der Bühne statt. Ich hatte ein halbes Dutzend von meinen modischen Augenklappen für Moshe Dayan mitgebracht, mit Mustern aus Nieten und Straß, und wir wechselten Sätze wie: »Ich freue mich, daß wir uns einmal Auge in Auge gegenüberstehen...«

Im Krankenhaus ging ich von Bett zu Bett, sprach mit diesen Neunzehnjährigen, sang für sie. Einer, der einen Verband über dem einen Auge trug, erzählte mir: »Ich habe auch ein Auge verloren, genau wie

Sie, und das hat mir wirklich Angst gemacht, aber jetzt wo Sie hier waren, habe ich gedacht, daß Sie es mit einem Auge geschafft haben, daß es vielleicht gar nicht so ein großes Handicap ist, also warum sollte ich es nicht schaffen?«

Topal war da. Er spielte Gitarre, und ich sang, und wir wurden Freunde. Da die Krankenzimmer zu klein waren, hatten sie die Betten auf den Bürgersteig geschoben, zwanzig oder dreißig verwundete Soldaten, und ich spielte für sie auf der Straße. Nach einem Tag im Krankenhaus mußte ich erst mal ins Freie, um die innere Spannung abzubauen. Die sephardischen Juden sind sehr dunkel. Wenn ich welche sah, kniff ich Murphy in den Arm. »Guck mal, wie die Brüder hier an den Ecken rumhängen. Genau wie in Harlem...« Wir lachten und fingen an, uns beide besser zu fühlen.

Als wir abfuhren, hatte ich vier lukrative Angebote, wiederzukommen und eine Serie von Konzerten zu geben. Doch ich nahm sie nicht an. Ich würde nach Israel kommen, sooft ich nützlich sein konnte, aber ich wollte kein Geld.

Auf dem Rückflug dachte ich an den Jungen, der ein Auge verloren hatte, und ich erinnerte mich daran, daß mich eine Schwester, als ich zur Nachuntersuchung kam, gebeten hatte, mit einem Baseball-Spieler zu sprechen, dem ein Auge herausgenommen werden sollte. Ich wußte, daß es eine Verbindung gab, daß ich mein Auge hatte verlieren müssen, um diesen Jungen zu helfen. Und mehr.

Warum hatte Gott mich so geschaffen, daß Leute sich im Krankenhaus aufsetzten, um mich zu sehen, daß es mir gelang, völlig Fremden Trost zu spenden? Dies war eine Kraft, und mit ihr verbunden war die Verantwortung, sie zu nutzen, sie gut zu nutzen. Doch warum hatte ich sie bekommen? Warum ich? Nicht nur das Talent, zu unterhalten, sondern auch den Elan, so hart zu arbeiten, wie ich gearbeitet hatte. Warum war ich nicht dafür geschaffen, mich zu verkriechen, die Anonymität zu akzeptieren, die Armut, das Zweitbeste? Es schien, als gehörten sie zusammen, das Talent, es zu schaffen, und die Notwendigkeit, es zu schaffen. Harte Arbeit war die einzige Möglichkeit – es *nicht* versucht zu haben, wäre noch schwerer gewesen. Gott hatte diese Teile zusammengefügt. Warum? Ich wußte, daß ich darauf nie wirklich eine Antwort bekommen würde, doch ich wußte auch, daß ich, was es auch war und warum es auch war, nicht wagte, dieses Geschenk für mich allein zu behalten. Denn eines war mir klar: es war nicht für mich allein bestimmt.

15

Es gibt bestimmte Romanzen, die in bestimmte Städte, in eine bestimmte Atmosphäre, in eine bestimmte Zeit gehören. Manchen Romanzen bekommen Ortsveränderungen nicht. Man kann sie nicht aus ihrer natürlichen Zeit und Umgebung in andere Verhältnisse verpflanzen. Aber wo sie entstanden sind, hört man Geigenklänge, und die Sonne scheint.

Mit Romy Schneider war es so. In Paris lachten wir und alberten herum. Es war eigenartig reizvoll, in Paris bis tief in die Nacht durchzumachen, French 75 zu trinken, im Calvados oben zu essen und nach dem Dinner in die Bar hinunterzugehen, wo der Pianist noch spät nachts spielte – wie in einem Film. Die Nacht war leicht nebelverhangen. Wir spazierten über die Champs-Elysées und ließen den Wagen nachkommen... menschenleere Straßen... leichter Nieselregen... wir schlenderten zum Faubourg St.-Honoré und machten einen Schaufensterbummel, und mir war romantisch zumute. Ich hatte das Gefühl, diesen Augenblick festhalten zu müssen, weil das Leben nichts Schöneres zu bieten haben konnte. In Europa genoß ich die völlige Freiheit, ungezwungen mit jedem Menschen zusammensein zu können. Romy und ich konnten hingehen, wohin wir wollten, und niemand zog die Augenbrauen hoch, außer, um uns als zwei Stars zu registrieren. Ans Heiraten dachten wir nie. Das hätte weder ihrer noch meiner Einstellung entsprochen. Wir waren nur zwei Menschen, die sich kennengelernt hatten und die Existenz des anderen, unser Zusammensein in diesem Augenblick genossen. Ich trat damals im Olympia auf und war der neue »heiße Typ« der Stadt. Dieser neue Typ arbeitete schon seit über 20 Jahren mit seinen Tricks, aber hier drüben waren sie eben noch unbekannt, und in diesen drei Wochen gehörte Paris mir.

Porfirio Rubirosa hatte ich durch Frank in Amerika kennengelernt. Als ich nach Paris kam, war unser Stammlokal eine kleine Bar, das New Jimmy, das Régine damals gerade aufgemacht hatte. Rubi war der eleganteste Mann, den ich je gekannt habe. Weshalb die Tochter eines Staatschefs und zwei amerikanische Millionenerbinnen ihn geheiratet hatten, war leicht einzusehen. Er war charmant, gebildet, amüsant, attraktiv und zweifellos der bestangezogene Mann der Welt. Ich bin immer modebewußt gewesen und scheue keine Mühe, um gut auszusehen. Ich habe Unsummen für Hemden, Schuhe, Anzüge, Hüte, Schmuck, Spazierstöcke, Nerzmäntel und alle möglichen Accessoires ausgegeben, um sicher zu sein, daß ich selbst beim Durchqueren einer Hotelhalle den Eindruck erwecke und das Gefühl habe, in meinem Beruf ganz oben zu stehen. Aber im Vergleich zu Rubis Eleganz kam ich mir vor, als sei ich von einem Müllwagen gefallen.

Das Wissen dieses Mannes imponierte mir. Er durchschaute jeden. Seine schnörkellosen Beurteilungen waren ungewöhnlich treffend. Sein Instinkt war unfehlbar. Und er verstand sich auf den Umgang mit Adligen und gekrönten Häuptern. »Begegne ihnen mit der Achtung, die ihre Stellung verdient, dann sind wir alle wieder gleich.«

Aus unerfindlichen Gründen wollte ich mich in Paris einfach nur betrinken. Rubi und sein spanischer Freund Jaime de Mora, der mir meinen Zeigefingerring geschenkt hatte, waren gefährliche Freunde. »Komm, trink noch einen mit«, drängten sie, und ich fing mit Rubi schon vor dem Mittagessen mit einem Muntermacher an. Später kam Jaime dazu, und wir tranken den ganzen Tag und die Nacht durch, landeten zuletzt im Calvados und waren stinkbesoffen, aber noch durchaus beherrscht – bis ich aufstand. Sobald man aufsteht, beginnt der Whisky, seinen Weg in sämtliche Adern zu finden. Als ob man in seinem Inneren kleine Männer hätte, die man rufen hört: »He, da ist 'ne Stelle, wo Whisky reinpaßt! Füllt diese Ader auf! Whisky her...« »Whisky kommt, Whisky kommt...«

Man sitzt am Tisch, kippt ein Glas nach dem anderen und wirkt sehr umgänglich und zuvorkommend. »Ja, natürlich... wie charmant... amüsant...« Ich war gerade aufgekratzt genug, um gesellig, um unterhaltend zu sein. »Okay, wollt ihr alle gehen? Nun, wie wär's mit 'nem Schlummertrunk in meinem Hotel gleich gegenüber? Wunderbar! Murphy, Shirley, habt ihr für uns gezahlt? Hervorragend, prächtig...« Aber sobald ich aufstand, ging es los: »Blub... blub... blub... Mrphy... Mrvey... Jerleee... Jawwwrgge...« Man beginnt zu sabbern und verwandelt sich vom Weltmann in einen besoffenen Clochard.

Ich konnte mich selbst dabei beobachten, als hätte ich ein extra-korporales Erlebnis, als sähe ich mich auf einer Filmleinwand. Es regnete, es war 5 Uhr morgens, und die anderen brachten mich ins Hotel George V. zurück. Der Nebenausgang des Calvados war vor Stunden zugesperrt worden. Bis 3 Uhr hatte ich vier Mädchen abgewimmelt und sie mit allen möglichen Namen belegt... Andere Gäste im Calvados, das mir damals »gehörte«, hatten laut »Pssst!« gesagt. Ich hatte dagesessen und gebrabbelt: »Mbrh, Shwirtw, wiewärsmim Dringgg...?« Kein Mensch hatte mich verstanden, aber alle Minute hatte ich glasklar verständlich ein schmutziges Wort herausgebracht: »Fuck... Mrveybby, wiewärschmim... Motherfucker... Rubbbbibbbabbe...«

Dann hatten sie mich endlich bis vor den Eingang gebracht, und Shirley sagte: »Rauf mit dir! Sieh zu, daß du rauf und ins Bett kommst!«

Ich konzentrierte mich auf ihr Gesicht. »Du gönnst mir kein bißchen Spaß, stimmt's?«

»Du hast halb Frankreich leergetrunken. Ab ins Bett!«

»Nein, du gönns' mir gar kein bißchen Spaß...«

Catherine Deneuve war auf mehreren Partys beim Dinner meine Tischdame. Ich mochte sie, aber Rubi sagte: »Nein, nein, nein! Romy. Romy paßt zu dir.« Damit wollte er die Deneuve keineswegs herabsetzen. Er fand nur, wir hätten einen unterschiedlichen Sinn für Humor, und brachte tausend weitere Einwände vor. Vor allem bewunderte er Romy.

Romy Schneider war eine temperamentvolle Schönheit. Odile und Rubi machten uns miteinander bekannt. Sie gaben eine Party für mich, und plötzlich war sie da. Rubi hatte gewußt, daß wir einen Draht zueinander haben würden. Wir sahen gut miteinander aus. Wir waren beide klein; Romy reichte mir nur bis an die Schultern, aber sie hielt sich so großartig, daß man glauben konnte, sie sei eins achtzig.

Odile und Rubi hatten ein schickes Appartement in Paris und eine wunderbare zweistöckige Villa auf dem Lande. Bei seinen Andenken, seinen Fotos mit berühmten Persönlichkeiten konnte einem schwindlig werden. Ich kannte schon alle und jeden. Aber er kannte noch mehr Leute – und besser. Odile und er hatten ihr Schlafzimmer im ersten Stock. Im zweiten Stock hatte er einen Boxring in Originalgröße aufbauen lassen, in den er jeden Tag mit einem Sparringspartner kletterte. Er trainierte regelmäßig und hatte eine Sportlerfigur.

Wir feierten dort draußen, und ich fuhr erst bei Tagesanbruch ins George V. zurück, oder wir gingen zu viert in Paris zum Essen aus und tranken dann miteinander, bis es hell wurde und wir Leute zur Arbeit gehen sahen. Beim Abschied sagte er beispielsweise: »Wir treffen uns um elf. In der American Bar. Ich will dich in ein Café an der Rive gauche zum Mittagessen einladen.«

Ich ließ mich telefonisch wecken, hatte Mühe, auf die Beine zu kommen, und sah ihn dann unten an der Bar stehen: mit einem Ramos-Ginfizz in der Hand, als ob er zwölf Stunden geschlafen hätte. Er war nie aufgedunsen, hatte nie gerötete Augen. Sah man ihn so untadelig gekleidet dastehen – in brauner Tweedjacke mit Lederbesatz an den Ellbogen, grauer Hose, Paisley-Hemd, braunen Wildlederschuhen und Argyle-Socken –, hätte man am liebsten »Scheiße!« gesagt, wäre in sein Zimmer zurückgegangen, hätte sich die Sachen vom Leib gerissen und aufgegeben. Ich suchte an der Bar Halt, und ich fragte: »Sag mal, wie machst du das eigentlich?«

»Dein Beruf ist Entertainer«, erklärte er mir nüchtern, »und meiner Playboy.«

»Hast du jemals gearbeitet, Rubi?« wollte ich wissen, und er zuckte mit den Schultern. »Wann hätte ich Zeit zum Arbeiten?«

Beim Lunch sagte er: »Hier gibt's ein paar nette Leute, die du kennenlernen solltest.« Er erwähnte einige Journalisten und einige Prominente – darunter Martine und Patrick Guerrand-Hermès und Yves Piaget. »Das sind gute Leute. Du darfst deine Zeit nicht vergeuden.« Und er lotste mich von den anderen weg. Viele Leute drängten sich danach, meine Bekanntschaft zu machen. Irgendeine Gräfin sagte: »Seien Sie übers Weekend unser Gast« – und Rubi schüttelte im Hintergrund den Kopf, als wolle er mich warnen: »Das wäre schlecht für dich« oder »Auf diese Bekanntschaft solltest du verzichten.« Aber er setzte sich nie hin und sagte: »Hör zu, das habe ich aus folgendem Grund gesagt.« Das wäre nicht sein Stil gewesen. Manchmal nickte er zustimmend, aber meistens schüttelte er ablehnend den Kopf, was ein betrübliches Licht auf diese Leute warf.

Am Tag, nachdem ich Romy kennengelernt hatte, fragte ich Rubi: »Wie heißt das beste Pariser Blumengeschäft?«

»Was willst du ihr schicken?«

»Sechs Dutzend Rosen.« Seine Miene war abweisend. »*Zwölf* Dutzend?«

»Nein, nein, nein! Nur eine gelbe Rose. Aber sorg dafür, daß jemand sie in einem Eiskübel mit einer Flasche Champagner überbringt.«

Ich hatte beobachtet, wie alle diese Europäer Frauenhände küßten, und versuchte mich ebenfalls darin, als der richtige Augenblick gekommen zu sein schien. Rubi schüttelte kaum merklich den Kopf. »Einen Handkuß bringt man mehr mit den Augen als mit den Lippen an«, erklärte er mir, als wir später allein waren. »Bist du zu einer Dame höflich, weil sie beispielsweise irgend jemandes Mutter ist, küßt du leicht ihre Hand, ohne den Blick von ihrer Hand zu nehmen. Ist sie jedoch jemandes bezaubernde Tochter, solltest du ihr in die Augen sehen, während du dich über ihre Hand beugst. Ist sie diejenige, mit der du noch in derselben Nacht schlafen möchtest, siehst du ihr auch in die Augen, während du wieder den Kopf hebst. Aber du darfst dich niemals zu tief verbeugen, sondern mußt immer ihre Hand an deine Lippen heben.«

Wenn Rubi sich nicht gerade onkelhaft gab, war er ein großer Unruhestifter. Er liebte es, Streit zu provozieren und Menschen gegeneinander aufzuhetzen. »Weißt du, was Romy über dich gesagt hat? Sie findet deine Haarpomade scheußlich. Ihr wär's am liebsten, wenn du das Haar ganz kurz tragen würdest.«

Romy hatte ein zauberhaftes Appartement, das 15 Autominuten vom George V. entfernt war. Und bei dem Tempo, das in Paris gefahren wird, war das weit draußen. Das weiß ich, weil ich die Strecke einmal zu Fuß gegangen bin. Eines Abends bekamen wir Streit, und ich sagte: »Ach, wirklich? Na, dann scher dich zum Teufel!« Mein Whisky drängte: »Hau ab und knall die Tür hinter dir zu! *Zeig's ihr!*« Eine dieser weltmännischen Reaktionen. Ich stolzierte im Dunkel davon. Sie rief hinter mir her: »Laß mich ein Taxi bestellen!«

»Nein, nein, nein! Ich finde mich schon zurecht.« Und dann stand ich nachts in einem Pariser Vorort einsam und verlassen auf der Straße. Wer in Paris nachts aus einem Haus tritt, sollte seinen Wagen in der Nähe haben, sonst ist er mutterseelenallein. Das kann nur Fred Astaire – mit Tausenden von Komparsen.

Wir mochten das Calvados, und wir mochten den Calvados. Gegen Ende eines Abends sagte sie etwas, das mich plötzlich erkennen ließ: »Manchmal hast du aber auch überhaupt keinen Sinn für Humor.«

Sie funkelte mich an. Längeres Schweigen. Der Abend war gelaufen. Auf der Treppe nach unten beschloß ich, ihr einen Tritt zu geben. In diesem Augenblick war ich der Meinung, wer keinen Sinn für Humor habe, verdiene einen kräftigen Tritt in den Hintern. Ich verfehlte sie völlig, und mein Körper folgte meinem Fuß, so daß ich mich überschlagend die Treppe hinunterrollte. Da ich volltrunken war, versuchte ich gar nicht, mich zu schützen, und brach mir auch nichts. Ich kugelte einfach wie ein Basketball die Treppe hinunter. Nachdem ich unten angekommen und das Echo meines Sturzes verhallt war, hörte ich sie lachen. Ich starrte zu ihr hinauf. Sie lachte, bis ihr die Tränen kamen.

Diese drei Wochen mit Romy waren unersetzlich. Ich hatte das Gefühl, wir lebten in einem wundervoll romantischen Märchen, in dem ich ein Herzog oder Prinz war, dem die Welt gehörte. Wir waren bei anderen Gelegenheiten an anderen Orten zusammen, aber so schön wurde es nie wieder. Zu dieser ersten wunderbaren Zeit gehörten das

Bewußtsein, in Paris zu leben, und das Vergnügen, Rubi zu kennen, nirgends angestarrt zu werden, für kurze Zeit kaum größere Probleme zu haben und auf dem aufsteigenden Ast zu sein. Und die Bereitschaft, sich in dieser Umgebung, zu diesem Zeitpunkt in sie zu verlieben.

In London war jeder Tag so, als beträte man Tiffany's oder Cartier, als könnte man fragen: »Was gibt's heute Neues und Glitzerndes und Funkelndes und Spritziges?«, und den ganzen Frust beiseite schieben – Schuldgefühle wegen einer gescheiterten Ehe, wegen dreier Kinder mit einem Gelegenheitsvater, wegen ständiger Geldnöte, und die lästige Tatsache, in einer weißen Welt als Schwarzer leben zu müssen –, alles beiseite schieben, um sich ein andermal damit zu befassen.

Ich trat im Palladium auf und wohnte im Hotel Mayfair in der Maharajah Suite. Nach der Show ging's zum Abendessen in den White Elephant oder ins La Terrazza. Seit meinem ersten Gastspiel in London war der Elephant mein Stammlokal geworden. Ich war fast jeden Abend mit meinen englischen Freunden – Schauspieler, Autoren und Komponisten – dort.

Die meisten Nachmittage verwandte ich darauf, mich stilvoll für meine Auftritte auszustaffieren. Ich kaufte meine Klamotten – lauter Einzelstücke – bei Mr. Fish in der King's Road, bei dem auch Mick sein Zeug kaufte. Ich hatte die langen Mäntel, perlenbestickten Jacken, Hosen mit ausgestellten Beinen, weite Puffärmel, Uniformlitzen, Schmuckketten und Paisley-Hemden aus der Carnaby Street. Meine Nehru-Jacken kamen aus Frankreich. Auf der Bühne trug ich hautenge Jumpsuits in kräftigen Farben mit tief angesetzten, unter der Taille verknoteten Gürteln. Ich hatte mir einen von Cartier und einen weiteren von Hermès schneidern lassen, und beide waren glitzernde Kostbarkeiten, die meine Auftritte wirkungsvoll unterstützten.

Nach der Show im Palladium war ich meistens mit Jimi Hendrix und Mama Cass unterwegs. In London war ich auf meinem Sektor absolute Spitze, und die beiden waren der Mittelpunkt der Szene. Mama Cass rauchte Joints und warf Pillen ein, anders sah man sie gar nicht. Sie lachte viel und war lustig – im Gegensatz zu einer Frau, die grazil ist und wundervoll aussieht und ständig angequatscht wird. Mama Cass wurde von niemandem angequatscht, deshalb spielte sie den guten Kumpel. Das war ihr Selbstschutz; sie brachte einen zum Lachen und war so lustig, daß man sie immer dabeihaben wollte. Jimi Hendrix war launisch und von sich selbst eingenommen. Er zeigte sich nur bei kleineren Veranstaltungen. Er brachte seine eigene kleine Gruppe von Blumenkindern mit, die zu seinen Füßen sitzend einen Kreis bildeten, spielte auf seiner Gitarre oder hörte Musik und hielt hof. Meine Londoner Szene bestand aus Mama, Jimi, Blood, Sweat and Tears, Evie und Leslie Bricusse, Anthony Newley, Georgia Brown und den Schauspielern Olivier, O'Toole, Finney und Dudley Moore.

Roger Miller hatte den Hit »England Swings Like a Pendulum Do« geschrieben, und wir besuchten seine Disco und sahen dort Miezen in Mikro-Miniröcken oder Lederkleidern mit Aussparungen an der Taille und um den Busen herum. Am Sonntag aßen wir mittags in Alvaro's in der King's Road oder im Sibyl's, wo es locker zuging. Manche Leute rauchten Shit, aber man sah keine Anzeichen von Heroinkonsum. Sogar Kokain war damals dort nur schwer zu bekommen. Im allgemeinen gab es Jamaica-Gras, das sehr heavy sein sollte. Ich beschränkte mich aufs Trinken. Ich zog ein paarmal an einem Joint, hockte herum und fachsimpelte über Musik.

Der Sound, der damals in England modern war, löste bei mir eine berufliche Umorientierung aus. Es war gute Musik, und mich begeisterte vor allem, was Blood, Sweat and Tears brachten. Groß waren damals auch Jimmy Webb und »MacArthur Park«. Jimmy war viel mit uns unterwegs. Richard Harris hatte seinen großen Hit mit »MacArthur Park«. Wie es meine Art ist, begeisterte ich mich für diesen »England-Sound« so restlos wie für die englischen Klamotten und arbeitete beides in meine Show ein: Rüschenhemden und Schmuckketten, den ganzen Carnaby-Street-Look, »Spinning Wheel« und »You Make Me So Very Happy«. So sahen die sechziger Jahre für mich aus, so hörten sie sich für mich an.

Während meines Aufenthalts in London brachte ein amerikanisches Nachrichtenmagazin eine Karikatur, die einen rundlichen, älteren Mann zeigt, der aus einem Jumpsuit quillt und von einer mütterlich wirkenden Frau kritisch beäugt wird: ». . . weil du fünfundsechzig bist, weil du Fleischkonserven herstellst und weil du *nicht* Sammy Davis, Jr. bist.«

Ich erinnerte mich an eine Charakterisierung, die Robert Sylvester Anfang der fünfziger Jahre in den New Yorker *Daily News* anläßlich unserer Premiere in Bill Millers Riviera gebracht hatte: »Gott hat Sammy so häßlich wie irgend möglich gemacht und ihm dann eine Schaufel vors Gesicht geschlagen.« Seitdem waren 15 Jahre vergangen – und plötzlich fiel mir diese Beschreibung wieder ein. Ich hatte damals gar nicht wahrgenommen, wie sehr sie mich gekränkt hatte, denn mir war wichtiger gewesen, daß sie Bestandteil einer phantastischen Besprechung unserer Show gewesen war. Trotzdem mußte sie mich verletzt haben, sonst wäre sie mir nicht so lange im Gedächtnis geblieben, und ich fragte mich, ob Sylvester jemals darüber nachgedacht hatte, wie kränkend diese Schilderung wirken mußte. Wahrscheinlich nicht. Auch der Zeichner konnte nicht ahnen, wie glücklich ich über seine Karikatur war, die genau das von mir angestrebte Image verbreitete.

Bei einem Abendessen im Elephant lief mir Tom Jones über den Weg. Ich sollte in seinem TV-Special auftreten. Als Persönlichkeiten ergänzten wir uns gut; wir spielten uns gegenseitig die Bälle zu. »Ich möchte, daß du ›Bojangles‹ singst«, erklärte er mir.

»Mr. Bojangles« stammte von Jerry Jeff Walker, der damit einen Hit gehabt hatte. Neil Diamond hatte damit einen Hit gehabt, und die Nitty Gritty Dirt Band hatte damit einen Hit gehabt. Als Toms Manager im Studio davon anfing, wehrte ich ab: »Diesen Song kann ich nicht singen. Ich hasse ihn.« Ich wollte nichts mit ihm und dem Mann, von dem er handelte, zu schaffen haben. Er erzählt die Story eines Tänzers, der zum Säufer, zum Stadtstreicher wird und im Gefängnis stirbt. Der Name »Bojangles« hatte nichts mit Bill »Bojangles« Robinson zu tun, der nie gesessen hatte, kein Trinker war, sich reich zur Ruhe setzte und als populärer Mann starb. Dieser Song war mir unheimlich. Ich hatte zu viele Künstler gesehen, mit denen es nach großen Erfolgen stetig bergab gegangen war, die in zweitklassigen Etablissements, dann in drittklassigen und schließlich in Bierschenken aufgetreten waren, wo sie den Hut herumgehen ließen, bis sie zuletzt hinter die Bühne kommen – mit auf einer heißen Glühbirne gebügelten Hosen, aber mit ausgefransten Hemdkragen und Manschetten –, um den Star anzuschnorren: »Kannst du mir 'n bißchen Geld pumpen... fürs Essen...« Und »Mr. Bojangles« handelte von einem Mann dieser Art.

Der Song schilderte meinen eigenen Alptraum. Ich fürchtete mich davor, eines Tages ebenso zu enden. Gewiß, im Augenblick war ich noch obenauf – »Ihm gehört die Welt!« –, aber im Innersten hatte ich Angst davor, in 20 Jahren ebenfalls mit ausgefransten Kragen und Manschetten dazustehen. Warum auch nicht? Wie lange würde es noch dauern, bevor die Straße sich bergab neigte und nichts mehr hereinkam, mit dem man alles bezahlen, mit dem man den gewohnten Lebensstil finanzieren und die Glitzerfassade aufrechterhalten konnte?

»Mit diesem Song will ich nichts zu schaffen haben.« Als die anderen darauf bestanden, sagte ich schließlich: »Tom, du singst ihn, und ich spiele ihn.« Gemeinsam mit seinem Choreographen erarbeiteten wir eine Nummer, in der ich die Bewegungen des jungen Mannes – graziös, ein Dandy – vorführte, der dann alt und tatterig, betrunken und mitleiderregend endet, während Tom in einer Gefängniszelle diesen Song über ihn sang.

Bei der ersten Kameraprobe mit Kostümen und Scheinwerfern ließ das normalerweise wenig interessierte Bühnenpersonal seine Requisiten, die Kabel oder was es sonst in den Händen hatte, fallen und applaudierte. Die Produzenten und der Regisseur waren hellauf begeistert und kamen aus dem Aufnahmeraum gestürzt, um von der Nummer zu schwärmen.

»Sam, der Song wird ein sicherer Erfolg«, sagte Tom. »Du mußt ihn auch singen. Nimm die ganze Nummer. Glaub mir, sie ist großartig!«

Nach den letzten Bewegungen, mit denen ich diesen traurigen, deprimierenden, steifbeinigen alten Säufer gespielt hatte, war ich mehr denn je davon überzeugt, mir keine so dramatische Schilderung meines Abstiegs anhängen lassen zu dürfen. Meine Karriere, meine Stimmung war ganz oben, und diese Nummer lag am Boden. Ich dachte gar nicht daran, zu den Leuten zu sagen: »Seht her, dorthin bin ich unterwegs – in die Gosse.« Ich ließ die anderen stehen. »Diesen Song singe ich nicht!«

Manchmal hatte ich das Gefühl, den Rest meines Lebens in London verbringen zu können. Der Charme Europas beruht teilweise darauf, daß dort jemand, der etwas Besonderes ist, etwas Besonderes bleibt –, und daß das Publikum zurückkommt, um wiederzusehen, was man schon immer gebracht hat. Und die Europäer geben sich Mühe, einen finanziell über Wasser zu halten: Sie entwerfen eine neue, freche Plattenhülle oder organisieren eine Gastspielreise durch die Provinz. Nur wenige amerikanische Künstler in den USA sind »Evergreens«. Man hat ein heißes Album oder schwimmt in einem neuen Trend mit, aber dann ändert sich der Publikumsgeschmack, und man wird zur historischen Gestalt. »Mit dem ist nichts mehr los. Bringen Sie uns jemand von *jetzt* und *heute.*«

Ich hätte gern die Behaglichkeit des Lebens in London genossen: in einem Stadthaus im Bezirk Mayfair mit reichlich Personal, exquisiter Einrichtung und einem Aufzug für zwei Personen. Wollte man nach oben in den Musiksalon, mußte man jeweils zu zweit fahren. Dieses Leben wäre wie ein permanentes Thermalbad gewesen, aber London war nicht die Stadt, in der ich so hätte Karriere machen können, nicht der eigentliche Mittelpunkt meines Lebens, deshalb war ich – so gern ich dort lebte – froh, als es wieder nach Hause ging.

16

Ich besuchte John F. Kennedys Grab auf dem Arlington National Cemetery, um ihm meine Aufwartung zu machen, und legte an der Ewigen Flamme Blumen nieder. Kurz nach Beginn meines Gastspiels im Shoreham wurde ich nach Hickory Hill eingeladen. Es war ein herzlicher, familiärer Nachmittag mit einem Mittagessen auf der Terrasse, von Bäumen fallenden Kindern und vielen guten Gesprächen, aber niemand sprach darüber, ob Robert Kennedy als Präsident kandidieren würde. Diese Frage beschäftigte das ganze Land, aber zu Hause bei den Kennedys, unter Freunden, wurde kein Wort darüber gesprochen.

Nach ein paar Sätzen Tennis war Bobby zum Duschen ins Haus gegangen. Ich suchte ihn, und da ich mich oben nicht auskannte, rief ich seinen Namen. Dann wurde eine Tür geöffnet, und er steckte den Kopf heraus und rief: »Here come de Judge! Here come de Judge!« – ein geflügeltes Wort, das ich in *Laugh-In* mit Rowan und Martin gebraucht hatte. Es stammte von einem Komiker namens Pigmeat, aber ich benutzte es im landesweiten Fernsehen, und es wurde populär und war ungefähr ein halbes Jahr lang *der* geflügelte Ausdruck.

Bobby hatte sich umgezogen und bürstete sich die Haare. Ich setzte mich auf den Badewannenrand. »Was hast du vor, Robert? Willst du kandidieren?«

Das war vor der Massenbewegung, von der Bobby nach oben getragen wurde. »Ach, die Kennedys... was wollen die eigentlich? Eine Dynastie?« hieß es damals oft. »Ich weiß nicht, ob ich's schaffe, nominiert zu werden.«

»Nun, falls du beschließt, dich noch zu bewerben«, sagte ich enttäuscht, »weißt du, daß ich draußen für dich unterwegs sein werde.«

Ethel Kennedy kam mit ein paar Freundinnen, um sich meine Show anzusehen. Pat Kennedy kam ein paarmal vorbei. Eines Abends sahen Bobby und Ethel sich die Spätshow an und kamen danach hinter die Bühne. »Am besten gehen wir nicht in die Suite rauf«, schlug ich vor. »Zu viele Leute, zu viele Telefone.« Ich war sehr gern mit ihm und mit

Ethel zusammen. Die beiden gingen liebevoll miteinander um und glichen zwei bequemen zusammenpassenden Schuhen. Ohne ihre Verbundenheit demonstrativ zu zeigen, wußte man, daß dies eine felsenfeste Bindung war. Ich war auch gern mit ihnen zusammen, weil Bobby ein hervorragender Zuhörer war.

Da ich mit Eugene McCarthy als meinem Präsidentschaftskandidaten nicht zufrieden war, sagte ich: »Tut mir leid, daß ich so aufdringlich bin, aber ich glaube wirklich, daß unser Land dich braucht. Wirst du kandidieren? Oder was hast du sonst vor?«

»Ich wollte, er würde deine Frage beantworten«, warf Ethel ein, »mir hat er's nämlich auch noch nicht verraten.«

»Komm schon, Robert! Wir trommeln alle für dich.«

Er lächelte schwach. »Peter und du sind die einzigen aus der Gruppe, die es meiner Ansicht nach tun würden. Frank und ich reden noch immer nicht miteinander.« Bobby hatte sich ein Schinkenkäse-Sandwich und ein Bier bestellt. Er kaute langsam, nahm einen Schluck Bier und sagte, als überlege er laut: »Der Konkurrenzkampf dort draußen ist so verdammt hart...«

»Komm, ich kann doch einige Felder für dich beackern...«

Bobby hatte die Angewohnheit, sich den Nasenrücken zu reiben, während man mit ihm sprach. Er saß da, hörte zu, wie ich Leute nannte, die ich für seine Kampagne anwerben konnte, und fuhr sich mit dem Zeigefinger auf dem Nasenrücken auf und ab. »Ich brauche noch etwas Zeit, ein bißchen mehr Zeit.«

Als ich im Hotel auscheckte, um an die Westküste zurückzufliegen, rief Peter an und sagte: »Bobby will kandidieren.« Dann war Bobby am Apparat und bestätigte seine Bereitschaft, und ich sprach auch mit Ethel darüber. »Sarge setzt sich dann mit dir in Verbindung.«

Auf der Fahrt durch Washington an der Pennsylvania Avenue vorbei fand ich den Gedanken aufregend, mithelfen zu können, daß ein weiterer Kennedy, vielleicht sogar ein besserer Kennedy, ins Weiße Haus einziehen konnte.

Die offizielle Bewerbung wurde wenige Tage später, am 16. März 1968, bekanntgegeben.

Ich mußte vor Mays neuem Haus auf der Straße parken, weil die Fahrräder der Kinder kreuz und quer in der Einfahrt lagen. Über dem offenen Gartentor war ein Basketballring montiert, und ich sah Mays Kombi und stellte ihn mir voller Kinder auf der Fahrt irgendwohin vor, wohin man mit Kindern fährt. So hatte sie es sich gewünscht. Und ich war glücklich, daß sie es hatte.

May war in der Küche und gab Jeff sein Mittagessen. »Hallo«, rief sie zu mir hinaus, »wir sind gleich fertig!« Tracey und Mark spielten im Garten hinter dem Haus mit einem Metallbaukasten, und ich setzte mich dazu, weil ich mir einbildete, ihnen beim Bau eines Wolkenkratzers helfen zu können. In der Bauanleitung hieß es, man solle einen Schraubenschlüssel nehmen... Ich kam nicht mit Schraubenzieher und Schraubenschlüssel gleichzeitig zurecht. Ich war völlig unbegabt. Und noch schlimmer war, daß die Kids höflich reagierten: Sie beobachteten, was ich tat, und lächelten höflich.

Ich legte den Schraubenschlüssel weg. »Euch Kerle kann ich wohl durch nichts beeindrucken, was?«

Tracey kicherte. »Versuch's mal mit ›Birth of the Blues‹.«

Mark griff ihre Idee auf. »Zeig uns, wie schnell du ziehen kannst, Dad.«

Meine Kinder spielten ein paar Stegreif-Szenen mit mir.

Ich fuhr zu meinem Haus hinüber und in meine halbkreisförmige Einfahrt, in der keine Fahrräder lagen. Ich hatte keinen Grund, das Haus zu betreten. Deshalb folgte ich der Einfahrt wieder auf die Straße hinaus und fuhr zur Disco Factory hinüber, an der ich beteiligt war. Dort traf ich eine Gruppe junger Schauspieler, die ich kannte. Einer von ihnen sagte: »He, Mann, wir fahren zu 'ner Party, willst du mitkommen?« Jeder von ihnen hatte einen rotlackierten Fingernagel: unter Teufelsanbetern ein Erkennungszeichen.

Ich war neugierig. Das Böse faszinierte mich. Ich spürte, daß es mir auflauerte. Und ich wollte es ausprobieren. Ich war zu ungezügelter Wildheit, zum Wälzen in der Gosse bereit, aus der man sich am nächsten Morgen aufrappeln mußte, um sich sauberzuwaschen. Hatte ich mich solchen Ausschweifungen hingegeben, weil etwas von einem Dorian Gray in mir war, hatte ich danach mein Spiegelbild betrachtet und mir gesagt: »Hehe, damit bist du durchgekommen. Und was liegt morgen vor dir?«

Die Party fand in einem großen alten Haus oben in den Hügeln statt, und die Gäste trugen alle Masken oder Kapuzen. Auf einem mit rotem Samt verhüllten Altar lag eine nackte junge Frau angekettet.

Ich gab mich ganz cool. »He, was bedeutet das?«

»Wir sind Teufelsanbeter.«

»Ach so, das hier ist ein Hexensabbat...«

»Richtig. Die Kleine wird jetzt geopfert.«

Ich hatte genug darüber gelesen, um zu wissen, daß diese Leute keine Teufelsanbeter, sondern zweitklassige Künstler waren, die eine exotische Möglichkeit entdeckt hatten, miteinander zu bumsen und eine Orgie zu veranstalten. Und sich zu bekiffen. Zweck der ganzen Maskerade waren Spiel und Spaß, und solange das »Opfer« zufrieden war und in Wirklichkeit mit nichts Spitzerem als einem Kunstpenis durchbohrt wurde, sah ich keinen Grund, diese Party zu verlassen.

Einer der Anführer der Gruppe zog seine Kapuze nach hinten, um mir sein Gesicht zu zeigen. Es war mein guter Freund Jay Sebring, mein Friseur, der in Hollywood berühmt geworden war. Ich hatte schon immer gewußt, daß Jay ein bißchen sonderbar war. Er hatte in seinem Haus ein Verlies eingerichtet und sagte immer: »Du mußt mal rüberkommen, Mann, und dir ansehen, was ich alles im Keller habe. Ich hab' 'n paar echt antike Stücke.«

»Klar, Jay, ich komm' mal vorbei.« Niemals. Ich ging nie hin. Aber wir waren Freunde und gingen oft auf dieselben Partys.

In der folgenden Woche trat ich in San Francisco auf und machte dort die Bekanntschaft Anton LaVeys, des Oberhaupts der Church of Satan, der mich warnte: »Lassen Sie sich nicht auf diese Sache ein, wenn Sie nicht wirklich bereit sind, sich dafür zu engagieren.«

»Ach, wirklich?« Erstens wollte ich alle nur menschenmöglichen Erfahrungen machen; zweitens brauchte mir nur jemand zu sagen: »Tu's nicht!« – und schon mußte ich's tun. Ich kam aus San Francisco mit einem rotlackierten Fingernagel zurück. Das sah unheimlich freaky aus. Es macht Spaß, den Berüchtigten zu spielen. Ich genoß es, mit diesem geheimnisvollen roten Fingernagel aufzutreten. Er war provozierend und schockierend, und ich wollte, daß die Leute merkten, daß ich mir das leisten konnte.

»Was bedeutet der rote Fingernagel?« fragte Murphy mich.

»Geht dich nichts an.«

Ich trug ihn Tag für Tag, auf der Straße, sogar im landesweiten Fernsehen. Wer nicht wußte, was er bedeutete, erkundigte sich auch nicht danach. Wahrscheinlich dachten die Leute: Na ja, der Kerl trägt Schmuckketten, Nehru-Jacken und goldgesäumte Daschikis. Warum nicht auch einen rotlackierten Fingernagel?

Gelegentlich erkannte jemand seine Bedeutung und fragte: »Sind Sie Teufelsanbeter?« Dann spielte ich den Geheimnisvollen. »Nun, ich habe einiges darüber gelesen...« Das ließ die Leute aufhorchen, und die Miezen fuhren voll darauf ab.

Auch in ausgelassenster, wirklich swingender Stimmung bewahre ich mir – selbst nach reichlichem Gin- oder Wodkakonsum – im Hinterkopf stets ein Bewußtsein für Gefahr. Ich setzte mich mit demonstrativer Tollkühnheit dagegen zur Wehr, um zu sehen, wie weit das Gummiband sich dehnen lassen würde, wie nahe ich an den Abgrund herantreten und doch noch zurückkommen konnte. Aber eine innere Stimme hat mich stets gewarnt: »Du gehst zu weit...«, und ich bin clever genug gewesen, diesen letzten Schritt nicht zu tun.

Eines Morgens nach einem »Hexensabbat«, der nicht nur aus Spiel und Spaß bestanden hatte, besorgte ich mir aus eigenem Entschluß Nagellackentferner und ließ den roten Fingernagel verschwinden.

Einige Monate zuvor hatte ich Hilly zugesagt, für begrenzte Zeit mit *Golden Boy* in London aufzutreten. Wir wollten vier Wochen lang in Chicago spielen, um die letzten Unebenheiten auszubügeln, aber wir probten in New York. Gemeinsam mit Mike Toma, unserem früheren Intendanten, führte ich Regie. Da über die Hälfte der ursprünglichen Tanzgruppe, Lola Falana und unser Bowling-Team, wieder da waren, hatten wir mehr Spaß als Arbeit. An einem Donnerstag, der mir stets als der 4. April 1968 im Gedächtnis bleiben wird, waren wir auf der Bühne und rissen bei der Probenarbeit Witze, als Murphy an mich herantrat. Er weinte. »Dr. King...«

»Murphy, was ist passiert?«

»Sie haben ihn erschossen. Er ist tot.« Murphy hatte flüstern wollen, aber die anderen hörten es ebenfalls. Ich hastete in meine Garderobe und hörte mir die im Rundfunk wiederholte Attentatsmeldung an. Die Kids aus der Truppe waren mir gefolgt und hörten sie sich gemeinsam mit mir an.

Ich stellte das Radio ab, weil ich die Wiederholung der Schreckensmeldung nicht ertragen konnte, und ging auf die Bühne zurück. Alle waren wie gelähmt. Dann begannen sie zu reagieren. »Wir sollten dieses Arschloch umlegen«, sagte einer der schwarzen Schauspieler, »wir sollten alle Weißen umlegen...«

»Mit wem willst du anfangen?« knurrte ich. »Mit den Kids in der Show?«

Er starrte erst mich, dann die anderen an. Die schwarzen Kids funkelten die weißen an. Noch vor einer halben Stunde waren wir eine große Familie gewesen. Diese Leute waren Tänzer und Schauspieler, die sonst keinen Rassismus kannten, und wir spielten ein Stück, das von Rassenproblemen handelte... Wenn solche Leute, die Brüder und Schwestern gewesen waren, zu solchen Reaktionen imstande waren –, wie würden dann die Typen auf der Straße, der Bruder an der Straßenecke in Harlem reagieren, der jedem weißen Ladenbesitzer die Schuld an diesem Mord geben würde?

Ich rief die NBC an und bekam Johnny Carson bei der Probe ans Telefon. »Ich muß rüberkommen und irgendwas sagen. Sonst explodiert New York.«

»Ja, du hast recht. Es brodelt im ganzen Land.«

Ich weiß nicht mehr, wie ich in meinen Wagen gekommen bin, sondern nur noch, daß ich bei der NBC in den fünften Stock hinaufgefahren bin und mir dabei überlegt habe: *Predige nicht, sprich in Martins Namen... erinnere sie daran...* Im Studio wurde die *Tonight Show* dieses Abends aufgezeichnet, aber ich brauchte nicht zu warten. Johnny stellte mich vor; ich nahm meinen Platz vor der Kamera ein, und die Aufzeichnung ging weiter.

»John, diesmal werde ich auf die Witze und die Songs verzichten«, begann ich. »Meine Damen und Herren, heute hat sich etwas Tragisches ereignet: eine führende Persönlichkeit und ein Mann, der mein Freund gewesen ist, ist ermordet worden. Die nächsten zweiundsiebzig Stunden könnten über das Schicksal der nächsten zweihundert Jahre entscheiden. Ich bitte alle Gutwilligen, alle Leute, die zu helfen versucht haben, sowie alle, die in Selma, in Mississippi marschiert sind..., sich freundlicherweise an den *Traum* dieses Mannes, an seine Überzeugung zu erinnern: Gewaltlosigkeit. Bitte! Wir dürfen seine Ermordung nicht mit Gewalt beantworten. Er hatte einen Traum! Dessen Zerstörung wäre der schlechteste Tribut, den wir ihm zollen könnten. Und deshalb bitte ich euch... bleibt bitte cool, unternehmt nichts! Alle meine Brüder und Schwestern dort draußen: Tut es nicht... das wäre nicht im Sinne dieses Mannes...«

Billy Rowe, der mit mir in Selma gewesen war, wartete auf mich. Wir fuhren zum CBS und sprachen in den Abendnachrichten; danach ging's zur ABC. Ich sprach überall in den Sechs-Uhr-Nachrichten – wie jeder andere schwarze Künstler, auf den die Leute hören würden.

Dann flog ich nach Atlanta und fuhr zu Kings Haus, um Coretta und den Kindern mein Beileid auszusprechen. Dort waren zahlreiche Prominente versammelt: vom Vizepräsidenten, der Präsident Lyndon Johnson vertrat, bis zu Senatoren und Gouverneuren... Fast alle Anwesenden waren bekannte Persönlichkeiten, aber im Angesicht des Todes traten alle sehr zurückhaltend auf.

Martins Vater hielt den Trauergottesdienst in der Abyssinian Church ab. Tausende von Menschen, für die in der Kirche kein Platz mehr war, standen draußen und verfolgten ihn über Lautsprecher. Während der Nachrufe dachte ich an schöne gemeinsame Zeiten, an die Freude über erkämpfte Fortschritte. Dieser Rückblick erfüllte mich mit Befriedigung über unsere Erfolge.

Im Haus herrschte eine zutiefst spirituelle Atmosphäre, in die sich herzzerreißende Traurigkeit mischte. Alle Anwesenden waren sich darüber im klaren, was Martin erreicht hatte – und daß faktisch selbst sein tragischer Tod noch einen Schritt vorwärts bedeutete, weil die weniger radikalen seiner Gegner nun denken würden: Halt... das ist zuviel! Solche Leute bringt man nicht um!

Coretta war stark und freundlich; sie ging von einem zum anderen und dankte allen für ihr Kommen. Ihre Kinder waren tapfer. Martins Geist war in diesem Haus lebendig. Andrew Young, Jesse und ich standen in einer Ecke. Wir versuchten, uns nicht zu sehr in die Tragödie, die wir fühlten, hineinziehen zu lassen. Wir sprachen über gemeinsam Erlebtes, und Andrew sagte: »Wir müssen weiterführen, wofür er gekämpft hat.« – »Was unternehmen wir jetzt?« – »Wir warten eine Zeitlang, setzen uns dann zusammen und besprechen, was zu tun ist, in welche Richtung wir weitergehen können.« – »Ja«, sagte Jesse, »sie können den Träumer, aber nicht seinen Traum ermorden.«

Nach meiner Rückkehr nach New York rief Sarge Shriver mich an. »Bobby hat gesagt, daß du seinen Wahlkampf unterstützen willst. Wir könnten uns im Hotel Plaza in der Bar treffen.«

Robert Kennedys Präsidentschaft erschien mir nun wichtiger als je zuvor. Bobby verkörperte jetzt Hoffnung. Hätte ich nicht bereits Verpflichtungen gegenüber einem Produzenten, Geldgebern, einer vielköpfigen Truppe und Theatern in England und Chicago gehabt, ich hätte einige Monate Urlaub von der Bühne genommen, um Kennedys Wahlfeldzug als Vollzeitkraft zu unterstützen. So nahm ich an Wahlveranstaltungen teil und stellte ihn vor, wie ich es schon früher getan hatte.

Eines Abends saßen wir zusammen und sprachen bis tief in die Nacht hinein – hauptsächlich darüber, wie Wählerstimmen zu gewinnen seien. Aber als wir eine Pause machten, um ein paar Sandwiches zu essen, erzählte er mir, er sei sich des Risikos, ermordet zu werden, durchaus bewußt und akzeptiere es wegen der Dinge, die er für sein Land tun wolle. Wie alle Anwesenden bewegte mich sein Idealismus so sehr, daß ich Hörner und Trommeln hörte und die Flagge wehen sah und glaubte – wie ich noch keinem Politiker geglaubt hatte –, daß wundervolle Dinge bevorstünden, daß Robert Kennedy Amerika in ein neues Zeitalter führen würde, in dem alle Amerikaner frei und reich seien und einander lieben würden.

Chicago steckte mitten in den schlimmsten Rassenunruhen seiner Geschichte. Oberbürgermeister Daley hatte die Polizei angewiesen, auf schwarze Plünderer zu schießen. Die Bürgerrechtsbewegung war machtlos, ohnmächtig. Während das Getto brannte, bastelten wir an einem gemischtrassigen Muscial herum. Trotzdem stellte es eine Brücke zwischen zwei Extremen menschlichen Unverständnisses dar.

In Illinois und Indiana waren Vorwahlen angesetzt, und ich verbrachte jede freie Minute damit, für Bobby zu werben – oft bei Spenden einbringenden Cocktailpartys vor der Show. Essie und Irv Kupcinet gaben eine für Lakeshore-Drive-Typen, die pro Kopf 500 Dollar Eintritt bezahlten. Bei solchen Gelegenheiten stand ich auf und sagte: »Sie wissen, weshalb Sie alle hier sind... wir brauchen Ihr Geld.« Ein Kinderspiel! Diese Leute hatten gezahlt, um kommen zu dürfen, und waren darauf vorbereitet, noch mehr zu spenden. Hier kämpfte man nicht ums Leben wie auf Bürgerrechtskundgebungen. Zusätzlich zum Eintritt nahmen wir bis zu 50000 Dollar ein.

Sarge Shriver gab mir jeweils eine Liste. »Das sind deine Termine für kommende Woche. Kannst du am Sonntag zur Northwestern fahren?« Dort veranstalteten ein Professor oder die »Students for Bobby Kennedy« eine Kundgebung. Ich war fast jeden Nachmittag irgendwo in Illinois und Indiana auf Wahlkampftournee. Ich fuhr zu den Universitäten und sprach über Bobby. Da ich ziemlich populär und als Freund der Kennedys bekannt war, lockte ich viele Zuhörer an. Bei jungen schwarzen Wählern kam Bobby gut an; sein Image bei den ethnischen Gruppen im allgemeinen war weit besser, als das Johns gewesen war; er hatte emotional mehr Zugang zu den Schwarzen. Ich sprach ein- bis zweimal in der Woche mit Bobby. Wenn er beispielsweise sagte: »Sam, du tust viel Gutes für unsere Sache«, gab mir das neue Kraft.

An der University of Chicago fragte mich einer der Studenten: »Was ist mit den Investitionen der Kennedys in Südafrika?«

Mir war plötzlich siedendheiß, und ich hatte das Gefühl, gegen eine Wand geprallt zu sein. »Keine Ahnung«, antwortete ich. »Ich weiß nicht, wovon Sie reden.«

»Warum stehen Sie auf der Seite der Kennedys, wenn Joseph Kennedy Beziehungen zur südafrikanischen Regierung hatte und noch immer hat?«

Ich hörte eine Zeitlang zu, während er eine halbe Dissertation mit Firmennamen, Investitionszeitpunkten und »der Ausbeutung der schwarzen Arbeiterschaft« vortrug. »Davon habe ich nichts gewußt«, gab ich zu. »Aber das betrifft jedenfalls seinen Vater. Es hat nichts mit Bobby Kennedy zu tun.«

»Es handelt sich ums gleiche Geld. Wird damit etwa nicht der Wahlkampf finanziert?«

Damit hatte er mich in die Seile gedrängt. »Tut mir leid, ich rede von dem Mann, den ich kenne. Sie wollen mir Fragen über ihn stellen? Bitte sehr!«

Abends rief Bobby mich an. »Ich habe gehört, daß du heute nachmittag Schwierigkeiten mit einem der Studenten gehabt hast. Tut mir leid, daß du einiges hast einstecken müssen. Davor hätten wir dich warnen sollen.«

»Er hat recht gehabt, stimmt's?«

»Na ja, Dad hat einiges gemacht, auf das wir jetzt nicht mehr allzu stolz sind.«

Die Tagespresse mit ihrer Berichterstattung über die Unruhen, die Prügelszenen und die Verhaftungen in Chicago, mit Bildern von Jungen in körperlicher und emotionaler Agonie, brachte mich manchmal dazu, die Zeitungen wegzulegen, bis mein Puls sich beruhigt hatte und ich wieder zu Atem gekommen war. Man kann sich so clever, wohlinformiert, klug und einflußreich fühlen, aber dann ist man plötzlich ganz deprimiert, wenn man sich überlegt, was man wirklich tun kann, um das Elend und die Gewalttätigkeiten zu verringern. Ich wußte kaum, wie es war, schwarz zu sein wie sie und in Anonymität und Verzweiflung zu leben, ohne Talent und Showbusiness als Rettungsanker zu haben.

Ich brachte Finis Henderson dazu, mich zum schwarzen Getto zu begleiten. »Nicht dorthin«, sagte er, als wir zu Fuß unterwegs waren. »Dort kannst du nicht weitergehen.«

»Wohin kann ich nicht gehen?«

»Hier die Straße vor uns entlang. Das ist die Mauer des Respekts.« Er erklärte mir, daß die Panther, die Keystone Rangers und weitere Gettobanden eine Linie festgelegt hatten, die niemand, der dem Establishment angehörte, überschreiten durfte. »Mach dir nichts daraus, Sam. Sie haben nicht mal Martin Luther King passieren lassen. In ihren Augen ist er zu sehr ein Onkel Tom gewesen.«

Martin Luther King ein Onkel Tom? Ein lächerliches Vorurteil! Und ich selbst? Ich hatte meine Mitgliedsbeiträge mit drei gebrochenen Nasen und lebenslänglichem Beharren auf den mir nach meiner Überzeugung zustehenden Rechten bezahlt. Meine Beiträge bezahlt? Zum Teufel, ich hatte mir eine lebenslängliche Mitgliedschaft verdient! Ich hatte es nicht verdient, ein Außenseiter zu sein. Aber ich war einer. Ich gehörte der schwarzen Rasse an, aber nicht der schwarzen Gemeinschaft.

Eine Stimme in meinem Kopf sagte: »Scheiße, Mann, laß ihnen ihre verdammte Mauer. Das ist nicht deine Welt.« Aber eine andere widersprach: »Hör doch nicht auf diesen Heini. Das *ist* deine Welt. Auch wenn du großartig lebst, bleibst du schwarz.«

Ich erklärte Finis: »Ich möchte mit den Brüdern zusammenkommen... sie kennenlernen, ihnen Gelegenheit geben, mich kennenzulernen. Nicht die Anführer. Ich möchte mit Kids von der Straße reden.«

Sie kamen nach der Show in meine Garderobe. Vier von ihnen zwischen 18 und etwa 23 Jahren. »Hört zu, ich möchte helfen«, sagte ich nach der Begrüßung. »Was versucht ihr zu erreichen? Würde euch Geld etwas nützen?«

Mein Vorschlag schien sie anzuwidern. »Nein, Mann. Geldspenden nützen einen Scheißdreck. Geld, euer Scheißgeld, können wir klauen. Wir wollen deinen Einsatz. Tag für Tag.«

»Den habt ihr. Den habt ihr schon immer gehabt. Hört zu, ich bin 1965 in Alabama, 1966 in Mississippi marschiert.«

»Das ist heute einen Dreck wert. Jetzt haben wir 1968.«

Es gab einen Zeitpunkt, zu dem man der NAACP beitrat, 100 Dollar zahlte, um lebenslänglich Mitglied zu werden, und damit seinen Verpflichtungen der schwarzen Rasse gegenüber genügt hatte. Aber dann stand man plötzlich neben sich selbst, beobachtete sich auf seinem Weg, war der Überzeugung, gute Arbeit geleistet zu haben, und dachte: Ich bin ein tüchtiger Kerl, und ich folge dieser Straße... und dann sieht man zu Boden und muß feststellen, daß man gar keine Straße unter den Füßen hat. Man hängt in der Luft! Irgend jemand hat die Straße nach dort drüben verlegt. Und man hört: »Das ist jetzt die Straße, Mann. Die dort drüben gibt's nicht mehr.« – »Aber auf der bin ich immer unterwegs gewesen.« – »Jetzt nicht mehr. Die Straße ist hier drüben.«

Und der Wegzoll für die Benutzung ihrer neuen Straße bestand daraus, daß man mit ertrug, was sie gegenwärtig durchlitten. Ihnen fühlbar helfen zu wollen, war frustrierend, weil sie kein Programm hatten, so daß sie nicht sagen konnten: »Dies und jenes wollen wir erreichen.« Aber sie wollten das Bewußtsein haben, jemand in ihrer Ringecke zu haben, der stark war, der sie lautstark unterstützen und körperlich dasein würde.

Als sie gingen, fühlte ich mich durch meine Traurigkeit, meine eigene Machtlosigkeit geschwächt und dachte: Du solltest in deiner Show auftreten und dich darauf konzentrieren, Bobby zu helfen, gewählt zu werden, und wenn das gelingt, ist's mehr wert als eine Million Stunden Geschwafel. Aber so hätte ich mich vor der Verantwortung gedrückt.

»Die Kommandos sind bereit, mit dir zu reden«, berichtete Finis. Sie kamen in meine Hotelsuite. Sie marschierten zornig herein.

»Wir mögen dich nicht«, sagte einer von ihnen statt einer Begrüßung. »Für uns bist du einen Scheißdreck wert.«

Ich begriff, daß sie mich auf die Probe stellten. War ich widerstandsfähig? Stark? Oder sie mußten mir beweisen, wie stark sie waren. Ich ging auf ihr Spielchen ein. »Dann leck mich am Arsch, Mann. Kreuzweise! Haut doch ab, wenn ihr mich nicht mögt!«

»Wir brauchen keinen Nigger, der mit Whiteys lebt...«

Sie begriffen nicht, daß der in Chicago herrschende Haß auf Schwarze sich durchaus auch gegen mich richtete. Während der Show wurde ich gelegentlich vom Publikum ausgebuht, und bei der Szene, in der das weiße Mädchen mich abwies, applaudierten die Leute. Ich hatte vier Leibwächter: einen privaten und drei schwarze Polizeibeamte, die das Chicago Police Department zu meinem Schutz abgeordnet hatte. Aber davon wußten diese Cats nichts, und sie durften es auch nicht erfahren, wenn sie das Gefühl haben sollten, auf meine Unterstützung zählen zu können.

Ein anderer starrte mich mit vorgerecktem Kopf an und musterte mein Gesicht. Ich sah ihn an und gab ihm dadurch die Chance, die er brauchte. Er zuckte mit den Schultern. »Weiß *aussehen* tust du gar nicht.«

Das hab' ich nicht nötig! Ich will's nicht, das ist langweilig, sinnlos und langweilig. Aber dann sagte eine weitere Stimme in meinem Inneren: *Nein. Du darfst nicht einfach aufgeben. Vielleicht kannst du irgendwie helfen. Du könntest ihr Sprachrohr sein, damit einiges an die Öffentlichkeit kommt.*

»Okay«, sagte ich, »wir können noch 'ne Stunde rumsitzen, und ihr könnt mir alles mögliche an den Kopf schmeißen, und ich kann jedesmal ›Leckt mich am Arsch!‹ sagen, aber in ein paar Wochen packe ich meine Koffer und verschwinde. Dann bin ich in England. Das ist so weit weg, daß die Leute nicht mal wissen, was ›Chitlins‹ sind. Aber ihr seid dann noch immer hier. Ihr könnt mich benutzen, solange ihr mich habt – oder ihr könnt mich vergeuden, solange ihr mich habt.«

Wir kamen ins Gespräch. Tatsächlich bestand ihr Leben fast ausschließlich aus Problemen. Sie hatten keine anständigen Wohnungen und nur wenige Jobs, aber dafür gab es eine starke Entfremdung zwischen ihnen und dem weißen Machtapparat, die schon vor den Unruhen existiert hatte. Sie hatte die Unruhen erst ausgelöst.

»Okay, nachdem wir jetzt die Scheißbuden abgefackelt haben, in denen wir gehaust haben, wollen wir, daß du ihnen sagst, daß sie uns erstklassige Appartementhäuser wie drüben am Southshore Drive bauen sollen.«

»Halt, Augenblick mal!« widersprach ich. »Die kriegt ihr nie. Und ich mache das nicht. Die Typen am Southshore haben ihre Kohle verdient, und sie haben ihre Kohle zusammengehalten, und das müßt ihr auch tun, wenn ihr so wohnen wollt.«

»Geld sparen? Scheiii-ße! Bei uns gibt's nicht mal einen Rexall. Wie kommt's denn, daß wir bei uns keinen Safeway kriegen können?«

»Weil der Mann keine Lust hat, euch was hinzubauen, damit ihr Idioten es abbrennen könnt«, sagte ich. »Er denkt gar nicht daran, so 'n Zeug wiederaufzubauen. Und wir zünden den Krempel dann wieder an.«

»Hmmm... da hast du recht...«

»So einen Unsinn braucht ihr gar nicht erst zu fordern. Bestimmte Dinge können wir verlangen. Ich bin bereit, sie für euch zu fordern. Aber der Mann ist nicht dumm. Ich bring' euch mit ihm zusammen...«

»Wir haben keine Lust, mit diesen Arschgesichtern zu verhandeln.«

»Okay, dann verhandelt ihr eben nicht mit ihnen.« Ich erwähnte den Namen des Herausgebers einer großen schwarzen Zeitung. »Was haltet ihr davon, wenn ich euch mit ihm zusammenbringe?«

»Scheiii-ße. Wir treffen uns nicht mit solchen Arschlöchern.«

Obwohl wir uns alle von Negern in Schwarze verwandelt hatten, existierte noch immer keine schwarze Einigkeit. Unter den Schwarzen herrschte kein Vertrauen. Auf der Bühne pflegte ich zu sagen: »Für alle meine Brüder und Schwestern... und meine Cousins...« Es gab ein *Bedürfnis* nach dem »Bruder«, nach dem schwarzen Händedruck, den verschränkten Daumen. Wir waren auf der Suche nach Identität, nach Solidarität. Man mußte wissen: »Yeah, wir sitzen alle im selben Boot.«

Bobby siegte in der Vorwahl in Indiana über Eugene McCarthy. Ich war traurig, daß ich nicht auch in meiner Hochburg Kalifornien für ihn trommeln konnte, aber ich mußte mit *Golden Boy* in London auftreten.

Am Tag meiner Abreise rief ich ihn an, um mich zu verabschieden, und Bobby sagte: »Mir tut's leid, daß du nicht bis zum Schluß mitmachen kannst. Falls wir Glück haben und gewinnen, ist es irgendwie nicht richtig, wenn du nicht dabei bist.«

»Es ist sehr nett von dir, daß du das sagst. Aber ich melde mich wieder bei dir. Und Peter hält mich telefonisch auf dem laufenden.«

17

Ich sah diese Klassefrau in einem bodenlangen weißen Abendkleid: vorn hochgeschlossen, hinten tief ausgeschnitten, mit Rüschen besetzt. Sie war auf unserer Premierenparty in London. Gesicht, Profil und Kopfform erinnerten an Königin Nofretete. Ich griff mir Shirley Rhodes. »Wer ist das Mädchen?«

Sie starrte mich an, als sei ich übergeschnappt. »Das ist im Stück deine Schwester. Altovise Gore.«

»*So* sieht Alto nicht aus!« Die Rolle meiner Schwester verlangte ein unscheinbares, schlampig frisiertes Mädchen, das einen Hauskittel mit vorgebundener Schürze trägt, weil es immer in der Küche ist.

Altovise hatte die Rolle übernommen, die ursprünglich von Janet DuBois gespielt worden war. Zu den Proben und in Chicago war sie wie die anderen Zigeuner gekleidet ins Theater gekommen: in Jeans und Tanztrikot. Ich respektierte Alto als Tänzerin. Nur wenige der Kids hatten eine vollständige Klassik- und Jazzausbildung.

Ich ging zu ihr hinüber. »Komm, wir gehen auf einen Schlummertrunk zu mir.«

»Danke, aber ich trinke keinen Alkohol. Und wir müssen morgen wieder auftreten.« Mir gefielen ihre schönen Zähne. Sie stieß mich lachend mit dem Ellbogen an. »Heute ist erst Premiere gewesen.«

»He, hallo, ich spiele auch mit – oder hast du das vergessen? Und ich verlange nicht, daß du raufkommst und eine Kiste Whisky austrinkst. Ich will nur, daß wir uns besser kennenlernen. Und ich bin übrigens nicht ›Jack the Raper‹ – du kannst gehen, wann immer du willst.«

»Da hab' ich was anderes gehört! Bei den anderen heißt du ›der Zimmermann‹, weil du jedes Mädchen nagelst, das du kennenlernst.«

»Jetzt ist es aber genug!«

Ich öffnete die Tür des Penthouse über dem Playboy Club, von dem aus man einen 280 Grad weiten Blick über London bei Nacht hatte, und ließ Alto den Vortritt. Das hatte die gewünschte Wirkung. »Heyyyyy! Oh, wow! Mein Gott, das muß dich ein Vermögen kosten!«

»Keinen Cent. Es gehört Hugh Hefner, und er hat es mir für die Dauer unseres Gastspiels zur Verfügung gestellt.«

Sie hatte wunderschöne große Augen, die jetzt so groß wie Radkappen waren. »Und das mitten in London.« Dann nickte sie. »Ja, so sollte ein Star leben.«

Obwohl wir das Londoner Panorama vor uns hatten, als wir jetzt zu zweit auf einer Couch saßen, fand ich ihren Anblick reizvoller. »Wie kommt es eigentlich, daß du nicht für die ursprüngliche Show in New York vorgespielt hast?«

»Ich bin ein paar Häuser von dir entfernt aufgetreten. In *High Spirits*. Um die Rolle in der Londoner Aufführung hab' ich mich beworben, weil ich nach Europa wollte und jemanden gebraucht habe, der mir den Flug zahlt.«

»Ich glaube, ich hätte lieber gehört, daß das Stück dich als Schauspielerin gereizt hat.«

»Das tut es jetzt.« Ihr Lächeln war das reinste Feuerwerk.

»Kein schlechtes Comeback.«

Sie erzählte mir, sie wohne in Kensington bei einem ältlichen Ehepaar. »Richtig malerisch. Man muß zehn Shilling in den Zähler werfen, damit die Heizung weiterläuft.«

»Kensington! Das ist 'ne weite Fahrt.«

»Die gefällt mir. Ich fahre mit dem Doppeldeckerbus nach Hause oder nehme nach der Show die U-Bahn. Kein Problem, weil ich abends nie in Kneipen rumhänge. Ich habe einen Freund in New York – er studiert Medizin.«

Alto war eine Schülerin Katherine Dunhams, hatte die High School of Performing Arts und das Hunter College absolviert und war auf drei Gebieten tätig: Theater, Ballett und Modern Dance. Sie besaß eine Art weltlicher Unschuld, aber zugleich einen am Broadway geprägten Theaterinstinkt. Sie wußte nichts vom frühen schwarzen Showbusiness, das ich so gut kannte, und kaum etwas vom modernen Las Vegas. Sie war nicht beim Varieté; sie war beim Theater – und dort kannte sie sich aus.

Ich hatte das Gefühl, wir hätten uns eben erst hingesetzt, als sie plötzlich auf die Fenster deutete. »Oh! Es ist schon hell! *So* angezogen kann ich mich wohl kaum in den Bus setzen.«

»Ich bestelle dir einen Wagen und leihe dir was zum Anziehen.« Ich gab ihr eines meiner Hemden von Turnbull & Asser, das lang genug war, um eine meiner Hosen zu bedecken, deren Reißverschluß sie nicht ganz zu bekam. Während Alto sich hineinzwängte, meinte sie sorgenvoll: »Das glaubt uns keiner, daß wir bis jetzt aufgeblieben sind und nur geredet haben.«

Mit ihrem Körper vor Augen konnte ich's selbst nicht glauben. Abends brachte sie mir die Hose ins Theater mit. »Das Hemd würde ich gern behalten. Es ist sehr schön.«

Ich lud sie ein, bei Lola einzuziehen, die zwei Türen weiter eine Suite mit einem zusätzlichen Schlafzimmer hatte und einverstanden war. Altovise und ich flirteten, aber wir gingen nicht miteinander aus. Sie hatte ihren Kerl in New York, und ich war mit Lola beschäftigt, die als »das Girl in den goldenen Hot Pants« bekannt geworden war. Außerdem hatte ich in London noch einen Haufen Miezen, die seit meinem letzten Besuch auf mich gewartet hatten.

Wenn ich nicht auf der Bühne stand, hatte ich meine »obere Sozialgruppe« – meine Freunde im Elephant – und meine »untere Sozialgruppe« – Rocker wie Jimi Hendrix, Mama Cass, die Musiker neuer Gruppen, Angehörige der Stones. In London verkörperten sie die wilde Szene, und wir waren brandheiß.

Ich war noch dabei, mich von den Nachwirkungen einer Flasche Wodka zu erholen, als ich spürte, wie Murphy mich an der Schulter rüttelte. »Sammy... wach auf!... Sammy... es ist wichtig...« Ich hörte ihn weinen. »Das Fernsehen hat eben gemeldet, daß auf Bobby geschossen worden ist. In L. A. – unmittelbar nachdem er die Vorwahl gewonnen hatte...«

Während ich im Bett saß, den Fernsehschirm anstarrte und auf eine Nachrichtensendung wartete, war ich nicht bereit, sogar außerstande, diese Meldung zu akzeptieren. Ich glaubte, Bobby noch sagen zu hören: »Ich muß riskieren, wie Jack ermordet zu werden...«

Das Telefon klingelte. Murphy hielt mir den Hörer hin. »Das ist Peter.«

Ich fürchtete mich davor, nach dem Hörer zu greifen. Ich wollte die Hiobsbotschaft nicht von jemand hören, dem ich glauben mußte. Peter konnte kaum zusammenhängend sprechen. »Es ist vorbei. Es ist vorbei, Charley. Wir lassen dich wissen, was wir vorhaben, aber es ist vorbei.«

Einige Minuten später rief er etwas gefaßter erneut an. »Sam, du mußt uns einen Gefallen tun. Die Presse wird dich anrufen, weil sie von eurer Beziehung weiß. Wir wollen Bobbys Tod bis morgen geheimhalten, damit Ethel Zeit hat, mit den Kindern zu reden.«

»Selbstverständlich, Peter. Und wenn du glaubst, daß der Augenblick günstig ist, sagst du Ethel, daß ich sie nicht anrufe, weil sie das nicht braucht, daß ich aber an sie denke. Und erinnere sie daran, daß Bobby jetzt bei Gott ist. Vielleicht hat er eingesehen, daß Bobby für die Scheiße hier unten zu gut gewesen ist.«

Ich lehnte mich in die Kissen zurück, fürchtete die Fernsehnachrichten und war doch außerstande, sie abzustellen. »Er ist offenbar schwer verletzt, aber wir kennen noch keine Einzelheiten. Senator Kennedy, der gerade mit sechsundvierzig Prozent der Stimmen die kalifornische Vorwahl gewonnen hatte, mußte auf dem Weg zur Pressekonferenz durch einen Anrichteraum an der Hintertreppe, wo der Attentäter ihm auflauerte. Der Senator hatte eben zu seinen versammelten Wahlhelfern gesprochen, seinen Sieg in Kalifornien bestätigt und ihnen für ihre Mitarbeit gedankt. ›Ich glaube‹, hatte er gesagt, ›daß wir die Spaltung der Vereinigten Staaten, die Gewalttätigkeiten beenden können...‹ Keine fünf Minuten später wurde dann auf ihn geschossen.«

Ich mußte an diesem Abend auftreten, als lebe Bobby noch. Dann fuhr ich in mein Appartement zurück, saß vor dem Fernseher und hörte sie sagen: »Sein Zustand ist unverändert kritisch...« Ich starrte wie hypnotisiert die Titelseiten der Londoner Zeitungen an – alle mit der gräßlichen Aufnahme von Bobby im Hotelflur. Ein Kopfschuß. Genau wie John.

Wie sollten die Kennedys und unsere Gesellschaft das überleben? Attentate. Kostete es jetzt unser Leben, wenn andere nicht mit uns übereinstimmten? Ich konnte nicht aufhören, an die drei zu denken: Martin, John, Bobby. Mit ihnen war alle Hoffnung dahingeschwunden. Bei jedem von ihnen hatte ich das Gefühl gehabt, ein weiteres Stück meiner selbst breche ab. Martins Tod war schon schlimm gewesen – ein schrecklicher Rückschlag. Aber Bobbys war vielleicht noch schlimmer. Während Martin uns geeint und für uns an die Tür geklopft hatte, war Bobby dicht davor gewesen, der Mann zu werden, der diese Tür öffnen konnte. Und er hätte es getan.

Ich rief May an. »Nachdem die Kinder jetzt Sommerferien haben, könnten sie rüberkommen und ein paar Wochen bei mir sein.«

»Ich wollte sie nach Lake Tahoe mitnehmen, damit sie aus dieser Luftverschmutzung rauskommen, aber London wäre herrlich. Jeff ist noch zu klein, glaube ich, aber für Mark und Tracey wäre es großartig, bei ihrem Vater zu sein, ein anderes Land zu erleben...«

Nach der Landung sagten die britischen Zollbeamten ihnen, daß ich draußen wartete, und fertigten sie rasch ab. Ich küßte beide und drückte sie an mich. »Ich liebe euch Kerle und bin so froh, daß ihr gekommen seid«, sagte ich im Auto. »Ihr fehlt mir, wenn ich euch nicht sehe. Mir tut es leid, daß wir nicht alle zusammenleben.«

»Das ist okay, Dad«, antwortete Tracey. »Auf diese Weise sehen wir dich öfter als früher.«

»Okay, jetzt zum Terminplan. Wir fahren ins Hotel, rufen den Zimmerservice an und bestellen, was euch schmeckt. Heute abend geht ihr früh ins Bett und schlaft euch nach der Reise aus, während ich arbeite. Morgen besichtigen wir London; vormittags sehen wir uns die Wachablösung vor dem Buckingham-Palast an, dann kommt ihr in die Nachmittagsvorstellung...«

Die beiden schliefen schon, als ich ins Theater fuhr. Für den Fall, daß sie aufwachten, kam ich sofort nach der Show zurück. Ich brachte ein paar Leute mit, und wir schwatzten bei unaufdringlich leiser Musik halblaut lachend miteinander. Dann ging die Schlafzimmertür auf, und ich sah Tracey in ihrem Pyjama dastehen und uns anstarren. Während ich sie rundherum vorstellte, fühlte ich sie bei jeder Frau zurückweichen. Die Miezen störten sie natürlich. Ihr Vater war hier ohne ihre Mutter mit einer Menge anderer Frauen zusammen. Ich sah meinen Fehler ein und nahm mir vor, ihn nicht zu wiederholen.

Ich wachte mittags auf und merkte, daß ich vergessen hatte, mich telefonisch wecken zu lassen. Von wegen vergessen! Bei dem, was ich in letzter Zeit trank, konnte ich von Glück sagen, daß ich mein Bett gefunden hatte. Seitdem Bobby ermordet worden war, wachte ich morgens immer häufiger noch angezogen auf der Couch auf. Ich war dankbar, daß irgendein Instinkt mich dazu veranlaßt hatte, ins Bett zu gehen, so daß die Kinder nicht herauskommen und mich wie einen Säufer auf der Couch im Wohnzimmer pennen sehen konnten.

Ich zog einen Bademantel an und machte mich auf die Suche nach den beiden. Sie waren für eine Stadtrundfahrt angezogen. »Tut mir leid, Leute, ich hab' verschlafen. Habt ihr schon gefrühstückt?«

»Ja, Dad«, sagte Mark. »Wir haben den Zimmerservice angerufen.«

Tracey warf mir einen bösen Blick zu, und ich glaubte zu sehen, wie May mich anfunkelte. »Jetzt ist es Zeit zum *Mittagessen,* Dad.«

»Richtig! Hört zu, die Wachablösung sehen wir uns morgen an. Die findet jeden Tag statt. Ich ziehe mich schnell an, und wir gehen in den White Elephant. Das ist ein großartiges Restaurant, und wir können dort vor der Show essen.« Meine Stimme klang laut und fröhlich. Ich war es gewöhnt, mich jeden Morgen schrecklich zu fühlen, aber mein Versuch, das vor den Kindern zu verheimlichen, machte alles nur schlimmer.

Abends hielt ich mich mit dem Suff zurück. Aber dann konnte ich nicht schlafen. Je länger ich im Bett lag, desto wacher wurde ich. Ich wußte, daß ich bis Tagesanbruch wach liegen und abends in der Vorstellung völlig kaputt sein würde. Ich mixte mir einen Drink, rief Lola und Altovise an und forderte sie auf, heraufzukommen und mir Gesellschaft zu leisten. Wir sahen gemeinsam fern.

Tracey kam ins Wohnzimmer, sah uns zusammensitzen und lief in ihr Schlafzimmer zurück. Ich folgte ihr. Sie biß sich auf die Unterlippe und bemühte sich, nicht zu weinen. »Ich will heim. Du hast keine Zeit für mich. Ich will zu meiner Mom zurück.«

Ich wurde wütend. »Gut, wenn du zurück willst, dann fliegst du eben zurück.«

Mark hatte kein Wort gesagt. Ich wandte mich an ihn. »Was ist mit dir? Gott behüte, daß ich jemand gegen seinen Willen hier festhalte!«

»Okay, Dad.«

»Okay was? Bleibst du oder haust du ab?«

»Mir geht's gut. Ich bleibe.«

Am Morgen wartete ich darauf, daß sie aufwachten. Ich bestellte ihnen das Frühstück und setzte mich an den Tisch, während wir darauf warteten, daß es heraufkam. »Hör zu, Trace, ich habe mich heute nacht unmöglich benommen. Ich habe keinen Grund gehabt, böse auf dich zu sein. Es tut mir aufrichtig leid, und wenn du's dir anders überlegen willst, möchte ich gern, daß du noch bleibst.«

Als ich sah, wie ihre Unterlippe zitterte, brach ich in Tränen aus. Ich schloß sie in die Arme. Wir waren uns wieder gut, aber sie wollte trotzdem noch immer zu ihrer Mutter zurück, und ich konnte ihr das nicht verübeln. »Dad, ich würde bei dir bleiben«, sagte Mark, »aber ich fände es nicht richtig, wenn ich Tracey allein fliegen ließe.« Ich umarmte ihn. Ich hatte das Gefühl, beide nicht verdient zu haben.

Ich begann, mich vor allem mit meiner »unteren Sozialgruppe« herumzutreiben, und wurde immer mehr zum Trinker und Partygänger. Ich rauchte dann etwas Shit, schnupfte Kokain und hatte stets ein volles Glas Cola mit Wodka in Reichweite – alles, um nur nichts spüren zu müssen.

Die Partys fanden meist bei mir statt. Diese Kids kamen herauf, zogen sich aus und saßen nackt herum. Es gab auch Sex: Partnertausch, Gruppensex, alles war zu haben, wenn man es wollte, jegliche Art, jede Kombination. Alles lief zwanglos ab, und wenn das Leben zu deprimierend war, brachte der Umgang mit dieser Gruppe etwas Ablenkung: Man war zumindest für den Augenblick benebelt und fühlte sich nicht mehr ganz so schlecht.

Allerdings ging es dabei nicht hauptsächlich um Sex. *Man wollte nicht allein sein.* Zwei oder drei Leute gingen mit einem ins Bett, und man schlief ein. Man genoß die körperliche Nähe, denn das brauchte man – einen ruhigen, freundlichen Körper neben sich –, und schlief ein.

Eines Morgens stand ich auf dem Balkon und überlegte mir, daß ich geglaubt hatte, alles vergessen zu haben – aber nun hatte der neue Tag die Vorhänge aufgezogen, und die Traurigkeit war noch immer da.

Als Essensgeruch in meine Nase drang, ging ich in die Küche. Altovise war heraufgekommen und machte mir Rührei mit Schinken. »Du hast in letzter Zeit nicht genug gegessen...«

Altovise zog mich stark an; zu stark. Sie war zu hübsch, zu gesund, lustig und unkompliziert. Sie konnte zu leicht zu einer Gewohnheit werden. Ich hatte nicht meine Frau und drei Kinder aufgegeben, um wieder in diesen Lebensstil zu verfallen. Hände weg! Ich lebte wieder als Swinger, und für mich zählten auf dieser Welt nur drei Menschen: Sammy, Davis und Junior.

Wir waren mitten im zweiten Akt, als ich im Publikum einen Mann aufstehen und im Mittelgang nach vorn auf mich zukommen sah. Er erreichte den Bühnenrand, stieg die seitliche Treppe hinauf, trat auf der Bühne vor mich hin, griff in seine Jackentasche und überreichte mir einen Zahlungsbefehl.

In der Garderobe legte Murphy sein Gesicht in mitfühlende Falten. »Sammy, ich kann mir denken, wie peinlich es gewesen sein muß, daß ein Gerichtsvollzieher vor vollem Haus auf die Bühne geklettert ist, um dir...«

»Murph, das ist passiert, aber es ist vorbei. Vergiß es! Ich rufe Harrah's an... bitte um hundert Riesen Vorschuß... damit zahle ich meine Schulden bei Londoner Geschäften...«

»Vielleicht wär's Zeit, deine Ausgaben zu verringern, damit dein Image nicht leidet. Wir könnten einen Sparplan ausarbeiten...«

»Klar, ich laufe in den Klamotten vom vorigen Jahr rum. Und ich schmeiße die Musiker raus. Oder noch besser: Ich zahle dir kein Gehalt mehr.«

»Ich bin mit einer Kürzung einverstanden. Sogar mit einer großen. Ich täte alles, damit du finanziell wieder auf die Beine kommst.«

Wie soll man das Leben begreifen oder vorausplanen? Man braucht einen Garderobier, der einem die Garderobe ein- und auspackt und in Ordnung hält, folglich stellt man einen Mann ein, und im Laufe der Jahre wird er zum besten Freund, zum Vertrauten. Er gibt an meiner Stelle Autogramme, bewacht meinen Schmuck und hat mein Geld bei sich. Kein Mensch weiß so gut wie Murphy, mit wem ich reden möchte, was ich will – und was ich nicht will. Murphy hat mehr Zeit mit mir verbracht als mit seiner Frau. Und dabei hat er sechs Enkelkinder. Jetzt starrte er mich an und bat mich, ihm sein Gehalt zu kürzen und zur Vernunft zu kommen. Das konnte ich nicht ertragen. Ich winkte übertrieben energisch ab und rief: »Dafür hab' ich keine Zeit. Mann, davon will ich nichts wissen! Ich arbeite, und ich zahl' diesen ganzen Scheiß ab, und jetzt gebe ich eine Party!«

18

Ich machte eine sechswöchige Europatournee und nahm Altovise und vier weitere Klassegirls aus *Golden Boy* mit. Altovise, die als Zeremonienmeisterin fungierte, kündigte mich an und kam während meiner Show auf die Bühne, um mir einen Drink zu bringen und meine Zigaretten anzuzünden; die Girls tanzten um mich herum und spielten kleine Eifersuchtsszenen. Das Publikum mußte glauben, ich sei mit meinem Privatharem unterwegs. Nach meiner Rückkehr in die Staaten reisten die Girls weiter mit mir: Das verlieh meiner Show einen neuen Akzent, und die hochgezogenen Augenbrauen waren gut fürs Geschäft.

Ich glaubte, daß ich im vergangenen Jahr geistig und körperlich von so vielen Emotionen zerrissen worden war, daß ich mich entweder betrinken wollte, um den Schmerz zu betäuben, den ich wegen meines Verlusts empfand, oder den Lebensgenuß so auf die Spitze treiben wollte, daß ich trotz meiner Betäubung etwas fühlte und genoß.

In Vegas gab es drei Klassefrauen, mit denen ich befreundet war und die alle in verschiedenen Hotels auftraten. Eines Abends waren sie bei mir, in meiner Suite im Sands. Nur wir vier. Bei Tagesanbruch ruhten wir uns aus, tranken etwas, schnupften ein bißchen Kokain, und ich dachte: *Das ist der perfekte Lebensstil. Nicht nur das körperliche Vergnügen daran, sondern auch der Spaß, die Leute sagen zu hören: »Er lebt mit drei Frauen zusammen.« Ein großartiges Swinger-Image!* Und ich sagte: »Wißt ihr, was wild wäre? Ihr zieht hier bei mir ein, und wir leben zusammen. Wir gehen zusammen aus. Wir haben eine ausschließliche Bindung aneinander. Und alles bleibt auf uns vier beschränkt, wir sind absolut treu, keiner von uns sucht sein Vergnügen außerhalb.«

Sie zogen noch am selben Tag bis mittags bei mir ein. Als wir am ersten Abend nach unseren Shows »daheim« waren, schlug ich vor: »He, ihr Miezen könntet euch doch lieben, während ich nur dasitze und zusehe.« Allein der Gedanke an die Macht, die man dadurch ausübt, wirkt erregend. Der außergewöhnliche körperliche Genuß, den ich dabei empfand, war sexuell äußerst stimulierend. Sie machten sich daran, und ich war fasziniert. Ich empfand es als Vorrecht, diese schönen Dinge geschehen zu sehen, aber nach etwa einer Stunde begann ich, auf eine Pause zu warten, um dann mitmachen zu können. Ich wartete und wartete. Und ich hatte deutlich den Eindruck, daß sie ohne mich glücklich waren.

Als ich ins Bett ging, während die drei noch zusammen waren, fragte ich mich: Haben sie sich ineinander verliebt und dich ausgeschlossen? Am nächsten Abend ließ ich mich nicht in der Suite blicken. Als ich nach Hause kam, schliefen alle drei in ihren eigenen Zimmern. Da sie nicht zusammen waren, hatte ich mich vielleicht doch getäuscht. Nach einiger Zeit stand ich aus dem Bett auf und schlich in eines der Zimmer.

Am Morgen hörte ich, noch halb schlafend, eine vorwurfsvolle Stimme fragen: »He, warum hast du letzte Nacht nicht *mich* besucht?«

So etwas funktioniert nicht, weil alle eifersüchtig werden. Das Übel der Eifersucht läßt sich nicht ausrotten. Und dazu kommt die Bindung. Mir fiel es schon schwer genug, mich an eine Frau zu binden – von dreien ganz zu schweigen. Das war unmöglich. Diese drei waren keine kleinen Groupies, die ich aushielt. Sie waren schöne, erfolgreiche Frauen. Da ich stets packte, stets auf Reisen war, konnte diese Sache nicht länger als zwei Wochen andauern. Zum Glück war sie auch nicht auf längere Zeit angelegt.

Dieser ganze Abschnitt meines Lebens war ein Versuch, die Realität zu übertünchen und zu beweisen, daß ich ein Swinger, der Mittelpunkt jeder Party war. Aber der physische Aspekt – die meisten Orgien und Partys, zu denen man geht – ist meiner Erfahrung nach überwiegend traurig. Bei den meisten Spielen hat man das Gefühl, die Leute nähmen ihre lachende Maske ab, unter der dann die Trauermaske zum Vorschein kommt.

All diese Wildheit, all dieses Lachen glich dem glitzernden Gold- und Silberpapier von Geschenkpackungen, die jedoch leer waren.

Nur ein Versprechen erfüllte sich: Wenn ich die Bühne betrat, hatte ich das Gefühl, ein altvertrautes, freundliches Haus zu betreten. Dieses Gefühl war mir so teuer, so kostbar, daß es mich schützend zu umgeben schien. Ich haßte es, diese Wärme zu verlassen. Aber was konnte ich tun, wenn der Beifall schließlich verstummte, der Vorhang fiel und die Lichter ausgingen, das Publikum zu den Spieltischen hinausströmte und ich nur noch leere Tische mit leeren Gläsern vor mir hatte? Deshalb versuchte ich, die Leute nicht gehen zu lassen. Ich verlängerte meine Shows von einer Stunde zehn Minuten auf eineinhalb Stunden, sogar auf eine Stunde 40 Minuten.

Damals trat ich in Harrah's am Lake Tahoe auf. Das Haus hatte etwas gegen lange Shows – nicht aus dem abgedroschenen Grund, daß sie die Gäste von den Spieltischen abhielten, sondern weil die Zeit gebraucht wurde, um den Saal für die nächste Show vorzubereiten. Wenn ich überzog, mußte das nächste Publikum draußen warten. Aber es gab Abende, an denen ich mich einfach nicht von der mir entgegenströmenden Liebe losreißen konnte.

Dort hatte ich meine eigene Keno-Serviererin. Wer jeden Tag fünf- oder zehntausend Dollar für Keno ausgibt, bekommt eine eigene Serviererin zugeteilt. Ein Klassegirl mit Minirock und langen Beinen. Ich verschaffte mir eine Überdosis sämtlicher Exzesse, die man mit Ruhm oder Geld kaufen konnte. Ich fühlte mich wie ein Superstar. Und ich litt unter der dazugehörigen klischeehaften Einsamkeit, die damit einhergehen mußte, aber das spielte keine Rolle. Die Gäste standen jeden Abend Schlange, um mich zu sehen. Das war die Realität.

May besuchte mich mit den Kindern, und ich fuhr mit ihnen zum Abendessen in den Summit Room des Hotels hinauf, von dem aus man einen herrlichen Blick über den See hat. Tahoe liegt über 1800 Meter hoch, und sie hatte die klare Luft dort oben schon immer geliebt. Sie blickte über den See und die Wälder hinaus. »Hier sollten die Kids leben. Nicht in dieser unechten Filmatmosphäre von Beverly Hills. Für Heranwachsende ist das eine beschissene Umgebung.« Dann fragte sie: »Was würdest du davon halten, wenn ich mich nach einem Haus umsehen und wir hierherziehen würden?«

Ich sah ihre Gesichter plötzlich wie Musterbilder von Gesundheit und Vernunft vor mir. Natürlich gehörten sie alle vier nicht in jene Umgebung, in der Kinder sagten: »Mein Daddy hat die Schlagzeile« und »Mein Rolls glänzt mehr als deiner«. Beverly Hills ist großartig, wenn man im Showbusiness ist, aber für alle anderen ist es ein bedrükkendes goldenes Getto. Deshalb sagte ich: »Du mußt tun, was du glaubst, daß das Beste für sie ist.«

An diesem Abend rief ich May vor der zweiten Show aus der Garderobe an. Ich wußte, daß sie in ihrer Suite sein und die Kinder ins Bett bringen würde. »Wie steht's mit dir? Hast du keine Angst, daß du dich hier oben langweilen könntest? Ich meine, wie viele ledige Kerle laufen dir hier in Lake Tahoe über den Weg?«

»Keine Ahnung. Aber für die Kids wäre es großartig.« Dann fragte sie: »Und wie steht's mit dir, Sharley Brown. Bist du glücklich?«

»Beruflich bin ich obenauf. Könnte gar nicht besser sein.«

»Das weiß ich. Ich meinte dein Privatleben.«

»May, darüber haben wir schon vor Jahren diskutiert... Ich muß so leben. Wie man sich bettet, so liegt man...« Und ich hatte zumindest ein Dutzend Miezen im Bett.

Ein Lastwagen transportierte meine Koffer und Schrankkoffer am frühen Morgen nach Vegas ab. Murphy hatte das ganze Handgepäck, meinen Schmuck, die wichtigsten Requisiten. Holmes Hendrickson und Doug Buschhausen, Bill Harrahs Showmanager, warteten im Wohnzimmer meiner Suite auf mich. Daß ich mich ihnen verbunden fühlte, war eigentlich nicht recht erklärlich. Doug, der Naturbursche, der gern jagte und fischte, und Holmes, der konservative Geschäftsmann, mußten mich geradezu exotisch finden – und trotzdem hatten wir das Gefühl, zusammenzugehören. Einige Wochen im Jahr verkörperten sie meine Familie. Ich sah zu, daß ich fortkam. Ich verabschiedete mich zu oft, um Lebewohl zu sagen.

Die Hotellimousinen fuhren uns zum Lake Tahoe Airport. Da wir mit einem von Harrahs Privatjets flogen, brauchten wir nicht eine Stunde lang hinunter nach Reno zu fahren. Die Limousinen brachten uns aufs Vorfeld und an die Maschine. Ich hatte Shirley, George, Murphy und die Mädchen mitgebracht. Die Stewardeß servierte mir eine Bloody Mary. Der Flug im Privatjet war ein Vergnügen. Keine Hektik, um rechtzeitig am Flughafen zu sein – die Maschine startet, wenn man da ist. Keine Gepäckabfertigung, keine unbekannten Typen um einen herum... Yeah, wenn du ein Star sein willst, sei ein Star!

Ich warnte mich selbst: *Stehst du noch nicht dicht genug vor dem Bankrott? Mußt du einen Privatjet kaufen, um noch schneller hinzukommen?* Ich war in Las Vegas und besichtigte Kirk Kerkorians Lockheed Lodestar, der zu kaufen oder zu leasen war. Ich stellte mir meinen Namen und eine Karikatur meiner selbst auf Bug und Leitwerk der Maschine vor. Der Verkäufer sagte mir den Verkaufspreis, der meine Mittel jedoch um so viele Millionen überstieg, daß ich ihn fragte: »Wieviel würde es kosten, diesen Vogel zu leasen und zu betreiben?«

»Die Betriebskosten liegen bei durchschnittlich fünftausend Dollar pro Woche. Das genügt für den Piloten, den Kopiloten, Hotels für die beiden, Wartungskosten, Versicherungen, Treibstoff, Lande- und Abstellgebühren...« *Zum Teufel, ich könnte auf Keno verzichten und mir einen Privatjet leisten! Was sind schon fünf Riesen? Ich verdiene durchschnittlich hunderttausend die Woche, verliere mit der Warterei auf Flughäfen ständig Zeit und muß noch dazu lauter Erster-Klasse-Tickets kaufen. Ich könnte die Familie mitnehmen, George und Shirley, Murph, Rice, meinen Leibwächter und sogar ein paar Miezen, einen Haufen Geld sparen und trotzdem ein Luxusleben führen...* Ich ertappte mich dabei, daß ich den Verkäufer anlächelte, und hörte dann eine weitere innere Stimme sagen: *»Willst du noch tiefer in die Scheiße geraten, Dummkopf? Schüttel dem Mann die Hand, bedank dich und verschwinde gefälligst!«*

Ich fuhr in meine Suite im Sands zurück und ging im Wohnzimmer auf und ab. *»Denkst du etwa noch immer ernstlich daran???« ... »Nun, für mein Image wär's natürlich hervorragend.« ... »Hör bloß auf! Dies ist kein leichtsinniger Impulskauf bei Cartier. Dies ist kein Swimming-pool, sondern der ganze Ozean. Fünftausend pro Woche, sagt er. Aber jedes Jahr hat zweiundfünfzig. Kerk Kirkorian verkauft den Vogel, und ihm gehört die MGM, verdammt noch mal! Vergiß jetzt diesen Wahnsinn!«*

Ich rief Sy an. »Hör zu, willst du nicht mit Molly übers Wochenende runterkommen? Ich schicke euch mein Flugzeug.«

May und die Kinder waren nach Tahoe umgezogen. Ich erklärte ihr: »Wenn du mal mit den Kids nach Vegas oder L. A. runterkommen oder 'ne Einkaufstour nach San Francisco unternehmen möchtest, brauchst du mich nur anzurufen und kannst das Flugzeug haben.«

Es wurde Zeit, in meiner Show wieder ohne die Girls auszukommen. Das Publikum sollte mich wieder ganz allein erleben. Aber ich beendete die Sache stilvoll: Ich ließ Altovise mit meinem Privatjet nach New York heimfliegen.

Einige Tage nach meiner Premiere im O'Keefe Center brachten die Kids, mit denen ich mich in Toronto herumtrieb, ein paar Brownies mit. *He, wie nett!* dachte ich. Als ich vor der Show einen Kaffee trank, aß ich einen Brownie dazu. Ich wußte nicht, daß sie Marihuana hineingebacken hatten.

Ich sang meine Eröffnungsnummer, und während das Publikum applaudierte, dachte ich: *Ein großartiges Publikum!* »Vielen Dank, meine Damen und Herren«, sagte ich, als der Beifall abklang, »Sie sind ein höchst liebenswürdiges Publikum gewesen. Danke – und gute Nacht.«

Als ich beim Hinausgehen an George vorbeikam, zischte er: »Wohin willst du?«

»In die Garderobe, Babe.« *Unglaublich, der Kerl ist nicht nur langsam, sondern auch doof!*

»Aber du hast bloß eine Nummer gesungen!« rief George mir nach. »Du bist eben erst rausgekommen!«

Als ich in den Kulissen von allen entgeistert angestarrt wurde, erkannte ich, daß George recht hatte. Aber nun konnte ich nicht mehr zurück. Was hätte ich sagen sollen? »Hahaha, Leute, April, April!« Außerdem fühlte ich mich nicht besonders. Ich mußte mich ein bißchen hinlegen. Eine Vorstellung zu schmeißen, war eines Stars nicht gerade würdig. Und wenn ich mich nicht mit diesen Kids herumgetrieben hätte, wäre das alles nicht passiert. Kein Mensch hätte Murphy oder George und Shirley heimlich Pot untergejubelt. Mir fiel ein, daß man wieder nüchtern wird, wenn man etwas Heißes trinkt, nachdem man Pot geraucht hat, und forderte Murphy deshalb auf: »Bring mir 'ne heiße Suppe, Babe.«

Falsch! Das gab mir erst recht den Rest! So machte ich am eigenen Leib die schlimme Erfahrung, daß man nur noch higher wird, wenn man etwas Heißes zu sich nimmt, nachdem man Marihuana *gegessen* statt *geraucht* hat. Ich schlief zwölf Stunden durch. Dann wachte ich auf und sah die Schlagzeilen der Morgenzeitungen: »Wütendes Publikum verlangt Eintritt zurück«, »Sammys Schwanengesang« und »Armer Ein-Lied-Sammy«.

Ich trat an den letzten Abenden vor vollem Haus auf, zog sämtliche Register, um 120prozentige Shows abzuliefern, und verließ jeden Abend unter Jubel die Bühne. Aber trotzdem war nie die Rede von einem weiteren Gastspiel. Wer im O'Keefe Center Mist baut, sollte es gleich richtig tun. Ich bin seither nie wieder dorthin engagiert worden.

Ich hatte mich auf meine Rückkehr nach L. A. gefreut, wo ich eine Woche freihatte, und mir vorgestellt, wie schön es sein würde, zu Hause Partys zu geben und wieder in der Stadt, im Mittelpunkt des Geschehens, unterwegs zu sein. Am ersten Tag nach meiner Rückkehr fühlte ich mich jedoch scheußlich und blieb im Bett. Als ich aufwachte, briet Lessie Lee mir ein Steak, aber ich brachte es nicht herunter.

»Wollen Sie ein Ei?« Ich schüttelte den Kopf. Sie musterte mich sorgenvoll. »Na, wenn Sie jetzt noch nichts essen können, lassen Sie lieber einen Doktor kommen.«

Gerald Blankfort machte einen Hausbesuch und nahm einige Tests vor. »Deine Leberwerte sind zu hoch. Außerdem gefällt mir nicht, wie dein Rachen aussieht. Diese Polypen und deine Kettenraucherei haben keine gute gemeinsame Zukunft.« Zum ersten Mal erklärte mir jemand, wie die Stimmbänder funktionieren: »Sie reiben sich aneinander, wobei sich eine Hornhaut bildet; dann entstehen Knötchen, und der heiße Rauch und das Nikotin sorgen dafür, daß sie ständig entzündet bleiben. Aus diesen Knötchen kann Krebs werden. Du mußt das Rauchen um deiner Kehle und das Trinken um deiner Leber wegen aufgeben.«

»Tut mir leid, aber dies ist kein Zeitpunkt meines Lebens, in dem ich den Wunsch habe, mir das Rauchen abzugewöhnen. Ich rauche gern. Und ich mache mir keine allzu großen Sorgen wegen der Polypen. Ich hab' sie in *Golden Boy* gehabt, und die Ärzte haben mir denselben Rat gegeben, und ein Vierteljahr später habe ich besser gesungen als je zuvor.«

»Dann laß wenigstens das Saufen.«

»Gerry, damit kann ich unmöglich aufhören. Nicht nur wegen des Vergnügens. Trinken gehört zu meinem Image. Das Publikum erwartet es von mir. Müßte ich die Trinkerwitze weglassen, wäre meine Show sieben Minuten kürzer. Und ich kann ehrlich gesagt nicht ohne eine kleine Stärkung auf die Bühne. Das ist schon immer so gewesen, und so wird's auch bleiben. Ohne Alkohol kann ich nicht leben.«

Das gefiel ihm nicht. »Ich halte es für sehr wichtig, daß du erkennst, daß das Trinken dir bereits geschadet hat – und in Zukunft noch mehr schaden wird. Du mußt wenigstens aus der Tretmühle raus, in der Alkohol eine Gewohnheitssache, ein Requisit und deshalb ein tägliches Bedürfnis ist. Zum Beispiel in dieser Sekunde, um zwölf Uhr mittags. Sammy, du hast ein gutes Leben und...«

»Ach, hör auf damit.« Ein Teil meines Lebens, der berufliche Teil, machte mir Spaß, oft sogar großen Spaß. Aber auf persönlicher Ebene war es überwiegend sehr traurig. Ich erinnere mich noch, wie ich Tausende von Malen »Ach, Scheiße...« gesagt habe, ohne den Satz je zu Ende zu bringen.

In London gaben Roman Polanski und seine Frau Sharon eine Willkommensparty für mich. Ich war dort, um mit Peter unter Jerry Lewis' Regie *One More Time,* eine Fortsetzung von *Salt and Pepper,* zu drehen. Ich kannte Sharon Tate und Roman schon sehr lange. Sie luden Peter und Jerry und unsere gemeinsamen Freunde in ihre Wohnung ein. Später, nachdem Jerry und die übrigen »Straights« gegangen waren, rauchten wir ein bißchen Gras, schnupften Kokain, tranken, blödelten und kicherten.

Am nächsten Tag rief ich Roman an. »Hey, das ist 'n Riesenfest gewesen! Bis wann seid ihr noch hier?« Er antwortete: »Sharon fliegt morgen zurück. Das Baby ist schon bald fällig. Ich komme in ein paar Wochen nach.« Und wir vereinbarten, daß wir irgendwann zum Wochenende hin zusammenkommen würden.

Das Massaker ereignete sich drei Tage später. Die Killer hatten Sharon gefoltert, sie dann an den Beinen aufgehängt und ihr das ungeborene Kind aus dem Leib geschnitten. Die Londoner Zeitungen waren voller Einzelheiten über die Verwüstung ihres Hauses in L. A. und die Ermordung Sharon Tates, Jay Sebrings, Abigail Folgers und anderer aus meinem Freundeskreis. Alle Opfer waren irgendwann Teufelsanbeter gewesen oder hatten sich wegen des sexuellen Kitzels am Rande dafür interessiert. Daß die Täter Sharon an den Beinen aufgehängt, gefoltert und ermordet hatten, war ein hochritueller Akt gewesen.

Zwei Nächte später wurden die LaBiancas ermordet. In Hollywood und Beverly Hills fühlte sich niemand mehr seines Lebens sicher, und auch diese Morde trugen ritualistische Züge.

Peter und ich bewohnten gemeinsam ein Haus am Drehort, und als wir die Zeitungsberichte lasen und die Fernsehnachrichten verfolgten, sagte er: »Wahrscheinlich wären wir auch dabei gewesen.« Die Opfer waren unsere Freunde gewesen. Hätte Sharon während meiner Anwesenheit in L. A. eine Party gegeben, wäre ich bestimmt hingegangen. Aber irgend etwas hatte mich gerettet. Das Böse hatte mich verfehlt. Aber wie knapp!

Tagsüber war die Arbeit meine Rettung. Man ging zu Bett, weil man morgens wieder arbeiten mußte. Man war am Drehort und spielte in einer Komödie mit. Man konnte sich den Luxus, mürrisch oder down zu sein, nicht leisten. Aber man war es eigentlich doch, und obwohl man sich dagegen wehrte, obwohl man Deiche gegen diese Gefühle errichtete, brachen sie nachts durch und überfluteten einen.

Als ich nach L. A. zurückkam, stand inzwischen fest, daß die Charles Manson-»Familie« die Morde verübt hatte. Von Freunden im Police Department erfuhr ich, daß Manson zwei oder drei prominente Schwarze ermorden wollte – und daß ich auf seiner Liste stand. Ich beauftragte ein privates Bewachungsunternehmen damit, mein Haus Tag und Nacht zu schützen.

Joe Grant, der zur Zeit von *Golden Boy* als Chauffeur und Leibwächter bei mir angefangen hatte, leitete jetzt unser Büro. Rice wollte nicht mehr reisen, deshalb hatte ich in London einen freiberuflichen Leibwächter engagiert: Brian Dellow, einen weißen Engländer, der wie ein Topmanager aussah. Ich rief ihn an und bot ihm jedes gewünschte Gehalt, wenn er London verließe und hauptberuflich zu mir käme. Ich mochte Brian und vertraute ihm, was wichtig war, weil ich ihn überallhin mitnehmen wollte.

Dann starb Jimi Hendrix in London an einer Überdosis. Ich war noch zwei Tage zuvor mit ihm zusammengewesen. Das waren schwere Schläge für mich: Während ich drüben gewesen war, hatte es Sharon und Jay hier erwischt; dann war ich zurückgekommen, und nun war Jimi drüben gestorben. Sechs Menschen aus dieser Gruppe waren an einer Überdosis gestorben. Alle hatten immer Angst davor gehabt, von der Polizei erwischt zu werden. Aber jetzt schien Gott diese Leute zu erwischen.

Ich wußte, daß ich mein Glück auf allen Gebieten strapaziert, daß ich mich durch Drogen und Ausschweifungen an den Rand des finanziellen Ruins gebracht hatte. Obwohl ich über zehn Millionen Dollar verdient hatte, seitdem ich ein wirklicher Star war, war ich hoch verschuldet. Okay, ich hatte Harrah's angerufen und mir 100000 Dollar Vorschuß geben lassen können, damit ich meine Londoner Schulden begleichen konnte, und ich hatte das Sands angerufen und weitere 100000 Dollar Vorschuß für New Yorker Schulden und noch mehr Geld für Beverly Hills bekommen – aber wo sollte das alles enden? Ich war fast 45 Jahre alt. Ich hatte mehr Klamotten als Platz in meinen Kleiderschränken, mehr Autos als Garagenplätze, mehr Schmuck, mehr von allem, was sich auf Kredit kaufen ließ... aber kein Geld.

Ich bot Sy Marsh 50 Prozent meiner Einkünfte an, wenn er mein Manager würde. »Ich will bloß aus den Schulden rauskommen. Wir gründen eine Firma: ›Sy and I‹. Ich kümmere mich um die Shows, und du kümmerst dich ums Geschäftliche. Mir geht's nicht darum, möglichst viel Geld anzuhäufen. Ich habe kein Interesse daran, riesige Vermögenswerte zu hinterlassen. Ich will für meine Familie sorgen. Ich will erstklassig leben und nicht fürchten müssen, beim Betreten eines Geschäfts oder Hotels könnte es heißen, ich sei dort noch Geld schuldig.«

Wir saßen in meinem Wohnzimmer in Beverly Hills. »Aber du mußt dir darüber im klaren sein, daß meine Sanierung eine Herkulesarbeit ist. Unter Umständen liegt auf diesem Haus bereits ein Pfandrecht, von dem vielleicht schon morgen Gebrauch gemacht wird, weil ich ehrlich nicht weiß, ob jemand die Bank bezahlt hat oder nicht. So zu leben ist unverantwortlich, und ich will meine Finanzen dauerhaft in den Griff kriegen.

Ich bin vielen Clubs Geld schuldig und habe wöchentliche Unkosten von 25000 Dollar, ob ich arbeite oder nicht. Ich ernähre achtzehn Personen. Ich habe drei Kinder und muß Alimente zahlen. Und ich teile meine Einnahmen noch immer mit dem Will-Mastin-Trio. Meinen Vater werde ich immer versorgen, aber Will ist ein reicher Mann, und ich würde mir nicht undankbar vorkommen, wenn wir wegen einer Schlußzahlung an ihn herantreten würden.«

Sy ging auf und ab. »Eine verführerische Idee! Wir könnten als Produzenten einsteigen, Immobiliengeschäfte machen... das Potential ist gewaltig. Aber was mich betrifft, wenn ich das Ganze vom Sicherheitsstandpunkt aus betrachte: Bleibe ich bei Morris, kann ich mich später mit Aktien und meiner Abfindung als Millionär zur Ruhe setzen. Trotzdem wäre das eine reizvolle Aufgabe. Ich muß erst mal mit Molly darüber sprechen. Falls sie zustimmt, was ich annehme, kann ich vermutlich erreichen, was dir vorschwebt – wenn du mir freie Hand läßt.«

»Du bist absolut selbständig. Dies ist das einzige Schiff, das zwei Kapitäne hat. Einer sagt: ›Guten Abend, meine Damen und Herren‹, der andere ist fürs Geschäft zuständig.«

Er hatte bereits angebissen. »Wenn wir deine Ausgaben in vernünftigen Grenzen halten könnten, ließen sich Rücklagen bilden, denn trotz deiner hohen Schulden ist dein Einkommen noch höher.«

»Sy, du entscheidest, wieviel ich ausgeben kann, und ich halte mich daran. Keine Kundenkreditkonten, nichts, worauf wir uns nicht geeinigt haben.«

»Wie hoch sind deine Privateinnahmen jetzt? Dein Taschengeld?«

»Ich gebe im Jahr eine halbe Million für Spiel und Spaß aus.« Er mußte sich hinsetzen. »Sy, ich verdiene zwei, drei Millionen im Jahr und hab' geglaubt, das ausgeben zu dürfen, aber wenn du findest, daß das nicht geht, muß ich eben zurückstecken.«

Sy und ich eröffneten ein Büro am Sunset Boulevard. Ich trat gerade in Boston auf, als er anrief. »Sammy, hast du jemals von Leuten in Chicago gehört, die sich Commandos nennen? Und von einem Laden, der ›Sammy Davis, Jr. Liquor's‹ heißt?«

»Klar, Babe, warum?«

»Nun, ich bin vorige Woche von einem Kerl angerufen worden, der gesagt hat: ›Hör zu, Mann, wir brauchen Geld.‹ Ich hab' ihm gesagt, daß ich davon nichts weiß – daß ich mit dir reden würde.«

»Babe, die Commandos sind gute Typen, die ich in Chicago kennengelernt habe. Sie haben was gebraucht, um von der Straße wegzukommen, deshalb habe ich ihnen geholfen, einen Spirituosenladen aufzumachen.«

»Und der trägt deinen Namen?«

»Yeah... das dürfte stimmen.«

»Nun, ich habe vor zwei Minuten einen weiteren Anruf bekommen, und einer dieser ›guten Typen‹ hat gesagt: ›Hör zu, Hurensohn, du hast nicht zurückgerufen, wir kommen jetzt raus und legen dich um, du weißer Hurensohn.‹ Sammy, wieviel haben sie von dir gekriegt?«

»Keine Ahnung, vielleicht zwanzig- oder dreißigtausend.«

»Sweetheart, wer mit einem Spirituosenladen soviel Geld durchbringen kann, ist ein Genie. Dort müssen wir aussteigen. Hör zu«, fuhr er fort, »wir fangen jetzt an, das Fett wegzuschneiden, was natürlich schmerzhaft ist...«

Da wußte ich, daß er weitere schlechte Nachrichten hatte. »Was gibt's, Babe?«

»Nun... dein Flugzeug muß weg. Es ist eine große Verlustquelle.«

»Aber ich kann's von der Steuer absetzen...«

»Trotzdem kostet es dich pro Jahr eine Viertelmillion Dollar – nach Steuern!«

»... und es trägt meinen Namen – das ist wunderbar fürs Image...«

»*Gewesen!*«

»Okay, du bist der fürs Geschäftliche zuständige Kapitän. Aber das wird nicht einfach.«

»Warum nicht? Ich habe den Vertrag gelesen. Die Leasingraten würden beim Kauf angerechnet. Wir brauchen sie nur noch für dieses Quartal zu zahlen.«

»Aber der Vertrag ist durch eine schriftliche Vereinbarung ergänzt worden.«

»Eine schriftliche Vereinbarung? Wo ist die?«

»Vermutlich in einem meiner Koffer. Jedenfalls steht darin, daß bei Nichtkauf eine Viertelmillion Dollar zu zahlen sind. Damit wollen sie das Flugzeug neu lackieren, die Innenausstattung erneuern, die Triebwerke überholen...«

Am anderen Ende herrschte langes Schweigen, als beginne dort ein Magengeschwür zu entstehen. »Nun... es muß trotzdem weg. Du kannst es dir einfach nicht leisten. Die Viertelmillion stottern wir irgendwie ab...« Seine Stimme klang wieder kräftiger. »Hör zu, Sweetheart, laß den Kopf nicht hängen, wir machen Fortschritte.«

Es fiel mir nicht leicht, auf Streifzüge durch Geschäfte, die mein natürliches Revier waren, zu verzichten, aber wenn ich das Gefühl hatte, eine neue Uhr zu brauchen, rief ich jedesmal Sy an, und er sagte mir die Uhrzeit.

Ich trat im Deauville in Miami Beach auf, aber wir telefonierten jeden Tag miteinander. »Ich habe mir überlegt, womit du Geld verdienen könntest, ohne ›Guten Abend, meine Damen und Herren‹ sagen zu müssen«, erklärte er mir. »Immobilien und eigene Produktionen müssen warten, bis wir mehr Bares angesammelt haben. Aber was hältst du von einem kleinen Nebenverdienst? Alka-Seltzer möchte dich für seine Werbespots. Pro Jahr ein Tag Arbeit für 250000 Dollar. Und noch dazu kommst du in Presse und Fernsehen ganz groß raus. Wir können uns einen Tag im nächsten Monat aussuchen. Die Aufnahmen beginnen um acht Uhr.«

»Babe, so früh krieg' ich die Augen nicht auf.«

»Sweetheart, wenn du einen Film drehen würdest, müßtest du einen Monat lang jeden Tag noch früher aufstehen. Dieses Angebot kannst du nicht ausschlagen. So kommen wir finanziell wieder auf die Beine...«

Ich hatte die zweite Show hinter mir und dachte ans Schlafengehen, als ich in meine Suite zurückkam, in der sich wie gewohnt Partygäste drängten. Es gab Musik, Tische mit chinesischen Gerichten vom Zimmerservice und einen Ober, der an der Bar ausschenkte. Ich musterte automatisch meine Gäste, um eine Mieze zu finden, die mich interessierte.

Ich ging ins Schlafzimmer, nahm meine sündteure Piaget ab, legte eine Cartier an, die mir nicht fehlen würde, und kehrte ins Wohnzimmer zurück. Ich setzte mich neben die Mieze und begann mit einigen Scherzen. Ich stand auf und holte ihr einen Drink. »Ich hab' ein kleines Geschenk für dich«, sagte ich im richtigen Augenblick, nahm die Uhr vom Handgelenk und legte sie ihr an. Sie genoß meine Aufmerksamkeit, und ich war für diese Tageszeit wirklich verflucht charmant.

Die Gäste verabschiedeten sich nach und nach. Ich sah ihre Blicke, die uns galten, und wußte, daß sie erzählen würden: »Als wir gegangen sind, haben's die beiden kaum noch erwarten können.«

Draußen wurde es allmählich hell. Wir tanzten noch immer Walzer, und ich hatte nur einen Wunsch: schlafen. Ich hörte mich wie bei hundert ähnlichen Gelegenheiten sagen: »Hey, können wir uns morgen treffen?«

Mittags wachte ich auf der Couch auf. Seit der Scheidung vor drei Jahren war ich fast ununterbrochen in Betrieb gewesen, und die Partys langweilten mich jetzt. Vor meinem Fenster segelte eine Jacht vorbei. In Kalifornien hatte ich gelegentlich Duke Waynes Boot gechartert, denn ich liebte dieses Leben mit Badekleidung, Sonnenschein, Faulenzen, Drinks und Erholung.

Mein Telefon klingelte. Sidney Poitier war am Apparat. Er war in Nassau, und als ich erzählte, daß ich am nächsten Tag in Miami aufhören und zwei Wochen freihaben würde, schlug er vor: »Dann komm hierher und ruh dich ein bißchen aus. Q. ist auch hier. Bring George und Shirley mit. Bring ein Mädchen mit. Ich chartere ein Boot, und wir machen eine Kreuzfahrt, damit ich dir die Bahamas zeigen kann.«

Ideal. Zwei Wochen Sonne und Erholung mit George und Shirley, mit Sidney, Quincey Jones und ihren Frauen. Ich dachte an Altovise, obwohl ich mich sehr bemüht hatte, nicht an sie zu denken. Und ich bat Shirley: »Ruf sie an und frag sie, ob sie ein, zwei Wochen mitkommen kann.«

Wir schickten ihr ein Flugticket nach Miami, und ich ließ sie mit einem Wasserflugzeug zu unserem Ankerplatz hinausfliegen. Es wurde eine wunderbare Faulenzerfahrt. Wir lagen viel in der Sonne und genossen Piñas coladas, ruhige Dinner und ungezwungene Gespräche. Altovise machte alles Spaß: der Flug mit einem Wasserflugzeug von Miami zu den Bahamas, meine Begleiterin zu sein und Quincey und Sidney kennenzulernen. Sie konnte Quinceys Musik professionell würdigen und erklärte Sidney: »Ich fand Sie in *The Defiant Ones* wunderbar.«

Ich genoß es, daß sie beeindruckt war und Berühmtheiten nicht mit einem »Was gibt's sonst Neues?« abtat. Altovise hatte nicht Mays »Das ist mir völlig wurscht«-Einstellung. Sie war größer als ich, aber sie hatte eine herrliche, sehr weibliche, wohlproportionierte Figur.

Wir lagen in Deckstühlen und genossen die Sonne. »Ich habe dich oft an Donnerstagabenden auf der Bowlingbahn beobachtet«, erzählte sie mir. »Du hast als einziger eine eigene Bowlingkugel gehabt, aber du hast sie nicht selbst getragen, sondern einen Mann gehabt, der sie mitgebracht und dann wieder rausgetragen hat. Ich hab' mir gedacht: Das ist Klasse!«

Die zwei Wochen vergingen wie im Flug, und ich genoß es, mit Altovise durch Nassau zu bummeln, mich für einige Zeit von unseren Freunden zu trennen, um mit ihr in ein ruhiges Restaurant gehen zu können und sie ganz für mich allein zu haben – alles Bestandteile einer für mich ungewohnten Normalität.

Wir schrieben das Jahr 1970. Ich stand im 45. Lebensjahr und konnte beruflich nicht klagen. Ich war ein Star. Aber das Zusammensein mit Altovise machte mich wieder schmerzhaft auf mein fortbestehendes Bedürfnis nach einer Gefährtin aufmerksam: nach einem Menschen, mit dem ich mich gemeinsam über Dinge freuen konnte, die uns anregten und amüsierten. Trotzdem fürchtete ich, meinem Image zu schaden und meine Einzigartigkeit zu verwässern.

An unserem letzten Abend standen wir an der Bootsreling, als sie sagte: »Fragst du dich nicht auch manchmal, wohin die Wellen verschwinden? Heute nachmittag, bis vor einer Stunde, sind sie noch dagewesen – und jetzt ist die See spiegelglatt...«

Damit hatte sie mein Leben beschrieben. Der Aufruhr, die Hektik – und nun diese Stille, die mir so gut gefiel, die mir so wohltat. Mondschein erhellte ihr Gesicht, ihre Arme. Ihr Handgelenk war nackt, und ich stellte mir vor, wie ich ihr ein Brillantarmband umlegte. Schwarze Haut ist ein prachtvoller Untergrund für Diamanten. Dann machte meine innere Stimme sich wieder bemerkbar: *»Du bist wohl übergeschnappt? Sieh zu, daß du diese Mieze ins Flugzeug nach New York setzt!«*

»Hör zu«, schlug ich ihr vor, »mein Partner und ich übernehmen die alte Coconut Grove im Ambassador in L. A. Wir wollen sie als ›Sammy Davis' New Grove‹ betreiben. Hättest du Lust, wieder in meiner Show aufzutreten und sie gemeinsam mit mir zu eröffnen?«

Als ich dann mit der Show auf Tournee ging, wurde Altovise meine feste Freundin. »Das ist meine Alte«, sagte ich einmal, als ich sie mit einem Freund bekannt machte. Sie strahlte und schüttelte verwundert den Kopf. »Wir Kids in der Ballettschule haben damals alle von dir geschwärmt... Sammy Davis, Jr... Und jetzt bist du mein Kerl!«

Ich empfand große Zuneigung zu ihr, fühlte mich sehr als ihr Beschützer. Sie war voller Lebensfreude, stets fröhlich und amüsant, unkompliziert und völlig natürlich. Sie hatte Spaß an meinen Freunden aus dem Showbusiness, die wiederum ihre Gesellschaft genossen, und ich bewunderte, wie mühelos sie in L. A. die unbehagliche Situation bewältigte, als Außenstehende meine lebenslänglichen Kumpels kennenzulernen.

Ich überlegte mir oft, wie amüsant es sein müßte, dieses noch so unschuldige Kind in meine Welt mit ihren Licht- und Schattenseiten einzuführen. Ich hatte das Gefühl, sie könnte mir dazu verhelfen, den Weg zu einem geradlinigeren, produktiveren Leben einzuschlagen. Und ich glaubte vor allem, sie heiraten zu können, weil sie es genießen würde, an meinem Leben teilzuhaben, ohne sich dem für mich notwendigen Lebensstil zu widersetzen.

Ich lud Tracey, Mark und Jeff zum Reiten auf eine Ranch im Valley ein, und sie aßen abends in meinem Haus mit Altovise und mir. Als sie einen Augenblick hinausging, erklärte ich den Kids: »Ich möchte, daß ihr wißt, daß ich diese Lady heiraten werde. Ich hab' sie noch nicht gefragt. Sie weiß bisher nichts davon. Ihr solltet es als erste erfahren.«

»Dürfen wir's Mom erzählen?« fragte Tracey.

»Klar dürft ihr's ihr erzählen. Sie hat bestimmt Verständnis dafür und erklärt euch alles.«

Auf der Reise zum Latin Casino außerhalb von Philadelphia saß ich mit Altovise im Flugzeug von Los Angeles nach Newark. Wir lachten und kicherten wie üblich, und ich sagte: »Weißt du, was ich an dir liebe? Du bist der Inbegriff von Lustigkeit.« Ich nahm ihre Hand in meine. »Ich fände es herrlich, wenn wir den Rest unseres Lebens zusammen verbringen würden.«

Sie nickte verträumt, als sehe sie einen Film und nehme Anteil an der Liebesgeschichte, ohne zu merken, daß ich vom richtigen Leben redete.

»Altovise! Ich mache dir einen Heiratsantrag! Willst du mich heiraten?«

Sie setzte sich auf. Ihr Lächeln strahlte wie ein halbes Dutzend Wunderkerzen. »Du meinst *uns?* Ja. Ich wäre gern mit dir verheiratet.«

»Aber ohne Kinder«, sagte ich warnend. Sie war enttäuscht. »Darling, ich habe bereits drei Kids, die ich vernachlässigt habe. Schlimm vernachlässigt. Das will ich keinen weiteren antun. Ich kenne meine Grenzen und weiß, daß ich nicht zum Vater tauge.«

»Vielleicht überlegst du's dir noch anders.«

»Ein für allemal: Nein.«

»Aber du liebst deine Kinder. Ich habe dich mit ihnen erlebt, und du bist mir wie ein guter Vater vorgekommen.«

»Glaub mir, ich bin keiner. Daß ich meine Kids mal für einen Tag, mal übers Wochenende zu mir hole, wobei im Jahr vielleicht fünf Wochen rauskommen, macht mich noch nicht zu Robert Young.«

Ich hatte das Bedürfnis, ihr auseinanderzusetzen, was für eine Ehe mir vorschwebte. »Ich möchte, daß wir verheiratet sind, aber trotzdem Einzelwesen bleiben. Körperlich verheiratet, aber geistig ledig. Ich weiß, daß das ein Widerspruch ist. Man ist entweder verheiratet oder ledig. Nun, ich bin beides gewesen, und da beides nicht perfekt gewesen ist, möchte ich etwas anderes ausprobieren.«

»Soll das heißen, daß du heiraten, aber auch fremdgehen möchtest?«

»Mir geht's nicht um das Körperliche mit den Frauen. Was ich nicht will, ist folgendes: Ich möchte dir nicht mein Jawort geben und automatisch von der Bildfläche verschwinden, so daß jemand auf die Frage: ›Was ist eigentlich aus Sammy Davis, Jr. geworden?‹ zur Antwort bekommt: ›Oh, der hat geheiratet, der läßt sich kaum noch blikken.‹ Ich möchte eine großartige Ehe mit dir führen, aber ich will, daß wir sichtbar, daß wir im Scheinwerferlicht der Öffentlichkeit bleiben. Ich kann's mir nicht leisten, das zu verlieren.

Ich möchte, daß wir eine offene Ehe führen. Natürlich tut keiner von uns etwas, das den anderen kränken könnte. Aber wir haben beide die Freiheit, ein uns gemäßes Leben zu führen, wir können uns private Indiskretionen leisten – nur keine wirkliche Untreue und nichts, was ein Scheidungsgrund wäre. Ich will unser Verhältnis legalisieren; ich will, daß du mir verpflichtet bist und daß ich's dir bin – aber nicht zu sehr oder zu plötzlich.«

Ich rief den in Philadelphia lebenden Komiker Carl Barry an, damit er uns die Heiratslizenz besorgte, und wir unterschrieben die Papiere, ohne schon ein Hochzeitsdatum festzusetzen. Ich wollte keine große Hochzeit, zu der ihre und meine Eltern herfliegen würden, keine Trauung mit Brautführer und Brautjungfern... zu große Zugeständnisse an eine konventionelle Ehe.

Eines Morgens war ich zum Golf verabredet, aber es regnete. Ich trank Kaffee und sah dabei aus dem Fenster. Es war ein gleichmäßiger, grünmachender Frühlingsregen. Mein größter Wunsch war, Altovise zu heiraten. Ich trat vormittags in der Mike-Douglas-Show auf, und als wir das Studio verließen, schlug ich vor: »Komm, wir tun's heute. Ich wäre stolz darauf, wenn du meine Frau würdest.« Um 17 Uhr wurden wir in Philadelpia im Gerichtsgebäude getraut. Als wir wieder auf die Straße traten, nieselte es nur noch ganz leicht. Ich nahm ihren Arm.

»Komm, wir machen einen Regenspaziergang.« Der Regen war sauber und erfrischend, und ich hatte das Gefühl, einen guten Anfang zu machen.

Als wir bei Nan Duskin am Rittenhouse Square vorbeikamen, kaufte ich Altovise einen langen Blackgama-Nerzmantel, und sie zog ihn über ihre Jeans an, die in hohen Stiefeln steckten.

Ohne sich von ihrer Erscheinung in dem Nerzmantel losreißen zu können, meinte sie: »Ich habe Angst, weil ich jünger bin als du, daß die Leute sagen werden, ich hätte dich wegen des Geldes geheiratet.«

»Mach dir deswegen keine Sorgen. Ich *habe* kein Geld.« Sie lachte. Sie war eine große Lacherin. Es klang wie zehn Takte Beethoven. »Doch, das stimmt! Und ich werde vermutlich weitere zwei Jahre brauchen, um einigermaßen zu Geld zu kommen. Aber wenn du erst mal einige Zeit mit mir verheiratet bist, hörst du auf, dir wegen des Geredes der Leute Sorgen zu machen, weil du merkst, daß sie einem *alles* nachsagen.«

Es war aufregend, zu beobachten, was in ihr vorging, als sie in den Mantel schlüpfte. Das teure Stück hätte eine andere Frau vielleicht erdrückt oder beherrscht, aber Altovise trug es wie ein Star.

»Du hast Talent«, stellte ich fest.

Sie kicherte. »Als Mannequin für Nerzmäntel?«

»Auch dafür. Aber ich rede von der Frau, die ich mir immer gewünscht habe, von der Frau, die ich brauche. Ich will keine ›Zigeunerin‹ oder ›nette kleine Hausfrau‹, die mich gelegentlich auf Partys begleitet, wo die Leute sagen: ›Das ist Sammys Frau, wie heißt sie gleich wieder?‹, und nie eine eigene Identität hat. Ich möchte, daß du eine eigenständige Persönlichkeit wirst, damit es heißt: ›Hey, da sind Sammy und Altovise!‹, wenn wir irgendwo aufkreuzen.«

Sie drehte sich glücklich, ein bißchen verlegen, daß der Mantel flog, trat dann an mich heran, öffnete ihn und hüllte mich darin ein. Da sie größer war als ich, sprach sie durch den Kragen wie durch einen Trichter. »Hast du nicht Angst, ich könnte dich übertrumpfen?«

Ich befreite mich aus dem Mantel und lächelte zufrieden. »Du sollst sogar versuchen, mich zu übertrumpfen. Das schaffst du nämlich nie!«

»Du meinst, daß ich's trotz aller Mühe nie schaffen werde, mal zu hören: ›Hey, da sind Altovise und ihr Mann, wie heißt er noch?‹«

»Bloß von deiner Mummy und deinem Daddy. Aber ganz ernsthaft: Warum sollten wir uns gegenseitig übertreffen müssen? Wie wär's damit: Wir kommen zu einer Premiere, und die Fans blicken in unseren Wagen und kreischen: ›Hey, da sind Sammy und Altovise‹ oder ›Da sind Altovise und Sammy‹? Laß uns eine Verbindung zweier individueller Persönlichkeiten schaffen!«

19

Ein Immobilienmakler zeigte Altovise und mir einige Objekte in Beverly Hills. Es war ein herrlicher Septembertag, Kabriowetter. Wir besichtigten ein Haus, das ich gut kannte. Tony Newley und Joan Collins hatten es von Janet Leigh und Tony Curtis gekauft, und es würde sich genau nach unseren Vorstellungen umbauen lassen. »Wenn wir diese Wand einreißen – und die dort drüben auch –, fast das ganze Erdgeschoß in ein einziges großes Wohnzimmer verwandeln und die oberen Schlafzimmer als Gästezimmer benützen, könnten wir diesen Flügel ganz nach unseren Wünschen umbauen...«

Sy war entsetzt, als ich ihm davon berichtete. »Sammy, du hast schon eine Villa, und wir sind gerade dabei, finanziell auf die Beine zu kommen.«

»Bitte, Sy, ich möchte mir mit Altovise ein richtiges Heim gestalten. Newleys Haus hat das Grundstück, das wir brauchen. Diesen einen Gefallen mußt du mir tun!«

»Schon passiert, Sweetheart... du arbeitest zu hart und verdienst zuviel Geld, als daß ich dir irgendwas abschlagen könnte. Ich kann dir gegenüber nicht nein sagen.«

Ich wußte, daß ich Sy um den kleinen Finger wickeln konnte, weil er mich als Künstler bewunderte – und ich wußte, daß ich mich davor hüten mußte, diese Macht zu mißbrauchen.

Als alles unterschrieben und verbrieft war, standen Alto und ich in der Einfahrt, in die ich vor über zwei Jahrzehnten zum ersten Mal abgebogen war, und ich erzählte ihr: »Das ist natürlich nur Zufall, aber als ich in den fünfziger Jahren angefangen habe, Erfolg zu haben, waren Janet Leigh und Tony Curtis bereits Filmstars – und haben in diesem Haus gewohnt. Damals hat Jeff Chandler noch gelebt, und er, Janet, Tony und ich waren Kumpel, *gute* Kumpel. Aber was war ich im Vergleich zu diesen großen Stars? Ein kleiner schwarzer Junge mit etwas Talent und der Schallplatte ›Hey There‹. Ich habe mich immer gefragt, wie es sein müßte, ein Star wie sie zu sein, in einem Haus wie diesem zu leben...«

Wir entschieden uns für einen Architekten und eine Innenarchitektin. Da der Umbau mehrere Monate dauern würde, zogen wir in eine Suite im Hotel Ambassador.

Mary Benny rief an. »Jack und ich würden uns freuen, wenn du und deine junge Frau am Donnerstag zum Abendessen kämen.«

Altovise wurde ganz aufgeregt. *»Jack Benny!* Und *Mary Livingstone!«*

»Keine Aufregung, Darling, das sind doch Freunde.«

»Deine Freunde, aber *mich* kennen sie doch gar nicht.«

»Sie werden dich lieben, weil *ich* dich liebe, deshalb hast du alle Trümpfe auf der Hand.«

»Was soll ich anziehen?«

»Du willst nicht wie andere Ehefrauen in einem Modellkleid vom Rodeo Drive in der Menge untertauchen. Du mußt dir deinen lockeren, jugendlichen Stil bewahren. Sei originell! Ich finde, du solltest Hot Pants tragen.«

»Nein, Sammy... bitte, das sind ältere Leute, die mich womöglich für ein Flittchen halten.«

»Nicht, wenn *ich* auch welche trage. Wir erscheinen beide in Hot Pants im Smokingstil. Glaub' mir, das wird ein Lacherfolg.«

Sy Devore schneiderte sie uns, und wir probierten sie gemeinsam an. Bei mir wirkten sie adrett, normal. Aber sie sah damit sensationell aus.

Als wir vorfuhren, stand Milton Berle vor Bennys Haustür. »Wie kommt ein alter Jude wie du zu so einer schönen jungen Frau?«

Lucille Ball steuerte sofort auf uns zu, als wir hereinkamen, umarmte Altovise, küßte sie und sagte: »Ich hoffe, daß wir Freundinnen werden.«

Lucy und Gary sind uralte Freunde, und ich liebe sie beide. Lucy ist die größte Glucke aller Zeiten. »Was tust du gerade? Wohin willst du? Wie kommt's, daß du nicht...?« Gary und ich kennen uns schon aus der Zeit, als er als Komiker mit uns aufgetreten ist.

Mary und Jack empfingen Alto freundlich und herzlich, wie es ihre Art war. Ganz Hollywood schien gekommen zu sein: Gracie und George, Mary und Swifty Lazar, die Nivens, Loretta Young, Georgie und Ricardo Montalban – und Frank, den sie bereits kannte. Insgesamt ungefähr 40 Gäste.

Ich hatte mir vorgenommen, in den ersten Stunden in Altos Nähe zu bleiben, um ihr eine Stütze sein zu können, während sie Leute kennenlernte, mit deren Stimmen und Gesichtern sie aufgewachsen war. Aber Lucy und Polly Bergen machten mit ihr einen Rundgang durchs Haus, zeigten ihr Jacks kleines Schlafzimmer neben Marys riesigem und stellten Alto danach in Gesprächskreisen vor. Sie amüsierte sich ohne mich; sie lachte, daß alle lachten, und hatte ihre Herzen im Sturm erobert. Im Auto drückte ich ihre Hand. »Ich bin stolz auf dich!«

Sie war noch ganz high von ihrem Erfolg und schwatzte weiter. »Janet Leigh hat gesagt, daß sie mich für SHARE vorschlagen will. Ist das nicht 'ne Wohltätigkeitsorganisation?«

»Ja, für geistig behinderte Kinder. Eine ernstzunehmende Organisation. Du solltest SHARE beitreten. In dieser Stadt stehst du mit diesen Frauen auf gleicher Stufe. Und du wärst die erste Schwarze in SHARE.«

»Sammy, ich bin eine Zigeunerin, keine feine Dame, die in Wohltätigkeit macht.«

»Du brauchst keine Angst zu haben. Tu's einfach!«

»Woher weißt du, daß ich Angst habe?«

»*Ich* hätte welche, wenn ich an deiner Stelle wäre.«

In unserer Suite im Ambassador sagte sie: »Du hältst mich jetzt bestimmt für so spießig, daß es peinlich ist, aber ich *muß* meinen Vater anrufen und ihm erzählen, daß ich Charlie Bronson und Edward G. Robinson kennengelernt habe.«

Ich umarmte sie. Ich war froh, daß es bei uns kein Tauziehen gab, daß meine Frau mit dem glücklich war, was ich ihr geben konnte. »Freu dich darüber, Darling, und behalt ein bißchen von dem Sternenglanz. Bewahr dir dein Staunen, deine Naivität. Bleib das kleine Mädchen vor der Auslage des Süßwarenladens. Sieh mich an: Ich möchte es mein Leben lang aufregend finden, daß Mary und Jack Benny mich zum Dinner einladen, daß ich mich mit Fred Astaire unterhalten kann. Ich finde es herrlich, gehört zu haben, wie Judy Garland mit Liza gesungen hat. Genieß die Augenblicke, die warm und besonders amüsant sind. Bewahr dir deine Empfindsamkeit dafür.«

Es machte mir Spaß, sie in dieses Leben einzuführen, von dem sie nie zu träumen gewagt hätte. Ich schenkte ihr ihren ersten neuen Wagen, einen Rolls-Royce mit dem Kennzeichen ALTOVISE. Sie drehte damit eine Runde in der Hotelzufahrt. Sie stieg atemlos aus, umarmte mich, küßte mich und kniff mich in den Hintern. »Wie wär's mit 'n bißchen Spiel und Spaß, Honey?« Dann lief sie nach oben, um ihre Mutter in New York anzurufen.

Ich hatte nicht mit dem Daddy-Warbucks-Syndrom gerechnet: mit dem Vergnügen, imstande zu sein, sie mit teuren Geschenken zu verwöhnen. Bei May hatte ich dieses Vergnügen nie gehabt. Ein Nummernschild mit ihrem Namen wäre May nur peinlich gewesen. Und ein Rolls-Royce ebenfalls. Sie fuhr lieber einen Kombi voller Kids. In den Augen der Welt waren Mays Wertvorstellungen besser. Aber Altovise gewöhnte sich daran, meine zu genießen.

Ich sah gern, wie sie in großer Aufmachung am Rodeo Drive einkaufte oder zum Lunch in den Bistro Garden ging. Gewiß, Beverly Hills legt übermäßig großen Wert auf Statussymbole, was nicht sein sollte, – aber das ist nun mal eine Tatsache, und wenn Alto in Beverly Hills zur Szene gehören wollte, war ich entzückt, daß ich sie mit der richtigen Garderobe und allen Accessoires ausstaffieren konnte – und daß sie sich über diese Geschichte freute.

Ich war Gast in der Johnny-Carson-Show und erwähnte »meine Frau Altovise…«

Er zog die Augenbrauen hoch. »Anchovis?«

»Unsinn, Johnny! Alto-vise… das bedeutet ›Blick aus der Höhe‹.« Ich erzählte gern von ihr. Bis dahin hatte noch kein schwarzer Künstler im Fernsehen von seiner Frau gesprochen. Daß Bob Hopes Frau Dolores hieß, wußte jeder.

Ich schaute in unserem Büro vorbei, das aus einer Suite mit vier Räumen am Sunset Boulevard in Hollywood bestand. »Mich ärgert's, daß wir im Schallplattengeschäft kein Geld verdienen«, sagte Sy. Als er vom Schreibtisch aufstand und im Büro auf und ab ging, überlegte ich mir, daß er zu energiegeladen war, um an einen Schreibtisch gefesselt zu sein, und eigentlich nur ein tragbares Telefon bräuchte. »Sweetheart, wir sollten uns von Reprise-Warner Bros. trennen und zu den besten Leuten gehen. Ich habe mit Berry Gordy gesprochen, dem diese Idee sehr gefallen hat. Er hat gesagt: ›Es wäre großartig, wenn die führende Plattenfirma der Welt, die schwarz ist, den besten Entertainer der Welt, der ebenfalls schwarz ist, unter Vertrag nehmen würde.‹«

Berrys Motown-Label brachte Gruppen wie die Supremes und die Temptations heraus. Er hatte die Spitzenplätze der Charts praktisch gepachtet. Wir gaben eine Pressekonferenz, um bekanntzugeben, daß ich bei Motown unterschrieben hatte, und Berry sagte: »Ich glaube, daß ich Sammy Davis zum größten Plattenstar der Welt machen kann.« Ich plante zwei Wochen für die Aufnahmen ein, und wir nahmen zwei Alben auf. Dann kam das erste Album heraus – mit sehr mäßigem Erfolg. Vielleicht waren die besseren Sachen im zweiten Album.

Jack Entratter war gestorben. Das Hotel Sands gehörte jetzt Howard Hughes, obwohl HH der Unsichtbare von Las Vegas blieb. Nach der Premiere kam einer seiner Leute zu mir in die Garderobe und sagte: »Mr. H. läßt Ihnen mitteilen, daß er gestern abend heimlich hiergewesen ist und sich die Show aus der letzten Reihe angesehen hat. Er fand sie großartig.«

Altovise kam übers Wochenende herunter, brachte Stoffmuster und eine Unmenge Holzmuster für die Fußböden und Marmormuster für unser Bad mit und berichtete vom Fortgang der Umbauarbeiten. »Überall Hämmern und Sägen und Staub. Aber ich finde es herrlich!«

Auf der Fahrt zur Eröffnung einer neuen Einkaufspassage stellte sie das Radio an. »Ich probiere es schon dauernd... wann kommt das neue Album heraus?«

»Das ist die große Frage.«

Sy fuhr los, um mit Berry Gordy zu reden. »Wann soll das nächste Album rauskommen?«

Berry antwortete ausweichend. »Nun, meine Leute draußen finden, daß er nicht den Motown-Sound hat.«

»Natürlich hat er den nicht! Sammy singt Balladen.«

»Tut mir leid, aber wie sich gezeigt hat, ist das kein Material, das wir erfolgreich vermarkten können.«

Sy konnte es nicht fassen und war wütend, als er mir am Telefon davon berichtete. Aber ich glaubte ihm die Geschichte sofort. Balladensänger steckten bis auf einige Ausnahmen in einer Krise. Mit Rock 'n' Roll war soviel Geld zu verdienen, daß die Plattenfirmen sich nicht die Mühe machten, für einen Balladensänger zu werben und seine Titel auf den Markt zu bringen, weil die Geschäfte sie nicht mal ins Regal stellen wollten. Aber warum hatten die Leute von Motown sich das nicht überlegt, *bevor* sie eine Pressekonferenz gegeben, eine halbe Million Dollar in zwei Alben investiert und meine kostbare Zeit vergeudet hatten?

Sy dachte inzwischen laut nach. »Berry Gordy will natürlich nicht, daß die Leute denken, er habe Sammy Davis verloren. Wart's ab, Sweetheart, wir gehen dort nicht mit leeren Händen weg.«

Er suchte Berry auf und sagte: »Ich, Sy Marsh, nicht Sammy Davis, sondern ich persönlich werde der Presse mitteilen, daß Sammy in gutem Glauben bei Berry Gordy unterschrieben hat, daß er zwei komplette Alben mit von ihnen ausgewähltem Material aufgenommen hat und daß die Hälfte dieser künstlerischen Leistung jetzt nicht herauskommen soll, weil Berry Gordy später zu dem Schluß gekommen ist, dies sei ›nicht der Motown-Sound‹, als habe er Sammy Davis, Jr. zuvor noch nie singen gehört.«

»Sy, wozu willst du das tun?«

»Oder ich bekomme von Ihnen das ganze unveröffentlichte Material, sämtliche Bänder, und gebe nicht mal bekannt, daß unsere Verbindung gelöst ist. Wir trennen uns einfach stillschweigend.«

»Sy! Wir reden von einer Viertelmillion Dollar, die diese Leute investiert haben.«

»*Sie* reden von einer Investition in Tonbändern, die für sie wertlos sind. *Ich* rede vom größten Entertainer der Welt, der zwei volle Wochen lang umsonst gearbeitet hat. In dieser Zeit hätte er in Vegas fast 'ne halbe Million verdienen können. Statt dessen hat er Platten aufgenommen, die Sie nicht rausbringen wollen.«

Berry rief Sy einige Tage später an. »Lassen Sie den Vertrag schreiben. Sie kriegen das ganze Material und sind damit unauffällig draußen.«

Unterdessen stand Sy in Verbindung mit Mike Curb, dem neuen »heißesten Plattenproduzenten der Stadt«, der eben Präsident von MGM Records geworden war. »Wir sind bei Motown unter Vertrag, aber das ist nicht der richtige Laden für Sammy. Falls Sie interessiert sind, kündige ich den Vertrag mit Motown.«

»Ich bin mehr als nur interessiert. Ich will Sammy Davis unbedingt haben.«

Sy kam nach Vegas, um mir davon zu erzählen. Ich fand diesen Gedanken widerwärtig. »Mike Curb? Ein farbloser, spießiger Bursche!«

Er tat meine Einwände mit einem Schulterzucken ab. »Was macht das schon? Viel wichtiger ist, daß ich beim Vertragsabschluß vereinbaren werde, daß MGM unser Motown-Album gegen Unkostenerstattung rausbringt. Das tun sie, weil sie in diesem Fall keine eigenen Investitionen tilgen müssen. Und das bedeutet, daß wir diesmal statt fünf Prozent Umsatzbeteiligung sechzig Prozent kriegen!«

Sy flog nach L. A. zurück und rief mich am nächsten Tag triumphierend an. »Sweetheart, ich hab' die Vereinbarung für die Bänder unterschrieben, und da wir diesmal den Löwenanteil kriegen, müßten wir so um die drei Millionen einnehmen, wenn das Album sich nur einigermaßen verkauft. Und sie finden es aufregend, daß du zu Aufnahmen reinkommen willst, Mike hat eine Single, die er mit der Mike Curb Congregation als Instrumentalstück aufgenommen hat. Er hat gesagt: ›Mit Sammys Stimme könnte ein Hit daraus werden, glaub' ich.‹ Er findet, daß du Jugendlichkeit und genau die richtige Frische an dir hast.«

»Wie heißt der Song denn?«

»›The Candy Man.‹«

»*Was?* ›The Candy Man‹?«

»Oder so ähnlich. Tony Newley und Leslie Bricusse haben ihn für einen Disney-Film oder so was geschrieben.«

»Ich kenne den Song. Schauderhaft! Eine farblose, billige, unromantische Schnulze. Igitt!«

Sy wurde nervös. »Sweetheart, bitte – keinen Terror, ja? Wichtig ist nur, daß sie dein Motown-Album rausbringen. Du mußt die Aufnahme mit der Mike Curb Congregation machen. Du mußt ›The Candy Man‹ singen.«

»Kommt nicht in Frage! Kannst du dir vorstellen, wie ich – ein Swinger, einer der Cats, die die Klatschspalten füllen – für Kids singe? Als ob ich Julie Andrews wäre? Wer soll die Platte kaufen? Das ist völlig bescheuert! Pfui Spinne.«

Er versuchte, mich zu beschwichtigen. »Wen stört's, wenn kein Mensch die Platte kauft? Wichtig ist nur, daß du keinen Wirbel machst, damit sie unser Zeug von Motown rausbringen. Dieses Album bringt uns ein Bürogebäude ein, von dem wir für den Rest unserer Tage leben können.«

Die Idee war mir widerwärtig, aber ich stimmte dann doch zu. Als ich wieder in L. A. war, begleitete Sy mich zur Aufnahme bei MGM. Ich sah mir die Gesangsnoten für ›The Candy Man‹ an, rang mir für jedermann ein Lächeln ab, und wir nahmen den Song im ersten Anlauf auf. Dann ging ich in den Aufnahmeraum, um mir das Playback anzuhören. Der Song klang widerlich süßlich. Ich starrte Sy aufgebracht an. Er lächelte zurück, als wolle er sagen: »Na und?«

Mike Curb fragte: »Sammy, könnten Sie ein paar Di-ah-du-ahs einschieben...?«

»Ein paar was?«

»Sie müßten in der Mitte ein bißchen improvisieren, damit ich die Congregation wieder hinter Sie bringen kann.«

Ich lächelte zuckersüß wie der Candy Man persönlich, ging ins Tonstudio zurück und wiederholte die Aufnahme – diesmal mit ein paar Di-ah-du-ahs. Dann hörte ich mir das Playback an. Mike Curb wirkte begeistert. Ich stieß Sy mit dem Ellbogen an und zischte: »Du wirst sehen, diese Platte landet sofort auf dem Müll! Und wenn ich Pech habe, ruiniert sie meine ganze Karriere!«

»Sweetheart... gut, du hast ein bißchen Zeit investiert... uns kommt's doch darauf an, daß sie dein Album...«

»Okay, Sy, wir haben's gemacht... du hast dich durchgesetzt.«

Einen Tag vor meinem Geburtstag zogen wir in unser neues Haus um. Unsere 8000 Quadratmeter Grund waren von einem Eisenzaun umgeben, und ich hatte eine fünfköpfige Wachmannschaft eingestellt, die das Grundstück Tag und Nacht sicherte. Während wir darauf warteten, daß der Wachmann das Tor öffnete, hielt ich die Hand meiner Frau in meiner, genoß diese Gelegenheit, mich noch eine Weile draußen aufzuhalten, und dachte: *Mein Gott, wie fern von Harlem, der Kälte, dem Müll im Hinterhof... wie weit von Westside, Southside, – von der falschen Seite.*

Altovise führte mich durchs Haus. Diele, Wohnzimmer und Speisezimmer hatten wunderbar poliertes Parkett. Im Wohnzimmer gab es eine gemütliche, abgesenkte Gesprächsecke, und an der Bar standen bequeme Drehsessel. Vier zweiflüglige Terrassentüren führten in den Garten hinaus. »Ideal für Einladungen«, sagte sie. »Für eine Gartenparty, für eine Party, die drinnen und draußen stattfindet, oder wenn bloß die Kumpel vorbeikommen.« In unserem Vorführraum hinter dem Wohnzimmer war die Leinwand hinter einem vierteiligen Wandgemälde versteckt. Auf dem Flur zu unserem Schlafzimmer mit den wandhohen Bücherregalen gab es getrennte Damen- und Herrentoiletten für Gäste. Unser »Einbaukleiderschrank« bestand aus zwei übereinanderliegenden Zimmern.

Alto führte mich wie auf einer Schnitzeljagd herum. »Honey, weißt du noch, wie gut dir gefallen hat, wie Bill Harrah seine Sonnenbrillen aufbewahrt? Nun, ich hab' mir seine Idee für dich geborgt.« Und sie zeigte mir meine Sonnenbrillensammlung auf Gestellen wie beim Optiker. Oben im Vorraum zwischen den Gästezimmern hatte sie meinen Billardtisch aufgestellt und die Wände mit meiner Gewehrsammlung geschmückt. Und eine halbe Etage unter unserem Schlafzimmer lag mein Arbeitszimmer mit Regalen für alle meine Platten und Videokassetten sowie Schränken für meine Kameras. Im Schlafzimmer hing der Fernseher genau so, daß man ihn vom Bett aus gut sehen konnte.

Ich schloß sie in die Arme. »Ich liebe alles! Und ich liebe die Frau, die das alles geschafft hat und es mit mir teilen und genießen wird.«

Am nächsten Morgen rief der Wachmann vom Tor an. »Mr. D., hier steht ein Lastwagen, und der Fahrer sagt, daß er Ihr Geburtstagsgeschenk von Howard Hughes geladen hat.«

Die Männer schleppten zwei neue 35-mm-Tonfilmprojektoren herein. Ich rief meinen Filmvorführer Virgil an und ließ ihn kommen und die Aufstellung überwachen. Nach einem Blick auf die italienischen Projektoren nahm er mich beiseite. »Mr. D., das sind die besten Geräte, die's gibt. Besser als alles, was Filmbosse bei sich daheim haben; besser als alles, was in den Vorführräumen der Ateliers steht. Wenn's welche zu kaufen gäbe, würden sie ungefähr 'ne Viertelmillion Dollar kosten.«

Ich war sprachlos. Jedes neue Gerät mußte besser sein als meine von häufigen Defekten heimgesuchten alten Projektoren. Aber ich kam mir vor wie ein Mann, der glaubt, einen netten Wagen zu haben, und dann einen ernsthaften Sammler ausrufen hört: »Mein Gott, das ist ja ein Mercedes XCLM II...!«

Alto und ich tranken an der Bar sitzend Kaffee und blickten durch die offenen Terrassentüren auf unseren Garten und den Swimming-pool hinaus. Ich klappte eine Zigarettenbox auf. Sie war leer. »Dies ist keine Giacometti-Statue«, sagte ich, »folglich muß sie gefälligst funktionieren.« Auf der Bartheke standen drei Feuerzeuge. Alle drei leer.

»Darling, ich wäre dir wirklich dankbar, wenn du dafür sorgen würdest, daß jemand die Feuerzeuge nachfüllt. Ein goldenes Feuerzeug, das nicht brennt, ist durchaus nicht chic.« Ich mäßigte meinen Tonfall etwas. »Dies ist unser Heim, und wir wollen immer reichlich Zigaretten, gemischte Nüsse und Limonaden vorrätig haben. Es gibt keinen Grund, weshalb wir *jemals* auf *irgendwelche* kleinen Genüsse verzichten müßten. Bitte sorge dafür, daß von allem reichlich da ist. Ich erkenne die Riesenarbeit an, die du geleistet hast. Ich bin ein Scheusal, daß ich so anspruchsvoll bin. Aber ich möchte, daß unser Heim luxuriös behaglich ist.«

»Du brauchst dich nicht zu entschuldigen. Du hast recht. Und ich will dazulernen.« Sie rang sich ein Lächeln ab. »Aber ich gebe zu, daß ich als Tochter eines Berufssoldaten in der Navy daheim nicht viel mit der Wartung von Kinofilmprojektoren zu tun gehabt habe.«

Ende der Woche rief Sy Marsh mich an. »Äh, was deine Frau betrifft... Der Apfel fällt nicht weit vom Stamm. Ich schicke dir einen Boten mit einem Umschlag, damit zu weißt, was ich meine.«

Der Umschlag enthielt eine Rechnung des Delikatessengeschäfts Sey-Co in Beverly Hills. Sie war lang und detailliert: Kaviarbüchsen, Feinschmecker-Kartoffelchips, gemischte Nüsse, Pistazien, blanchierte Mandeln. Für 5200 Dollar.

Ich suchte Altovise und hielt ihr die Rechnung unter die Nase. *»Bitte, was ist das?«* Ohne wahrzunehmen, daß ich Feuer schnaubte, zeigte sie mir einen Wandschrank, der von Barbedarf überquoll, und einen halben Kühlschrank voll Kaviar. »Du hast reichliche Vorräte verlangt. Ich habe auch drei Kartons Feuerzeugbenzin gekauft.«

Sie war mir ebenbürtig. Ich war beinahe stolz auf sie.

In drei Tagen hatte ich Premiere in Lake Tahoe. Die Trennung von Ehe und Karriere funktionierte. Dabei hatte sich folgendes eingespielt: Ich flog voraus und brachte mit unbelasteter Konzentration die Premiere und die damit verbundenen Verpflichtungen hinter mich. Dann kam Alto nach, und wir genossen den Rest meines Gastspiels gemeinsam. Ich sagte: »Es tut mir leid, dich so allein zurückzulassen.«

»Ehrlich gesagt brauche ich die Zeit daheim für Vorbereitungen für die alljährliche SHARE-Party. Ich bin im Einladungsausschuß, und wir haben alle Hände voll zu tun...« Sie lächelte glücklich. »Du hast recht gehabt. Ich arbeite sehr gern für SHARE. Und wer ist außerdem allein? Ich habe Lessie Lee und fünf Wachmänner. Und ich muß dafür sorgen, daß meine Feuerzeuge gefüllt sind.«

20

Altovise kam ins Schlafzimmer und machte mir Zeichen, den Telefonhörer abzuheben. »Das Weiße Haus ruft an.«

Der Anrufer war Bob Brown, einer der Gründer der Southern Leadership Conference, der mit Martin Luther King zusammengearbeitet hatte. »Ich komme nach Kalifornien«, kündigte er an. »Ich muß mit dir reden.« Ich wußte, daß er seine Firma in North Carolina aufgegeben hatte und jetzt in Washington für Präsident Nixon tätig war.

Dann saßen Altovise, Bob und ich im Wohnzimmer. »Sammy, der Präsident hat lobend von dir gesprochen und möchte, daß du uns bei einigen unserer Programme hilfst. *Ich* möchte deine Hilfe. Ich möchte, daß du dich engagierst, daß du wichtige Dinge tust – größer als alles, was wir als Privatpersonen erreichen könnten. Wir haben die Möglichkeit, die Lebensumstände vieler Menschen dieses Landes zu verbessern. Wir haben Jim Brown bei uns, und wir haben James Brown, wir haben viele gute Leute, aber der Präsident will dich. Er fragt mich immer mal wieder: ›Wie geht's Sammy? Glauben Sie, daß er uns bei dieser Sache helfen würde?‹ Er hat mich gebeten, dir zu sagen, daß er dich als Mitglied im Nationalen Wirtschaftsrat möchte.«

Ich war wie vor den Kopf geschlagen. »Bob, ich bin Demokrat. Ich habe starke Bindungen zu den Kennedys, zu den Zielen der Demokraten.«

»Gewiß, aber du solltest Nixon nicht die Tür vor der Nase zuschlagen. Benütze seine Macht, um Dinge zu erreichen, die wir, du und ich, für notwendig halten. Werde Mitglied im Wirtschaftsrat. Findest du später, er sollte wiedergewählt werden, kannst du ein ›Demokrat für Nixon‹ werden. Bist du von ihm enttäuscht, kannst du einfach wieder gehen. Aber wär's nicht besser, ihn aus eigener Erfahrung beurteilen zu können? Ich hab's getan, und ich sage, daß er sich Zielen verpflichtet fühlt, an die du und ich glauben. Warum hätte er sonst *mich* nach Washington geholt? Nixons Weißes Haus hat mehr Schwarze in Führungspositionen als unter jedem früheren Präsidenten – auch unter JFK.«

Wir begleiteten ihn zu seinem Wagen hinaus. »Denk ernsthaft darüber nach, Sammy. Ich rufe wieder an.« Alto und ich gingen wieder ins Haus – zu einem Schlummertrunk an die Bar. »Ich glaube, Bob Brown«, sagte ich, »das Dumme ist nur, daß Jim Brown und die anderen es tun können, aber sobald *ich* zu ihnen stoße, schreiben zehn Kerle: ›Sammy will Botschafter in Watts werden.‹ Alle werden mich als Opportunisten sehen. Niemand wird verstehen, wie ich zu Nixon überlaufen konnte.«

»Warum versuchst du nicht, die Sache auszuloten? Ruf jemand an, zu dem du Vertrauen hast.«

»Da hast du recht.« Was für ein Vergnügen es war, mit jemand zu diskutieren, dem ich in für mich wichtigen Fragen vertrauen konnte! Und vernünftige Antworten zu bekommen. »Du hast also mehr zu bieten als bloß ein hübsches Gesicht, 'nen knackigen Hintern und tolle Beine, was?«

Ich rief Jesse Jackson an. »Ich bin kein Nixon-Anhänger«, sagte er, »aber für mich steht außer Frage, daß er die Bürgerrechtsprogramme fortführt, anstatt sie zu streichen, was er hätte tun können.« Ich sprach mit weiteren prominenten Bürgerrechtlern, mit Führungspersönlichkeiten aus NAACP und Urban League und erntete überall Zustimmung. »Wenn wir Sie dort reinkriegen könnten, wo Sie die Aufmerksamkeit des Präsidenten hätten... damit ließe sich einiges erreichen.«

Nach meiner Ankunft in Washington fuhr ich zum Friedhof, um Blumen niederzulegen und die Gräber von JFK und Bobby Kennedy zu besuchen. Dann fuhr ich ins Weiße Haus zur Unterzeichnung meiner Ernennungsurkunde als Mitglied im Council on Economic Opportunity. Im Oval Office kam Präsident Nixon hinter seinem Schreibtisch hervor, um mich zu begrüßen. »Sammy, ich bin Ihnen dankbar für die Unterstützung, die wir von Ihnen bekommen werden.« Er unterzeichnete meine Ernennungsurkunde und schenkte mir den Füllfederhalter, mit dem er unterschrieben hatte.

Über meine potentiellen Möglichkeiten aufgeregt, rief ich Harry an, um ihn nach konstruktiven Zielen zu fragen, auf die ich hinarbeiten konnte. Er war verreist. Ich ließ ihn um einen Rückruf bei mir zu Hause bitten. Auch für Sidney Poitier hinterließ ich eine Nachricht.

Auf meiner ersten monatlichen Sitzung sprachen wir über die Entrechtung der Schwarzen in Amerika, die Arbeitslosigkeit schwarzer Jugendlicher und das Drogenproblem. Verhältnismäßig mehr Schwarze als Weiße wurden wegen Drogenbesitzes verhaftet und verurteilt. Selbst bei unbedeutenden Straftaten hieß es oft: »Wir haben keine Zeit. Sperrt sie ein, und der Richter soll ihnen einen Denkzettel verpassen.« So konnte ein Familienvater plötzlich drei, vier Jahre hinter Gittern sitzen, bis sein Fall zur Verhandlung kam. Wir sorgten dafür, daß das Justizministerium sich dieser Problematik annahm.

Während meines Aufenthalts in Washington rief ich Ethel an, um Hallo zu sagen und nach den Kindern zu fragen. »Mrs. Kennedy ist gerade nicht da, aber wenn Sie mir Ihre Nummer geben wollen, ruft sie zurück.«

Die Tage und Abende vergingen mit Besprechungen. Erst als ich einige Wochen später erneut in Washington war, fiel mir ein, daß ich noch nicht mit Ethel gesprochen hatte.

»Einen Augenblick, bitte. Wen darf ich melden?«

»Sammy Davis, Jr.«

Sie war nicht da. Sie würde zurückrufen.

Aber sie rief nicht zurück. Ich versuchte es noch einmal. Wieder kein Echo, Schweigen.

Auch Harry hatte nicht wie sonst immer zurückgerufen. Sidney ebenfalls nicht. Alle liberalen Demokraten, mit denen ich für unsere gemeinsamen Überzeugungen marschiert war, schnitten mich, seitdem ich für Nixon tätig war. Kein einziger sagte: »Hey, erklär mir mal deine Gründe...«

Im folgenden halben Jahr war ich oft in Washington. Ich besuchte jedesmal Johns und Bobbys Gräber – aber Ethel rief ich nicht mehr an. Der Schmerz saß tief. Ich fand, sie habe unrecht; ich fand Harry und Sidney hätten unrecht. Aber was sollte ich tun? Ich konnte darunter leiden und um kostbare Freundschaften trauern, die ich verloren hatte, oder tun, was ich tun mußte, »Scheißegal!« sagen und mir einbilden, das sei mein Ernst.

Jeweils vor meinen Besprechungen mit schwarzen Geschäftsleuten und Senatoren suchte ich Bob Brown zu einem Informationsgespräch in seinem Büro im Executive Office Building im Komplex des Weißen Hauses auf. Bob hatte dort vier Sekretärinnen sowie drei weitere Mitarbeiter im Weißen Haus. Er vermittelte nicht nur Fakten über die Lage der Schwarzen, sondern war auf allen Ebenen tätig. Trotz John Kennedys Liberalismus hatte er niemals einen Schwarzen auch nur annähernd als so engen Mitarbeiter gehabt, wie Richard Nixon jetzt Robert Brown hatte.

Am Tag, an dem Mahalia Jackson starb, trat ich in Las Vegas auf und erhielt einen Anruf von Bob. »Sammy, würdest du als offizieller Vertreter des Präsidenten an Mahalias Begräbnis teilnehmen?« Ich versicherte ihm, das sei mir die größte Ehre, aber ich müsse am selben Abend wieder in Vegas sein. »Kein Problem. Ich besorge dir eine Maschine der Air Force, die dich abholt und zurückbringt.«

Als ich an ihrem Grab stand und beobachtete, wie der Sarg hinabgelassen wurde, dachte ich: *Mahalia ... du weißt, wie oft wir gedacht haben: Zum Teufel, uns geht's nie besser ... Nun, Schwester, wer hat mich wohl hergeschickt, um dir die letzte Ehre zu erweisen?*

Ich hörte immer wieder von schwarzen Kids, die in Vietnam in den Bau wanderten, weil sie einen Joint geraucht hatten. Schwarze GI's stellten die Mehrheit aller dort drüben in Rehabilitationszentren für Süchtige Behandelten. Das konnte irgendwie nicht stimmen. Schwarze sind eine Minderheit. Und ich hatte in San Francisco in Haight-Ashbury gesehen, daß mehr weiße als schwarze Kids LSD nahmen und Joints rauchten. Aber in Vietnam wurden Schwarze wegen geringfügiger Drogenvergehen unehrenhaft entlassen, während Weiße, die dabei erwischt wurden, straffrei blieben. Das führte zu Unruhen auf Schiffen und Militärstützpunkten. Ich fragte Bob: »Weiß der Präsident davon?«

Er rief zurück. »Der Präsident läßt fragen, ob du bereit bist, in seinem Auftrag nach Vietnam zu gehen, dich dort umzusehen und ihm Bericht zu erstatten.«

Ich flog nach Washington und ging mit Bob zu Dr. Jaffe, dem Vorsitzenden des Drogenausschusses des Präsidenten, der uns erklärte: »Das Problem liegt in der Qualität der dort eingesetzten Offiziere. Vietnam ist kein Spitzenjob, deshalb kommen nicht die besten Leute hin. Das ist wie im diplomatischen Dienst: Nach London und Paris sind alle übrigen Posten zweitklassig. Die kommandierenden Offiziere sind ältere Männer am Ende ihrer Laufbahn. Für sie bedeutet ein Joint ›Drogenbesitz‹. Von einem habe ich mal gehört: ›Diese Nigger sind alle drogensüchtig.‹ Ihre Verbohrtheit ist unglaublich! Chappy James hat mir erzählt: ›In Vietnam gibt's Heeresoffiziere, die noch immer nicht glauben, daß Schwarze ein Flugzeug fliegen können.‹ Ihre Vorurteile schaden der Laufbahn dieser Jungs und ihrer Zukunft. Wenn Sie dort rübergehen würden ...«

»Ich brauche nur etwas Zeit, um eine Show zusammenzustellen. Wenn ich schon mal dort bin, möchte ich auch was für die Jungs tun.«

»Ich gebe Ihnen meine besten Leute zur Unterstützung mit«, sagte Dr. Jaffe, »aber es wird kein Vergnügen für Sie sein. Die Soldaten werden Sie für ein Arschloch, für einen Onkel Tom halten ...«

Und das sagte mir ein Weißer!

Wir flogen mit einer fensterlosen, nicht isolierten C-50 der U. S. Army, einer Transportmaschine, die sonst Jeeps beförderte und einer leeren Garage glich, hockten auf seitlich angebrachten Bänken, aßen TV-Dinner und erlebten eine stürmische Regennacht: Altovise, die Mädchen, die mit ihr tanzen würden, George und Shirley, meine Musiker und ich – insgesamt 25 Personen. Ich hatte nur Murphy daheimgelassen, weil ich ihm die Strapazen dieser Reise nicht zumuten wollte.

Wir kamen tagsüber an und wurden in einem Offiziersunterkünften entsprechenden Haus untergebracht. Zwei Vietnamesinnen – Mama-Sans – hielten es für uns in Ordnung. Abends lernten wir die Offiziere bei einem Dinner kennen. Es gab Brathähnchen.

Als ich am nächsten Tag ein Entgiftungszentrum besichtigte, stellte ich erschrocken fest, daß es wie Sing Sing mit Stacheldrahtzäunen und Wachttürmen mit bewaffneten Posten gesichert war. Ich ging hinein. Die meisten der 40 oder 50 Insassen, darunter 60 Prozent Schwarze, saßen in Reihen da und starrten mich finster an. Ich lächelte trotzdem weiter. »Hi, Guys!«

»Du Wichser, was willst'n du hier?«

»Ich will rauskriegen, warum ihr hier seid. Wie sie euch behandeln. Das müßt ihr mir erzählen.«

»Scheiße, wir brauchen einem dummen Arschloch wie dir gar nichts zu erzählen. Der weiße Mann hat dich hergeschickt, er muß dir auch gesagt haben, was hier läuft.«

Obwohl ich gewarnt worden war, war das ein Schock. »Nein, ihr täuscht euch. Ich bin rübergekommen, weil ich geglaubt habe, was Gutes tun zu können.«

»Ach, hör auf mit dem Scheiß! Du bist hier, weil du 'ne Kulisse für 'n Fernsehauftritt brauchst. Weil du *dir* was Gutes tun willst.« Er wandte sich an einen der mich begleitenden Offiziere. »Müssen wir uns das anhören?« Ein anderer knurrte mich an: »Scheiße, Mann, was verstehst du schon davon? Du kommst hier mit all diesen beknackten Offizieren rein, die kennen wir nicht, die sind weiß. Das ist vom Start weg beschissen.«

Eine beängstigende Situation, eine Art geistiges Handgemenge, in dem Einstellung gegen Einstellung stand. Hier war ich nicht »Sammy«, ein Bruder, sondern gehörte zum Establishment. Ein Schwarzer, den der weiße Präsident schickt? Verschwinde! Sie trauten mir nicht mehr, als sie Bob Hope getraut hätten, wenn er hereingekommen wäre und von Drogen gesprochen hätte.

Ich hob abwehrend die Hände. »Augenblick, Augenblick! Nur weil ich nicht sage: ›Zum Teufel mit euch Wichsern!‹, sondern mir Gedanken über eure Lage mache, gehöre ich noch lange nicht zum Establishment. Andererseits gehöre ich *doch* dazu und vertrete den guten Teil, dem's nicht gleichgültig ist, was aus euch wird ...«

»Scheiße, Mann! Scheiße! Du willst uns doch verarschen!«

»Okay, aber dann laßt's mich wenigstens versuchen. Wenn ich

nichts erreiche, könnt ihr einfach zurückgehen oder hier sitzenbleiben oder sonstwas tun und sagen: ›Seht, wie recht wir gehabt haben – er ist wirklich ein dummes Arschloch!‹ «

Ich war in Schweiß gebadet und hatte langsam das Gefühl, es diesmal nicht zu schaffen. Ich wandte mich an den ersten GI. »Wo sind die Scheißkameras, wenn ich hier 'ne Fernsehshow aufzeichne, um damit zu Hause reich zu werden? In meinem blinden Auge? Und kannst *du* mir vielleicht sagen, was ich hier am Arsch der Welt tue, anstatt mit zehn Miezen in Vegas zu sein und hundert Riesen pro Woche zu kassieren? Aber ich bin natürlich clever, ich hab' mir 'nen schneidigen Jeep organisiert, mit dem ich hier rumfahre, anstatt in meinem beschissenen ollen Rolls-Royce oder meinem Caddy-Kabrio sitzen zu müssen...«

Nun hatte ich ihre Aufmerksamkeit gewonnen und ließ nicht mehr locker.

»Hör zu, Mann, ich bin auch in der Army gewesen. Weniger schlimm, als Vietnam jetzt für euch ist. Aber für mich ist es damals auch ganz schön beschissen gewesen. Ich bin im ersten integrierten Regiment der U. S. Army gewesen. Wie würde es dir gefallen, bei achtundzwanzig Rednecks zu pennen, die deinen schwarzen Arsch hassen? Findest du nicht, daß ich damit meinen Mitgliedsbeitrag bezahlt hab'?«

Das zeigte Wirkung. »Hey, Mann... Scheiße, was *machst* du dann hier?«

»Ich versuche zu helfen. Etwas zurückzuzahlen. Gott hat mir viel gegeben. Mehr als jemand erhoffen darf. Er will, daß ich damit ein paar Kerlen helfe, für die er selbst gerade keine Zeit hat. Ich kenne seine Gründe nicht, aber er hat mir Gehör beim Präsidenten verschafft. Und wenn ich zurückkomme und Mr. Nixon berichte, wie's hier ist, unternimmt er vielleicht was dagegen...«

»Und vielleicht auch nicht.«

»Dadurch wird eure Lage auch nicht schlimmer. Ich werd's wenigstens versuchen.«

Er starrte mich wie gebannt an. Dann nickte er. In seinen Augen leuchtete ein Lächeln auf. »Yeah, Mann. Okay. Da hast du scheißrecht!« Die anderen waren inzwischen ruhiger geworden. »Was willst du also wissen, Bro'?«

Ich nickte. »Danke. Ich will verstehen, was hier vorgeht, damit ich's nach oben weitergeben kann. Was kann ich berichten?«

»Hast du den Stacheldraht gesehen? Hast du die MG-Türme gesehen? Willst du wissen, warum ich in dieser medizinischen Einrichtung bin? Ich bin seit 'nem halben Jahr hier in Vietnam. Ich habe Kerle erschossen. Das ist mein Job. Bin beinahe gekillt worden. Auch das ist mein Job. Bin aus der Feuerstellung zurückgekommen. Fünf Bucks für 'ne Mama-San, die mir 'nen Joint und 'ne Prise Coke besorgt hat. Urinanalyse. Peng! Süchtig. Schmeißt diesen schwarzen Arsch mit 'ner unehrenhaften Entlassung raus!«

Auch diesmal hörte ich den Hilfeschrei unter der scheinbar harten Schale. Einer der anderen fragte: »Sind Sie hier, um den Drogenmißbrauch zu bekämpfen?«

»Ich bin hier, um gegen den Mißbrauch zu kämpfen, der mit *euch* getrieben wird...« Das trug mir mißtrauische, ungläubige Blicke ein. »Ich möchte hören, was hier läuft, und kann euch nur versprechen, daß mein Bericht auf dem Schreibtisch der richtigen Leute landen wird. Ich verspreche euch, daß ich sie bitten werde, den Stacheldraht abzubauen. Und die MG-Türme. Diese Scheißdinger müssen weg!«

Ein freundlich aussehender Junge, dem es vermutlich weh tat, den harten Mann zu spielen, fragte mich: »Haben sie jemals Drogen genommen?«

»Ja.«

Überraschtes Murmeln, weil ich das zugegeben hatte. »Was halten sie von Drogen?«

»Die halte ich für Scheiße, Mann. Für reine Scheiße, weil sie einen fertigmachen. Wenn's Drogen gäbe, die weder Lern- noch Denkfähigkeit beeinträchtigen und anderen Leuten nicht schaden... Mann, dann wär' ich jeden Tag bekifft! Aber ich weiß, daß alle diese Wirkungen eintreten würden. Daran kann niemand was ändern. Jedes Problem, das man durch 'nen Joint oder 'ne Prise Coke zu lösen versucht, ist noch immer da, wenn man von seinem High runterkommt... und manchmal ist's noch größer, weil man die Woche, den Monat, vielleicht sogar zwei, drei Jahre, die man bekifft von der Rolle gewesen ist, vergeudet und dem Problem Gelegenheit gegeben hat, noch größer zu werden. Und dazu kommt, daß man dann todsicher abgebrannt ist. Oder es geht einem wie euch hier. Statt auf dem Weg in die Heimat seid ihr auf Entzug...«

Ähnlich hatte ich schon bei Besuchen in Therapieeinrichtungen für Drogenabhängige in den Staaten argumentiert. Meine Hoffnung dabei war, daß vielleicht irgendein Kid denken würde: Hey, Sammy ist ganz schön gut drauf, wenn *er* damit zurechtgekommen ist... Ich konnte ihnen aus eigener Erfahrung berichten: »Das Scheißzeug hat mich fast ruiniert. Ich bin bekifft aufgetreten, hab' mich wunderbar gefühlt! Hab' einen Song gesungen und bin von der Bühne gegangen. Dachte, ich hätte 'ne ganze Show abgeliefert.«

Von diesem Tag an lehnte ich eine Begleitung durch Offiziere ab. Einer von Dr. Jaffes Leuten, ein Zivilist, blieb jedoch mein ständiger Begleiter. Ich stellte ihn mit folgenden Worten vor: »Dieser Mann, der hier sitzt, ist kein Offizier, aber er kommt von ganz oben und wird euch die Wahrheit sagen.«

Das Kokain wurde von den Mama-Sans geliefert. Bei Vietnamesinnen konnte die amerikanische Militärpolizei keine Leibesvisitation vornehmen. Sie verkauften Glasflaschen für nur fünf Dollar. Reines Kokain. Man klopfte den Tabak aus seiner Zigarette, kippte das Coke hinein, drehte das Papier zusammen und zündete es an. Davon wurden die Cats high. Mit reinem Kokain! Und dann waren sie natürlich süchtig.

Ich trat in Da Nang in vier großen Bühnenshows mit großem Orchester auf und gab einige weitere Vorstellungen für 12000 bis 14000 Soldaten. Bei diesen Shows fungierte Altovise als Zeremonienmeisterin. Sie kam in Hot Pants auf die Bühne. Die Cats tobten vor Begeisterung! Ich mußte verzweifelt um ihre Aufmerksamkeit kämpfen. »Hey, haltet euch 'n bißchen mit meiner *Frau* zurück! Das ist nicht meine Alte – das ist meine Frau, Mann! Bringt mich nicht dazu, daß ich auf die Bühne komme und jemand das Messer reinstoßen muß...« Und der Kontakt zum Publikum wurde immer enger.

Wir wurden Tag und Nacht mit Autos zu den Flugzeugen oder Hubschraubern gebracht. Die Musiker und andere, die nur bei einigen Shows mitwirkten, fuhren mit Bussen oder auf Lastwagen. Da ich in allen Shows auftrat, flog ich, um eine Stunde länger schlafen zu können.

Meistens trat ich in der Nähe von Feuerstellungen auf – vor 100 bis 200 Soldaten, manchmal auch nur von 50 oder 75 Mann. Kam ich mit vier bis fünf Leuten an, sagte irgendein Unteroffizier: »Sie treten hier auf – in diesem Kreis.« Dabei zeigte er auf ein paar Quadratmeter Grund, die dann meine Bühne waren. Wenige hundert Meter entfernt stand der Gegner. »Singen Sie nicht zu laut, Charlie kann Sie hören«, wurde ich manchmal gewarnt. Oft nahm ich nur einen Gitarristen mit, um vor zehn oder 20 GI's aufzutreten. Ich setzte mich zu ihnen auf die Erde und sang für sie; dann schwatzten wir noch eine Weile miteinander, bis wieder Beschuß einsetzte.

Eine Woche vor meiner Abreise lud eine Gruppe von Unteroffizieren mich zum Essen ein. »Als Sie hergekommen und zum ersten Mal aufgetreten sind, hatten wir uns bereits gegen Sie entschieden. Wir sind mit 'ner Wut im Bauch hingegangen. Wären Sie rübergekommen und hätten 'ne Sondersendung fürs Fernsehen oder irgend so 'n Scheiß gedreht, hätten Sie sich als Nigger rüberschicken lassen, um uns zu beeindrucken, hätten Sie so 'ne Show abgeliefert, mit der wir gerechnet haben – und wären Sie uns patriotisch gekommen –, wollten wir in Massen aufstehen und gehen. Aber jetzt haben Sie uns überzeugt, und wenn wir irgendwas tun können...«

THE WHITE HOUSE

4. April 1972

Lieber Sammy,
mir zugegangene begeisterte Berichte zeigen, daß Ihre kürzliche Tournee auf unseren Militärstützpunkten in Vietnam und Hawaii ein überragender Erfolg gewesen ist. Da ich weiß, wie vielbeschäftigt Sie sind, möchte ich Ihnen sagen, wie hoch ich Ihre Bereitschaft schätze, eine so lange Gastspielreise zu unternehmen. Meine Gefühle werden zweifellos von allen unseren Soldaten geteilt, die den Vorzug gehabt haben, Sie kennenzulernen.

Mit vorzüglicher Hochachtung
Richard Nixon

Bobs Stimme dröhnte aufgeregt aus dem Telefonhörer. »Der Präsident möchte dich sprechen. Er will mit dir zu Mittag essen. Hättest du am Donnerstag Zeit? Das ist eine Riesenchance! Du hast freie Hand, hinzugehen, mit ihm zu reden und alles vorzubringen, was du willst – und hast die Gewißheit, daß der Präsident der Vereinigten Staaten dir zuhört. Diese Gelegenheit mußt du nutzen, um große Schritte vorwärtszukommen!«

Auf dem Weg ins Speisezimmer legte der Präsident mir seine Hand auf die Schulter. »Das ist ein guter Trip gewesen, Sammy. Ich habe wunderbare Berichte darüber gehört; Sie haben viele neue Freunde gewonnen. Und Sie werden sich freuen, wenn ich Ihnen sage, daß der Stacheldraht abgebaut wird.«

Während das Mittagessen serviert wurde, machte Nixon etwa zehn Minuten lang freundlich Konversation, bevor er das Thema anschnitt, das ich eigentlich erörtern wollte. »Wie kann ich in der Rassenfrage was Gutes tun? Wo wird Hilfe benötigt? In welcher Form?«

Ich sprach über Bildungsmaßnahmen mit ihm. Außerdem fragte ich ihn, ob ihm bewußt sei, daß schwarze kleine Geschäftsleute im Gegensatz zu weißen nur selten staatliche Förderungen erhielten. Damals mußten solche Darlehen noch nicht wie heute proportional an Minderheiten ausgegeben werden.

In diesem Monat sollte in Washington ein Dinner der Negro Republicans stattfinden. Bisher hatte noch kein amerikanischer Präsident an ihrem Dinner teilgenommen. Ich lud Präsident Nixon als Hauptredner ein. »Ich habe einige meiner engsten Mitarbeiter dorthin abgeordnet«, sagte er. »Ich achte die Negro Republicans, ich weiß, daß sie die schwarzen Wähler beeinflussen...« Er zögerte. »Übrigens, es *ist* doch okay, schwarz zu sagen?«

»Ja, Mr. President, wir sagen jetzt schwarz. Die Begriffe ›Neger‹ und ›farbig‹ werden nicht mehr gebraucht.«

Er schrieb auf seinen Notizblock: »Schwarz wird bevorzugt, farbig nicht.« Dann fragte er: »Wie ist's dazu gekommen?«

Ich erzählte ihm von James Browns Song. »Alles hat sich grundlegend gewandelt, Sir. Früher hat's geheißen: ›If you're white you're right, if you're brown stick aroun', but if you're black you're in back.‹ In meiner Jugend hat sich niemand als ›Schwarzer‹ bezeichnen lassen wollen. Alle wollten ›Farbige‹ sein. Heutzutage empfinden die Kids auf der Straße ›farbig‹ als Beleidigung. Sie wollen stolz darauf sein können, daß sie schwarz sind.«

Wir kamen erneut auf das Dinner zu sprechen. »Sir, Ihre Anwesenheit würde Ihre Unterstützung für Programme, an denen diese Leute interessiert sind um so glaubhafter machen. *Ich* weiß aus eigener Erfahrung, daß sie hinter Ihnen stehen, und bin gern bereit, sie eine Stunde lang in Ihrem Auftrag zu erläutern, aber Ihr Auftreten – und wenn's nur kurz wäre – wäre wirkungsvoller.«

»Ich muß erst meine Termine prüfen. Aber ich tue mein Bestes.«

Als das Dinner begann, lag noch keine offizielle Zu- oder Absage des Präsidenten vor. Die Gästeschar war politisch und rassisch gemischt. Alle prominenten Führer der Bürgerrechtsbewegung waren gekommen. Darunter waren Democrates for Nixon, Demokraten, die nicht für Nixon waren, und hohe schwarze Offiziere wie General Chappy James. Bob kam zu mir an meinen Platz. »Der Präsident steckt heute abend sehr in Terminnöten. Er muß zwei Reden halten, zu denen er sich schon vor Monaten verpflichtet hat.«

Ich war enttäuscht. Aber dann versetzte ich mir in Gedanken einen Tritt. Was soll dieser Egotrip? Du bist ein Star, aber er ist der Führer der gesamten freien Welt. Hör auf zu schmollen! Wenn er's nicht geschafft hat, hat er's eben nicht geschafft.

Eine Stunde nach Beginn des Abends kam Bob sichtlich aufgeregt wieder zu mir. »Der Präsident ist hierher unterwegs. Du hast 'nen Coup gelandet!«

Ich war nach meinem Auftritt noch auf dem Podium, als die Lautstärke der Unterhaltung im Saal sich merklich veränderte. Die allgemeine Aufmerksamkeit konzentrierte sich plötzlich auf den Eingang – und dann kam der Präsident! Die Band spielte »Hail to the Chief«, alle standen auf und jubelten, und er schüttelte auf seinem Weg durch den Saal rechts und links Hände. Als er mich erreichte, blieb er stehen und umarmte mich, bevor er ans Rednerpult in der Mitte des Podiums trat.

»Sammy hat gesagt, daß ich herkommen muß.«

Das brachte ihm lautes, freundliches Lachen ein – besonders von mir –, und er hielt dann eine verhältnismäßig lange Rede, sechs oder sieben Minuten lang, die mit den Worten schloß: »Ich würde liebend gern bleiben, aber ich habe noch andere Verpflichtungen und wollte nur vorbeikommen und Ihnen das sagen ...« Dann ging er hinaus, wie er gekommen war: händeschüttelnd und von Geheimdienstagenten umringt.

Jesse sah von seinem Platz auf dem Podium zu mir herüber und nickte, als wollte er sagen: »Nicht schlecht, alter Kumpel. Das ist ein geschickter Schachzug gewesen.«

Hätte Bobby noch gelebt, hätte ich seinen Präsidentenwahlkampf unterstützt. Jetzt hielt ich es für wichtig, daß Nixon im Amt blieb, damit die Programme fortgeführt wurden, deren Beginn und Ausgestaltung ich erlebt hatte. Für Nixon brauchte ich im Wahlkampf nicht zu werben. Ich ging einfach zu Veranstaltungen der Republikaner. Wo ich gerade auftrat, rief der örtliche Parteivorsitzende an und sagte: »Sammy, wir geben eine Cocktailparty, um Spenden zu sammeln – kommen Sie auch vorbei?« »Klar, ich komme«, antwortete ich, ging hin – mit Altovise, wenn sie gerade da war – und mischte mich unter die Gäste. Manchmal hieß es: »Sammy, singen Sie uns einen Song?« »Ja, natürlich.« Wie in Kennedys Wahlkampf kamen die Gäste, um zu spenden. Aber zu Richard Nixon, den amtierenden Präsidenten, brauchte ich keine Erläuterungen abzugeben, wie ich oft für Bobby geworben hatte.

Erläuterungen wären nur zu mir fällig gewesen. Aber keiner der Kennedy-Leute verlangte je welche. Sie kappten einfach eine Menge einst guter Beziehungen. Das macht einem Kummer: Man glaubt, ein Stück seines Herzens dreingeben zu müssen, ist in einem bestimmten Gefühlsbereich wie betäubt und trauert der in den Aufbau einer Freundschaft investierten Zeit nach. Ich habe oft nachts im Bett wach gelegen und geweint oder gerufen: »Warum kann ich meine Freunde nicht behalten? Warum setzen meine anderen Freunde sich nicht für mich ein?« Aber es bringt einem nichts, die Heulsuse zu spielen.

Nachdem ich mich einige Wochen lang »Warum?« gefragt hatte, gelangte ich zu der Auffassung: »Ich habe getan, was ich tun mußte.« Sollte ich falsch gehandelt haben, würde ich die Folgen selbst tragen. Aber deswegen von allen geschnitten zu werden? Schließlich hatte ich keine Kinder zum Drogenkonsum verführt oder Amerikas Geheimnisse verraten.

Die einzige, die mich jemals »Warum?« fragte, war Shirley Mac-

Laine. Sie flog eigens nach Las Vegas, um mit mir zu reden, kam in meine Garderobe, wartete, bis die anderen gegangen waren, schloß dann die Tür und fragte: »Sam, warum hast du's getan? Mir ist egal, was alle anderen sagen. Ich will's von dir selbst hören.«

»Weil Nixon die Macht und das Bestreben hat, Dinge zu tun, von denen ich überzeugt bin. Ich will nicht Botschafter in Nairobi werden, Shirley. Er kann mir keinen Job geben. Ich verdiene in der Woche mehr als er im ganzen Jahr. Ich versuche lediglich, Gutes zu bewirken.«

»Es ist nur so ein Schock! Weißt du denn nichts von all den Dingen, die dieser Mann *nicht* verkörpert? All die Dinge, für die wir eingetreten, für die wir gekämpft haben. Und die seinen Zielen völlig entgegengesetzt sind. Er hat nicht dieselben Überzeugungen wie wir...«

»Shirley, mich interessiert nicht, welche Überzeugungen er hat. Als ich ihm berichtet habe, daß Kids in Entgiftungszentren hinter Stacheldraht und MG-Türmen eingesperrt waren, sind Zäune und Türme verschwunden. Spurlos. Was ich über Richard Nixon weiß, nicht was ich *höre*, sondern was ich *weiß*, ist positiv. Und ich muß dir aufrichtig sagen, daß ich ehrlich von dem überzeugt bin, was dieser Mann für Schwarze tut – denn welchen Vorteil hätte ich davon, der alle Freunde aufwiegen könnte, die ich verloren habe?«

Wir diskutierten bis drei, vier Uhr morgens. »Ich glaube, daß du unrecht hast«, sagte sie, »aber ich habe kommen und selbst mit dir reden müssen.«

Dafür bewunderte ich sie. Der einzige andere Mensch, der mich ebenfalls danach fragte, war Sandy Vanocur in Washington. »Das wird nicht gesendet, Sammy, darum geht's mir nicht, ich möchte es nur wissen...«

MGM Records hatten mein Motown-Album und »The Candy Man« als Single auf den Markt herausgebracht. In den Charts erschien »The Candy Man« auf Platz 56.

Sy bekam einen Anruf von Berry Gordy. »Sy, ich sehe, daß ihr bei MGM seid, und ich sehe auch, daß ihr in den Charts seid.« Sy, der die Szene genoß, blieb ganz cool und gähnte beinahe. »Yeah, Berry. Unsere erste Platte – und schon sind wir in den Charts.«

Eine Woche später kam *Billboard* heraus: Platz 34 in den Charts.

Berry Gordy rief wieder an. »Wie ich sehe, ist eure Platte auf dem Weg nach oben.«

Wieder eine Woche später: Platz 21 in den Charts.

Sy und ich waren in einer Limousine zum Flughafen unterwegs, und der Fahrer stellte das Radio an. »The Candy Man... he can...«

Es war absurd, lächerlich, unglaublich – aber eine Tatsache. Wie sollte man das rational erklären? Aber das galt für meine ganze Karriere. Ich hätte zehn von mir aufgenommene Songs nennen können, auf die ich mein Haus verwettet hätte, daß sie Hits werden würden. Trotzdem: chancenlos! Und jetzt war diese Platte erfolgreich, gegen die ich mich gesträubt, an deren Erfolg ich *nie* geglaubt hatte...

Sie erreichte Platz 1.

Berry Gordy rief Sy an. »Ich rufe bloß an, um zuzugeben, daß wir Mist gebaut haben.«

»The Candy Man« war die meistverkaufte Single des Jahres und die bei weitem größte Single, die ich je gehabt hatte. Bei fünf Prozent Umsatzbeteiligung verdiente ich damit eine halbe Million Dollar.

Es gibt eine Menge regionaler oder nationaler Hits. Hits im Süden, in Australien oder London, aber nur selten wird eine Platte ein internationaler Hit. Mitten in der Disco-Manie hörten Menschen in aller Welt »Who can take the sunrise, put it in a jar?... the Candy Man can...« Und die Leute fragten sich: »Was ist bloß ins Musikgeschäft gefahren?«

Sy und ich waren in einer anderen Limousine zu einem anderen Flughafen unterwegs, als ich fragte: »Wie steht's mit dem Motown-Album?«

»Das ist ein Sammlerstück.«

Ich begriff, worauf er hinauswollte. »Aber es gibt nicht viele Sammler?«

Er ächzte wie ein Mann, der gerade drei Millionen Dollar verloren hat. »Richtig, Sweetheart.«

Ich hatte auch angefangen, »Bojangles« zu singen, und obwohl ich den Song noch nicht aufgenommen hatte, ging keine Show zu Ende, ohne daß das Publikum lautstark forderte: »›Bojangles‹ singen!«

Wir hielten an einer Ampel, und einige Kids sahen in den Wagen: zuerst nur gelangweilt, dann aber hysterisch werdend, als sie mich erkannten: »Der Candy Man! Der Candy Man!!«

Als wir weiterfuhren, konnte ich mich nur wundern. Diese beiden Songs, mit denen ich nichts hatte zu tun haben wollen, die Erkennungsmelodien, die jetzt jeder mit mir in Verbindung brachte, hatten mir beide aufgedrängt werden müssen. Was nur bewies, daß man 50 Jahre in diesem Geschäft sein und noch immer nichts davon verstehen konnte.

Ich ignorierte »The Candy Man« völlig. Ich trug nichts zu seiner Beliebtheit bei. Ließ ich mich von Carson einladen, um ihn dort zu singen? Rief ich William B. an und sagte: »Tu mir einen Gefallen?« Tat ich *irgend etwas*, um den Song aufzubauen, damit er mein »Some of These

Days«, mein »Over the Rainbow«, mein »Rockabye« werden konnte? Nein! Er hatte mir wie »Bojangles« aufgedrängt werden müssen. Am besten geht man also raus und improvisiert – aber mit reichlich Spielraum fürs Publikum, damit es etwas entdecken kann, das man gerade bringt. Denn das sind die Leute, denen man seinen Lebensstil verdankt.

Der Parteitag der Republikaner würde 1972 in Miami stattfinden. Bob Brown rief mich an. »Der Präsident möchte, daß du daran mitwirkst. Wir stellen uns eine große Show im Marine Stadium vor, wo die Young Voters for Nixon – die neuen achtzehn bis einundzwanzig Jahre alten Erstwähler – ihre Kundgebung abhalten. Sie soll an dem Abend stattfinden, an dem der Präsident durch Akklamation nominiert werden sollte. Zu deiner Information: Der Präsident würde normalerweise nirgends erscheinen, bevor er auf dem Parteitag seine Nominierung annimmt, aber er hat mir signalisiert, daß er kommen und eine Rede halten würde, wenn du eine Show bringen würdest.«

»Noch vier Jahre... Noch vier Jahre... Noch vier Jahre...« Die Kids schrien sich allmählich heiser... das Stadion quoll von jungen Menschen über, die zum ersten Mal in ihrem Leben mit Politik zu tun hatten. Von ihrer Begeisterung getragen, arbeitete ich zwei Stunden auf der Bühne, von der ich auf Zehntausende von Spruchbändern, Werbemützen, Buttons und Flaggen hinabblickte.

Als ich eben eine weitere Rockgruppe ansagen wollte, kam ein Geheimdienstagent mit einem Handfunkgerät auf mich zu. »Sammy, der Präsident trifft jetzt ein.« Von der Bühne aus war eine Menschengruppe zu erkennen, die sich wie ein Eisenbahnzug durchs Stadion bewegte: der Präsident, dem seine Eskorte aus Geheimdienstagenten rasch einen Weg durch die kreischende Menge bahnte.

Die Kids in den vorderen Reihen waren politisch wach genug, um zu wissen, daß nie und nimmer damit zu rechnen gewesen war, daß der Präsident an diesem Abend zu ihnen kommen würde, so daß die Hölle losbrach, als ich ankündigte: »Meine Damen und Herren Young Voters, der Präsident der Vereinigten Staaten!«

Der Präsident beeilte sich nicht, die Young Voters um Ruhe zu bitten, sondern ließ sie weiterjubeln und ihren Sprechgesang *»Noch vier Jahre... Noch vier Jahre...«* anstimmen.

Schließlich hob er, um Ruhe bittend, die Hände.

»Sammy Davis... alle, die – wie ich gehört habe – hier im Rahmen dieses Programms so prächtige Unterhaltung geboten haben, und alle, die sie an dieser Kundgebung der Young Voters teilnehmen... auf der Fahrt hierher von meinem Haus in Key Biscayne ist mir der Gedanke gekommen, daß dies einer jener historischen Augenblicke ist, die es noch nie gegeben hat und die sich nie wiederholen werden. Damit meine ich nicht, daß ich noch nie zuvor nominiert worden wäre. Tatsächlich bin ich 1952 und 1956 als Vizepräsident nominiert worden und habe seither zweimal die Ehre gehabt, als Präsident nominiert zu werden, so daß die heutige Nominierung die dritte ist. Und nun zum historischen Zusammenhang: Sie alle wissen, daß dies das erste Mal in der hundertfünfundneunzigjährigen Geschichte Amerikas ist, daß junge Wähler von achtzehn bis einundzwanzig an der Wahlentscheidung teilnehmen werden, und ich halte es für besonders angebracht, daß der erste Auftritt des Präsidenten der Vereinigten Staaten nach seiner Nominierung vor Erstwählern stattfindet...«

»Noch vier Jahre... Noch vier Jahre... Noch vier Jahre...«

»Beim Hereinkommen bin ich von einem der ausgezeichneten Kommentatoren der ABC angehalten worden, und er hat mich gefragt... Was wird mit den Jungwählerstimmen passieren? Er hat gesagt, er beginne sich zu fragen, ob ich zu dem Schluß gekommen sei, daß die Voraussage, die Jungwählerstimmen würden ganz automatisch unseren Gegnern zufallen, vielleicht doch etwas zu hochgegriffen sei. Dazu will ich folgendes sagen: Ich möchte Ihnen eine Antwort geben, über die Sie bitte etwas nachdenken sollen. Ich glaube nicht, daß irgend jemand die Jungwählerstimmen in der Tasche hat; ich bezweifle, daß dieser Fall jemals eintreten wird. Ich glaube, daß die jungen Leute für ihre Überzeugungen stimmen, daß sie unabhängig sein werden. Ich glaube, daß die jungen Menschen Amerikas sich beide Kandidaten anhören werden. Sie geben zum ersten Mal ihre Stimme ab, sie wollen vernünftig stimmen. Wir haben eine ebenso gute Chance wie die andere Seite. Und mit ihrer Hilfe werden wir diese Stimmen bekommen.«

»Noch vier Jahre... Noch vier Jahre... Noch vier Jahre...«

»Mein Dank und meine Anerkennung gelten allen Berühmtheiten – dieser Ausdruck ist durchaus angebracht –, Sammy Davis, Jr. und den Spitzengruppen, die Sie hier gehört haben... und ich möchte Sie alle bitten, sich klarzumachen, was es für Sie bedeutet, hier mit dabeizusein.

Nun, mein Geschäft ist das politische Geschäft. Es ist ein sehr angesehenes Geschäft. Ich hoffe, daß viele von Ihnen in die Politik gehen werden – vielleicht sogar als Vollzeitkräfte. Aber ich möchte, daß Sie wissen, daß man in der Politik voraussetzt – das muß man in unserem System –, daß man etwas mehr als die Hälfte der Wählerstimmen zu erringen versucht, während der andere Mann oder vielleicht die andere Frau etwas weniger als die Hälfte bekommt.

Im Showbusiness, in dem Sammy Davis, Jr. und weitere Anwesende tätig sind, versucht man dagegen nicht, die Hälfte auf seine Seite zu bringen, sondern allen zu gefallen, woraus leicht ersichtlich ist, daß jemand aus dem Showbusiness, der an einer Wahlkundgebung teilnimmt, dies unter sehr großen persönlichen Opfern und sogar unter persönlicher Gefahr tut.

Als Sammy Davis, Jr. am Montagabend mit meiner Frau in der Präsidentenloge gesessen hat, habe ich gehört, wie ein Kommentator ihn befragt und dabei auf eine Tatsache hingewiesen hat, die mir bekannt war und die Sammy Davis natürlich nicht bestritten hat – daß er ein begeisterter Anhänger Präsident Kennedys gewesen ist, als wir 1960 gegeneinander kandidiert haben... Und der Kommentator hat ihn gefragt: ›Sammy, wie reagieren Sie darauf, daß viele Leute, die Ihre Freunde und Ihre Verehrer gewesen sind, möglicherweise viele, die Sie im Showbusiness für einen ganz Großen halten, jetzt vielleicht denken, Sie hätten sich gegen sie gewandt? Und daß Sie das getan haben... sie gewissermaßen verkauft haben..., weil der Präsident Sie zu sich ins Weiße Haus eingeladen hat?‹

Nun, ich will Ihnen die Antwort darauf geben: Sammy Davis, Jr. können Sie nicht dadurch kaufen, daß Sie ihn ins Weiße Haus einladen. Ihn gewinnt man, indem man etwas für Amerika tut!«

Ich war so überwältigt durch die Erkenntnis, daß meine Probleme den Präsidenten beschäftigten, daß er die Gelegenheit nutzte, um sie mir überwinden zu helfen, daß ich von hinten vortrat, ihn umarmte und wieder zurücktrat. Dafür gab's Beifall, bevor er weitersprach.

»Als Sammy und ich und seine Frau neulich miteinander geplaudert haben, ist das für mich, wie ich Ihnen sagen möchte – und hoffentlich auch für ihn – eines meiner bewegendsten Erlebnisse gewesen. Wir haben über unsere Herkunft gesprochen. Wir stammen beide aus ziemlich armen Familien, und wir haben beide ziemlich Erfolg gehabt...«

Jubel... Lachen...

»... und ich kenne Sammy, der Mitglied der anderen Partei ist. Als wir uns unterhalten haben, habe ich noch nicht gewußt, was er in diesem Wahlkampf tun würde, aber eines weiß ich... Und das möchte ich Sammy und allen übrigen Anwesenden geloben, seien sie nun schwarz oder weiß, jung oder alt: Ich glaube an den amerikanischen Traum, Sammy Davis glaubt an ihn, wir glauben daran, weil wir gesehen haben, wie er sich in unserem eigenen Leben erfüllt hat, aber ich versichere Ihnen, meine Freunde, daß der amerikanische Traum erst vollständig verwirklicht werden kann, wenn jeder Bürger dieses Landes dieselben Chancen hat, ihn in seinem Leben wahr werden zu sehen.

Heute gelobe ich vor Ihnen: Wir haben in den vergangenen vier Jahren auf dieses Ziel hingearbeitet, wir werden in den kommenden vier Jahren darauf hinarbeiten.

Ich möchte feststellen, daß wir den Berühmtheiten dankbar sind, die sich exponiert haben, die damit – was tatsächlich der Fall gewesen ist – riskiert haben, einen Teil ihrer Fans zu verlieren, weil sie erkannt haben, daß es wichtig ist, an einem Wahlkampf teilzunehmen, der sich auf ihre Zukunft und die Zukunft ihres Landes und die Zukunft ihrer Kinder auswirken wird.

Ich möchte mit einer Anmerkung über Sie schließen. Dies ist Ihr erster Wahlfeldzug. Er wird nicht Ihr letzter sein. Ich weiß, daß viele von Ihnen in den öffentlichen Dienst gehen werden. Ich hoffe, daß Sie alle weiterhin politisch aktiv sein werden. Später werden manche von Ihnen Geschäftsleute werden, andere gehen vielleicht ins Showgeschäft, und wieder andere ergreifen Berufe, in denen es passieren kann, daß in einem Wahljahr jemand zu einem kommt und sagt: ›Halt dich aus diesem Wahlkampf raus‹, weil sie dadurch Geld, weil sie damit Kunden oder Klienten verlieren könnten. Aber ich fordere Sie dringend auf, das niemals zu tun, denn was Sie für Amerika tun können, ist wichtiger als alles, was Sie für sich tun können!«

Als wir an diesem Abend die Spätnachrichten sahen, rief Altovise aus: »Hey, seht euch das an...« Auf dem Bildschirm umarmte ich den Präsidenten. »Das dort oben ist mein Mann mit dem Prez!« In ganz Amerika brachten die Morgenzeitungen dieses Foto auf der Titelseite. Danach erschien es in den Nachrichtenmagazinen, und die wütenden Kommentare setzten ein. Nicht wenige Leute fanden es empörend, daß ich als Schwarzer den Präsidenten der Vereinigten Staaten umarmt hatte. Das Weiße Haus erhielt Anrufe von Spendern für den Wahlkampffonds der Republikaner, die mit Spendenboykott drohten. Niemandem gefiel das Foto. Die Demokraten, die mich mit John und Bobby gesehen hatten, waren ohnehin sauer, daß ich einen Republikaner unterstützte, und die Umarmung brachte das Faß zum überlaufen. Bill Gibsons Frau teilte mir in einem scharfen Brief mit, sie wolle mich nie wiedersehen und ich sei eine peinliche Persönlichkeit. Die schwarze Presse griff mich heftig an: »Sammy hat uns verkauft.«

Altovise erschrak über die erbitterte Feindseligkeit unserer eigenen Leute. Ich versuchte, sie zu beruhigen. »Darling, diese Leute kennen nicht alle Tatsachen. Du weißt doch, was die Führer, Leute wie Jesse, gesagt haben.« Ich zitierte W. C. Fields: »Ach was, meine Liebe, das ist bloß ein kleiner Nierenhaken im Fünfzehnrundenkampf des Lebens.«

»Ich find's gar nicht zum Lachen, Sammy. Das sind Schwarze, und sie sind wütend auf dich.«

»Sie sollten es aber nicht sein. Sie sollten nicht schmollend in der Ecke stehen und sagen: ›Er hat uns tatsächlich im Stich gelassen.‹ Stimmt nicht! Ich habe nichts getan, was schwarzen Leuten oder der schwarzen Bewegung geschadet hat. Ganz im Gegenteil. Aber sie sehen mich an, als hätte ich meine Mama geohrfeigt. Einige meiner ehemals besten Freunde sind so ›liberal‹, daß sie nicht mal mehr mit mir reden, weil sie politisch anderer Auffassung sind. Wie kann man noch nachdrücklicher Anstoß nehmen? Indem man mich wie John und Bobby und Martin erschießt?

Soll ich Nixon fallen lassen? Soll ich zu ihm sagen: ›Danke, aber Sie können das Justizministerium zurückpfeifen, Sie können ihm sagen, daß es sich nicht mehr um schwarze Typen, die eingelocht worden sind, zu kümmern braucht, weil sie lieber im Gefängnis bleiben?‹ Soll ich ihm anraten, wieder Stacheldrahtzäune zu errichten?«

Ich bekam einen 40 × 50 Zentimeter großen Abzug des Fotos mit folgender Widmung zugeschickt: »Für Sammy Davis, Jr. in dankbarer Anerkennung seines Beitrags zum großen Erfolg des Parteitags 1972 – Richard Nixon.« Beigelegt war ein an »Hon. Sammy Davis, Jr.« adressiertes Schreiben.

THE WHITE HOUSE
Washington, D.C.

14. September 1972

Lieber Sammy,
da Beiliegendes einen Gutteil der Stimmung und der Begeisterung des Parteitags eingefangen und so weite Verbreitung in der Presse gefunden hat, glaube ich, daß Sie sich über einen Abzug als Erinnerungsstück freuen werden. Vielen Dank an Sie und Altovise für die großartige Arbeit, die Sie beide geleistet haben, um dazu beizutragen, den Parteitag zu dem Erfolg zu machen, der er gewesen ist.

Mit herzlichen Grüßen
Ihr *Richard Nixon*

Ich wurde in den UNICEF-Beirat gewählt und machte eine Europatournee mit Auftritten in den Niederlanden, Deutschland, Schweden und Großbritannien. Nach ein paar Tagen in Paris erklärte ich Sy auf dem Flug nach England: »Ich brauche einen Scheck über fünfundzwanzigtausend Dollar für Jesse Jackson. Ich fliege von London aus direkt nach Chicago weiter, um bei einer Wohltätigkeitsveranstaltung zugunsten von PUSH aufzutreten.«

»Sammy, bitte, du hast ihm gerade fünfundzwanzigtausend Dollar für ›Operation Breadbasket‹ gegeben. Und du fliegst eigens hin, um dort aufzutreten.«

»Das Unternehmen heißt jetzt PUSH, und diese Leute brauchen Geld. Ich trete nicht auf, ohne was zu spenden. Das wäre, als ob ich sagen würde: ›Ich möchte, daß alle ihr Cats mit zweihundert Dollar Wochenlohn was spendet, aber ich bin ein Star, deshalb brauch' ich bloß zu singen...‹«

Das Unternehmen PUSH war eine Kombination aus verschiedenen Programmen – Förderung der Wahlbeteiligung, Bildungsmaßnahmen, Drogenbekämpfung –, bei denen es im Prinzip darum ging, mehr zu leisten, sich mit eigener Kraft hochzuarbeiten, Mann, und nicht darauf zu warten, daß Weiße einem weiterhelfen. »Sam, wir brauchen Geld...«, bettelte Jesse ständig. Das war bestimmt kein Vergnügen. Ich bewunderte ihn dafür und konnte ihn nie abweisen.

Sy schüttelte den Kopf. »Das Problem ist, daß wir's nicht haben.«

»Dann sorg dafür, daß wir's kriegen. Von einem der Clubs, von einem Hotel.«

»Das tue ich verdammt ungern. Dann arbeitest du umsonst, und wenn wir ein besseres Angebot kriegen, können wir's nicht annehmen.«

»Sy, ich will diesen Betrag spenden.«

Er war der Verzweiflung nahe. »Bei Cartier und Chanel haben wir wenigstens ein Kundenkreditkonto. Wie kann Jesse von dir Geld wollen, das du nicht hast?«

»Das ist *mein* Problem. Er kann nichts dafür, daß ich pleite bin.«

Wir übernachteten in London und wollten eben zum Flughafen fahren, als Sy in unsere Suite geplatzt kam. »Sweetheart, hör zu, ich hab' gerade einen Anruf aus Paris gekriegt! Chevalier hat in Deauville Krach bekommen, und jetzt suchen sie für heute abend verzweifelt Ersatz. Für eine Stunde Arbeit könnten wir spielend fünfzig Riesen kriegen! Fünfundsiebzig, wenn ich ihnen die Pistole auf die Brust setze.«

»Babe, du weißt doch, daß ich nicht kann, daß ich für PUSH auftreten soll. Ich werde erwartet.«

Sy hob mit flehendem Blick zur Zimmerdecke die Arme. »Ich werd' verrückt!« Er wandte sich sanft und vernünftig an mich. »Sammy, das ist eine Wohltätigkeitsveranstaltung. Schick ihnen das Geld. Jesse hat bestimmt Verständnis dafür.«

»Baby, wenn's bloß um Jesse ginge – der würde es verstehen. Aber es geht um all die Cats an der Straßenecke, denen versprochen worden ist: ›Sammy kommt!‹ Ich darf die Brüder nicht enttäuschen, Sy. Basta!«

Alto und ich flogen mit George und meiner Rhythmusgruppe direkt nach Chicago. Hinter der Bühne im Stadion gab ich Jesse den Scheck. Draußen warteten ungefähr 7000 Zuhörer.

Als ich lächelnd in die Bühnenmitte trat, hallten mir aus der rechten

Stadionecke laute Buhrufe entgegen. Sie trafen mich wie Keulenschläge, so daß ich kaum noch Luft bekam. Das Buhen wurde lauter. Ich wäre am liebsten von der Bühne geflüchtet und weggelaufen, aber Jesse hatte einen Arm um meine Schultern gelegt, und ich hörte, wie er das Publikum zurechtwies:

»Brüder... ohne die Hilfe von Leuten wie Sammy Davis wärt ihr jetzt nicht hier, gäbe es PUSH heute nicht. Nun, ich habe damit gerechnet, daß einige Unbesonnene so reagieren würden, weil dieser Mann den Präsidenten der Vereinigten Staaten umarmt hat. Na und? Seht euch an, wofür dieser gigantische kleine Mann sich im Laufe all dieser Jahre eingesetzt hat...«

Ich verstand kaum ein Wort von dem, was Jesse sagte, denn die Buhrufe gellten mir noch in den Ohren. Tränen liefen mir übers Gesicht. Jesses Hand verstärkte ihren Druck auf meine Schulter. Jesse ist sehr groß, so daß mein Kopf sich in Höhe seiner Brust befand. Er hielt mich mit sanfter Gewalt fest. Ich sah zu ihm auf und flehte ihn wortlos an: *Laß mich los! Ich will fort!* Aber er hielt mich weiter fest, als antworte er: *Ich verstehe, wie dir zumute ist, aber du mußt bleiben!*

Dann hörte ich ihn sagen: »Ich werde unseren Bruder Sammy bitten, etwas zu singen, und wem's nicht paßt, kann aufstehen und gehen.« Er begriff anscheinend nicht, daß ich kaum sprechen und erst recht nicht hätte singen können. Er wartete einen Augenblick, während er die Menge herausfordernd anstarrte. Niemand stand auf, um zu gehen. Dann wandte er sich an mich. »Ich möchte, daß du ›I've Got to Be Me‹ singst.«

Ich konnte nicht weglaufen, ich wollte nicht bleiben. Ich wußte nicht, was ich tun sollte. Als die Musik einsetzte, fand ich irgendwie meine Stimme wieder, sang »I've Got to Be Me« und wurde danach vom Publikum stehend bejubelt.

Aber die Buhrufe verfolgten mich weiter. Ich hörte sie auf der Fahrt zum Flughafen über den Verkehrslärm hinweg, in der Maschine, die mich nach Las Vegas brachte, über die Triebwerksgeräusche hinweg. Da ich seit der Präsidentschaftswahl für UNICEF in Europa gewesen war, hatte ich nicht mitbekommen, wie sehr meine Leute gegen mich waren. Ich wußte nicht, was auf der Straße gesprochen wurde, sonst hätte ich mich sehr gehütet, nach Chicago zu kommen; ich hätte Jesse angerufen: »Tut mir leid, ich schaff's nicht. Du kriegst einen Scheck.«

Auf dem Flughafen in Vegas wandten die Taxifahrer – Brüder, die mir sonst immer zugewinkt und »My man!« oder »Sammy!« gerufen hatten – sich ab, als ich an ihnen vorbeikam. Ich hätte am liebsten gebrüllt: »Scheiße, was hab' ich denn getan? *Meine* Kids brauchen den Negro College Fund nicht. *Ich* brauche keinen, der mich aus dem Gefängnis holt. Warum tu' ich's dann, wenn ich nicht für uns alle was Gutes erreichen will?« Und ich hätte am liebsten geheult.

An der Reception im Sands arbeitete auch schwarzes Personal. Als ich die Hotelhalle durchquerte, sah ich ein junges schwarzes Paar auf Hockern vor einem Dollar-Spielautomaten sitzen: Sie warf die Münzen ein, er zog den Hebel herunter, beide kicherten, lachten, amüsierten sich. Sie erkannte mich und zupfte ihren Mann am Ärmel. Er sah sich nach mir um und wandte sich dann demonstrativ ruckartig ab.

Ich dachte: *Ihr wärt nicht hier, wenn ich euch nicht dazu verholfen hätte...* Und ich hätte am liebsten wieder geheult.

In meinem Publikum gab es keine schwarzen Gesichter. In den letzten Jahren war der schwarze Anteil beachtlich hoch gewesen, aber ich hatte aufgehört, darauf zu achten, da ich ihn für selbstverständlich hielt, weil ich alle Besucherrekorde brach – Nixons Anhänger liebten mich, und das waren 90 Prozent aller Amerikaner –, aber nun saßen dort draußen keine meiner Leute mehr.

Murphy warf mir in der Garderobe heimliche Blicke zu, als wolle er mir etwas erzählen und bringe es nicht heraus. Ich baute mich vor ihm auf. »Murph, was ist passiert? Los, raus mit der Sprache! Es kann mir nicht so weh tun, wie es dir weh tut, es mir nicht zu sagen.«

»Ich erzähl's dir nicht gern, Sammy, aber ich weiß, daß du es erfahren wollen würdest. George hat gestern mit den Musikern in einer Bar gesessen, als irgendein Kerl angefangen hat, über dich zu reden. George hat ganz ruhig vor einem Drink gesessen, und der Kerl hat nicht gewußt, wer George war, und gleich losgelegt: ›Dieser kleine Nigger ist doch bloß ein widerliches Arschloch!‹

Nun, George hat die Hand gehoben, bis der Kerl ihn gesehen hat, und bedächtig, wie es seine Art ist, gesagt: ›Noch ein Wort über ihn, dann schlag' ich dir den Schädel ein.‹ ›Was... was... was???‹ hat der Kerl gestottert. Und George hat gesagt: ›Ich weiß, was dieser Mann ist. Ich weiß, wie oft er schon Scheiß gebaut hat. Aber das viele Gute, das er bewirkt hat... Zum Teufel, Nigger, ohne diesen Mann und seine Leistungen wärst du gar nicht hier – und jetzt stellst du dich hin und machst ihn schlecht, ohne ihn überhaupt zu kennen... *Kennst* du Sammy Davis, Jr.?‹

›Nein, nicht persönlich, aber ich hab' viel über ihn gelesen...‹

›Dann halt' dein dreckiges Maul, bevor ich dir den Schädel einschlage!‹«

Als George hereinkam, sagte ich: »Wie ich höre, drohst du Leuten in Bars Prügel an.«

Das machte ihn verlegen. »Na ja... der Kerl hat wirklich Scheiße erzählt... Umgekehrt würdest du genauso reagieren.« Er umarmte mich und hob mich hoch. »Ich liebe dich, du kleiner Nigger, weißt du das? Ich *liebe* dich!«

Johnny Johnson, Eigentümer der Johnson Publications und Herausgeber von *Ebony* und *Jet,* rief mich an. »Tut mir leid, daß die Leute so über Sie reden, aber der Bruder an der Ecke weiß es nicht besser. Ich sage, daß Sie mit dem Richtigen zusammenarbeiten. Was schadet's, wenn er ein Republikaner ist? Butter kann man sich mit beiden Messerseiten aufs Brot streichen.«

Aber wie konnte ich so viele Freunde – weiße und schwarze – eingebüßt haben, nur weil ich mit dem Mann zusammenarbeitete, der das beste Wahlergebnis aller bisherigen amerikanischen Präsidenten erzielt hatte?

Ich begegnete zufällig James Brown, dem Soul Brother Nummer eins, der wie ich für Nixon arbeitete. »Puh!« sagte er. »Auf dich haben sie's wirklich abgesehen. Bei mir ist's nie so schlimm gewesen.«

Ich sah wieder, daß ein anderer schwarzer Künstler etwas Unpopuläres tun konnte, das mehr oder weniger akzeptiert wurde, während ich von unseren Leuten in eine besondere Kategorie eingeordnet wurde. Ihrer Definition nach hatte ich sie im Stich gelassen. Sie gestanden mir gewisse Dinge zu, sie tolerierten, daß ich gewisse Regeln brach. Ich heiratete eine Weiße und hörte kaum Vorwürfe. Aber meine Zusammenarbeit mit einem republikanischen Präsidenten galt bei meinen Leuten als Vertrauensbruch.

Ich konnte sie nicht erreichen, ihnen von den greifbaren Ergebnissen berichten, die wir erzielt hatten, und ihnen erklären, weshalb wir auf weitere Erfolge hoffen durften. Sie hörten nicht auf mich, und ich wollte ihnen auch gar nichts mehr erzählen. Aber für mich war das ein Körpertreffer, der mich schmerzhaft benommen zurückließ. Vielleicht wollte mir Gott dadurch sagen: ›Hüte dich davor, die Herzlichkeit, die Zuneigung dieser Menschen je für selbstverständlich zu halten!‹

Ich war mein Leben lang eine kontroverse Gestalt gewesen, aber überstandener Schmerz hatte niemals bewirkt, daß ich den nächsten weniger empfand. Ja, ich konnte ihn überleben. Aber ich litt darunter.

Bob Brown rief an. »Der Präsident hat gesagt: ›Ich würde gern arrangieren, daß Sammy im Weißen Haus auftritt.‹«

»Mit Vergnügen! Das hab' ich mir schon immer gewünscht.«

»Soll das ein Witz sein? Ich dachte, du wärst dort schon oft aufgetreten.«

Er dachte an die Kennedys. »Niemals.«

»Ich brauche dich möglichst für drei Tage nacheinander in Washington«, fuhr Bob fort. »Erst für Besprechungen mit mir und anderen, dann für ein privates einstündiges Arbeitsfrühstück mit dem Präsidenten. Nur du und der Präsident. Und der Präsident möchte, daß ihr im Weißen Haus übernachtet. Du mit deiner Frau und anderen, die du in deiner Nähe brauchst.«

Richard Nixon führte uns ins Gästezimmer, das im selben Stock wie seine eigenen Räume lag. »Ich wollte das Vergnügen haben, Sammy Davis, Jr. im Weißen Haus zu beherbergen. Seit Brooker T. Washington im Jahre 1914 Woodrow Wilsons Gast gewesen ist, hat hier kein Schwarzer mehr übernachtet.«

Als wir dann allein waren, setzten Altovise und ich uns hin, sahen uns schweigend an und versuchten, die Tatsachen zu verarbeiten: Wir wohnten im Weißen Haus, und der Präsident der Vereinigten Staaten hatte uns unser Zimmer gezeigt. Mir fiel nichts ein, was ich hätte sagen können, das nicht abgedroschen geklungen oder auch nur andeutungsweise ausgedrückt hätte, was ich empfand. Auch Altovise war sprachlos. Wir müssen eine halbe Stunde lang wortlos dagesessen haben.

Ich stand in den Kulissen und hörte zu, wie der Präsident Minister, Senatoren und die Apollo-17-Astronauten vorstellte. »Ich möchte Sie zu diesem ersten Abend im Weißen Haus im Jahre 1973 willkommen heißen... Ich glaube, daß jeder von uns erkennt, daß die Mondflüge, die Mondlandungen vielleicht das beste Beispiel für etwas gewesen sind, das wir gern für den amerikansichen Macher-Elan halten, und deshalb erscheint es besonders angebracht, daß unser spezieller Gast heute abend ein Mann ist, der diesen Macher-Elan beispielhaft verkörpert. Wir alle wissen von seinen Schallplatten, seinen Filmen und seinen Gastspielen im ganzen Land, und wir kennen auch seinen Bestseller, der den passenden Titel *Yes I Can* trägt.

Denken wir an Sammy Davis, Jr., erinnern wir uns, daß er aus einer verhältnismäßig armen Familie stammt, und wir erinnern uns auch, daß er Armut und Vorurteile überwunden hat und bis ganz oben aufgestiegen ist, weil ihn dieser ›Ja, ich kann‹-Elan beflügelt hat. Wenn ich mir überlege, wie ich ihn heute abend hier im Weißen Haus diesem erlesenen Publikum angemessen vorstellen soll, glaube ich, wir könnten ihn als unseren Golden Boy, als unseren Candy Man, als unseren Mr. Wonderful bezeichnen. Aber ich glaube, daß dieser Mann, der bewiesen hat, daß er den amerikanischen Traum in seinem eigenen Leben verwirklichen konnte, am liebsten so vorgestellt werden möchte, wie ich ihn Ihnen jetzt vorstelle: Mr. Sammy Davis, Jr., ein großer Amerikaner!«

Meine Erkennungsmelodie setzte ein, der Präsident nahm im Publikum Platz, und ich mußte versuchen, mich dieser Einführung würdig zu erweisen. »Danke, Mr. President. Mrs. Nixon, verehrte Gäste, ich darf Ihnen sagen, wie sehr geehrt ich mich fühle, heute abend hier zu sein, um zu versuchen, Sie zu unterhalten. Obwohl ich nun schon seit über vierzig Jahren im Showgeschäft bin, ist diese Show heute abend wohl die schwierigste meines Lebens.

... Normalerweise, meine Damen und Herren, wenn ich in einem Nachtclub auftrete oder ein Konzert gebe, lasse ich meine Show sich meistens entwickeln. Man beginnt mit etwas Amüsantem und hofft, daß es sich zu einem Höhepunkt weiterentwickelt. Ich habe nicht so viele Hits gehabt, wie manche Leute glauben. Ich habe nur ein paar gehabt, und ich werde einen davon zur Eröffnung der Show singen. Normalerweise würde ich damit bis später warten und hoffen, daß jemand fragt: ›Will er ihn denn überhaupt nicht singen?‹, aber ich riskiere lieber nichts. Ich eröffne mit den Schwergewichten, denn wie wir früher an der Straßenecke gesagt haben, viel weiter in Richtung Upper Town werde ich wohl nicht kommen.«

Ich sang »The Candy Man«, »I've Got to Be Me« und schloß mit »Mr. Bojangles«. Der Präsident und seine Frau applaudierten stehend. Alle folgten ihrem Beispiel.

Ich wechselte meinen Smoking und ging in den Ballsaal, wo Altovise und ich mit den Nixons am Eingang standen und die Gäste begrüßten: Senatoren mit ihren Frauen, die Astronauten und Minister. »Sagen Sie's mir, wenn ich die Begrüßung abbrechen soll«, flüsterte der Präsident mir zu. Danach saßen wir am Tisch der Nixons. Ich sah Shirley und George beim Tanzen dippen und versuchte, sie durch Gedankenkraft zu erreichen: *Ihr beiden dippt? Kein Mensch dippt mehr. Ach, egal, macht nur weiter, ihr tanzt im Weißen Haus, tut, was euch Spaß macht, amüsiert euch. Dippt von mir aus.*

Der Präsident forderte Altovise auf, und ich sah zu, wie meine Frau mit dem Präsidenten tanzte. »Darf ich bitten?« fragte ich Mrs. Nixon – und dann tanzte ich im Weißen Haus mit der First Lady.

Senatoren und ihre Frauen kamen an unseren Tisch, um Hallo zu sagen. Richter des Obersten Gerichtshofs, Spitzenpolitiker, die führenden Männer des Landes kamen herüber, um mir und meiner Frau etwas Freundliches zu sagen. Der Präsident erinnerte sich an unsere erste Begegnung. »Als ich noch Senator für Kalifornien war, sind Pat und ich im Copacabana gewesen, wo Sie mit dem Will-Mastin-Trio aufgetreten sind, und haben am Eingang erfahren, daß die Vorstellung ausverkauft sei. Ich habe gefragt, ob es möglich sei, Mr. Davis die Nachricht zukommen zu lassen, daß Senator Nixon, einer seiner Fans, Ihre Show sehr gern sehen würde. Sie haben Ihre Beziehungen spielen lassen und uns einen Tisch direkt an der Bühne besorgt, die so beengt war, daß Sie auf dem Flügel stehend gesungen haben.« Um 2 Uhr stieß der Präsident mich an. »Sie brauchen nicht aufs Protokoll zu achten, Sie können gehen, wann Sie wollen, wir frühstücken ohnehin miteinander.«

Nachdem ich gute Nacht gesagt hatte, wollte ich noch in der Küche vorbeischauen, um zu den Köchen und den dort arbeitenden Brüdern Hallo zu sagen. Ich wußte recht gut, daß Milton Berle sich nicht verpflichtet fühlte, überall bei den jüdischen Mitarbeitern vorbeizuschauen. Trotzdem wollte ich mich kurz bei den Brüdern sehen lassen. Sie sollten mit mir stolz darauf sein können, wie weit ich's gebracht hatte. Sie saßen bei einem nächtlichen Imbiß. »Wie ich sehe, habt ihr dort drüben einen Virginiaschinken«, sagte ich. »Bruder, kann ich oben ein kleines Sandwich kriegen? Ich habe das Abendessen verpaßt. Vor der Show habe ich nichts runtergebracht.« Sie schickten eine wunderbare Sandwichplatte nach oben.

Vor dem Einschlafen versuchte ich mich an das Bewußtsein zu gewöhnen, die gesellschaftliche Stufe des Präsidenten der Vereinigten Staaten erreicht zu haben, mich bis 2 Uhr morgens mit ihm unterhalten zu haben – und dann nur zu Bett gegangen zu sein, weil wir morgens zum Frühstück um 10 Uhr aufstehen mußten. Ich konnte es nicht begreifen. In weniger als einem Menschenleben: Mamas Wohnung in Harlem... »Diese Nigger dort draußen sind dieser Kompanie zugeteilt. Ich werd' sie hier reinstecken...«; »Der freche Nigger hat 'n Zimmer verlangt...«; mein Vater, Will und ich auf dem Fußboden schlafend... der Tag, an dem es mir nicht gelang, in den Hollywood Hills ein Haus zu mieten... im River House zum Lieferanteneingang geschickt zu werden. Aber dann – ohne daß ich etwas davon gemerkt oder den Zeitpunkt wahrgenommen hatte – war ich ausgebrochen.

Um 10 Uhr erwarteten der Präsident und seine Frau uns im Arbeitszimmer des Präsidenten. Wir tranken zusammen eine Tasse Kaffee; danach nahm Mrs. Nixon Altovise mit zu sich, wo sie frühstücken würden, und der Präsident und ich gingen in sein Speisezimmer hinüber. Auf Bobs Rat hin hatte ich eine Themenliste vorbereitet: wieder Bildungsprobleme in den Gettos, Förderung schwarzer Firmen, der Negro College Fund und schwarze Colleges im allgemeinen, die noch von keiner Regierung unterstützt worden waren. Ich bat um finanzielle Hilfen, wo sie gewährt werden konnten, aber auch um wohlwollende Unterstützung durch die FCC, die kostenlose Werbespots durch Fernsehgesellschaften genehmigen konnte, um Privatleute zu Spenden für Bildungseinrichtungen zu ermutigen. Der Präsident stellte interessiert Fragen, so daß sich eine lebhafte Diskussion entwickelte.

Bob rief mich in L. A. an. »Der Präsident hat beim Gebetsfrühstück von dir gesprochen. Er ist zu mir gekommen, hat mir die Hand geschüttelt und mir erklärt, du hättest gute Arbeit geleistet. Er hat gesagt, wie sehr er deine Show genossen hat, aber auch – was wichtiger ist –, wie sehr ihm euer Frühstück gefallen hat.

Sammy, was die Fähigkeit betrifft, sein Denken zu beeinflussen, stehst du Nixon so nahe, wie niemals irgendein Schwarzer einem Präsidenten nahegestanden hat. Mir fällt kein Mann ein – ob weiß oder schwarz –, den er mehr schätzt als dich. Wir haben ungefähr fünf Minuten dagestanden und nur von dir gesprochen. Der Präsident hat gesagt: Sammy gehört zu den großen lebenden Amerikanern. Das hat er schon oft geäußert. Unser Freund Sammy würde's überall schaffen. Seine Hautfarbe oder was er erreichen wollte, würde dabei gar keine Rolle spielen. Mit seiner Intelligenz würde er es auf allen Gebieten, überall auf der Welt zu etwas bringen.‹ Die Vorteile, die sich daraus für Schwarze ergeben können, sind fast unbegrenzt.«

Das alles hörte sich nett an, und ich wußte es zu würdigen, aber ich mußte unwillkürlich denken: *Solange Gott mich mein Talent behalten läßt.* Intelligenz war nebensächlich, Lebensart war nebensächlich, die Freunde, die ich im Laufe der Jahre gewonnen hatte, waren nebensächlich. Mein einziger wirklicher Besitz war mein Talent. Ohne diese Gabe wäre ich nie ins Weiße Haus eingeladen worden. Ohne sie hätte ich niemand helfen können, nicht einmal mir selbst. Sollte Gott mir jemals mein Talent wegnehmen, würde ich wieder bloß ein Nigger sein.

21

Verdammte Jungfreaks! Wir waren im Bett und sahen uns eine Rock-'n'-Roll-Show an: lauter großartig aussehende Kids auf Rollschuhen, breaktanzend, junge Haut, junge Körper, junge Arme und junge Beine... gute Musik. Junge Musik. Ich stellte sie ab.

»Hey! Das hat mir gefallen.«

»Klar. *Typisch* für meine Kindfrau.«

Sie starrte mich von ihrer Betthälfte aus an.

»Diese verdammten Jungfreaks. Lauter dynamische Arschlöcher. Scheiße! Scheiße!« Ich schaltete das Gerät wieder ein und beobachtete die jungen Tänzer. Wie mühelos sie sich bewegten...

Altovise knabberte nachdenklich an ihrer Unterlippe. »Ob du gerade die männlichen Wechseljahre durchmachst, Sammy?«

»Männliche Wechseljahre? Du spinnst wohl?« Aber sie hatte recht. Ich haßte die Vorstellung, 50 zu sein. Mein Image war gewissermaßen in Stein gehauen: der fingerschnalzende, sich ständig bewegende Swinger in engen Hosen. Aber gab es etwas Deprimierenderes als einen alternden Swinger? Und wie konnte es einen alten Sammy Davis, Jr. geben? Altovise hielt ein Exemplar von *People* mit irgendeinem Jugendlichen auf der Titelseite in der Hand. Vermutlich hatte er gestern noch die Schulbank gedrückt. »Diese verdammte Jugendmasche!« sagte ich aufgebracht. »Über dreißig ist man out – das sieht man in jedem Magazin. In sämtlichen Anzeigen... überall nur Kids.«

Sie legte das Magazin weg, damit ich es nicht mehr sehen mußte. »Gut, ich lasse es nicht mehr herumliegen.«

Dazu wollte ich mich nicht äußern. Danke wollte ich erst recht nicht sagen. Ich brauchte dringend Luft. »Du engst mich ein. Damit werde ich nicht fertig.«

»Womit?«

»Mit allem!« Ich funkelte sie an. »Und was tun wir um Mitternacht im Bett wie zwei Altersschwache?«

»Aber du hast gesagt, daß du müde bist...«

»Müde, Scheiße!« Ich sprang aus dem Bett. »Ich gehe wohin, wo's

Action gibt.« Über die Schulter hinweg rief ich ihr zu: »Du hast 'ne Viertelstunde Zeit, wenn du mitkommen willst!«

Beim Rasieren blickte ich in den Spiegel und sah das Gesicht meines Vaters über meinem Körper. *Schwarzen sieht man ihr Alter nicht an.* Blödsinn! Ich rasierte mich zwei- bis dreimal pro Tag, weil die Bartstoppeln grau waren. Die Haare konnte ich mir färben, aber gegen neuen Bartwuchs alle paar Stunden war kein Kraut gewachsen. Und sosehr ich es haßte, vor dem Fünfzigsten zu stehen, sosehr verabscheute ich das Klischee, das Älterwerden zu hassen. Ich zog eine hautenge schokoladenbraune Lederhose, ein Seidenhemd und Krokodillederstiefel an. Ich trat aus dem Haus, musterte meinen Wagenpark und stieg in meinen neuen Corvette. Altovise kam mir nachgelaufen.

Während wir den Sunset entlangfuhren, versuchte sie, mich zu trösten. »Fünfzig zu sein, wie du fünfzig bist, ist keine große Sache. Das ist nicht alt, echt.«

»Darling, nicht für Leute, die sich normal kleiden und einen normalen Job haben. Denen kann dieses Alter sogar gut stehen... etwas gereifter, würdiger; aber für Sammy Davis, Jr. ist es tödlich. Mit diesem ›Woher nimmt er bloß all die Energie?‹, topmodischer Kleidung, engen Hosen, Jumpsuits und dem ganzen Glitzertrip hab' ich mich selbst in eine Ecke manövriert. Aber findest du, daß ein Fünfziger in hautenger Hose auf der Bühne rumtanzen sollte? Selbst wenn der Glitzerkram verdammt gut, keineswegs anachronistisch ist? Aber das ist mein Markenzeichen – enge Hose und Glitzerkram –, und ich kann mich nicht plötzlich in Fred Astaire verwandeln. Das nehmen sie mir nicht ab.«

Wir gingen in den Comedy Store, einen Club am Sunset. Ich wollte wieder mal lachen, um auf andere Gedanken zu kommen. Schwarze und weiße Komiker, die aussahen, als trügen sie ihre ersten langen Hosen, traten auf, und ihre ersten Worte waren: »Scheiße, ihr Arschlöcher...« Ohne auch nur guten Abend zu sagen. Als ich hörte, wie auf der Bühne gesprochen wurde, kam ich mir wie ein Hundertjähriger vor. Ich erinnerte mich daran, wie Will Mastin mich davor gewarnt hatte, Weiße nachzuahmen, weil die Zuschauer glauben würden, ich wollte sie verspotten. Aber hier stand ein Schwarzer auf der Bühne, nannte sie Arschlöcher und erntete dafür Gelächter.

Er hob um Ruhe bittend die Hände. »So, ihr Witzfiguren... laßt das Gejohle jetzt mal für 'ne Sekunde sein, denn es geht um einen Gentlemen, der mir die Ehre erwiesen hat, in meine Vorstellung zu kommen. Ich habe ihn schon als Kind verehrt, als er bereits ein großer Star gewesen ist. Dieser wundervolle Künstler ist ein Dinosaurier, der letzte seines Stammes, seiner Generation, das Ende einer Ära, der Goldenen

Zeit des Showbusiness. Er hat unseren Beruf im Vaudeville erlernt... yeah, ihr Pappnasen, im Vaudeville! Ihr seid zu jung, um euch daran zu erinnern; bei eurer Geburt ist es schon tot gewesen. Er ist Mr. Showbusiness persönlich; er gehört zu den Großen wie Al Jolson und...«

Ich stand auf. »Entschuldigung, daß ich unterbreche, aber meine Beerdigung ist in einer halben Stunde.« Das Publikum applaudierte. Ich ging auf die Bühne, umarmte das Arschloch, das meine Grabrede gehalten hatte, und wandte mich an die Zuschauer.

»Ich möchte ein paar Worte sagen. Unser Freund hier hat in einem Punkt recht gehabt: Ich bin seit siebenundvierzig Jahren im Showbusiness...« Beifall. »... das damals ganz anders als heute gewesen ist. Ich habe immer was sagen wollen, aber nie die Gelegenheit gehabt, die junge Künstler heutzutage für selbstverständlich halten. Ich habe die Ehre gehabt, vor Königlichen Hoheiten und Präsidenten aufzutreten – und jetzt danke ich *Ihnen* für diese wundervolle Gelegenheit, mir endlich meinen größten Wunsch zu erfüllen, nämlich... von einer Bühne herab sagen zu können: ›Scheiße! Scheiße, ihr Arschlöcher!‹«

Wir fuhren zur Factory hinüber. Der Parkwächter, der die Wagen wegfuhr, sah zu jung für einen Führerschein aus. Er bewunderte meinen Corvette. »Wow, wann haben Sie den gekriegt, Mr. D.?«

»Ich bin Sammy, Babe, und er ist letzte Woche geliefert worden. Ich kriege jedes Jahr den ersten.«

Als wir das Lokal betraten, spürte ich eine Hand, die meine Hinterbacken rieb. Ich drehte mich um und sah, daß sie einer wild aufgemachten Mieze gehörte. Sie war ein bißchen bekifft – gerade genug, um nicht loszulassen. Sie packte etwas fester zu. »Fühlt sich *gut* an, Sammy.«

Wir saßen mit einigen jungen Schauspielern zusammen, die ganz öffentlich am Tisch Joints rauchten und Coke schnupften. Der Schuppen war so überfüllt, daß kein Mensch sehen konnte, was andere taten. Sie ließen den Stoff rumgehen, und ich nahm ein paar Prisen. »Kommt morgen nach Mitternacht bei mir vorbei«, lud ich sie ein »Es gibt 'nen Film – und noch was, damit ihr euch wohl fühlt...«

Ich hatte die Schale in der Auslage eines Silbergeschäfts in Beverly Hills gesehen: eine kleine Schale mit Deckel. Vermutlich hatte ein Mann darin seinen Schnupftabak aufbewahrt. Für Kokain war sie ideal geeignet, denn sie faßte vier Glasfläschen Coke, und ich habe kleine Löffel gekauft, wie sie für Salz verwendet werden, so daß die Leute sich selbst bedienen konnten. Das war eine Aufmerksamkeit, die perfekte Gastgeber bereithielten – wie man dafür sorgte, daß es an der Bar genügend Scotch gab. Praktisch jeder damals gedrehte Film hatte ein Budget für Drogen, um die Schauspieler in Gang zu halten: ungefähr zehn Riesen pro Woche, die unter »Verschiedenes« abgebucht wurden. Ich füllte die Schale und stellte sie neben die gemischten Nüsse.

Die Gäste hatten sich übers Wohnzimmer verteilt und amüsierten sich gut. Sechs, acht Leute saßen in der abgesenkten Gesprächsecke, weitere sechs bis acht auf der Sitzgruppe am Fenster und ein paar mit mir an der Bar. Während ich zuhörte, bereitete ich eine Prise Coke zu. Das soll nicht heißen, daß ich halb Peru aufgeschnupft hätte. Ich war nicht von Drogen abhängig, sondern nahm sie nur in Gesellschaft. Mir gefiel die Drogenszene – bis hin zu den dämlichen Sprüchen: »Na, Häschen, was gibt's fürs Näschen?« Um mich gut zu fühlen, zog ich jedoch Alkohol vor – von Geschmack und Wirkung bis hin zu dem schlichten Vergnügen, ein Glas in der Hand zu halten.

Jack Haley, Jr. saß bei mir. Mit Liza Minnelli und ihm war ich seit Urzeiten eng befreundet. Bei ihrer Hochzeit war ich Brautführer gewesen, und Altovise hatte Jack zum Altar geleitet. Ich schnupfte das Coke, wartete auf das einsetzende wohlige Gefühl und lächelte dabei Jack zu. »Ganz nett, aber ich warte noch immer darauf, von diesem Scheiß high zu werden. Meinetwegen können sie alles Coke ins Meer schmeißen – mir sind drei Fingerhoch Wodka lieber.« Jack hob zustimmend sein Glas. Aber Coke war modern. Alkohol weckte Erinnerungen an Bogey, war von gestern und paßte zur »älteren Generation«. Ich wünschte mir, ich hätte ihn weniger gern gehabt.

Es war ein guter Abend. Ich saß gern hinter der Bar. Mir gefiel mein Aussehen, die Kids fanden mein Haus alle phantastisch, und bei mir gab es guten Schnaps, Wein, Kokain, was jeder wollte. Wir zeigten einen neuen PG-Film, danach ließ ich einen Pornofilm laufen, und bis 5 Uhr waren die letzten gegangen. Ich hätte dreimal allein mit Lifestyle-Fans bumsen können.

Als alle gegangen und Alto und ich im Bett waren, beugte sie sich zu mir hinüber. »Honey? Sweetie?« Ich wartete. Wenn sie mich »Honey? Sweetie?« nannte, kam immer etwas Unangenehmes. »Hör zu, ich weiß, was du willst, deshalb muß ich dir was sagen. Wir müssen den Spiegel hinter der Bar abnehmen – oder du kannst nicht mehr dort sitzen. Mit Leuten, meine ich. Von vorn gesehen leuchtet deine kahle Stelle nämlich wie der Mond.«

»Ich find's toll, den Vorführraum zu haben«, sagte Altovise, als wir uns für den Abend umzogen, »und neue Filme zeigen zu können.«

Ich genoß es, das zu hören, ihr das bieten zu können. Ich wünschte mir, ich könnte es mir leisten, ihr ein Schmuckstück für vier, fünf Millionen Dollar zu kaufen, dessen *Kopie* allein schon 100000 Dollar kostete. Vielleicht einen Stein mit einem Namen wie der Hope-Diamant. Ich hätte ihr liebend gern den »Altovise-Smaragd« geschenkt. Ich wünschte mir, ich könnte sagen: »Wenn du mal einkaufen willst, Darling, Neiman-Marcus, Saks, Giorgio, irgendwo am Rodeo Drive, brauchst du nur hinzugehen und dir zu kaufen, was dir gefällt.« Ich wünschte mir, ich könnte ihr vier Jahre dieser Art schenken, sie vier Jahre lang bis zum Wahnsinn verwöhnen.

Ich küßte sie auf die Wange. »Tatsächlich haben wir damit die ›letzte Postkutsche nach Dodge‹. In L. A. wird nach unserem wahrscheinlich nie wieder ein Vorführraum gebaut werden, denn wer außer einem Filmproduzenten braucht schon einen?«

Auch ich sah mir gern neue Filme zu Hause an und genoß es, dazu Freunde einladen zu können, aber seitdem es Fernsehgeräte mit großen Bildschirmen und Videokassetten gab, war ein eigener Vorführraum kein »notwendiger Luxus« mehr.

Während Virgil einen zweiten Film einlegte, stand ich in der abgesenkten Gesprächsecke auf und ging an die Bar, um mir einen neuen Drink zu holen. Dort beobachtete ich einen jungen Mann, der sein Cokefläschchen aus meiner Schale füllte.

Ich setzte mich neben Jack Haley. »Hast du das gesehen? Ein Selbstbedienungsladen für Coke?«

Jack betrachtete meinen Kopf. »Wie kommt's, daß du wieder Haarpomade nimmst? Ohne hat mir dein Haar besser gefallen. Es hat gut ausgesehen.«

Ich beugte mich zu ihm hinüber. »Nicht weitersagen: Damit läßt sich die dünne Stelle am Hinterkopf verdecken.«

Er tat mein Haarproblem mit einer wegwerfenden Handbewegung ab. »Gestern abend hab' ich drüben im Friars' Frank und Dean gesehen.«

Das war seltsam. Frank rief immer an, wenn er in L. A. war – außer wenn irgendwas nicht in Ordnung war.

»Merkwürdig, daß Frank hier ist und dich nicht angerufen hat«, meinte Altovise, als sie ihre Nachttischlampe ausmachte.

»Das ist überhaupt nicht merkwürdig!« knurrte ich. »Wir sind erwachsene Männer, wir hängen an keiner gemeinsamen Nabelschnur. Offenbar hat er anderweitig zu tun.« Ich setzte meinen Kopfhörer auf und konzentrierte mich wieder aufs Fernsehen. In letzter Zeit hatte ich mir angewöhnt, mit Kopfhörer fernzusehen, damit Alto schlafen konnte, aber er diente mir auch dazu, Dinge abzublocken, die ich nicht hören wollte.

Trotzdem *war* es merkwürdig. Ich wußte, wie Frank sich im allgemeinen verhielt, wenn Leute etwas taten, das ihm nicht paßte: Sie existierten plötzlich nicht mehr, sie waren Unpersonen geworden. Er kam in ihre Stadt, und sie erhielten keinen Anruf mehr. Aber in meinem Fall war es anders gewesen: Als Frank Anfang der sechziger Jahre im Fontainebleau aufgetreten war und ich nebenan im Eden Roc gearbeitet hatte, war er über etwas wütend gewesen, das ich in der Jack Eigen Show gesagt hatte, und hatte dafür gesorgt, daß ich davon erfuhr. Aber diesmal Schweigen. Ich wußte, daß es nicht wegen Nixon war, denn wir waren seither zusammen gewesen.

Wir saßen in Vegas in unserer Suite beim Abendessen, als Altovise fragte: »Honey? Sweetie? Glaubst du, daß du dir die Sache mit dem Kinderhaben jemals anders überlegen könntest?«

Ich schob mein Steak weg und warf die Serviette auf den Tisch. »Ist deine dämliche Frage damit beantwortet?«

»Was ist daran dämlich?«

»Weil sie wie meine Enkel wären. Und ich bin noch keineswegs reif für Enkel. Noch längst nicht!«

May rief mich aus Lake Tahoe an. »Die Kids haben zwei Wochen Ferien, und wenn du möchtest, daß sie dich besuchen...«

»Nein!« Ich konnte auch meine Kinder nicht brauchen. Ich mußte auf sämtliche Partys gehen. »In L. A. hab' ich verdammt viel zu tun. Ich fliege zu Ostern mit ihnen nach Hawaii, aber nächste Woche ist out. Unmöglich! Vergiß es...«

»Okay, okay, heiliger Strohsack, das ist nur 'ne Idee gewesen.«

Sie hatte recht: Ich hatte hysterisch reagiert. Ich wechselte das Thema. »Hey, wie ich höre, bist du ziemlich häufig mit demselben Kerl unterwegs. Was Ernstes?«

»Ernst schon, aber wir werden nicht heiraten.«

»May, wenn du den Burschen liebst, solltest du ihn heiraten. Hör zu, wir sind beide keine Junghühner mehr...«

Sie lachte. »Ja, ich weiß, aber ich will nicht wieder heiraten, solange die Kids noch jung und bei mir sind.«

»Mögen sie ihn nicht?«

»Alle kommen sehr gut miteinander aus. Aber ein weiterer Vater würde ihr Leben komplizieren. Nein. Ich habe mich völlig in die Mutterrolle eingelebt. Und ich bin glücklich dabei. Es gibt nichts Schöneres als die Wochenenden, an denen wir gemeinsam mit dem Kombi zu Interstate-Basketballspielen fahren. Mark spielt sehr gut, aber Tracey hätte das Zeug zu einem Basketballstar. Sie ist wirklich eine begabte Sportlehrerin.«

»Nun, das ist großartig, und ich bin stolz auf sie. Aber du wirst sie nicht ewig bei dir haben. Sie werden heiraten – und was willst du dann tun?«

»Weiß ich noch nicht. Aber ich will versuchen, es mit Anstand zu tun.«

Als wir nach L.A. zurückkamen, gaben Suzanne Pleshette und Tommy Gallagher ein Kostümfest, zu dem ich in hautenger Lederkluft ging, während Altovise als Keuschheit erschien. Damals war *Deep Throat* eben erst uraufgeführt worden und lief im Pussycat Theater am Santa Monica Boulevard. Die Leute redeten davon, sie wollten den Film sehen, aber das Pussycat war kein Filmtheater, in das man ging. Und ein Pornofilm wie *Deep Throat* war kein Film, den man sich von einer der großen Filmgesellschaften kommen lassen konnte.

Ich schlug Altovise vor: »Komm, wir mieten das Pussycat an irgendeinem Abend für ein paar Stunden, lassen es putzen, sorgen dafür, daß der Popcornstand geöffnet ist, und laden all diese anständigen Leute hier ein, sich *Deep Throat* anzusehen. Es wäre herrlich dekadent, sie dort sitzen und dieses große Ding auf der Leinwand anstarren zu sehen und sie danach ins Bistro zu einem Abendessen mit Gänseleberpastete und Château Margaux einzuladen.«

Eingeladen waren Suzanne und Tommy, die Berles, Dick und Dolly Martin, Steve und Eydie, Lucy und Gary Morton, Ben und Jackie Garfinkel, Sy und Molly, Shirley MacLaine – alles Leute, die nie ins Pussycat gegangen wären. Ich ließ sie in Limousinen hinbringen, was sicherer war, als seinen Luxuswagen in dieser Gegend zu parken.

Die Pornoszene reizte mich, und ich wollte Linda Lovelace kennenlernen, deshalb rief ich sie an und freundete mich mit ihr und ihrem Mann Chuck Traynor an. Auch Marilyn Chambers wurde meine gute Freundin. Nachdem Linda und Chuck sich hatten scheiden lassen, heirateten er und Marilyn in meiner Suite in Vegas, und ich war der Brautführer. Ich lernte die meisten Kids kennen, die in L.A. Pornofilme machten. Sie kamen zu meinen Shows, und die Cats in der Band sagten: »Hey, ist das nicht...?«, und ich sagte »Yeah«, worauf sie zu grinsen begannen. »Nur weiter so, Sam. Mein Mann.« Und mir gefiel, daß alle glaubten, es gebe keinen Pornostar, den ich nicht kannte oder der noch nicht auf meinen Partys gewesen war – lauter verzweifelte Anstrengungen, mir mein Swinger-Image zu erhalten.

Als ob es nicht schlimm genug wäre, scheußlich verkatert zu sein, wachte ich von bohrenden Kopfschmerzen auf. Altovise schlief noch. Ich fühlte einen Druck an den Ohren. Ich war mit aufgesetztem Kopfhörer eingeschlafen. Ein Blick auf meine Uhr: Mittag. Ich zog einen Schlafrock an und schleppte mich in Richtung Küche. Ich brauchte einen Kaffee. Was ich wirklich brauchte, war ein Wodka-Wasserfall, unter den ich mich setzen konnte.

Scotty, der Chef unserer Wachmannschaft, verließ die Küche mit einem Becher Kaffee. »Danke, Mrs. Jackson.« Lessie Lee hielt eine Kanne meines Konakaffees für mich bereit. Ich warf ihr einen boshaften Blick zu. »Mrs. Jackson, wie? Ich habe dich schon vor fünfzehn Jahren gekannt, als du jung und hübsch und ›Lessie Lee‹ warst – statt alt und würdig und ›Mrs. Jackson‹.« Lessie Lee kicherte, und ich ging weiter in den Frühstücksraum.

Ich saß gern dort, trank Kaffee, ohne mit jemand reden zu müssen, und blickte auf meine Autos hinaus. Ich ließ stets den Rolls-Royce und den Ferrari mit der Corvette zwischen ihnen draußen stehen. Sie anzusehen, machte mir mehr Spaß, als sie zu fahren. Ich bewegte meine Wagen pro Jahr keine 50 Meilen weit. Gelegentlich fuhr ich nach Beverly Hills hinein, aber für Fahrten zu Hotels und Restaurants nahm ich mir lieber eine Limousine mit Chauffeur.

Draußen standen ein paar Fahrzeuge, die nicht mir gehörten. Ich erkannte sie auch nicht. Für Leute, die nur mal so vorbeischauen wollten, war es eigentlich noch zu früh. Wie waren sie überhaupt reingekommen? Ich sehnte mich danach, an die Bar zu gehen und mir eine Wodka-Cola zu mixen, aber ich hatte keine Lust, jetzt mit Leuten zu reden. Ich ging in die Küche. »Lessie Lee, fragen Sie Scotty, warum er so früh Leute reingelassen hat.«

Sie warf mir durch ihre große Brille einen ausdruckslosen Blick zu. »Das sind keine Wagen, die heute reingekommen sind. Das sind die, wo letzte Nacht nicht rausgefahren sind.«

Partymüll. Wie Popcorn auf Sofas, leere Kokainfläschchen, gebrauchte Gläser und abgestandener Rauch. Nichts von alledem paßte zu einem sonnigen Morgen. »Wo sind sie?« Ihr Daumen wies nach oben zu den Gästezimmern. »Schicken Sie jemand rauf, der oben putzt und Krach macht...«

Ich schlüpfte hinter meine Bar, um mir einen Drink zu mixen. Drei weitere pennten in meiner abgesenkten Gesprächsecke. Ich ging in den Frühstücksraum zurück, schloß die Tür und setzte mich auf einen Platz, von dem aus ich alles sehen konnte, ohne gesehen zu werden. Ich schickte den Staubsauger auch ins Wohnzimmer. Nach einer Weile kamen sie heraus: Kerle und Miezen, die ich kaum kannte.

Altovise kam herein. Sie lächelte nicht. »Wie kommen wir dazu, daß überall im Haus fremde Kids aufwachen?«

»Schrecklich.«

Ihre Stimme wurde sanfter. »Sammy... dieses Leben, das wir in letzter Zeit führen – es macht dich nicht gerade jünger.«

Im Gegenteil! Ich war völlig erschossen und mußte dankbar sein, daß ich ein paar Tage nicht zu arbeiten brauchte. Am Donnerstag begann für mich im Caesars Palace eine neue Las-Vegas-Karriere. Nach Jack Entratters Tod hatte Sy feststellen müssen, daß wir's mit knallharten Rechnern zu tun hatten, die mich 75000 Dollar runterhandeln wollten. Las Vegas war computerisiert worden. Für Jack wäre ich umsonst im Sands aufgetreten, aber wenn ich für einen Computer arbeiten sollte, mußte ich zusehen, daß ich jeden Dime bekam, der mir zustand, denn sobald die Leute nicht mehr Schlange standen, um mich zu sehen, forderte der Computer als erster: »Knüpft ihn auf!«

Die Leute bei Caesars boten mir alles, was ich verlangte. Bevor ich zu ihnen überwechselte, blieb ich noch ein weiteres Jahr im Sands hängen, weil ich mich an Jacks Freundlichkeit, seine Bereitschaft, mir Türen zu öffnen, und die übermütige Zeit erinnerte, als *Ocean's Eleven* gedreht und den Clan gegründet hatten. Aber Jack war tot, und mit ihm endete die Zeit der Einzelbesitzer, mit denen man persönlich reden konnte. Ich verließ das Sands mit all seinen guten Erinnerungen. Ich unterschrieb bei Caesars für 175000 Dollar für die Sechstagewoche – mein Rekord in Vegas – und mußte in Form sein, um dieses Honorar zu rechtfertigen. Bei 175000 Dollar pro Woche darf es niemals heißen: »Heute abend hat's bei ihm nicht gezündet.«

Bei der Premiere im Caesars Palace hatte ich erst drei Minuten getanzt, aber meine Beine wurden schwerer und schwerer, meine Atemzüge waren sichtbar, und ich konnte nur mit Mühe vor dem Publikum verbergen, daß ich ächzte und keuchte. Ich wußte, daß ich die vollen sieben bis acht Minuten, die ich sonst tanzte, nicht durchhalten würde. Deshalb wechselte ich vom anstrengenden Steptanz zu einem Schleicher über. Ich ließ das Mikrofon an der Schnur bis zu meinen Füßen auf den Boden baumeln und deutete die Tanzschritte nur an.

Die durch den Tempowechsel getäuschten 1400 Gäste glaubten, etwas Außergewöhnliches zu sehen, und beobachteten, wie ich mich nur scheinbar weitertanzend erholte. Als ich wieder zu Atem gekommen war, steppte ich weiter – insgesamt vier Minuten statt sieben. Mir widerstrebte es, das Publikum irrezuführen, aber was hätte ich sonst tun sollen? »Tut mir leid, Leute, aber ich werde zu alt, um euch zu unterhalten.« Dann verschwinde von der Bühne! Aber das konnte ich mir nicht leisten.

In der Garderobe warf ich fünf Zuckerwürfel in eine Tasse Kaffee und ließ mich in einen Sessel fallen. Alter. Lotterleben. Sich auf sein

So bekommst du den Ruf eines Swingers: du engagierst fünf scharfe Miezen dafür, daß sie sich auf der Bühne und für die Fotografen um dich reißen. Das ist Publicity, Leute! Wer schläft, swingt nicht.

Gesichter einer Ein-Mann-Show.

Früher fand ich es schon immer beeindruckend, daß ich selbst 13 Leute und über drei Tonnen Ausrüstung und persönliches Gepäck in Containern von Stadt zu Stadt transportierte, bis hin zu Küchengerät und Gewürzen. Dann ging Michael Jackson auf Tournee: mit 50 Tonnen Ausrüstung und 150 Technikern und Bediensteten, darunter zwei Friseure und zwei Chefköche. Und dabei ißt er zum Frühstück nur zwei Karotten und an Dienstagen gar nichts.

Von oben links nach unten rechts: Earl Jolly Brown, Regisseur. Morty Stevens. Fip Ricard, Erste Trompete. Brian Dellow, Sicherheit. James Leary, Kontrabaß. Bernard Wilson, Garderobier. Clayton Cameron, Schlagzeug. George Genna, Klavier. Dino Meminger, Chefbeleuchter. Frank Accardo, Gitarrist.

Eine der beiden Shirleys in meinem Leben. Ich liebe beide. Aber in beiden Fällen hat es nie etwas anderes gegeben als gemeinsame Arbeit und tiefe Freundschaft. Wir sind einander näher und unzertrennlicher als Liebhaber. Der Verlust einer Geliebten ist wie ein schlechter Haarschnitt: es wächst wieder etwas nach. Aber einen Freund wie eine meiner Shirleys zu verlieren ist, als bekäme man einen Finger abgeschnitten.

Wenn ich gewußt hätte, daß ich so lange leben würde, hätte ich besser auf meine Gesundheit geachtet.

RECHTE SEITE:
Oben links: Altovise 1973. Jock Mahoney (Tarzan) sah Altovise zum ersten Mal auf Hawaii, als sie gerade im Bikini aus dem Wasser kam. Er sagte: »Sam, ... man kann es auch übertreiben.«
Oben rechts: Altovise 1983. Als erste Schwarze wurde sie Mitglied von SHARE, später sogar Vorsitzende.
Unten: Als Altovise und ich getraut wurden, waren weder Freunde noch Familienmitglieder anwesend. Nach ein paar Jahren beschlossen wir, Familien und Freunde zu versammeln, und Jesse Jackson knüpfte den Knoten etwas fester.

Oben: Burt Reynolds brachte mich 1981 mit Dean in *Cannonball Run* zusammen. Ich wußte, daß mir das keinen Oscar einbringen würde, aber ich mußte auf die Leinwand, um Druck zu machen, um bekannt zu werden. Was hilft es, in Vegas und im Harrah's im Schnitt 200000 $ die Woche zu verdienen? Diese Plätze sind faszinierend, aber es sind Inseln. Wenn mich heute, nach 50 Jahren Showbusiness, Kinder auf der Straße ansprechen, dann sagen sie: »Du hast in *Cannonball* mitgespielt.« Das ist die Macht der Leinwand.

Links: Als es endlich eine Rolle für einen schwarzen Cowboy gab, schenkte mir John Wayne als Glücksbringer den Hut, den er in *Stagecoach* getragen hatte. Er sagte: »Meine Kinder durften diesen Stetson nicht anfassen. Er ist mir sehr teuer. Aber ich glaube, du wirst einen Platz für ihn finden.« Der »Duke« war politisch konservativ, aber kein Rassist. Ich bin stolz auf seine Freundschaft.

Oben: Michael kam mich öfter zu Hause besuchen: »Kann ich mir ein paar von deinen Videos ausleihen, Mr. D?« Und dann holte er sich aus meiner Videothek alle Aufzeichnungen meiner alten Shows, die ihn interessierten. Als er mich im Juli 1988 in Monte Carlo besuchte, sagte er: »Übrigens, ich habe einige Bewegungen und Posen von dir geklaut.« Ich hatte das schon bemerkt. Es ist ungemein schmeichelhaft, wenn man von jungen Leuten so verehrt wird. Besonders von Michael, den ich für den absoluten Profi halte. Viele jugendliche Stars werden mit zehn Hits Multimillionäre, aber sie wissen nicht, wie man sich verbeugt oder gekonnt die Bühne verläßt. Bei Michael dagegen stimmt jede Einzelheit genau.

Rechts: Clint Eastwood und ich sind seit über dreißig Jahren befreundet; ich brachte ihm bei, wie man einen Revolver zieht.

Talent verlassen. Das merkte man mir an. In meinem Alter konnte man kein Entertainer wie ich sein und zugleich koksen, saufen und wilde Partys feiern.

Altovise kam mit ihrer Mutter, meiner Mutter und Shirley Phillips, einer guten Freundin ihrer Mutter, hinter die Bühne. Ich hatte meine Schwiegermutter von der Bühne aus vorgestellt. Die Ladys schwärmten alle: »Das war die großartigste Show, die wir je gesehen haben . . .«, aber Altovise warf mir seltsame Blicke zu. Sie zeigte in den Schminkraum. »Kann ich dich mal ganz privat sprechen?«

»Nein.«

»Hmmm, darf ich dir dann was ins Ohr sagen?«

Ich setzte Jack Bennys Pokergesicht auf, als ich mich an ihre Mutter wandte. »Vielleicht bitte ich dich doch, sie zurückzunehmen und fünf Jahre zu altern.«

Alto setzte sich neben mich auf die Couch, legte die Hände als Sprachrohr an mein Ohr und flüsterte: »Hat mein alter Mann sich bei der Tanznummer ein bißchen down gefühlt? Außer mir hat's keiner gemerkt, aber du bist nicht so schwungvoll wie sonst gewesen.«

»Verschwinde!« *Und nenn' mich nicht deinen »alten Mann«.* Alto betrachtete mich mitfühlend. Ich schob sie von mir weg. Sie sprang lachend auf. Ich begann, unsere 20 Jahre Altersunterschied zu spüren.

Der Zucker in meinem Kaffee wirkte jetzt. Um bei Kräften zu bleiben, kaute ich eine Handvoll Gummidrops. »Wenn Sie mich jetzt entschuldigen wollen, Ladys – ich bin gleich zurück.« Ich machte Brian ein Zeichen, er solle mitkommen, und wir gingen in der Einkaufspassage Appian Way ins Pelzgeschäft, in dessen Auslage mir Luxuspelze aufgefallen waren, die auf einen spendablen Reichen warteten, der mit seinem Mädchen etwas zu feiern hatte. Als wir in die Garderobe zurückkamen, schoben wir einen Kleiderständer vor uns her. Ich überreichte Mrs. Gore eine Chinchillajacke. »Nur ein kleiner Kuß von deinem Schwiegersohn.« Für Mrs. Phillips hatte ich ein Fuchscape und für meine Mutter eine Nerzjacke gekauft.

Altovise war sprachlos. Ich wandte mich an sie. »Wartest du darauf, daß dir jemand einen Fisch zuwirft, oder sitzt du immer mit offenem Mund da?« Ich sah ihr selbstgefällig in die Augen. *Na, findest du das schwungvoll genug?*

Ich saß im Kasino und spielte Blackjack – nicht weil mir danach war, sondern weil es gute Werbung war. Die Leute sagten gern: »Jerry Lewis hat den Bankhalter abgelöst«, oder »Mein Gott, ich hab' Sammy Davis mit Hundertdollarchips spielen gesehen.« So prägte sich ihnen ein, wen sie gesehen hatten.

Dann sah ich Jilly Rizzo. Er beobachtete die Action, aber ich hatte das Gefühl, daß er darauf wartete, von mir gesehen zu werden. Ich sammelte meine Chips ein, und wir gingen in den Garden Room hinüber und bestellten einen Drink. Ich erkundigte mich: »Wie geht's Francis?«

»Er ist in Palm Springs. Wie man hört, machst du hier das große Geschäft. In dieser Scheißgegend ist das 'ne tolle Leistung.«

»Yeah, hier läuft's großartig. Merkwürdig, aber ich habe schon länger nicht mehr mit Frank gesprochen... Vor ein paar Wochen ist er in L. A. gewesen, stimmt's?«

»Ja, er ist dort gewesen.«

»Das hab' ich gehört.«

Jilly ließ die Maske fallen. »Sam, wir sind alte Freunde, und dich interessiert vielleicht, warum Frank nicht angerufen hat. Das liegt vermutlich daran, daß er gehört hat, daß du auf diesem Cokescheiß abfährst, und er sagt: ›Wenn Sammy darauf abfährt, will ich nicht in seiner Nähe sein. Und ich will ihn nicht in meiner Nähe haben.‹«

Unter keinen Umständen wollte ich hören, daß Frank verärgert war. Das setzte mir zu. Dabei hatte ich weiß Gott Verständnis dafür. Aber ich sagte: »Wenn er's so haben will, soll ihn der Teufel holen. Ich bin nicht mehr zwanzig, Jilly. Ich sitze nicht mehr wie in der guten alten Zeit nägelkauend da und denke: ›O Gott, Frank hat heute nicht angerufen!‹ Ich lebe mein eigenes Leben...«

»Klar, Sam. Du hast Erfolg – und nur das zählt.«

In der Garderobe betrachtete ich ein gerahmtes Foto, das jemand vor Jahren in der Villa Capri ohne mein Wissen von uns gemacht hatte. Ich blickte auf einem Hocker sitzend auf Frank herab, und meine Miene drückte die Liebe und Bewunderung aus, die ich stets für ihn empfunden hatte. Frank hatte mir einen Abzug mit folgender Widmung geschickt: *Das gleiche gilt für mich, Sam. Francis.*

Daß er von mir enttäuscht war, tat mir in der Seele weh. Frank hatte mich beeinflußt wie kein anderer. Als Jugendlicher hatte ich Alben mit Zeitungsausschnitten über Frank Sinatra angelegt. Er war stets mein Idol gewesen – das hatte ich öffentlich bekannt –, und ich hatte versucht, *er* zu sein, ihm beruflich nachzueifern, selbst ein Swinger zu sein, alles zu tun, was er tat: Geben Sie mir das, lassen Sie dies kommen, kaufen Sie jenes, teure Geschenke an Unbekannte als großzügige Geste... all das kam von Sinatra. Die Attitüde, das Selbstbewußtsein stammten von ihm. Schwarze waren damals nicht selbstbewußt. Ich hätte niemals schildern können, was unser Treffen im Capitol Theater für mich bedeutet hatte – als er mir einen Arm um die Schultern gelegt und gesagt hatte: »Du solltest singen...«

Deshalb war mir elend zumute, als ich 25 Jahre später hören mußte, er sei von mir enttäuscht. Vor allem, weil ich wußte, daß er dabei auch gesagt hatte oder gesagt haben könnte: »Behaltet ihn im Auge, damit er nicht etwa Schwierigkeiten kriegt. Mit diesem kleinen Schwanzlutscher rede ich mein Leben lang kein Wort mehr, aber sorgt dafür, daß er keine Schwierigkeiten kriegt. Und laßt euch nicht dabei erwischen, daß *ihr* ihn als kleinen Schwanzlutscher bezeichnet!«

Weshalb konnte ich ihn nicht anrufen und sagen: »Frank, wenn's dir soviel bedeutet, ist's damit vorbei. Ich rühr' das Zeug nie wieder an.«? Aber ich konnte nicht zulassen, daß ein anderer über mein Leben bestimmte.

Mein Gastspiel im Caesars war ein Fehler. Der Saal war einfach zu groß. Ich galt als Held, weil es mir gelang, ihn zu füllen, aber damit war es irgendwann vorbei – und dann würde es heißen: »Sammy schafft's nicht mehr.« Um diesen Raum sechs Tage in der Woche zweimal pro Abend mit 1400 Gästen zu füllen, brauchte man eine heiße Platte oder eine Fernsehserie. Oder eine aufsehenerregende Scheidung. Oder eine Geschlechtsumwandlung in eine Frau. Aber ein Entertainer wie ich sollte in kleinen Räumen mit höchstens 500 Plätzen auftreten. Füllt man die allabendlich zweimal bei 25 Dollar pro Gast für zwei Drinks, ist man nicht gerade aus dem Geschäft. Aber in Caesars mußte ich zu jeder Show 1400 Gäste anlocken.

Zum Glück kamen viele zweimal. Das war der Schlüssel zum Erfolg. Und die Einheimischen. Kamen sie montags oder dienstags – an ihrem freien Abend –, um einen zu sehen, obwohl man schon seit Jahren in ihrer Stadt auftrat, war das ein großes Kompliment. Und wer die Einheimischen *nicht* hinter sich hatte, konnte sein Gastspiel gleich vergessen. Erledigt! Außer ihnen war nämlich am Montag und Dienstag keiner da.

Außerdem mußte man die Taxifahrer hinter sich haben – und die Chauffeure der Hotellimousinen, mit denen die Gäste der Luxushotels abgeholt wurden. Sie waren die ersten in Las Vegas, mit denen die meisten Besucher redeten, und wenn sie gefragt wurden: »Wer ist alles da?«, sollten sie sagen: »Gehen Sie zu Sammy in Caesars – der swingt!« Deshalb gab ich für die Taxifahrer von Las Vegas eine Party, die um drei Uhr begann. Ich trat für sie auf, und es gab so viele Steaks und Drinks, wie sie wollten.

Sy rief hörbar durcheinander aus L. A. an. »Die Taxifahrer kann ich noch verstehen. Clever. Gute Werbung.« Seine Stimme bebte. »Aber ich habe hier eine Rechnung aus dem Pelzgeschäft in Caesars über sechzigtausend. Das ist doch ein Irrtum...?«

Ja, das ist ein Irrtum gewesen, dachte ich. *Aber die Rechnung stimmt.*

»Bitte, Sammy, erzähl mir nicht, daß du Altovise noch einen Nerzmantel gekauft hast.«

»Nein, das nicht. Ich habe je einen für ihre Mutter, meine Mutter und eine Freundin ihrer Mutter gekauft.«

»Aber... aber... *warum?*«

»Eine weitere großzügige Geste.«

»Sammy... Sweetheart... du bist fast fünfzig, was jung ist, wenn man Geld hat, aber alt, wenn man pleite ist. Ich habe Alpträume, wenn ich daran denke, was passiert, wenn du einen Unfall hast oder krank wirst und ein Jahr lang nichts arbeiten kannst...«

Als ob ich daran nicht auch schon gedacht hätte! Mich beherrschte die Angst, altersschwach zu werden: »Sammy schafft's nicht mehr.«

»...was wird dann aus dir? Wer zahlt die Hypothek, deine Bankschulden...?«

Dann wäre ich »Mr. Bojangles« gewesen: der alte Tänzer ohne Engagement, von dem der Song erzählte. Auf der Bühne ließ ich Nummern weg, bei denen mir gruselte, und begann mit diesem Song. Ich sang ihn nur, wenn das Publikum ihn verlangte, denn ich fürchtete ihn mehr denn je. Ebenso verzichtete ich auf »I'll Never Sing Another Song«, den Matt Monroe über einen Superstar geschrieben hatte, der von sich sagt, er brauche nie wieder zu singen, weil er alle Früchte des Ruhms gekostet habe. Nun, wer noch ganz oben steht, kann diesen Song singen. Aber wenn die Stimme rauh wird, man sich durch Auftritte schleppt, wo man früher geflogen wäre, und man sich im Geiste in Salonbars auftreten sieht, streicht man »I'll Never Sing Another Song«. Man verzichtet darauf, bevor sie denken: Ja, viele wird er wohl nicht mehr singen...

Von meinen Kollegen in der American Guild of Variety Artists wurde ich im vierten Jahr nacheinander zum »Entertainer des Jahres« gewählt. Zur Verleihungszeremonie im Caesars kamen die in Las Vegas anwesenden Stars, in Cocktail Lounges auftretende Künstler, sämtliche Anheizer und viele Ehrengäste, um der Überreichung des nach George M. Cohan benannten Georgies – unserer höchsten Auszeichnung für Live-Auftritte – Glanz zu verleihen.

Bei der Preisverleihung sagte ich, wie geehrt und dankbar ich mich fühlte, aber der Insiderwitz hätte gelautet: *Ich wollte, ich wäre noch am Leben, um das sehen zu können.* Der Georgie war fast eine postume Auszeichnung, denn mit »Sammy Davis, Jr.« ging es dem Ende zu. Er konnte die Leistung, die ihn zum Star gemacht hatte, nicht mehr zuverlässig bringen.

In einer kurzen Rede schloß ich eine Teilnahme im kommenden Jahr aus, um großzügig zu sein – aber vielleicht auch, weil ich mir in meiner jetzigen Verfassung nicht vorstellen konnte, zum fünften Mal zu siegen. Vorerst wußte nur ich davon: Ich glich einer schönen Jacht, die von außen prächtig wirkt, aber sobald man in sie hinuntersteigt, sieht man Wasser hereinströmen und weiß, daß sie sinkt.

Um allen zu zeigen, daß ich noch immer ein Superstar war, gab ich eine Party für ganz Las Vegas. Ich lud alle Künstler aus allen dortigen Hotels zu Steaks und Champagner ein. Ich selbst blieb nur eine halbe Stunde dort. Dieser Spaß kostete mich 50000 Dollar.

Altovise war zur Preisverleihung zurückgekommen und leistete mir in der letzten Woche Gesellschaft. Elvis war in Vegas, und wir gingen eines Nachts gemeinsam aus: Elvis, Altovise, ich und sein Leibwächter. Wir benutzten seine Limousine, ließen meinen Wagen nachkommen und traten überall wie Superstars auf. Elvis trug ein kurzes Cape mit hohem Kragen, hatte eine Sonnenbrille auf und hakte sich bei Altovise ein, während wir von Lounge zu Lounge hetzten, und die Leute sagten: »Hey, da sind Elvis und Sammy!«

Aber was sahen sie wirklich? Im Vergleich zu damals, als ich ihn im Hilton erlebt hatte, wirkte Elvis krank und aufgedunsen – damals war er in Topform gewesen und hatte hautenge Klamotten getragen, und die Frauen hatten wie verrückt gekreischt, und die Männer hatten gesagt: »Yeah ... ein toller Kerl!« Damals hatte er noch phantastisch ausgesehen.

Und ich? Ich mochte gar nicht daran denken.

Das Flugzeug von Harrah's holte mich in Vegas ab und brachte uns nach Reno, wo ich ein vierwöchiges Gastspiel begann, dem drei Wochen im Harrah's in Lake Tahoe folgen würden – sieben Wochen ohne einen einzigen freien Tag.

Jeden Abend rief ich eine Stunde vor der Show den Maître d'hôtel an und hörte: »Wir sind ausverkauft, Sammy, wir müssen fünfzig bis sechzig Gäste abweisen – bei beiden Shows.« Aber das war erschrekkend. Ich war ein Tänzer, der nicht mehr tanzen konnte, eine alternde Legende aus Jugend und Bewegung. Okay, ich trat noch immer als Hauptattraktion im besten Club auf, aber morgen, nächste Woche, nächsten Monat würde der Funke eines Abends nicht mehr überspringen, und die Leute würden denken: *Er ist nicht mehr so großartig wie früher.* Und sie würden nicht mehr anstehen, um mich zu erleben...

Ich probierte sämtliche Verrücktheiten aus, die mir nur einfielen. Ich versuchte, durch Äußerlichkeiten lebendiger zu wirken: Jumpsuits, Lederjeans, Brillantringe an allen Fingern, sogar Perücken im

Partnerlook für mich und Altovise. Genial! Ich hatte mein Leben lang darauf hingearbeitet, unverwechselbar zu werden – und dann setzte ich eine Perücke auf, um wie meine Frau auszusehen. Meine Verzweiflung trieb mich an. In Wirklichkeit sagte ich: »Hilft mir bitte jemand? Mir entgleist alles...«

Der Erfolg stellte sich nicht mehr wie früher von selbst ein. Ich strengte mich wie verrückt an, und wenn die Leute klatschten oder lachten, war ich erleichtert und versuchte es mit einem weiteren Song, einem weiteren Witz, wartete auf die Pleite, wartete auf den Song, der höflichen Beifall bekommt, auf den Witz, den sie nicht lustig finden... Aber dann erntete ich starken Beifall oder schallendes Gelächter, und das euphorische Gefühl der Erleichterung hielt sekundenlang an, um mich dann tiefer und tiefer absacken zu lassen, weil ich nicht wußte, ob ich's noch mal schaffen würde, und trotz meiner Erschöpfung wieder dort hinauf mußte. Ich *mußte* es schaffen, sie erwarteten von mir, daß ich ein Star war, sie hatten ihren Eintritt bezahlt und ein Recht darauf, das Beste zu sehen.

Freitags und samstags begann die dritte Show erst um 2.30 Uhr. In diesen Shows trat ich vor 1000 Gästen auf, arbeitete bis 5 oder 5.30 Uhr. Die Sonne ging immer schon auf, wenn ich erleichtert und vor Angst erschöpft in meine Suite zurückkehrte. Während früher zwischen mir und dem Publikum etwas gelebt und geatmet hatte, konnte ich das Ende der Show jetzt kaum noch erwarten, um von dieser Spannung befreit zu sein. Wie immer flüchtete ich mich in Alkohol und Ausschweifungen, um zu vergessen, daß mein Zauber verblaßte, daß mein Image dahinschwand, weil ich dahinschwand und nicht wußte, wie ich wieder jung werden sollte.

Die Party mit all den Kids aus anderen Shows war bereits in vollem Gange. Der Zimmerservice hatte Warmhaltetische mit chinesischen Gerichten aufgebaut, und ein Barkeeper versorgte die Gäste. Mein alter Freund Joe Conforti, Besitzer der Mustang Ranch, des größten Bordells von Nevada, wo Prostitution legal ist, brachte stets acht bis zwölf seiner schönsten, wildesten Mädchen mit. Joe brauchte ich nie anzurufen: Er kam immer von allein vorbei, um Hallo zu sagen, und brachte Mädchen mit. »Sie gehören euch, nur euch. Der Wagen wartet, bis ihr fertig seid.«

Ich hielt mich im allgemeinen an meine eigene Frau, aber auf meinen Partys war niemals jemand einsam oder durstig. Mich deprimierte die Erinnerung, daß ich vor nur zehn Jahren *Ocean's Eleven* gedreht hatte und im Sand's mit Frank und Dean als Star aufgetreten war. Damals hatte ich gesoffen, Partys gefeiert, nächtelang durchgemacht, mich großartig gefühlt und Spitzenshows abgeliefert. Ich wollte nicht akzeptieren, daß ich das nicht mehr konnte. Deshalb tobte ich mich noch angestrengter, noch länger aus, und wir feierten bis 9 oder 9.30 Uhr, um erst dann ins Bett zu fallen.

Gegen 14 Uhr wachte ich auf und versuchte, mich aus dem Alkoholdunst und der Katerstimmung nach der Party aufzuraffen. Ich hatte Kopf- und Halsschmerzen. In letzter Zeit hatte mein Körper mir mehrmals gedroht: »Machst du so weiter, geh' ich morgen nirgends hin – dann steh' ich einfach nicht auf.« Und jetzt machte er seine Drohung wahr. Ich wußte, daß ich an diesem Abend nicht würde auftreten können. Ich rief Murphy an. »Ruf Dougie an und sag ihm, daß ich 'ne kleine Grippe habe.«

Doug wußte, daß meine »kleine Grippe« auf eine Suite voller Kids und die Nonstop-Partys zurückzuführen war, aber er sagte: »Ich muß für ein paar Tage Ersatz besorgen. Wir können die Show nicht ausfallen lassen. Ich rufe den Hangar an und schicke das Flugzeug nach Burbank. Ich sage dem Piloten, daß er vielleicht jemand abholen soll – oder auch nicht. Danach fange ich an, rumzutelefonieren. Hast du 'nen Tip für mich?« Ich rief einige Freunde an: Alan King, Don Rickles, Bill Cosby, Liza Minelli. Liza konnte kommen.

Als es 20 Uhr wurde und ich in meinem Wohnzimmer bei einem Drink saß, anstatt dort zu sein, wo ich hingehörte, begriff ich, daß ich dabei war, mich selbst zu zerstören. Aber zugleich war ich erleichtert darüber, daß ich keinem weiteren Publikum gegenübertreten, keinen weiteren Test bestehen mußte.

Am Premierenabend in Tahoe begann die Party schon in der Garderobe, und ich nahm mein Glas mit auf die Bühne. Etwa zehn Minuten nach den Eröffnungsnummern wurde ein Witz nicht mit Gelächter quittiert. Die Leute in den ersten Reihen saßen einfach nur da und sahen mich an. Keinerlei Reaktion. Obwohl die Pointe wirklich gut war. Ich ging ans Klavier zurück, um mir eine Zigarette zu holen, und flüsterte George zu: »Mann, sind die steif! Wenn der sie nicht angetörnt hat, haben sie wirklich keinen Humor.«

Seine Stimme war ausdruckslos. »Sie haben gelacht, als du ihn zum ersten Mal erzählt hast.«

Einen Witz zweimal bringen? Großer Gott, es war schlimm genug, wenn ich nicht weitermachen konnte. Aber angetrunken auf die Bühne zu kommen, so daß die Gäste sich beim Weggehen daran erinnern würden, daß ich im Suff Fehler gemacht hatte … das war tödlich. Ich riß mich zusammen, strengte mich gewaltig an und brachte alles, was ich beherrschte, aber vielleicht seit Jahren nicht mehr vorgeführt hatte: Schnellziehtricks, Schlagzeugsoli, Imitationen. Als der Vorhang fiel, hatte ich zwei Stunden auf der Bühne gestanden und eine verdammt gute Show abgeliefert.

George marschierte wortlos an mir vorbei und verschwand in seiner Garderobe. Er lobte mich nie überschwenglich. Nach einer großartigen Show konnte sein Kompliment vielleicht daraus bestehen, daß er mir im Vorbeigehen kurz auf den Po klatschte. Aber das hier war lächerlich.

Ich betrat seine Garderobe. Er zog gerade seine Jacke aus. »Du wolltest nicht sagen: ›Gute Show, Sammy‹ oder ›Na ja, die hast du noch mal hingebogen?‹ «

Er lächelte nicht. »Die hast du gerettet.«

Doug und Holmes kamen herein. Doug sah auf seine Armbanduhr. Ich ächzte. »Du willst mir doch nicht wirklich mit diesem Klischee kommen?«

»Ich hab' nur versucht, höflich zu sein, anstatt zu fragen: ›Was hat dieser Scheiß zu bedeuten gehabt?‹ «

»Babe, ich bin betrunken rausgekommen...«

Murphy nahm das klingelnde Telefon ab. Ich hörte, wie er Sy erklärte, ich sei beschäftigt und würde später zurückrufen. Aber Sy ließ sich offenbar nicht abwimmeln.

Seine Stimme klang atemlos. »Sammy, ich muß mit dir über die Finanzbehörde reden. Sie besteht auf einem Zahlungsplan, den wir einhalten müssen, sonst nimmt sie uns in Durchgriffshaftung, was bedeutet, daß wir für Steuerschulden der Firma persönlich aufkommen müßten.«

»Das interessiert mich nicht! Dafür bist du zuständig. Das ist *dein* Job. Ich muß mich um die Shows kümmern.« Ich legte auf.

Ich brauchte eine Ruhepause. Es war Samstagabend, und ich hatte noch zwei Shows vor mir. Ich erklärte Doug und Holmes: »Tut mir leid, daß ich überzogen habe...«

Doug musterte mich prüfend. »Du siehst schrecklich aus. Partys bis neun Uhr morgens... damit bringst du dich noch um. Hör zu, ich hab' eine Idee! Ich fahre nächsten Monat zum Camping nach Alaska. Komm doch mit! Das wäre ein völliger Tapetenwechsel. Wir haben ein Wohnmobil, und wo das nicht mehr hinkommt, könnten wir in Zelten schlafen, ganz einfach und primitiv leben...«

»In Alaska campen? In Zelten? Du spinnst wohl! Meine Vorstellung vom primitiven Leben ist ein langsamer Zimmerservice. Oder ein Zimmer ohne Farbfernseher. Ich und Alaska? Camping? Ausgeschlossen!«

Er lächelte, ohne wirklich belustigt zu sein. »Okay. Aber was hältst du davon, die heutige Party ausfallen zu lassen und morgen mit mir

Golfen oder Reiten zu gehen, ein bißchen an die frische Luft zu kommen, das herrliche Wetter auszunützen?«

Aufs Wetter hatte ich nicht geachtet. Ich hatte immer nur Nebel gesehen. »Das kommt schon eher hin, Doug. Danke. Ich ruf' dich nach dem Aufstehen an.«

Ich schloß die Tür meines Schminkraums und wählte Sys Nummer. »Babe, erklär mir was. Wie kann ich pleite sein und Steuerschulden haben? Ich hab' gerade dreihundertausend für zwei Wochen in Vegas gekriegt. Ich bin mitten in einem Siebenwochengastspiel im Harrah's für hundertfünfzig pro Woche, was allein über eine Million Dollar einbringt.«

»Sammy, laß dir mal eines gesagt sein: In Caesars hast du dreihunderttausend Dollar *verdient*, aber nicht *erhalten*, denn wir haben bei der Vertragsunterzeichnung zwo-fuffzig als Vorschuß kassiert, die Kirk Kerkorian für das Flugzeug bekommen hat. Die restlichen fünfzig sind für diese Party in Las Vegas draufgegangen. Und bevor einer von uns am Freitagmorgen aufwacht, sind fünfundzwanzig Riesen ausgegeben.

Tatsache ist, Sweetheart, daß wir so schlilmm hinterherhinken, daß ich Molly heute abend bitten muß, unser Sparkonto anzugreifen und uns ein Darlehen für die Löhne zu gewähren. Deine Mutter hat heute angerufen. Kommt ihr Scheck mit einem Tag Verspätung, ist sie mit 'nem R-Gespräch am Telefon: ›Wo bleibt mein Geld?‹ Und May hat auch angerufen. Sie sagt, daß du ihr versprochen hast, der Schule zehn Mille für ein neues Dach zu spenden.«

»Babe, die Leute im Verwaltungsrat der Schule lesen alle die großen Zahlen – ›Er macht 15000 Dollar die Woche‹ –, wie soll ich da sagen: ›Nein, ich gebe euch keine zehn Mille‹?«

»Hör zu, ich bin selbst Vater, ich verstehe, daß du deine Kids nicht in Verlegenheit bringen willst. Aber du hast erst vor einem Vierteljahr fünf Riesen gespendet – und davor bereits zehn. Du hast die Schule praktisch gebaut! Sam, wenn du überleben willst, müssen wir die wöchentlichen Betriebskosten senken, indem wir Überflüssiges streichen – zum Beispiel die Autos deines Vaters. Klar, es macht ihm Spaß, zwei Cadillacs zu haben, aber der zweite Wagen, den er nie fährt, kostet dich zweitausend Dollar Versicherung im Jahr.«

»Baby, er ist ein alter Mann, er ist nicht mehr im Showbusiness, wenn's ihn für zwei Mille glücklich macht...«

»Ich weiß, Kumpel, ich weiß. Aber du bist fast fünfzig. Ich frage dich noch einmal: Was passiert an dem Tag, an dem du krank wirst und nicht mehr ›The Candy Man‹ singen kannst? Wer sorgt dann für *dich?*«

Ich war zu einer Tagung des Wirtschaftsrats in Washington. Die Nixons waren in San Clemente, aber der Präsident hatte gesagt: »Bitten Sie Sammy, im Weißen Haus zu wohnen« – wie ein Freund, der einen einlädt: »Wir sind verreist, aber du kannst das Haus benutzen« –, und sie hatten einen Präsidentenwagen zum Flughafen geschickt.

Die Wachen am Tor des Weißen Hauses salutierten und wollten die Limousine durchwinken, aber ich forderte den Fahrer auf, einen Augenblick zu halten. Einer der Posten, ein Master Sergeant, kam mir bekannt vor, aber ich wußte nicht, woher ich dieses Gesicht kannte. Ich sah ihn an, versuchte mich zu erinnern und wollte nicht unhöflich sein, nicht den im Weißen Haus ankommenden Bonzen spielen. Der andere wich meinem Blick aus.

Ich öffnete das Fenster. »Entschuldigen Sie, aber kennen wir uns nicht?«

»Nein. Sir. Nicht, daß ich wüßte, Sir.«

Der Mann log. Er blickte an mir vorbei, statt mich anzusehen, und bemühte sich, kein Zeichen des Erkennens zu geben... Aber dann erinnerte ich mich an ihn, so hatte er vor einem Lebensalter in der Army durch mich hindurchgesehen: Harcourt, der Mann, den ich niedergeschlagen und der mir erklärt hatte: »Aber ein Nigger bleibst du trotzdem.«

Er stand in Habtachtstellung. An seinem Hemd sah ich sein Namensschild – *Harcourt.*

»Dann entschuldigen Sie, Sergeant.« Zum Fahrer sagte ich: »Sie können jetzt weiterfahren.«

Diesmal bekam ich den Lincoln Room. Als ich ihn ohne den Präsidenten, ohne Altovise betrat, überfielen mich Erinnerungen an den Mann, der meine Leute und folglich auch mich aus der Sklaverei befreit hatte. Dank Sergeant Williams hatte ich alles Lesenswerte über Abraham Lincoln gelesen und war mir darüber im klaren, daß er keineswegs der große Wohltäter schwarzer Amerikaner hatte sein wollen, sondern vorgehabt hatte, die Sklaven zu befreien, aus den Vereinigten Staaten in irgendein anderes Land umzusiedeln und in die Selbständigkeit zu entlassen. Aber selbst wenn er widerstrebend zu historischer Größe gelangt sein sollte, trug die Befreiungsproklamation seine Unterschrift – und ohne ihn hätte ich vielleicht wirklich »diesen Kahn treideln« müssen, anstatt nur davon zu singen.

Ich fühlte mich schläfrig, als ich in Lincolns überlanges Bett kletterte. Aber ich konnte nicht schlafen. Ich rutschte frierend tiefer und betete um eine Wolke Schlaf, in die ich mich aus meiner Angst flüchten konnte. Ich bemühte mich, vernünftig zu sein. *Jeder Schwarze, der im*

Weißen Haus in Abraham Lincolns Bett schlafen darf, müßte geschichtsbewußt genug sein, sich darüber zu freuen, diesen historischen Augenblick zu genießen. Und ich gab mir Mühe. Aber dann kam wieder dieser Gedanke, daß ich gar nicht wollte, was mich eigentlich hierhergebracht hatte. Ich hatte keine Ahnung, was ich dagegen tun sollte.

Eine Dame in der ersten Reihe im Caesars lächelte, deutete auf mich und gurrte: »Seht euch bloß sein niedliches Bäuchlein an!« In letzter Zeit hatte ich solche Bemerkungen häufig gehört; ich lächelte stets zurück und tätschelte meinen kleinen Bauch. Aber ich haßte ihn, denn ein Schmerbauch paßte nicht zu mir. Ich fand es widerwärtig, wie der Bauch mein Hemd auswölbte. Ich hörte auf, tagsüber zu essen. Bis nach der zweiten Show nichts außer einer Tasse Suppe gegen 17 Uhr. Meine Energiereserven waren erschöpft. Ich hielt mich mit Kaffee mit fünf Stück Zucker auf den Beinen und trank Wodka-Cola – ebenfalls wegen des Zuckers.

Ich wachte gegen Mittag auf, trank Kaffee, mixte mir einen Drink und konnte es dann kaum noch erwarten, wieder ins Bett zu kommen, mich auszuruhen und mir von 12.30 bis 16 Uhr rührselige Fernsehdramen anzusehen: *Ryan's Hope. One Life to Live, All My Children* und *General Hospital*. Ich hatte einfach nicht die Energie für irgendwas anderes.

Frank und ich hatten drei Jahre lang nicht mehr miteinander gesprochen, außer uns kühl zu begrüßen, wenn wir uns zufällig begegneten. Seit meinem Gespräch mit Jilly war mir zugetragen worden, daß Frank gesagt hatte: »Wenn er nicht bald damit aufhört, bringt dieser Drogenscheiß ihn noch um.«

Er würde nach mir im Caesars auftreten. An einem der letzten Abende kam Altovise aus L. A. herunter. »Ich habe Barbara Sinatra im Bistro Garden getroffen. Sie und ich laden Frank und dich zum Dinner ein, wenn sie herkommen. Nur wir vier.«

»Alto, das ist eine Sache, die dich nichts angeht...«

»Barbara findet, daß sie uns sehr viel angeht. Und ich bin ganz ihrer Meinung. Ihr zwei liebt euch; ihr solltest miteinander reden – und wenn ihr euch bloß Beleidigungen an den Kopf werft. Da ihr stur wie Maulesel sein wollt, muß irgend jemand an eurer Stelle vernünftig sein.«

Ich trat auf den Balkon hinaus. Gott wußte, daß ich mich danach zurücksehnte, was Frank und mich einst verbunden hatte. Und das Schlimme war, daß der kleine Junge und sein Idol älter wurden, so daß keine Zeit mehr zu verlieren war.

Wir bekamen den Bacchanal Room für uns allein. Altovise und ich hatten eben Platz genommen, als Barbara und Frank hereinkamen. Er küßte Alto auf die Wange. »Hallo, Big Al.« Für mich hatte er nur ein kurzes Nicken. Danach machten wir vier etwa eine Minute belanglose Konversation. Schließlich stand Frank auf und tippte mich am Arm an. Ich folgte ihm, und wir zogen uns in eine der Sitznischen zurück.

»Sam, ich bin so verdammt enttäuscht von dir, weil du mit diesem Scheiß angefangen hast... Du hättest was Besseres verdient. Du bist das verdammt größte Talent, das jemals gelebt hat. Willst du dich von dieser Idiotie zugrunde richten lassen? Gib das Zeug auf! Laß die Finger davon! So brichst du deinen Freunden das Herz, Sam. Du bist ein Superstar. Du gehörst zum Establishment. Ist das nicht Befriedigung genug?« Ich nickte und war gerührt, weil er sich mir zuliebe zu diesem Versuch entschlossen hatte, der für ihn bestenfalls unangenehm sein konnte. »Charley, wir haben uns nie belogen.«

»Ja, das stimmt.«

»Wenn du mir jetzt sagst, daß du das Zeug aufgibst, weiß ich, daß du's tust.«

»Ich geb's auf, Frank.«

Auf seinen Lippen, in seinen Augen leuchtete das Lächeln auf, das eine ganze Welt verzaubern konnte. »Und wenn jemand dich verprügeln will, Charley...« Er sah mich an und wartete ab, ob ich mich erinnern würde.

Ich griff nach einer Serviette und wischte mir Tränen aus den Augen. Seine Stimme versetzte mich fast drei Jahrzehnte weit in die Vergangenheit zurück. Ich erinnerte mich nicht nur daran, wann er das zum ersten Mal zu mir gesagt hatte, sondern auch, wieviel es mir damals bedeutet hatte. Und ich glaubte wieder zu hören, wie er mir versicherte: »Ich bin dein Freund fürs Leben.« Ich hatte damals nicht verstanden, was das bedeuten würde, aber er hatte es mir auf jede Weise, bei jeder Gelegenheit bewiesen. In diesen drei Jahrzehnten, durch die Haarnadelkurven, auf vereisten Gefällestrecken und den klapprigen Brücken aller Straßen meiner Jugend war Frank stets für mich dagewesen.

Wir standen auf und setzten uns wieder zu den Girls. Gott sei Dank, daß wir sie hatten! Mit ihrer Hilfe hatten wir nur drei Minuten gebraucht, um drei verlorene Jahre ungeschehen werden zu lassen.

22

Will Mastin wurde hundert Jahre alt. Er starb im Juli 1979. Ich flog von Lake Tahoe nach Los Angeles, um an der Beerdigung teilzunehmen, konnte aber nicht schon am Vorabend kommen, um ihn in der Kapelle aufgebahrt liegen zu sehen. Will wäre es nicht recht gewesen, wenn seinetwegen eine Vorstellung ausgefallen wäre. Dieser liebe alte Showman!

Von meiner Kindheit an bis zu der Zeit, als ich längst ein Star geworden war, hatte es in meinem Leben keine Periode gegeben, in der ich Wills Gesicht nicht vor mir gehabt hätte. Auf seiner Beerdigung zogen vor meinem inneren Auge die frühen Jahre vorbei. Will, der mich aus den Kulissen ansah und komische Gesichter machte; ich als Dreijähriger – schwarz geschminkt, mit großen weißen Lippen – augenrollend und ebenfalls komische Gesichter machend auf der Bühne; als Achtjähriger erstmals namentlich in der Werbung über dem Theatereingang erwähnt: *Will Mastin's Gang Featuring Little Sammy.*

Und ich erinnerte mich an seine Ratschläge: »Im Showbusiness sind bloß zwei Dinge wichtig: Eindruck machen und die Leute damit rausgehen lassen. Tu dein Bestes, Mose Gastsin, aber mach dir dabei niemals Sorgen, denn dein Daddy und ich kommen nach dir raus, und dann ist alles okay...

Sammy, wegen diesem Zwischenrufer ist deine Vorstellung schlecht gewesen, aber in Zukunft läßt du dich nie mehr so irritieren. Merk dir eines: Ärgerst du dich über jemand dort draußen, ignorierst du ihn und wartest auf eine Gelegenheit zu 'nem anständigen Abgang...

Sammy, du mußt diesen Hut bürsten, bis er glänzt. Und laß mich dir das ans Herz legen: Ob dort draußen nur einer sitzt oder ob es tausend sind – du mußt für diesen einen Mann ebensogut aussehen und hart arbeiten, wie du's für die tausend tun würdest. Behandle dein Publikum nie nachlässig. Die Leute haben den Eintritt gezahlt, und du bist ihnen dein Bestes schuldig...

Sammy, heute abend bist du nicht so spritzig wie sonst gewesen.

Nun, ich weiß, daß du dir wegen Big Sam Sorgen machst, aber auf die Bühne darfst du keine Gedanken außer denen mitnehmen, die deiner Show gelten. Wir alle haben gelegentlich Sorgen, Mose Gastin, aber von denen wollen die Leute dort draußen nichts wissen. Und wenn du dich noch so scheußlich fühlst, mußt du deine Sorgen hier in den Kulissen lassen und lächelnd rausgehen.«

Will schenkte mir nicht mein Talent – er wußte nicht einmal etwas damit anzufangen –, aber er brachte mich auf den richtigen Weg und lehrte mich, soviel er konnte, was sehr viel war. Ohne einen Will Mastin hätte es vielleicht auch keinen Sammy Davis, Jr. gegeben.

Beim Aufwachen fühlte ich mich steif, und mein ganzer Körper schmerzte. Und ich war wütend auf mich selbst. Warum schlief jemand auf der Couch, wenn ihm das Kingsize-Bett in der Star Suite von Harrah's gehörte? Weil er sich betrunken hatte. Total besoffen. Um sich nicht selbst sehen zu müssen. Die Party war erst bei Tageslicht zu Ende gegangen.

Ich schleppte mich an die Bar, ignorierte die Kaffeekanne und mixte mir einen Wodka-Cola. Ich massierte mir die schmerzende Stirn und dachte an eine Zeile in *The Fire Nex Time:* »Rufus, dieser Scheiß muß aufhören.« Ich seufzte. *Yeah, Rufus, aber nicht gleich jetzt.*

Ich sah mir dreieinhalb Stunden lang rührselige Fernsehdramen an. Danach mußte ich noch immer die Zeit bis 20.30 rumbringen. Ich hätte gern Golf gespielt, aber dafür fehlte mir die Energie. Ich hatte keine Lust, Einkaufen zu gehen und selbstmörderisch »kreativ« zu werden. Und ich wollte mit niemand reden.

Murphy kam ins Schlafzimmer und erzählte, daß einige Freunde zur Dinner Show kommen wollten. »Ruf sie zurück, Babe«, verlangte ich. »Sag ihnen, daß sie zur zweiten kommen sollen. Die Dinner Show ist zu ruhig.« Unsinn! In letzter Zeit hatte ich mich immer erst in der zweiten zu meiner früheren Form aufraffen können, deshalb redete ich mir ein, die Dinnergäste wollten es ruhig und locker.

Das Telefon klingelte. Die Telefonistin nannte mir den Namen des Mädchens, das anrief – eines der Kids, mit denen ich nachts gefeiert hatte. Kinky. Sie hatte einen Bodystocking aus weißem Satin mit Handschellen als Gürtel getragen. »Hi, Sammy, wie wär's mit 'ner weiteren Lektion in modernem Sex?« Ihre Stimme klang so jung, so energiegeladen, und ich fühlte mich alt und müde. »Danke, Darling, aber ich bleib' lieber allein und ruh' mich für meine Show aus.«

»Hey, das kannst du nicht! Wir sind alle unten. Wir wollen 'ne Party feiern...« Und dann brachte sie ein Zitat aus hundert mit Teenagern gedrehten Titten-und-Hintern-Filmen: »Ich bin ein Partytier.«

»Ich habe eine Besprechung, Darling, ruf mich in ein paar Tagen an.« Ich legte auf.

Ich roch, daß in der Küche im Obergeschoß der Suite etwas gekocht wurde, und ging hinauf. Louise, meine Haushälterin in Harrah's, rührte in einem großen Topf. »Schweinshaxe mit Grünzeug. Falls Sie nachher Hunger haben.«

»Hunger hab' ich keinen, aber ich kann Sie beim Umrühren ablösen.« Ich sank auf den Hocker vor dem Herd, nahm Louise ihren großen hölzernen Kochlöffel aus der Hand und begann zu rühren. Ich dachte daran, wie mein Vater in den dreißiger und vierziger Jahren unterwegs für uns gekocht, wie er Dosen mit gebackenen Bohnen auf dem Motor des alten Tourenwagens heiß gemacht hatte, der uns von Stadt zu Stadt brachte. Damals besaßen wir keine 50 Dollar, die wir als alte Freunde hätten bezeichnen können. Jetzt gehörte zu meiner Hotelsuite eine vollständig eingerichtete Küche. Aber ich besaß noch immer keine 50 Dollar, die mir altvertraut waren. Denk nicht daran, rühr weiter um.

Unten wurde die Eingangstür geöffnet. Murphy kam mit meinem neuen Beleuchter Dino Meminger herein. Er war jung, trainierte jeden Tag und trug großartige *Miami-Vice*-Klamotten. »Sammy...«, rief Murphy und klopfte an meine Schlafzimmertür. Ich hörte von oben, wie er zu Dino sagte: »Komisch, daß er weggegangen ist, ohne einen Ton zu sagen.« Keiner der beiden kam darauf, daß ich in der Küche sein könnte, und ich meldete mich nicht.

An diesem Abend bat ich Brian, mir ein paar Kochbücher zu besorgen, und las darin, bis mir die Augen zufielen. Ich ließ mir einen Fernseher in die Küche stellen, damit ich die gewohnten Fernsehdramen und Nachrichtensendungen sehen konnte, während ich kochte. Murphy kaufte die von mir bestellten Lebensmittel ein. Ich köpfte Karotten, schnitt Zwiebeln, schälte Knoblauchzehen, rührte dann in meinem eigenen Topf Fleisch und Grünzeug, saß einfach nur da, ließ mich davon einlullen und dachte nur gelegentlich an Themen, die ich lieber verdrängte: Alter, Erschöpfung, Geld, Mißerfolg... denk nicht daran, rühr dein Essen um.

Murphy sog prüfend die Luft ein. »Riecht *gut.* Sagst du's mir, wenn's fertig ist? Ich möchte mal was essen, das du gekocht hast.«

»Du kriegst ein signiertes Foto. Und jetzt raus!«

Die Küche wurde zu einem Refugium vor mir selbst und meinen Fehlern sowie vor allen anderen. Ich nahm eine in Milch eingelegte Anchovis heraus, legte sie in ein Handtuch und drehte es leicht zusammen, um die Milch herauszupressen, die das Salz mitnahm. Ich kochte nicht, um zu essen oder um die Gerichte anderen zu servieren.

Ich kostete einen Teelöffel der Sauce, die ich eben anrührte. Nicht, daß sie *schlecht* gewesen wären. Aber ich wollte nicht hören: »Yeah, für einen Sänger ist er ein großartiger Koch.« Ich hatte keine Lust, anderen etwas Neues zu zeigen, das sie dann kritisieren, sezieren und analysieren konnten.

Ich fühle mich in dieser Kücheneinsamkeit wohl und redete mit meinen Töpfen, während ich grüne Paprika würfelte: »Jaja, keine Angst, das kriegt ihr alles, sobald ich's für euch richtig kleingeschnitten habe.« Manchmal hörte ich mich dabei oder sah mich auf einem Hokker vor dem Herd sitzend in Töpfen rühren. Kein sehr glanzvoller Anblick. Rühr dein Essen.

An der Haustür standen Weihnachtssterne in Blumentöpfen, und in der Eingangshalle breitete ein Weihnachtsbaum seine Zweige über bunt verpackten Geschenken aus, die bis ins Wohnzimmer überschwappten. Altovise hatte überall eingetopfte Weihnachtssterne stehen: vier im Wohnzimmer, zwei in der Küche, im Frühstückszimmer, auf dem Balkon über der Einfahrt und zu beiden Seiten der Gartenwege.

»Darling«, sagte ich nach der Begrüßung, »das Haus sieht wunderschön aus, aber nächstes Jahr könnten wir mit den Weihnachtssternen vielleicht etwas zurückhaltender sein. Ich meine, ich mag die Weihnachtszeit, aber die Leute sollen doch nicht glauben, hier sei die Zentrale.«

»Weil du Jude bist?«

»Nein. Weil das Zeug zu teuer ist.«

Ich war als Ehrengast auf einem Grillfest gewesen, das die NBC-TV für Dean Martin gegeben hatte, und Altovise sah sich gemeinsam mit mir die Videokassette an. Phyllis Diller sagte eben: »Sammy ist ein Mann, der aus dem Getto zu einem großen Star aufgestiegen ist, und besitzt alles, was dazugehört: Er hat eine Villa in der besten Straße von Beverly Hills, trägt zu den besten maßgeschneiderten Sachen teuren Schmuck und fährt acht ausländische Autos. Sammy hat seinen Erfolg verdient. Er hat nur nicht dafür bezahlt.«

Altovise fuhr zusammen. »Jetzt hört ganz Amerika, daß wir pleite sind.«

»Stört's dich?«

»Nicht wegen Amerika, aber wegen unserer Freunde, ja.«

Ich erinnerte mich an eine scherzhafte Bemerkung, die ich an einem Tag gemacht hatte, der nun schon sehr lange zurückzuliegen schien: »Was die Leute sagen, kann dir gleichgültig sein, denn ich *habe* kein Geld.« Aber darin hatte das stillschweigende Versprechen gelegen, daß ich welches haben würde, und ich hatte sie enttäuscht. »Dann wollen wir ihr beweisen, daß das nicht stimmt. Wir laden zu einer Dinnerparty ein.«

»Aber es stimmt doch!«

»Darling, es stimmt nicht *so sehr,* daß wir uns kein nettes Dinner für fünfundzwanzig Paare, aus denen wir uns was machen, leisten könnten. Nichts Spektakuläres, einfach nur nett und gesellig.«

»Glaubst du?«

»Natürlich! Wir sind das, was Mike Todd gemeint hat, als er gesagt hat, er sei pleite, aber nicht arm.«

Wir begannen die Party zu planen. »Lessie Lee könnte ihre wunderbare Lammkeule machen...« Ich freute mich, daß Altovises Stimmung sich schlagartig gebessert hatte, und wir begannen, eine Gästeliste aufzustellen. Als sie die Namen von über 100 Paaren enthielt und es noch immer Leute gab, die wir einladen wollten, sagte ich: »Okay, dann geben wir kein Dinner mit Sitzplätzen, sondern die erste Party der achtziger Jahre – die ›Decade Party‹. Wir laden einfach alle ein, die wir mögen. Nicht alle werden kommen können, aber dann schicken sie uns wenigstens 'ne hübsche Neujahrskarte.«

Eine hübsche Neujahrskarte? Weil nicht alle kommen konnten? *Alle* Eingeladenen nahmen an. Sie riefen aus London und Paris an, um zu sagen, daß sie eigens herüberfliegen würden. Die Bricusses, die Piagets, die Hermès, die Rubirosas, *ad infinitum.* Dann setzten wir Infinitum auf die Gästeliste, und selbst *er* wollte kommen.

Während ich im Frühstücksraum die Nachrichten sah, hörte ich, wie Altovise jemand an der Haustür verabschiedete. »Das ist der Polsterer gewesen.« Sie goß sich eine Tasse Kaffee ein, setzte sich neben mich und zeigte mir einen Streifen schwarzes Leder. »Wir können niemand einladen, ohne die Barstühle neue beziehen zu lassen. Sie sehen schrecklich aus.«

Als ich vom Lunch im Daisy zurückkam, stand Alto mit drei Männern auf dem Rasen. Ich wartete im Frühstücksraum, bis sie gegangen waren. »Darling, wer ist das gewesen?«

»Bauleute, die der Partyservice geschickt hat.«

»Bauleute?«

»Ja. Wir müssen ein Zelt haben, falls schlechtes Wetter ist, und dazu brauchen wir eine Plattform. Da der Rasen leicht abfällt, muß sie auf in den Boden gerammten Stahlträgern ruhen.«

»Und was kostet das?«

»Sie schicken einen Kostenvoranschlag. Aber sie haben gesagt, daß ihr Bautrupp den Rasen drei Tage lang für sich allein haben muß. Um die Plattform aufbauen zu können.«

»Darling, kannst du mal abschätzen, wieviel uns der ganze Spaß nach dem gegenwärtigen Stand kostet?«

»Ich sehe nicht, wie er weniger als vierzig- bis fünfundvierzigtausend Dollar kosten kann. Nur die beiden Bands, die Blumen, der Hausputz, der Parkservice... und natürlich die vier Barstühle, die allein fünftausend kosten, was aber eigentlich nicht zählt, weil wir sie ohnehin hätten beziehen lassen müssen. Dann Speisen und Getränke...«

»Halt!« Ich sprang auf. »Das ist keine gute Idee gewesen. Aber es ist etwas zu retten! Wir sagen die Party ab. Ich lade die Leute wieder aus. Diese Show darf nicht weitergehen!«

»Honey, das ist nicht dein Ernst.«

»Ernst? Das könnte mir den Rest geben! Die Party ist abgesagt.«

»Welche Begründung sollen wir den Leuten geben?«

»Sag ihnen, daß ich ein Arschloch bin, sag ihnen, daß ich überall Schulden habe, daß ich pleite bin, daß ich alt werde und mein Talent einbüße.«

Auf dem Rasen mitten im Garten waren Arbeiter dabei, die auf eingerammten Stahlträgern ruhende Plattform fertigzustellen. Männer auf Trittleitern umwickelten die Zeltmasten mit Blumengirlanden. Ich ging in die Bar, um mir einen Drink zu mixen, was mir unfreundliche Blicke des Reinigungspersonals eintrug, das die Fußböden polierte. Ich ging in die Küche. Scotty beobachtete die Monitore der Überwachungsanlage. »Da kommt einer der Partydienste.«

»*Einer* der...«

Eddie Peterson, unser Freund und »Hausverwalter«, warf einen Blick auf den Monitor. »Das ist Rent a Yenta mit Puter, Roastbeef, dem üblichen Essen. Der zweite Partydienst kommt um siebzehn Uhr mit Soul Food.« Er lächelte mir zu. »Das mit den zwei Partydiensten ist 'ne klasse Idee von dir gewesen.«

Yeah, als wir ganz zu Anfang vorgehabt hatten, Lessie Lee für 25 Paare kochen zu lassen, und ich der Meinung gewesen war, es wäre ein hübscher Akzent, auch Soul Food anzubieten. Durchs Fenster konnte ich ein gutes Dutzend Kids in weißen Hemden und braunen Hosen sehen. »Leider haben wir bloß fünfzehn junge Leute gekriegt, die Gästeautos parken«, erklärte Eddie mir. »Bei vierhundert Gästen sollten's eigentlich mehr sein.«

Altovise war in ihrem Ankleideraum und präsentierte sich mir in einem wunderschönen leuchtendrosa Glitzerkleid. »Mein erstes Galanos-Modell.« Sie warf mir eine Kußhand zu. »Fang lieber an, dich auch umzuziehen.«

Im Zelt begann die Musik zu spielen.

Der Querschnitt an Gesichtern war erstaunlich: Regisseure, Produzenten, Spitzensportler, Superstars – die Alte Garde und neue heiße Typen –, obskure schwarze und weiße Schauspieler, die wichtigsten Fernsehleute. An der Bar unterhielt Loretta Young sich angeregt mit Marilyn Chambers. Jack Haley, Jr., der größte Cineast der Welt, hielt mich am Ärmel fest. »Mein Gott, Eddie O'Brien! Ich hab' Edmund O'Brien nicht mehr gesehen, seitdem er damals...« Altovise fühlte sich auf ihrer eigenen Party wie ein Fan. »Hast du June Haver und Fred MacMurray gesehen?«

Ich versuchte, die Party zu genießen, aber ich hätte mich selbst gehaßt, wenn mir das gelungen wäre. Es war 6 Uhr morgens, als Alto und ich auf unserem Bett saßen, nachdem die letzten Gäste gegangen waren. Sie hatte Tränen in den Augen. »Sammy, alles tut mir so leid...«

»Das ist nicht deine Schuld gewesen. Hauptsache, die Leute haben sich gut amüsiert.«

»Aber dir hat's keinen Spaß gemacht – und mir auch nicht. Und es *ist* meine Schuld gewesen. Wenn ich mich weniger darum gekümmert hätte, was die Leute sagen würden...«

»Darling, du bist nur die Schaufel gewesen. Das Loch habe ich selbst gegraben. Das ist ein Fehler gewesen, aber jetzt liegt er hinter uns. Wir wollen nicht mehr daran denken.« Aber das gelang uns nicht. In Hollywood berichtete die Fach- und Lokalpresse über Partys dieser Größenordnung. »Die Party des Jahrhunderts...« »Insider sagen, daß diese Fete SDJr. 100000 Dollar gekostet hat.« Tagelang trafen Blumen und Dankestelegramme ein. Sy kam zu mir. »Das ist 'ne wilde Party gewesen.« Er musterte mich grimmig. »Und der Kater dürfte ein Jahr lang anhalten. Gott sei Dank, daß du nächste Woche wieder in Vegas auftrittst. Inzwischen sind alle Rechnungen da...« Ich wartete. »Fünfundsiebzigtausend.«

Wir schwiegen einen Augenblick, als müßten wir einen ungenügend gekauten Bissen hinunterwürgen.

Sy starrte mich neugierig an. »Sammy, weshalb hast du das getan?«

»Damit die Leute nicht glauben, ich sei pleite.«

Ich sollte wieder auf Tournee gehen, aber diesmal spürte ich erstmals den Drang, zu Hause zu bleiben. Auf Gastspielreisen hatte ich mich stets wohl gefühlt: Dort war das Leben am einfachsten gewesen; dort hatte ich praktisch auf der völlig von mir beherrschten Bühne gelebt. Aber jetzt erschien sie mir nicht mehr beherrschbar, und ich fürchtete mich davor, hinausgehen und mich dieser Realität stellen zu müssen.

Ich öffnete eine der Terrassentüren. Ich streifte Slipper und Socken ab, um das Gras unter meinen Füßen spüren zu können, und genoß es, auf meinen 8000 Quadratmetern Grund in Beverly Hills spazierenzugehen – eine der wenigen bleibenden Belohnungen für all den Schweiß, all das Tanzen und all die Jahre mit »Guten Abend, meine Damen und Herren...«

Ich schlenderte durchs Haus und betrachtete Erinnerungsstücke: einen Brief von Fred Astaire, den Anzug, den er in *The Band Wagon* getragen hatte, Leslie Carons Korsett aus *Gigi,* Jimmy Deans rote Jacke aus *Rebel Without a Cause,* Marilyn Monroes Stöckelschuhe, Gene Kellys Tanzschuhe, einen Hut, den John Wayne in 47 Westernfilmen getragen hatte, und seinen Revolvergürtel mit dem Sechsschüsser. Ich blieb stehen und starrte den Originalentwurf für den Umschlag des Programms von *Golden Boy* an, der mich als Boxer zeigte. Großer Gott, hatte ich damals gut ausgesehen – fit, schlank, durchtrainiert.

Während ich auf die Limousine wartete, die mich zum Flughafen bringen sollte, ging ich auf die Gästetoilette für Herren und betrachtete den Cartoon des dicken älteren Mannes in einem hautengen Jumpsuit, der von seiner Frau kritisch beäugt wird: »...weil du fünfundsechzig bist, weil du Fleischkonserven herstellst und weil du *nicht* Sammy Davis, Jr. bist.«

Im Spiegel sah ich mich im Profil: in hautengen Jeans, mit dem kleinen Bauch eines älteren Mannes und mit schütter werdenden, aber gefärbten Haaren. Über 50 und keine hautengen Hosen mehr? Nicht einmal auf der Bühne? Ein Versuch, sich an vergangene Zeiten zu klammern. Aber die sind vorbei, und sogar du kannst sie nicht zurückholen. Du bist der Trompeter, der einen längst verhallten Ton zu blasen versucht. Ich betrachtete den Cartoon erneut. Auch *ich* war nicht mehr Sammy Davis, Jr. Ich hätte dieser Fleischkonservenfabrikant sein können. Aber der hatte wenigstens Geld.

Sy erreichte mich in Tahoe vor der ersten Show. »Sie wollen uns unsere Häuser wegnehmen«, berichtete er mit zitternder Stimme aus Los Angeles. »Die Anwälte können die Vollstreckung nicht länger hinauszögern. Sie drohen damit, dein und mein Haus zu beschlagnahmen und öffentlich zu versteigern, wenn wir nicht schnellstens einskommavier Millionen aufbringen.«

Als er auflegte, war mein Puls so hektisch, als versuche mein Herz, aus dem Brustkorb auszubrechen. Ich dachte an May und die Kids. Zum Glück hatte ich ihr Haus May überschrieben. Mir war so übel, daß ich den Kopf zwischen die Knie hängenließ. Dann legte ich mich in der Garderobe auf den Bauch. In 35 Minuten sollte ich auftreten.

Nach einer Weile stand ich auf, setzte mich an den Schminktisch und starrte das Gesicht im Spiegel an, das ebenso verständnislos zurückstarrte.

Bernhard brachte meine Sachen herein und breitete meinen Schmuck aus. Ich begann, die Ringe, eine Halskette und eine Anstecknadel fürs Revers meiner Jacke auszuwählen. In Gedanken hörte ich mich über meinen Schmuck sagen: »... das ist *meine* Altersvorsorge« und kam mir wie ein billiger Betrüger vor. Ich legte den glitzernden Brillantschmuck ab. Ich konnte nicht wieder mit diesem sündteuren Plunder auftreten. Ich konnte überhaupt nicht mehr auftreten! Es war mir unmöglich, als kleine Mary Sunshine vor die Leute hinzutreten und sie zum Lachen zu bringen!

Dann wurde an meine Garderobentür geklopft. »Dreißig Minuten, Mr. D.!« rief Bernard.

Dreißig Minuten, Mr. D.? Damit kannst du Mr. D. den Buckel runterrutschen! Für Mr. D. gibt's nämlich keine dreißig Minuten mehr – und keine Show, weil Mr. D. nicht mehr dasein wird. Du kannst ja selbst auftreten! Geh doch raus und sing ›Dreißig Minuten, Mr. D.‹!

Ich griff nach dem Telefon und rief Sy in Los Angeles an. »Mit mir ist's zu Ende, Sy. Ich bin erledigt. Atlas kann die Scheißwelt nicht mehr auf den Schultern tragen. Ich tauche jetzt unter. Ich ziehe mich aus dem Showgeschäft zurück. Ich hab's zu lange versucht und bin gescheitert.«

Murphy starrte mich erschrocken an, als ich an ihm vorbeimarschierte und eine Lederjacke vom Haken riß.

»Sag ihnen, daß sie sich keine Sorgen machen sollen, ob die Show mit Verspätung anfängt – es gibt keine Show mehr.«

Dann war ich auf der breiten Straße von Harrah's. Es war schon dunkel, und ich rannte unter der angestrahlten Werbung SAMMY hindurch. Ich würde nicht im eigenen Lager sterben, all diesen Ruhm mit in die Gosse ziehen und den Glanz verdunkeln, den ich diesem Wort verliehen hatte: »Sammy – der größte Entertainer der Welt«, von dem es stets geheißen hatte: »Ist er nicht wundervoll?« Ich dachte nicht daran, meinem Publikum und mir das Herz zu brechen, indem es eines Tages heißen würde: »... geradezu peinlich ...«

Niemals! Ich lasse »Sammy« hinter mir zurück: ich reiße ihn nicht mit mir in den Abgrund. Wer sagt denn, daß man dabeibleiben muß, bis man abgehalftert ist? Ich kann nach London oder Australien flüchten und dort eine Radio- oder Fernsehshow machen, in Music Halls auftreten. Wenn dann in Amerika jemand fragt, was eigentlich aus Sammy Davis geworden sei, kann ihm jemand antworten: »Weiß ich auch nicht, aber er ist großartig gewesen, nicht wahr?«

Während ich weiterlief, war ich in Gedanken bei den Leuten, die im Hotel anstanden, um mich zu sehen: mein Publikum. *Scheiße, warum mache ich das? Kommt bitte jemand vorbei und bewahrt mich davor, eine Dummheit zu machen? Kann mir jemand helfen, mein Gesicht zu wahren? Ich muß zurück und auftreten...* Und trotzdem lief ich weiter.

Es war bizarr, vor dem eigenen Erfolg zu flüchten, während ich Angst hatte, ihn zu verlieren, und aus einem Hotel wegzulaufen, in dem ich fürstlich behandelt wurde. *Idiot! Wenn du weglaufen willst, mußt du's in Syracuse tun. Oder in Cleveland, verdammt noch mal! Oder in Buffalo.* Diese Dummheit! Irgendwo im Dunklen herumzustolpern – ohne Leibwächter, ohne einen Cent in der Tasche.

Ich hörte jemand hinter mir herlaufen. »Sam!... Sam...« Das war Doug. Gott sei Dank! Er keuchte atemlos. »Hey, wart auf mich...« »Ich komme nicht zurück!« rief ich nach hinten und lief weiter. Ich konnte nicht stehenbleiben – als hätte ich vergessen, wo mein Ausschalter war. »Sam... ich krieg' noch 'nen Herzschlag... ich kann nicht mehr!«

Das wirkte sofort, denn ich hatte Doug lieben gelernt. Ich blieb stehen. Er holte mich ein, und ich schlang die Arme um ihn und heulte all das Wasser der stillen Tränen, die ich in den vergangenen Wochen und Monaten vergossen hatte. Doug legte mir einen Arm um die Schultern, und während wir ins Hotel zurückgingen, blickte ich in sein Gesicht auf. Meine Emotionen hatten auch ihn bewegt, und er litt mit mir.

Nach der Show rief ich bei mir zu Hause an. Altovise hatte Angst. »Honey, ich wollte dich nicht zwischen den Shows beunruhigen, aber gegenüber von unserer Einfahrt hat den ganzen Tag ein Wagen gestanden. Scotty sagt, daß sein Kennzeichen ihn als Dienstwagen ausweist, und der Fahrer hat ihm erklärt, sie seien von der Finanzbehörde.«

»Tut mir leid, Darlilng, aber da gibt's ein Problem. Ich habe einen Haufen Steuerschulden, und sie haben gedroht, das Haus zu beschlagnahmen... Tu mir bitte einen Gefallen und geh nicht aus.«

»Weil ich dann vielleicht nicht wieder reinkomme?«

»Das weiß ich nicht. Aber ich möchte wissen, daß ich dich nach jeder Show anrufen kann, um mir berichten zu lassen, daß nichts passiert ist. Ich glaube nicht, daß sie versuchen, das Haus zu beschlagnahmen, solange du darin wohnst. Das ist bestimmt schwieriger und verschafft uns eine kleine Atempause.«

Ich setzte mich an den Schminktisch. Ich mußte wieder hinaus und die nächste Show abliefern. Noch zehn Tage lang, bevor ich heimkonnte. Für die zweite Show hatte ich mir einen Kostümwechsel ausgedacht: Bei Halbzeit würde ich mich rasch umziehen und in Hot Pants auf der Bühne erscheinen. Mit hohen Stiefeln. Das hatte noch kein Entertainer gewagt. Meine Beine sahen gut aus. Mir gefiel das Hemd nach Art der drei Musketiere: blusig mit den weitgeschnittenen Ärmeln. Durch seine Weite war es sehr bequem und verdeckte meinen Bauch. Ich trat eine halbe Stunde lang im Smoking auf und kam dann in Hot Pants auf die Bühne. Meine Stimme war gut, die Atemtechnik und alles andere stimmten.

Holmes und Doug waren in der Garderobe, und ich wartete auf Komplimente. »Deine Stimme ist gut gewesen...« »Yeah, die Show ist genau pünktlich abgelaufen...«

»Hey, Jungs«, sagte ich leicht gekränkt, »ich hab' gerade 'ne Spitzenshow abgeliefert, und was bekomme ich von euch zu hören? ›Deine Stimme ist gut gewesen... die Show ist pünktlich abgelaufen...‹«

Danach entstand eine kurze Pause. »Sammy, wir kaufen Talente ein«, antwortete Holmes unbehaglich, »wir maßen uns nicht an, großen Künstlern Ratschläge für ihre Auftritte zu geben. Wir kaufen einfach ein, was wir für unsere Gäste für richtig halten.«

Ich merkte, daß Doug seinen Mut zusammennahm. »Holmes will folgendes sagen: Die Show ist großartig gewesen – *bis* der kleine schwarze Jude in seinem Badeanzug auf die Bühne gekommen ist. Danach ist sie nicht mehr besonders gut gewesen.«

Holmes nickte sorgenvoll. »Du hast klein, schmächtig und lächerlich gewirkt.«

Später betrachtete ich mich im Spiegel und mußte mich von meinem Spiegelbild abwenden – die beiden hatten recht. Ich war zu einem Zirkusclown geworden. In letzter Zeit fragten die Leute sich nur noch: »Was wird er anhaben?« Anstatt zu überlegen: »Welche Songs wird er bringen?«, lautete ihre Frage: »Welche Tricks zeigt er diesmal?«

Sy war mit dem Flugzeug gekommen. »Die ›Party des Jahrhunderts‹, von der die Finanzbehörde auch gelesen hat, muß das Faß zum Überlaufen gebracht haben«, berichtete er mir in meiner Suite. »Sie hat nie sonderlich viel Verständnis dafür gehabt, daß jemand zwölfhundert Dollar für einen Smoking ausgibt und allgemein in diesem Stil lebt, aber deine Party hat uns den Rest gegeben.« Er legte mir die Gewinn- und Verlustrechnung unserer Firma vor, die ich nur in großen Zügen gekannt hatte.

Ich sah von den Zahlen auf und blickte in das einst zuversichtliche Gesicht des Mannes, zu dem ich mit allen Schwierigkeiten hatte kommen können. »Wie sind wir so tief in die Scheiße geraten, Babe? Wieso haben wir es soweit kommen lassen?«

Er schüttelte trübselig den Kopf. »Wir haben die Rechnungen nicht zahlen können, weil wir das Bargeld ausgegeben haben.«

Ich war ihm für das »wir« dankbar. »Weil *ich* das Bargeld ausgegeben habe, meinst du.«

Wir saßen nebeneinander und hatten uns plötzlich nichts mehr zu sagen: der Junge aus Brooklyn und der Junge aus Harlem... Wir hatten es beide weit gebracht, um dann kurz vor dem Ziel zu scheitern.

»Sam, mir fällt nichts mehr ein. Und ich glaube, daß mir der Dampf ausgegangen ist. Wenn du möchtest, daß ich meinen Job abgebe, bin ich dazu bereit.«

»Das ist nicht deine Schuld gewesen, Babe. Ich bin nicht zu bändigen gewesen.« Er hatte ein durchgehendes Pferdegespann mitten im Strom übernehmen sollen – eine für Sy unlösbare Aufgabe. Aber er hatte recht: Wir mußten uns trennen.

Die Trennung bedeutete für uns beide einen schrecklichen Verlust. Obwohl wir Freunde bleiben würden, würde unser Verhältnis nie wieder so sein wie früher. Mit Sy und Molly hatten mich viele gute Jahre lang große Liebe und Zuneigung verbunden. Ich erinnerte mich an einen unserer gemeinsamen Aufenthalte in Paris. Dort hatte ich eine Cartier-Uhr, ein Einzelstück aus schwerem Gold, gesehen und Sy mit folgender Widmung geschenkt: *Bis in den Tod – Sam.*

Sy stand auf. Ich begleitete ihn zur Tür und zum Lift, um den Abschied hinauszuzögern. Keiner von uns beiden drückte auf den Rufknopf. Aber dann ertönte das Klingelzeichen zur Abwärtsfahrt, und die Lifttür öffnete sich. Sy umarmte mich. »Bis in den Tod, Sweetheart.«

Als Brian und ich vom Flughafen kamen, parkte ein Dienstwagen der Finanzbehörde auf der Straßenseite gegenüber meinem Haus. Es war ein Chevy. Wir saßen in einer verlängerten Limousine. Ich winkte den Beamten verlegen zu.

Als ich Sy die Hälfte meiner Nettoeinnahmen angeboten hatte, hatte ich in ihm einen Retter gesehen. Aber die erhoffte Rettung war ausgeblieben, weil dies die im Prinzip falsche Idee gewesen war. Ich brauchte jemand, der meine Finanzen verwaltete – aber diesmal *mit* mir. Nicht wieder »Du bist fürs Geld, ich bin für die Shows zuständig«, worauf ich in der Hoffnung, daß das klappen würde, losgezogen war und alles Geld ausgegeben hatte. Mein Talent, Geld zu verdienen, wurde von meinem Genie fürs Geldausgeben mühelos übertroffen. Ich wünschte mir nur, diese Einsicht wäre mir gekommen, als ich noch jung und stark gewesen war.

Vor zwölf Jahren, also vor Sy, hatte ich Shirley gebeten, meine persönliche Managerin zu werden – in erster Linie, um mein Geld zu verwalten und nein zu mir zu sagen –, aber damals hatte sie diese Verantwortung nicht übernehmen wollen. Jetzt war sie jedoch bereit dazu. »Aber nur unter einer Bedingung«, erklärte ich ihr. »Dies ist keine Anstellung auf Probe, sondern eine Dauerstellung. Ich bin schon zu alt, um mir einen neuen Sy Marsh, eine neue Shirley Rhodes zu suchen. Ich möchte, daß du hierherziehst, ein Haus in Beverly Hills kaufst und ständig hier in meiner Nähe lebst.«

Ich hatte überall Schulden, aber den größten Druck übte die Finanzbehörde aus. Hätte in Washington noch Nixon oder sogar Kennedy regiert, hätte ich einen Freund finden können, der mir ein paar Monate Verschnaufpause verschafft hätte. Im Augenblick hatte ich dort jedoch niemand. Ich kannte Gerald Ford – aber nicht gut genug, um ihn um einen Gefallen bitten zu können.

»Ich muß zu dem für mich zuständigen Mann«, erklärte ich Shirley. »Ich muß mit ihm reden und einen Zahlungsplan ausarbeiten.«

Sie machte ein abweisendes Gesicht. »Er heißt Callahan. Soviel ich gehört habe, ist er der kompromißloseste Steuerbeamte der Welt. Auf ein Gespräch mit dem solltest du lieber verzichten.«

»Shirley, sieh dir an, wo ich stehe, *ohne* mit ihm geredet zu haben!«

Während ich auf Callahan wartete, überlegte ich mir, daß er an einem uniformierten Wachmann vorbeikommen und dann meine Autos in der Einfahrt sehen würde. Das alles konnte kaum Mitgefühl in ihm wecken. Ich spielte mit dem Gedanken, die Autos zu verstecken. Aber damit hätte ich ihn bewußt zu täuschen versucht, und Unehrlichkeit hatte mir noch nie Vorteile gebracht. Alle Fehler, die ich jemals gemacht hatte, waren auf falschen Stolz, auf Vorspiegelung falscher Tatsachen zurückzuführen gewesen.

Ich stand an der Haustür, als die beiden ankamen und sich als Charlie Callahan und Bill Byron vorstellten. Charlie und Bill – zwei ganz normale Burschen. Wahrscheinlich hatten sie Frauen und Kinder und Schulden, die sie nicht bezahlen konnten, und jetzt mußten sie mir mein Haus wegpfänden. Ich ließ ihnen mit einer Handbewegung den Vortritt. »Ich weiß, daß ich ärmlich angezogen sein und vielleicht einen Arm in der Schlinge haben sollte, denn ich habe vor, ein Plädoyer in eigener Sache zu halten.«

Auf dem Weg ins Wohnzimmer kamen wir an den wandhohen Bücherregalen vorbei. »Haben Sie diese Bücher alle gelesen?« erkundigte Callahan sich.

»Fünfundneunzig Prozent davon.«

Die Parkettböden glänzten von jahrelanger Pflege. Aus den Lautsprechern drang leise Musik. Ich hatte Tschaikowski aufgelegt, um meine flatternden Nerven zu beruhigen. Jetzt merkte ich, wie die beiden mich überrascht musterten, als hätten sie erwartet, in eine Disco zu kommen.

Callahan sah an mir vorbei und begutachtete die Fotos an der Wand hinter der Bar: Altovise, meine Kinder und viele Freunde, die nicht gleich jeder kannte – gute Freunde wie Ben und Jackie Garfinkel, Mark Nathanson, Steve Blauner, meine PR-Leute Arnold Lipsman und David Steinberg, Holmes und Doug sowie Cathy und Jack Monday, meine Golf- und Saufkumpane aus Phoenix. Danach betrachtete er mich, als versuche er, eine Übereinstimmung zwischen mir und dem »Partygänger« herzustellen, den er in Film und Fernsehen in der Rolle des Narren gesehen hatte.

»An meiner Misere bin allein ich schuld«, gab ich zu. »Ich bin nicht zu Cartier reingegangen, weil's draußen kalt gewesen ist. Mein Vermögensverwalter hat mich nicht aufgefordert, hinzugehen und Brillantschmuck zu kaufen. Nein, das habe ich aus eigenem Antrieb getan. Jetzt hoffe ich nur auf eine Verschnaufpause. Was meine Vermögensverhältnisse betrifft, bin ich erst jetzt auf dem laufenden; man könnte sagen, daß ich mit dreißig Jahren Verspätung gelernt habe, mein Scheckbuch in Ordnung zu halten.

Im Augenblick liegt mein größtes Problem darin, daß es mir sehr schwerfällt, auf die Bühne zu gehen und mich zu konzentrieren, was ich tun muß, um aus dieser Misere rauszukommen, wenn ich mich bei jedem Auftritt frage: Haben sie inzwischen dein Haus gepfändet?« Ich zögerte, weil ich nicht wehleidig wirken, aber doch alles so sagen wollte, wie ich es empfand. »Ehrlich gesagt bin ich schon zu alt, um von vorn anzufangen und neue Besitztümer zu erwerben. Dieses Haus ist mein größter Vermögenswert, und wenn Sie mir eine Chance geben, hoffe ich, es retten zu können.«

»Ich kann Ihnen ein halbes Jahr Frist einräumen«, antwortete Callahan. »Danach endet meine Zuständigkeit. Ich möchte keinesfalls, daß Sie Ihr schönes Haus verlieren.« Er nickte. »Ich weiß, daß sie nicht darin geboren sind, daß Sie's nicht geschenkt bekommen haben.«

Die Wirklichkeit ist nie so schlimm wie der Alptraum, die geistigen Folterqualen, die wir uns selbst zufügen. »Danke, Mr. Callahan. Die Finanzbehörde bekommt nie wieder Schwierigkeiten mit mir. Das ist meine persönliche Verpflichtung Ihnen gegenüber.«

»Mr. Davis, ich schlage vor, daß Sie als Beweis für Ihren Zahlungswillen eine größere Abschlagszahlung leisten. Fünfzig- bis hunderttausend Dollar würden eine Menge Charakter beweisen. Und danach sollten regelmäßige Zahlungen folgen.«

Nachdem ich sie hinausbegleitet hatte, ließ ich mich aufs Bett fallen.

Als ich wieder zu Atem gekommen war, rief ich Shirley an. »Okay, sie haben uns eine Verschnaufpause zugebilligt. Aber sie verlangen einen Beweis für meinen Zahlungswillen. Ich möchte ihnen zweihunderttausend Dollar geben.«

»Die haben wir nicht. Du müßtest von Harrah's einen Vorschuß verlangen.«

Nachdem wir aufgelegt hatten, zögerte ich. Hatte ich diese Quelle nicht schon zu oft angezapft? Leider lebte Bill Harrah nicht mehr. Er hatte tun und lassen können, was er wollte. Aber seitdem Harrah's zu Holiday Inn gehörte, war die Bewilligung eines Vorschusses komplizierter, schwieriger geworden, weil Homes und Doug mehr Leute als früher fragen mußten. Und auch sie wußten nur allzugut, daß ich einen Teil meines früheren Elans eingebüßt hatte – und daß ich das Geld nur zurückzahlen konnte, wenn ich weiterhin auftreten konnte. Aber ich hatte mich in eine Lage ohne Alternativen hineinmanövriert: Ich wurde alt und war in Gefahr, mein Haus zu verlieren.

Ich telefonierte mit Doug und Holmes und setzte ihnen die Situation auseinander. »Falls sich das machen läßt, wäre ich für zweihundertausend Dollar Vorschuß dankbar.«

»Sollen wir dir den Scheck ins Büro oder nach Hause schicken?«

Ich überreichte Callahan den Scheck über 200000 Dollar. »Und ich werde meine Steuerschulden mit hunderttausend Dollar pro Woche abtragen. Zum Glück habe ich Engagements, die mir gestatten, Ihnen zwölf Wochen lang hunderttausend pro Woche zu zahlen, um diese Schulden aus der Welt zu schaffen.« Ich wußte, daß auch niedrigere Raten akzeptiert worden wären, aber ich wollte diese Sache so schnell wie möglich vom Hals haben.

»Da können sie wirklich von Glück sagen! Die meisten Leute mit ähnlich hohen Steuerschulden werden sie nie mehr los, weil ihnen das meistens passiert, wenn sie keine großen Verdienstmöglichkeiten mehr haben.«

Tatsächlich hatte ich Glück – falls ich nicht krank wurde und das Leistungsniveau halten konnte, das die Voraussetzung für diese Engagements war.

Da Sy nicht mehr für meine Engagements zuständig war, unterschrieb ich bei der Agentur Morris und erklärte dabei: »Ich brauche Geld. Wenn die Kasse stimmt, übernehme ich auch Werbeaufträge und ähnliches, solange meine Gastspiele nicht darunter leiden. Ich arbeite notfalls sieben Tage pro Woche.«

Und ich betete, daß ich die Kraft dafür haben würde.

Diese hohen Steuernachzahlungen und die Rücklagen für zukünftige Steuertermine ließen mir nur wenig Geld für die Begleichung anderer Schulden. Shirley setzte sich ans Telefon und rief alle Leute an, bei denen Wochen- und Monatsrechnungen offenstanden. Sie sprach mit »Bäcker, Schlachter und Kerzenmacher« – in diesem Fall mit meinem Fotogeschäft, meinem Schneider Sy Devore, meinem Hemdenschneider Nat Wise, den Thunderbird Jewelers in Las Vegas, der Jewelry Factory in Tahoe, den California Jewelers in Beverly Hills, Cartier, Tiffany, Gucci, Dunhill's, Autohändlern, Blumengeschäften, Lebensmittelläden, Wäschereien und Reinigungen, der Bank, die mir ein Darlehen über eine Million Dollar gegeben hatte... Sie fragte alle: »Lassen Sie uns bitte ein bißchen Zeit? Wir bleiben in Verbindung mit Ihnen. Sie bekommen jeden Monat einen kleinen Scheck. Wir wissen nicht, wie lange die Rückzahlung dauern wird.«

Danach berichtete sie mir vom Ergebnis ihrer Bemühungen. »Alle haben sinngemäß gesagt: ›Sam soll sich deswegen keine Sorgen machen. Nächstes Jahr. Oder übernächstes...‹« Sie lächelte schief. »Ab und zu muß man lachen, sonst kriegt das Leben einen unter. Der einzige, der Terror gemacht hat, ist ein Drugstore wegen einer Rechnung über neunundachtzig Dollar. Alle anderen blieben cool, obwohl ihre Rechnungen in die Zehntausende gehen, aber dieser Drogist hat angerufen und mir gedroht: ›Sie schulden uns neunundachtzig Dollar. Ich verklage Sie! Ich bringe die Sache in den *National Enquirer*.‹«

Zu Hause berief ich eine Clanbesprechung ein – mit Altovise, Lessie Lee und Eddie. »Ich sitze tief in der Scheiße«, erklärte ich ihnen. »Wir müssen sparen, sparen und noch mal sparen. *Und* wir müssen das streng geheimhalten. Arm zu sein, ist genau das Image, das man in diesem Geschäft nicht haben darf.«

Wir saßen im Frühstücksraum, und mein Blick fiel auf meinen draußen stehenden Rolly-Royce, der 125000 Dollar gekostet hatte. »Eddie, wenn wir über dreißigtausend für diesen Wagen kriegen können, verkaufst du ihn, damit wir ein paar Rechnungen schneller bezahlen können.« Er war über Nacht verkauft. Ich verkaufte keinen von Altos Wagen und rührte auch sonst nichts von ihren Sachen an.

Jetzt gab es keine Generalvollmacht und kein Signiergerät mehr. Ich hatte nie gefragt, wo das Geld blieb – kein einziges Mal in den 20 Jahren, in denen ich 50 Millionen Dollar verdient hatte. Ich hatte nicht mit meinen Fehlern konfrontiert werden wollen und deshalb nicht feststellen können, ob auch andere welche machten. Ich erinnere mich an eine Zeit, in der ich niemals nach dem Preis eines Artikels fragte, weil ich dachte: Es ist nicht chic, nach Preisen zu fragen. Aber in Wirklichkeit ist es nicht chic, ein Arschloch zu sein.

Tracey hatte die High School in Lake Tahoe absolviert. May war kaum gealtert und noch immer schön. Als ich bei der Abschlußfeier mit ihr in der hintersten Ecke der Aula saß, flüsterte sie mir zu: »Tracey hat sich zuerst Sorgen gemacht, daß du nicht kommen würdest, und als du gesagt hast, daß du kommen würdest, hat sie sich Sorgen gemacht, daß alle dich anstarren und du ihren Schulfreunden die Schau stehlen würdest.«

Ich trug einen marineblauen Nadelstreifenanzug mit dunkler Krawatte und keinen Schmuck. Ich war der einzige anwesende schwarze Vater und der einzige Sammy Davis, Jr., aber die übrigen Eltern spielten so mit, wie ich gehofft hatte, und wir konzentrierten uns alle auf unsere Kids.

Traceys Befürchtungen waren im Grunde genommen verständlich, denn ich war nicht nur berühmt, sondern hatte in der Öffentlichkeit auch schon alles von Hot Pants bis hin zu hautengen Jumpsuits getragen. Woher hätte meine Tocher im Teenageralter wissen sollen, daß ihr Vater selbst in seiner wildesten Zeit stets einen grauen Flanellanzug, einen Nadelstreifenanzug und ein bißchen Geschmack besessen hatte, obwohl seine Rolle ihn meistens dazu gezwungen hatte, auf das alles zu verzichten?

Als ich Tracey während der Feier beobachtete, hatte ich nicht das Gefühl, meine eigene höchst unkonventionelle Jugend sei vergeudet gewesen. Sie hatte immerhin dazu gedient, mir den Weg von dort nach hier zu ebnen. Ich bedauerte nur, nie das Gefühl gehabt zu haben, eine Pause machen und den Erfolg genießen zu können, bevor die Angst eingesetzt hatte, ich sei dabei, das Erreichte zu verlieren.

Tracey sah so jung, so unschuldig aus. Ich fragte mich, warum Gott es so eingerichtet hatte, daß ich nicht imstande war, meine Tochter von meinen Fehlern profitieren zu lassen und ihr mitzugeben, was die guten und schlechten Erfahrungen all dieser Jahre mich gelehrt hatten. Weshalb mußte sie den vor ihr liegenden Lebenskampf allein bestehen, ohne daß ich ihr mehr als ein Auto, ein Kleid oder ein paar Dollar schenken konnte – alles Dinge, die wertloser als eine Lehrstunde im Ertragen von Kränkungen waren?

Altovise änderte alte Kleider und fuhr Lessie Lee zum Einkaufen zum Farmers' Market hinaus, anstatt einfach Jurgenson's und Phil's Fish – zwei teure Lebensmittelgeschäfte in Beverly Hills – anzurufen. »Die Leute sehen Lessie Lee und mich in meinem Rolls«, erzählte sie mir lachend, »und halten uns für zwei Dienstmädchen, die zum Einkaufen fahren.«

Selbst wenn sie sich darüber amüsierte, konnte ich nicht mitlachen.

Ich war mir darüber im klaren, daß diese Sparsamkeit à la Beverly Hills, unsere luxuriöse Knauserigkeit keineswegs die Hölle auf Erden war, aber Alto hatte mich nicht geheiratet, um eines Morgens mit einem Sparhaushalt konfrontiert zu werden. Als Shirley mir sagte, daß das Ende des Tunnels in Sicht sei, daß wir Rücklagen für Steuerzahlungen gebildet hatten und unsere Schulden planmäßig abtrugen, äußerte ich die Absicht, Alto eine Halskette für 13000 Dollar zu kaufen, die ich bei Gucci gesehen hatte.

»Nein!« Sie war wütend. »Was hast du überhaupt bei Gucci zu suchen gehabt? Du sollst dich nicht in Geschäften rumtreiben!«

»Nun, du hast gesagt, wir seien allmählich saniert...«

»Sammy, Wohlstand ist dein Feind. Sowie du zehn Dollar zuviel hast, mußt du eine Möglichkeit finden, sie auszugeben. Warum kannst du nicht einfach Geld haben, ohne es zwanghaft ausgeben zu müssen? Ich muß das Geld vor dir verstecken, damit ich die Rechnungen bezahlen kann.

Dein Problem ist, daß du noch nie jeden Monat die Stromrechnung oder die Hypothek hast bezahlen müssen. Das haben dir andere abgenommen: dein Dad oder Rosa B., später dein Büro. Du hast das Geld verdient. Aber das sind bloß Zahlen. Du hast nie erlebt, wie's ist, einen Scheck auszustellen, eine Rechnung zu bezahlen und zu sehen, wie das Guthaben abnimmt.

Wirst du mal krank, denkst du: Das ist nicht mein Problem, dafür ist Shirley zuständig, das ist Sys Problem gewesen, *sie* sollen sich den Kopf darüber zerbrechen, nicht ich. Falsch! Du mußt mit mir zusammenarbeiten. Ich kann nicht allein rackern, Kleinbeträge sparen und Ausgaben streichen, während du hingehst und dreizehntausend bei Gucci verjubeln willst!«

»Tut mir leid. Ich weiß, daß du recht hast.«

»Sammy, der liebe Gott hat dich vielleicht zum letzten Mal sanft aufgefangen. Verdirb's dir nicht mit ihm!«

Ich war im Friars' Club und kam an dem Raum vorbei, in dem die Porträts von Frank, Dean, Joey Bishop und mir hängen. Ein junges Mitglied blieb neben mir stehen, betrachtete die Bilder, sah wieder mich an und sagte: »Sie sind der einzige, der sich nicht verändert hat.«

Sah er meinen Bauch nicht? Mein schütter gewordenes Haar? Das eingefallene Gesicht? »Danke, Babe. Pro Tag nie mehr als sechzig Zigaretten und eine Flasche Wodka.« Damit ging ich weiter.

Zu Hause betrachtete ich mich im Spiegel im Profil. Das war nicht ich. Das war nicht Sammy Davis, Jr. Das war ein Imitator, der im fünften Monat schwanger zu sein schien. Das Hemd – wie immer schmal, in Körperform geschnitten – drohte zu platzen. Ich sah schrecklich aus, obwohl ich nur noch eine leichte Mahlzeit pro Tag zu mir nahm.

An diesem Abend hatten Altovise und ich Elizabeth Taylor, Tony Gary, Richard Burton und seine Frau Susie zu einem ruhigen Dinner eingeladen. Danach saßen wir an der Bar, wo der Champagner in Strömen floß, und Richard uns mit witzig erzählten Stories aus seinem unerschöpflichen Repertoire unterhielt, die er mit Elizabeth geltenden Anmerkungen wie »Darling, erinnerst du dich noch, als wir...« garnierte, die Susie großzügig überhörte. Ich hätte diesen Abend am liebsten ins Endlose verlängert, aber ich begann müde zu werden. Es war erst Mitternacht, als ich sagte: »Geht ihr jetzt bitte? Ich fange an, einzunicken, und möchte nichts verpassen. Kommt ihr bitte an einem anderen Abend wieder?«

Elizabeth kannte mich noch aus der Zeit, als ich der Unermüdlichste gewesen war. »Samson, ich kann nicht glauben, daß du das wirklich gesagt hast. Du willst uns verabschieden?«

Am nächsten Abend gingen Alto und ich auf eine Party in Malibu. Beim Dinner flüsterte ich ihr zu: »Du bleibst bitte hier, aber ich muß reingehen und ein Nickerchen machen.« Als ich aufwachte, lag ich zwischen Linda Evans und einer weiteren Schönheit. Ich starrte diese beiden unglaublichen Frauen an: *Hast du was Unanständiges getan? Hast du sie gebumst? Nein, sie sind angezogen.* Dann taten die Girls, als wachten sie auf, und ich begriff, daß sie hereingekommen waren, um sich einen Spaß mit mir zu machen, dessen Pointe gewesen war: »Beim Aufwachen wird er sich an nichts erinnern können.«

Das war komisch. Aber zugleich beunruhigend. Was war los mit mir, daß ich zwei Abende nacheinander selbst in angenehmer Gesellschaft nicht hatte wach bleiben können?

Bernard war bei mir, und ich zeigte ihm, mit welchen Sachen ich auf Tournee gehen wollte. Ich gab ihm die ausgelassenen Hosen und Anzüge, die neuen blusigen Hemden und die Stretch-Pullover, die ich gekauft hatte. Ich haßte es, das Publikum warnen zu müssen, daß es »mein Bäuchlein« zu sehen bekommen werde, wenn ich für bestimmte Nummern die Jacke auszog. Ich hatte begonnen, auf Sprüche wie »Ich bin jetzt ein bißchen rundlicher...« und »Ist er nicht niedlich? Ein kleines Dickerchen?« zurückzugreifen. Ich versuchte, mich mit dem Gedanken an Filmstars zu trösten, die einen Bauch hatten. Trotzdem war das nicht ich.

Ich fühlte mich immer weniger wie ich selbst. Ich schleppte mich nur noch dahin. Im Jahre 1972 war ein Golfturnier nach mir benannt worden – das Sammy Davis, Jr. Open –, in dem ich stets mitgespielt hatte. Dieses Jahr wurden Wetten abgeschlossen, daß ich keine vier Löcher durchhalten würde. Aber die Leute täuschten sich. Ich hatte vor, das Turnierende an der Bar zu erwarten.

Bill Cosby und ich waren schon vor *I Spy* Freunde gewesen, als er noch in Cafés aufgetreten war. Ums Jahr 1980 traten wir gemeinsam in einer Wohltätigkeitsveranstaltung auf, warfen uns ein paar Stichworte zu und stellten fest, daß wir zusammenpaßten. Wir traten mehrmals gemeinsam im Harrah's auf, und das Zusammenspiel zwischen uns war gut, weil keiner den anderen zu übertrumpfen versuchte oder mitzählte, wie oft das Publikum beim anderen lachte.

Wir hatten Premiere im Caesars. Obwohl ich manchmal Magenschmerzen bekam, wenn ich hohe Töne singen mußte, verbiß ich die Schmerzen.

Ich konnte überhaupt nicht mehr tanzen und hatte es aufgegeben, Tanzschritte auch nur zu versuchen. Ich konnte wie bei »Mr. Bojangles« bestimmte Stellungen einnehmen, aber ich war abgeschlafft, steif und träge. Deshalb redete ich viel, was die Leute zum Lachen brachte, und sang, so gut ich eben konnte.

Dann merkte ich, daß Bill auf mich achtete, mich beobachtete. Nach einer Dinner Show in unserer ersten Woche kam er in meine Garderobe und starrte angelegentlich meinen Bauch an. »Was ist los mit dir, verdammt noch mal?«

Ich trank einen Schluck Wodka-Cola und tätschelte meinen Schmerbauch. »Alter, Babe. Ich kämpfe nicht dagegen an. Man soll anmutig altern, heißt es.«

»Du trinkst jetzt dauernd.« Das war ein Vorwurf. Dieses wundervolle, mitfühlende Gesicht, das von allen Sorgen, allem Kummer dieser Welt gezeichnet zu sein schien und trotzdem noch lächeln konnte, starrte mich stirnrunzelnd an. Dann sagte er: »Tu, was du für richtig hältst..., aber paß auf, daß du nicht so endest.«

Der Caddy hielt meinen Drink, während ich abschlug. Nach dem dritten Loch erklärte ich Doug: »So, mir reicht's!« Er wollte mich zum Mittagessen einladen, aber ich tätschelte meinen Schmerbauch. »Ausgeschlossen, Babe. Essen vor der Show macht mich träge.« Außerdem war ich zu müde, um an einem Tisch zu sitzen. Ich klappte meine tragbare Bar auf und mixte mir einen weiteren Wodka-Cola für die Autofahrt zurück ins Hotel.

Ich legte mich aufs Bett, ohne einschlafen zu können. Gegen 17 Uhr stand ich auf und bestellte mir eine Suppe. Die Wirkung des Wodkas war halb abgeklungen, und ich fühlte mich verdammt schlecht. Ich mixte mir einen weiteren Drink, den ich auf dem Weg zur Garderobe in kleinen Schlucken trank.

Ich schminkte mich, aber ich konnte mich nicht zusammenreißen. Selbst an den schlimmsten Abenden hatte die Metamorphose stets eingesetzt, wenn ich gekämmt war und meine Kleidung für den Auftritt heraussuchte. Aber diesmal starrte ich den Tisch an und dachte: *Mit dieser Scheißschminke ist heute nichts mehr zu retten. Metamorphose, wo bleibst du?* Ich konnte mir nicht vorstellen, wie ich »Guten Abend, meine Damen und Herren...« sagen würde. Meine Füße waren um ein Viertel ihrer sonstigen Größe geschwollen, so daß ich in Pantoffeln auftreten mußte. Meine Haut war aschfahl. Ich hatte Bauchschmerzen, und meine Jacke spannte, als ich sie zuzuknöpfen versuchte.

Ich bekam die Show nicht in Schwung. Ich versuchte es mit sämtlichen Tricks, mit allem, was mir jemals geholfen hatte, aber es gelang mir einfach nicht, das Publikum zu begeistern. Als ich einen hohen Ton zu singen gehabt hätte, merkte ich, daß ich ihn nicht schaffen würde, und tauchte darunter hinweg, worauf eine Frau rief: »Du hast's versucht, Sammy. Mach dir deswegen keine Sorgen!«

Aber ich hatte es nicht wirklich versucht und riskiert, den Ton zu verfehlen. Ich hatte mich für die sichere Möglichkeit entschieden. Und beim nächsten hohen Ton versuchte ich's wieder nicht. Meine Bauchschmerzen waren zu stark. Ich brachte nur 30 Prozent Leistung. Ich konnte nicht singen, und mein Timing war stockend. Ich schämte mich, eine so miserable Vorstellung abzuliefern.

Nach 45 Minuten winkte ich dem Orchester, aufzuhören. »Meine Damen und Herren, dies ist keine gute Vorstellung gewesen, und da ich heute abend nicht imstande bin, das wiedergutzumachen, möchte ich Sie bitten, mich zu entschuldigen und meine Gäste zu sein. Sie sind alle eingeladen!« Als der Vorhang fiel, wandte ich mich an die Band. »Gott hat recht gehabt. Er hat sich den Sonntag freigenommen. Er hat gewußt, daß man am Sonntag nicht arbeiten soll.«

Als ich in meine Garderobe zurückkam, hatte Murphy schon davon gehört. Er starrte mich blinzelnd an. »Du hast den ganzen Saal eingeladen? Mindestens achthundert Leute?«

Dann kam Holmes herein. »Sammy, das wäre nicht nötig gewesen. So schlecht ist die Show nicht gewesen.«

Die Rechnung betrug 17000 Dollar. Innerhalb weniger Tage berichteten *Time, People* und *Newsweek* darüber. Normalerweise hätte ich mich darüber gefreut, Stories über meine »großzügige Geste« zu lesen, aber diese Berichterstattung deprimierte mich nur, weil sie mich daran erinnerte, daß ich auf der Bühne unfähig, in meinem ureigensten Reich machtlos gewesen war.

Ich hatte eine Woche frei. Vor dem nächsten Gastspiel in Reno brauchte ich unbedingt ein paar Tage Erholung im Bett. Aber dann rief Doug an. »Holmes und ich haben uns überlegt, ob du vielleicht ein paar Tage früher raufkommen könntest. Das Fernsehen macht bei uns eine Sondersendung mit dem Titel *The Super Stars and Super Cars,* die von Bills Oldtimer-Sammlung handelt. Wir haben gehofft, du würdest die Ansage übernehmen ...«

»Du kannst dich darauf verlassen, Babe.« Doug und Holmes konnte ich nie etwas abschlagen.

Am Abend vor meiner Abreise hatten wir Gäste, aber ich sagte frühzeitig gute Nacht, ging ins Schlafzimmer und legte mich aufs Bett. Ich schlief angezogen ein. Als ich etwas benommen aufwachte, versuchte ich meine Hose über die Stiefel auszuziehen, verhedderte mich dabei, stolperte und fiel mit dem Oberkörper gegen die Nachttischkante, daß meine Rippen gräßlich knackten.

Als ich mitten in der Nacht erneut aufwachte, brannten meine Rippen wie Feuer, so daß ich laut stöhnte.

»Was hast du?« Altovise war schlagartig hellwach. Ich erzählte es ihr, und sie schlug vor: »Ich rufe Gerry Blankfort an.«

»Darling, mir geht's schon wieder besser. Ich brauche nur ein bißchen Schlaf.«

Am nächsten Morgen faßte sie nach. »Du solltest dich röntgen lassen.«

»Alto, die Röntgenaufnahme würde nur zeigen, daß ich eine Rippenprellung habe.«

Ich machte die Fernsehsendung in Reno. Am Tag vor der Premiere in Harrah's waren die Rippenschmerzen unerträglich geworden. Ich hatte eine untertassengroße blau-schwarze Prellung und konnte nur unter Schmerzen tief einatmen. So konnte ich unmöglilch singen. »Am besten bringst du mich doch rüber ins Krankenhaus«, sagte ich zu Murphy, »damit sie mich röntgen ... und feststellen, was meinen Rippen fehlt. Vielleicht können sie mir einen Pflasterverband anlegen.« Während ich das sagte, hatte ich den Verdacht, daß es diesmal nicht mit ein paar Röntgenaufnahmen und einem Pflasterverband abgehen würde, daß die Sache diesmal ernst war.

23

»Sie haben leichte Gelbsucht, und Ihre Leber scheint geschädigt zu sein«, erklärte mir der Internist im Warsaw Medical Center in Reno. Er klopfte mich ab, und ich hörte selbst, wie der Ton sich veränderte, als er meine Leber erreichte. »Das ist alles Flüssigkeit«, stellte er fest. »Ich tippe auf einen Rückstau in Ihrer Leber.«

Die Röntgenaufnahmen zeigten, daß ich mir keine Rippe gebrochen hatte, aber er rief Gerald Blankfort an. »Er läßt mich keine Blutuntersuchungen machen, aber Sie sollten wissen, daß sein Bauch aufgebläht und die Leber vergrößert ist. Und die Röntgenaufnahmen zeigen einige dunkle Flecken, die mir nicht gefallen. Schatten, die bis in den Magen hinunterreichen.«

Harrah's sagte das Gastspiel ab und schickte mich mit dem Hotelflugzeug nach L. A., wo Gerald mich erwartete, als ich im Cedars Sinai eintraf. Innerhalb einer Stunde hatten sie weitere Röntgenaufnahmen gemacht, mir Blut abgezapft und mir Antibiotika gegeben.

Während ich im Bett darauf wartete, mitgeteilt zu bekommen, was mir fehlte, war ich mir darüber im klaren, daß ich meinen Körper über den Punkt hinaus mißbraucht hatte, an dem ich nach ein paar Tagen Abstinenz wie neugeboren hätte aufstehen können. Ich war nicht mehr jung. Ich war alt und verbraucht. Gott mußte den Mist, den ich dauernd baute, allmählich satt haben; er mußte es leid sein, mich immer wieder aufzufangen und mir noch eine Chance zu geben – und noch eine und noch eine. Statt dessen hatte er zugelassen, daß ich beruflich und körperlich in eine Abwärtsspirale geriet.

Gott hatte zugelassen, daß ich alles zerstörte, was er mir geschenkt hatte – meine Gesundheit, mein Talent und meine künstlerische Ausstrahlung –, bis ich zuletzt ganz unten angelangt und außerstande war, mich wieder zu dem herrlichen Leben aufzuschwingen, das er für mich vorgesehen hatte. Jetzt glich ich Bojangles. Ich saß nicht im Gefängnis, aber ich lag schwer angeschlagen im Krankenhaus. Und das war einzig und allein meine Schuld. Wie war es möglich gewesen, dieses Ende zu fürchten und zugleich alles zu tun, um es herbeizuführen? Ich glaubte Bill Cosbys Stimme zu hören: »Paß auf, daß du nicht so endest!«

Am nächsten Tag wurden weitere Blutuntersuchungen vorgenommen, aber kein Mensch sagte mir irgend etwas. Brian, Jolly und Dino schlossen meinen Videorecorder in meiner Suite an und brachten mir einen Haufen Kassetten mit. Ich hatte sie nicht darum gebeten. Woher wußten sie, daß ich lange genug würde bleiben müssen, um meine Spielsachen zu brauchen?

Shirley sagte alle Gastspiele für den Rest des Monats November und im Dezember ab. »Auf diese Weise stehst du nicht unter Druck, weitermachen zu müssen, bevor du dich wieder fit fühlst.« Aber sie flunkerten mir natürlich etwas vor. Als ob sie lukrative Gastspiele abgesagt hätte, ohne mehr als ich zu wissen!

Meine Kinder besuchten mich. Mein Schmerbauch unter der Bettdecke ließ mich schwanger aussehen, während ich andererseits schmächtig, eingefallen und kleiner als früher wirkte. Tracey, Mark und Jeff lächelten mich mit zerbrechlicher, wenig überzeugender Fröhlichkeit an – wie man einen Vater anlächelt, der im Sterben liegt. George und Shirley, Steve und Eydie kamen herauf. Murphy war den ganzen Tag in meiner Nähe. Holmes und Doug kamen aus Tahoe und Reno herüber. Brian, Jolly und Dino, die sich alle acht Stunden ablösten, saßen an meinem Bett und nahmen die Anrufe der vielen Freunde entgegen, die sich meldeten.

Ich war eingeschlafen und glaubte im Traum zu sehen, wie ich mich im Bett liegend betrachtete: mit dem verzerrten, unglücklichen Gesicht eines alten Mannes. Dann rollte eine Träne aus seinem Augenwinkel, und ich merkte, daß dies mein Vater war, der hereingekommen war, während ich geschlafen hatte. Er versuchte zu lächeln. »Wie geht's, Papa?« Er war vor kurzem 80 Jahre alt geworden. In letzter Zeit hatte ich ihn manchmal aufgezogen: »Hey, Dad, ich bin gerade in Vegas gewesen, und niemand hat dir Grüße bestellen lassen.« Das setzte ihm schwer zu. Wer alt und durch die Parkinsonsche Krankheit außer Gefecht ist, hat nicht mehr viel zu lachen.

Alte Menschen sind es gewöhnt, verhätschelt zu werden, anstatt die Zielscheibe von Witzen zu sein, aber ich dachte nicht daran, unsere spezielle Beziehung einseitig zu verändern. Ich hatte nicht die Absicht, mich besorgt zu erkundigen: »Fühlst du dich okay, Dad? Setz dich hierher, damit du's schön warm hast...« Im Gegenteil: Wenn er sich an irgend etwas nicht mehr deutlich erinnern konnte, sagte ich: »Klar, du vergißt alles, du bist schon so alt, daß du dich nur noch an die gute alte Zeit erinnern kannst...« Und das gefiel ihm! »Yeah, wie findest du das, Papa? Aber sie sind's wert, daß man sich an sie erinnert, nicht wahr?« Aber jetzt fiel mir nichts ein, mit dem ich ihn hätte aufziehen können. Mein Gehirn war wie eingerostet. Ich konnte nicht mal mehr mit meinem Vater improvisieren.

»Wir müssen deinen Magen anstechen«, erklärte Gerald mir. »Er ist von Flüssigkeit umgeben. Du hast keinen Schmerbauch, wie ihn viele Männer in mittleren Jahren haben, sondern ein Wasserreservoir, und wir müssen die Flüssigkeit ablassen.«

»Eine Operation?«

»Keine richtige. Der Eingriff findet hier im Zimmer statt. Wir stechen deinen Magen an und lassen die Flüssigkeit ablaufen, wie wir eine Eiterbeule anstechen würden.«

Er brachte einen Facharzt mit, und die Krankenschwester nahm eine örtliche Betäubung vor, und sie drückten die Hohlnadel in meinen Bauch. Obwohl ich mich mein Leben lang vor Nadeln gefürchtet hatte, begrüßte ich jetzt alles, was mir helfen konnte. Ich saß auf der Bettkante; der Arzt steckte einen Plastikschlauch an die Nadel, und die Flüssigkeit begann herauszutropfen. Sie füllte dreieindrittel Litergefäße. Danach wurde die Wunde mit vier Stichen genäht.

»Gott sei Dank!« meinte der Facharzt seufzend. Er begutachtete die Flüssigkeit, die wasserklar war. »Wäre sie trüb, würden Sie im Sterben liegen. Das würde bedeuten, daß die Flüssigkeit in Ihrem Magen ist – und dann wär's nur noch eine Frage der Zeit gewesen.«

Das war der erste Hoffnungsschimmer seit fünf Tagen. »Mir fehlt also nicht viel?«

»Könnte schlimmer sein«, antwortete Gerald. »Durch Abstinenz kannst du den Zustand deiner Leber stabilisieren, aber die Schäden sind nicht mehr rückgängig zu machen. Die lassen sich nicht wie eine Infektion heilen. Ein Teil deiner Leber ist zerstört und wird nie wieder funktionsfähig. Ich möchte dich noch ein paar Wochen hierbehalten. Wir haben die Flüssigkeit dräniert und darüber beraten, was darüber hinaus getan werden könnte. Aber wir sind uns darüber einig, es damit bewenden zu lassen. Du brauchst Ruhe und strikte Diät. Kein Salz, keinen Alkohol.«

Als ich wieder allein war, erinnerte ich mich an die Magenschmerzen bei hohen Tönen, die jetzt ihre Erklärung gefunden hatten. Die Leber war so vergrößert, daß sie Teile meines Körpers wie die Rippen berührte, mit denen sie normalerweise nicht in Berührung gekommen wäre.

Altovise brachte eine Londoner Zeitung mit. Ihre Schlagzeile lautete: SAMMY GIBT DAS SAUFEN AUF.

Mein vermeintlicher Schmerbauch war fast ganz verschwunden. Ich hatte also keinen Bauch wie viele Männer in meinem Alter angesetzt. Kein Wunder, daß alle Abmagerungskuren erfolglos geblieben waren. In Wirklichkeit war er eine mit Flüssigkeit gefüllte Aufblähung gewesen. »Du brauchst jetzt längere Zeit Ruhe«, erklärte Gerald mir. »Deine Magenwände müssen sich allein zurückbilden. Wir können sie nicht sozusagen hinten festbinden.

Du hast noch Glück gehabt. Mit Alkoholikern in diesem Stadium eines Leberleidens geht's im allgemeinen nur noch bergab. Darüber hinaus bist du nicht alkoholabhängig. Du hast seit zwölf Tagen keinen Alkohol getrunken, ohne deshalb unter Delirium tremens zu leiden. Für dich ist das Trinken nur eine lebenslängliche Gewohnheit. Aber von der kannst du loskommen. Außerdem kannst du von Glück sagen, daß du Langlebigkeit in deinen Genen hast. Wenn du glücklich bist, hast du eine jugendliche geistige Einstellung, und du solltest sehr glücklich sein, weil in dir gewaltige Heilkräfte schlummern. Aber keinen Tropfen Alkohol mehr! Fängst du wieder zu saufen an, erwartet dich ein rascher Tod. Und ein schmerzhafter.«

Altovise brachte mir Geflügelsalat, den Lessie Lee für mich gemacht hatte. Brian brachte von Winchell's Doughnuts mit Zuckerguß und Rosinenkuchen mit Rum der Marke Häagen-Dazs mit. Ich mochte das alles nicht einmal sehen. Ich war kaum imstande, meine Leibgerichte hinunterzuwürgen, und meine Arme und Beine waren zu Pfeifenstielen abgemagert. Ich fühlte mich zu schwach, um aufzustehen und die paar Schritte bis zur Toilette zu gehen. Brian, Dino oder Jolly mußten mich dorthin tragen.

Shirley kam und setzte sich auf meine Bettkante. »Ich habe Doug und Holmes versprochen, sie wissen zu lassen, ob du die Silvestershow in Reno übernehmen und nach einem Ruhetag zwei Wochen lang bei ihnen auftreten willst.«

Mir brach der Schweiß aus. »Du spinnst wohl? Ich muß mich aufs Klo tragen lassen, und du willst, daß ich mich hinstelle und die schwierigste Show der Welt bestreite? Du tickst wohl nicht ganz richtig?«

Ich war in den letzten vier Silvestershows im Convention Center des Hotels mit seinen 2000 Sitzplätzen aufgetreten. In einem Spielkasino ist das der wichtigste Termin des Jahres – möglicherweise der eine Abend, der einem dazu verhilft, in der Jahresbilanz schwarze Zahlen zu schreiben. Es gibt nur eine Show, die aber absolut Spitze sein muß, um die wirklich Reichen anzulocken.

»Und was zum Teufel ist in Doug und Holmes gefahren? Sie haben mich hier gesehen, sie wissen, wie schlecht's mir geht. Wie können Sie auch nur daran denken?«

»Vielleicht haben sie gedacht, das sei eine nette Einladung«, antwortete Shirley ruhig. »Ja, diese Show ist schwierig. Aber für sie ist das auch ein sehr wichtiger Abend. Ich glaube, daß Doug und Holmes damit sagen wollen: ›Wir halten zu dir, Sam.‹ Wie du weißt, müssen sie spendable Gäste anlocken – und nachdem du im Laufe des Jahres öfters in Harrah's auftrittst, wären sie mit jemand, den die Leute vielleicht weniger oft gesehen haben, eigentlich besser dran.« Sie stand auf. »Du brauchst ihre Anfrage nicht gleich heute zu beantworten. Ich nehme einen Bankkredit auf, der unsere Unkosten zwei Monate lang deckt, und wir holen den Verlust später wieder auf. Mach dir deshalb keine Sorgen.«

Während ich ins Kissen zurücksank, konnte ich mir nicht vorstellen, wie ich ohne fremde Hilfe das Krankenhaus verlassen oder gar auf der Bühne stehen, vor 2000 Gästen auftreten und trotz meiner ausgebrannten Leber Witze reißen und Liebeslieder singen sollte.

Vom Bett aus konnte ich hören, wie draußen im Wohnzimmer geflüstert wurde.

»Ich glaube nicht, daß Sammy jemals wieder arbeiten kann«, flüsterte mein Vater. »Ich bezweifle, daß er das schafft.« Und Shirley antwortete: »Dad, er *muß* es schaffen. Das wird ihm das Leben retten. Er muß wieder arbeiten. Wenn er mutlos im Bett liegt und Tag für Tag schwächer wird, stirbt er am Ende noch.«

Zu Hause zog Altovise mir die Schuhe aus und knöpfte mir das Hemd auf. Ich legte mich aufs Bett und ließ mich wie einen Invaliden ausziehen. Dann schlüpfte ich unter die Bettdecke und verkroch mich tagelang vor allem. Schließlich stand ich aus Neugier auf und probierte einige Kleidungsstücke an. Meine »Schmerbauch«-Garderobe hing sackartig an mir. Ich freute mich darauf, sie ändern lassen zu können – aber meine normalen Sachen waren mir jetzt ebenfalls zu weit. Ich ging benommen und deprimiert wieder ins Bett.

Am nächsten Morgen zwang ich mich dazu, aufzustehen. Ich forderte Altovise auf: »Komm, mach einen Spaziergang mit mir.« Wir gingen ins Wohnzimmer hinüber, und ich setzte mich an die Bar, um auszuruhen. Aus den Regalen waren sämtliche Schnapsflaschen verschwunden. »Was soll der Blödsinn, Altovise? So zwingst du mich dazu, Ray Milland zu spielen und mir drei Flaschen Wodka vors Fenster zu hängen.«

»Ich hab' gedacht, die Versuchung...«

Ich griff nach ihrer Hand. »Hör zu, Mann, ich bin dir für deine Unterstützung dankbar, aber der einzige, der mich vom Trinken abhalten kann, bin ich selbst. Mach dir deswegen keine Sorgen. Der Schnaps wird mir fehlen. Er wird mir sogar sehr fehlen. Aber wenn man zusieht, wie einem über drei Liter Flüssigkeit aus dem Magen abgezapft werden, hört man auf. Ich will noch nicht sterben. Das kann ich mir nicht leisten.«

Als Abstinenzler machte ich die Erfahrung, daß Alkohol einem unendliche Toleranz gegenüber Dummheit verleiht. In der guten alten Zeit – also bis November 1983 – war jeder toll, sobald ich high genug war. Hatte ich genügend getrunken, sagte ich bereitwillig: »Yeah, erzähl mir den Rest auch noch.« Ist man dagegen nüchtern, ist's mit der Toleranz gegenüber Unsinn sofort vorbei. Man sieht und hört alles, was man früher geflissentlich nicht wahrgenommen hat.

Auf der Fahrt zum Flughafen Burbank, von dem aus wir nach Reno fliegen wollten, begann Murphy, mir einen Witz zu erzählen. »Also, da waren zwei schwarze Typen in Miami…«

»Murph!!! Ich will keine Witze hören.«

»Warum denn nicht, Sammy? Warum magst du's nicht, wenn jemand dir Witze erzählt?«

»Erstens: Weil ich schon alle kenne. Zweitens: Weil die meisten schmuddelig sind. Und drittens: Weil Leute wie du sie sehr schlecht erzählen.«

Er sah weg. »Tut mir leid.«

Hey, das ist ein bißchen zu scharf gewesen. Ich erkannte, daß ich nervös war und meine Nervosität nicht mit Alkohol betäuben konnte. »Mein Gott, Murphy, erzähl deinen Scheißwitz schon!«

»Nun, diese beiden schwarzen Typen waren also in Miami…«

Als ich an Bord kam, hielt die Stewardeß von Harrah's eine Bloody Mary für mich bereit. »Vielen Dank, Darling, aber ich trinke nicht mehr.« Ich gab ihr eine Dose Crush mit Erdbeergeschmack und einen großen Plastikbecher, aus dem ich gern trank. »Bringen Sie mir bitte das hier mit viel Eis.«

Nach dem Start sah ich zu Altovise hinüber und erwartete, daß sie sagen würde: »Das ist der schlimmste Start, den wir je erlebt haben!« Aber sie blickte gelassen aus dem Fenster. Murphy las die Zeitschrift *People.* Brian blätterte in einer Zeitung. Auch Dino las Zeitung. Ich starrte in meinen Becher Crush. Für mich war es eine Offenbarung, wie ein paar Drinks jeden Flug viel ruhiger gemacht hatten. Ich war schon tausendmal geflogen und mit einer doppelten Bloody Mary in der Hand dort oben ganz cool geblieben. Aber jetzt, wo ich bloß Crush mit Erdbeergeschmack trank, flogen die Piloten nicht mehr entfernt so gut wie früher. Das Flugzeug geriet in Turbulenzen und sackte 300 Meter durch. Ich umklammerte Altovises Arm. »Diese Maschine stürzt ab! Das weiß ich genau!«

Von seinem Platz jenseits des Mittelganges aus sagte Murphy: »Nein, Sammy, das kann sie nicht. Vor dem Sterben brauche ich drei Tage Vorwarnung.«

Ich starrte ihn an. »Was soll der Unsinn? Gott warnt keinen vor dem Tod. Er holt uns zu sich, wann er will.«

»Ja, ich weiß. Trotzdem brauche ich drei Tage Vorwarnung.«

Ich reagierte gereizt. »Red kein Blech, Murph! Du kannst dein Testament machen, aber damit hat's sich schon. Vorwarnung gibt's keine. Du kannst dich in 'nem Nadelöhr verkriechen, aber er findet dich, wenn er dich will.«

Murphy blieb stur. »Ich hab' mein Testament gemacht und einen Brief mit Anordnungen für mein Begräbnis hinterlassen, aber ich brauche trotzdem drei Tage Vorwarnung.«

Verdammt noch mal, wie er mich aufbringen konnte! »Um Himmels willen, Murph, warum kannst du nicht einfach die Augen zumachen und wie jeder andere abtreten, wenn's mal soweit ist?«

»Nun, jetzt sind wir zum Beispiel nach Reno unterwegs. Bekäme ich mitgeteilt, daß ich sterben muß, bräuchte ich diese Zeit, um mein Apartment in L.A. aufzuräumen und alle meine schmutzigen Magazine und Videos wegzuwerfen. Ich möchte nicht, daß meine Kids meine Sachen sortieren und dabei fragen: ›Hat Dad all diesen Mist wirklich gelesen?‹«

»Murphy! Wie kannst du dafür drei Tage brauchen? Wie viele Pornos hast du denn?« Dann sah ich das Lächeln in seinen Augen und mußte unwillkürlich lachen... Er hatte's wieder mal geschafft!

Ich war eine Woche zu früh nach Reno gekommen, um mich zu akklimatisieren, aber ich legte mich ins Bett und blieb ängstlich darin verkrochen. Altovise, Shirley, Murphy und das Bühnenpersonal kamen häufig zu mir herein und rissen Witze. Sie sagten nichts wirklich Witziges, und ich blieb wider Erwarten stumm. Ich brauchte keine Witze. Statt dessen mußte ich rauskriegen, wie man sich auf den Beinen hielt, ohne schwindelig zu werden, wie man elegant und geistreich auftrat, wie man sang wie jemand, der nicht todkrank ist. Ich bekam mit, wie Shirley im Wohnzimmer eine aufmunternde Ansprache hielt: »Wir müssen alle *obenauf* sein und *ihn* mitreißen. Achtet darauf, daß ihn nichts deprimiert. Wir müssen ihn aufbauen.«

Das war vier Tage vor Silvester. Ich stand auf. Ich mußte mir etwas Bewegung verschaffen, um wieder sicherer auf den Beinen zu stehen. Ich ging an die Hausbar im Wohnzimmer und machte mir ein Glas Crush mit viel Eis. Das gesamte Bühnenpersonal hockte herum und beobachtete mich.

Altovise seufzte. »Mein armer alter Mann. Er kommt in die männlichen Wechseljahre – und dann nehmen sie ihm auch noch seinen Schnaps weg.«

»Diesen Scheiß mit den Wechseljahren kannst du dir sparen!«

»Entschuldige, Honey.«

»Und den mit ›Entschuldige, Honey‹ auch!«

»Ich halt's nicht mehr aus!« murmelte Murphy. »Er kriegt 'nen Schuß Wodka in sein Crush.«

Ich fauchte ihn an, aber inzwischen hatte ich begriffen, daß meine Gereiztheit allmählich unerträglich geworden war. Ich wandte mich entschuldigend an Altovise. »Du brauchst kein Mitleid mit mir zu haben. Meinen Schnaps hat mir keiner weggenommen. Den hab' ich allein weggesoffen. Jetzt ist auf der ganzen Welt keiner mehr übrig.«

Als ich wieder im Bett lag, versuchte ich mir vorzustellen, wie es sein mußte, ohne eine kleine Stärkung in den Kulissen auf die Bühne zu kommen und mitten in der Show Crush statt Wodka-Cola zu trinken. Das würde nicht nach mir *aussehen,* denn zu meinem Image gehörte: Trinker. Das Publikum würde nicht den Sammy erleben, den es kannte, und ich hatte leider keinen neuen und besseren Sammy anzubieten. Die Leute würden bestimmt enttäuscht sein.

Hätte ich nicht in Harrah's auftreten sollen, wo Doug und Holmes auf mich zählten, hätte ich die Show abgesagt. Andererseits mußte ich auch an mich denken. Obwohl ich unterdessen mit Dick Goeglein, dem Präsidenten der Holiday Inns Gaming Division, und seiner Frau befreundet war, mußte ich die Silvestershow in Harrah's rein geschäftlich sehen und mich auf der Bühne bewähren.

Am Silvestertag ging ich nach unten und machte eine Mikrofonprobe. Dann setzte ich mich und hörte zu, wie George mit der Band probte. Gott sei Dank, daß ich ihn hatte!

Um 21.30 Uhr kam Bernard in die Garderobe. »Dreißig Minuten, Mr. D.« Und dann sollte meine Show beginnen. Ich lehnte in den Kulissen an einem Hocker und hörte typische Silvestergeräusche: Flaschenkorken, Knallkörper, Stimmen, Gelächter – ein Heiterkeitspegel, der mich ermüdete. Während ich unsere Ouvertüre hörte, fühlte ich mich zu schwach, um diese Songs zu singen.

Ich sagte: »Guten Abend, meine Damen und Herren«, nahm ihren Auftrittsapplaus entgegen und setzte mich auf einen Hocker. Meine Show dauerte eine Dreiviertelstunde, die ich sitzend absolvierte. Ich sang »Mr. Bojangles« ohne Tanzschritte vom Hocker aus, weil ich fürchtete, mich nicht auf den Beinen halten zu können.

»Das ist keine deiner besten Shows gewesen«, stellte Doug danach fest. »Aber immerhin ein Comeback.«

Eine Stunde später ging ich ins Bett und blieb den ganzen nächsten Tag liegen, ohne jedoch zu schlafen. Ich ruhte mich nur aus und versuchte, mir meine Kräfte für die Premiere aufzusparen.

Ich benützte den Hocker in beiden Shows und auch noch am Abend darauf. Gegen Ende der ersten Woche fühlte ich mich sicherer auf den Beinen und gewann wieder Vertrauen zu meinem Körper. Der Alkohol – der kleine Drink unmittelbar vor dem Auftritt – fehlte mir weniger, aber es war deprimierend, das Publikum um das von mir erwartete Image zu betrügen. So hielt ich entschuldigend mein Glas Crush hoch und verspottete mich selbst: »Sehr euch diesen Drink für den großen Swinger an!«

Die Leute applaudierten. Das überraschte mich völlig. Ködert man sie, weiß man im allgemeinen genau, was einem Beifall einbringen wird, aber ihr unerwarteter Applaus bedeutete einen kleinen Schock für mich. Als ich übers Rampenlicht hinausblickte, schienen alle Gesichter, die ich erkennen konnte, mir zuzunicken, als wollten sie sagen: »Yeah, du hast mit der Sauferei aufgehört. Gut für dich!«

Ich machte weiter. »Ehrlich gesagt bin ich gern trocken. Es macht Spaß, morgens aufzuwachen und zu wissen, was man am Abend zuvor getan hat.« Sie klatschten Beifall. Aber diesmal hatte ich damit gerechnet. Vielleicht waren sie der Meinung, eine Veränderung bei mir sei überfällig gewesen. Vielleicht veränderten auch sie sich. Jedenfalls wirkte sich das zu meinen Gunsten aus. Sie waren nicht von mir enttäuscht.

»Ich gehe auf sechzig zu«, fuhr ich fort. »Ich trete seit fünfundzwanzig Jahren im Harrah's auf, aber dieses Jahr bin ich zum ersten Mal auf die Bühne gekommen, ohne zuvor einen Drink gekippt zu haben.« Wieder Applaus. »Natürlich zählen zu diesen fünfundzwanzig auch ungefähr drei Jahre, in denen mir jegliche Erinnerung an Auftritte in diesem Saal fehlt.« Das Lachen klang freundschaftlich. »Oh?« fragte ich. »Das ist Ihnen wohl aufgefallen?«

Die mir aus dem Publikum entgegenschlagende Wärme war, als ob man mit Freunden in seinem eigenen Wohnzimmer säße. Diese Leute erwarteten nicht, mich niemals alternd und in ständiger Bewegung zu sehen. Sie schienen zu sagen: »Yeah, Sam, wir kennen dich von früher, und wir stehen auf *dich,* nicht auf den Swinger, nicht auf den jungen Entertainer...« Wir waren Freunde, die miteinander gealtert waren. Sie wollen erleben, wie ich *jetzt* war; sie legten keinen Wert auf Reprisen früherer Auftritte. Tatsächlich mußte ein 50jähriger, der den 30jährigen spielte, unehrlich wirken. Vielleicht war ich deswegen immer unzufriedener mit meinen Auftritten gewesen.

Doug kam Abend für Abend in meine Garderobe, um mich moralisch zu unterstützen. »Die Shows werden besser, Mann, *du* bist besser, du hast mehr Schwung. Ich bin begeistert, verdammt noch mal!«

Ich war immer mit Krawatte aufgetreten und hatte sie etwa nach der Hälfte der ersten Nummer gelockert, als wollte ich sagen: »Jetzt geht's erst richtig los!« Diesen Trick hatte ich Jolson vor 30 Jahren abgeschaut, aber jetzt merkte ich plötzlich, daß er nicht nur abgedroschen, sondern auch viel zu theatralisch war und keineswegs spontan, sondern gekünstelt wirkte. Jetzt wünschte ich mir raffiniertere Wirkungen, wollte ohne Schnickschnack auftreten. Nur ein Trommelwirbel und ausgestreckte Hände. Das waren die Grundlagen, auf denen man als Entertainer aufbaute, und ich wollte diese Schlichtheit, diese Ehrlichkeit dem Publikum gegenüber. Deshalb verzichtete ich auf den Trick mit der Krawatte.

Damit begann eine neue Aufrichtigkeit, die zu einer verbesserten Beziehung mit dem Publikum führte. Etwa zur gleichen Zeit hörte ich auf, mit teurem Schmuck auf die Bühne zu kommen. Das hatte Spaß gemacht, aber wenn ein Spleen sozusagen zum Markenzeichen geworden ist, wird es Zeit, damit aufzuhören. Und das Geheimnis wirkungsvollen Entertainertums besteht daraus, den Leuten nicht genau das zu bieten, was sie von einem erwarten...

Das Publikum war begeistert, als ich ohne einen einzigen Brillanten auftrat. Andererseits verzichtet man ungern auf ein gutes Markenzeichen, deshalb begann ich, während ich gegen Ende der Show »I've Got to Be Me« sang, meine Ringe anzustecken. Das brachte die Leute zum Kichern, weil es zeigte, daß ich mich über mich selbst lustig machte, anstatt sie aufzufordern: »Hey, seht mal, wieviel Schmuck ich habe!« Und ich verstärkte diesen Eindruck noch, indem ich beispielsweise fragte: »Erkennen Sie mich jetzt wieder?«

Ich merkte, daß ich vor jeder Show ein paar Stunden ungestört allein sein mußte. Ich brauchte diese Zeit, um mich vorzubereiten. Nach der Rückkehr vom Rande des Abgrunds war mir jede einzelne Show wertvoll. Ich wollte sie nicht mehr während des Auftritts improvisieren. Ich war meinem Publikum und mir selbst mehr schuldig, als aufzutreten und das Beste zu hoffen. In Zukunft würde ich niemanden mehr auffordern müssen, zur zweiten Show zu kommen, weil ich wußte, daß die erste nicht viel taugen würde. Das wollte ich nie mehr sagen müssen. Meine Freunde sollten zu *jeder* Show kommen können – sie mußten alle gut sein. Sonst konnte ich gleich als Taugenichts in den Tag hineinleben und mich den Teufel darum kümmern, wie das Geld hereinkam.

Um 16 Uhr ging ich in mein Schlafzimmer, stellte das Telefon ab und sammelte mich geistig. Nachdem ich gegen 17 Uhr gebadet hatte, ließ ich mir eine Stunde später ein leichtes Abendessen – etwas Suppe, ein kleines Steak – servieren und verzehrte es allein und entspannt, während ich mir die Fernsehnachrichten ansah. Ich brauchte diese Zeit, um einfach dasitzen, mich entspannen und danach mit klarem Kopf auftreten zu können. Um 19 Uhr saß ich in meiner Garderobe am Schminktisch, war wie ein Akku voll aufgeladen und konnte es kaum noch erwarten, vors Publikum zu treten.

Zum Showbusiness gehört auch eine Portion Magie. Man weiß nicht, wie es dazu kommt. Man weiß nicht, welche Umstände einen beeinflussen. Das kann jemand sein, der einen beim Verlassen der Hotelsuite freundlich grüßt, oder ein Autogrammjäger, der einem einen Zettel hinhält: »Meine Großmutter schwärmt für Sie...« Man weiß nie, was diesen kleinen Anstoß bewirkt, der einen spüren läßt, daß man das Publikum auf seiner Seite hat, der einem den Rücken stärkt und die Gewißheit gibt, daß man's wieder schaffen wird.

24

Das Desert Inn wollte mich für acht Wochen – in zwei Blöcken zu je vier Wochen – für 100 000 Dollar pro Woche engagieren. Das war weniger, als ich bisher verdient hatte, aber mich lockte der Showroom – mit 700 Sitzplätzen einer der letzten kleinen Säle in Las Vegas. An Wochenenden konnte ich jeden Saal füllen, aber ich stand nicht gern unter dem Druck, den man während der Woche im Caesars empfand, wenn nur das allein schon 400 Personen fassende Parterre besetzt war. Nicht einmal Frank konnte diesen Saal jeden Abend füllen. Er war vom Caesars ins neue Nugget übergesiedelt, das in der Stadtmitte lag und einen wunderbaren Saal mit 700 Plätzen hatte.

Ich hatte ein gutes Gefühl, wenn ich an das Engagement im Desert Inn dachte, und war überzeugt, daß ich dort Furore machen würde.

Shirley zweifelte. »Glaubst du, daß du vier Wochen durchstehst?«

Ohne Alkohol war ich plötzlich gesund und so energiegeladen, daß ich fast meinte, mit einem Sprung über das höchste Gebäude der Stadt hinwegsetzen zu können. »Vor ein paar Jahren hätte ich mir das nicht zugetraut. Aber jetzt fühle ich mich so gut wie noch nie. Komm, wir versuchen's! Sag ihnen, daß ich mit einer Einmannshow komme. Ich will keinen Anheizer. Das Geld dafür sollen sie für weitere Musiker ausgeben. Ich möchte ein richtiges großes Orchester.«

Sobald ich unterschrieben hatte, begann ich mich zu fragen: *Kannst du es schaffen?* Und weshalb? Warum willst du dich auf diese Weise selbst unter Druck setzen? Die Antwort fiel nicht schwer: *Weil du als der beste Nachtclub-Entertainer, der Varietékünstler, der Letzte einer aussterbenden Rasse giltst. Deshalb kannst du die Leute nicht mit Gestrigem abspeisen; du mußt dich weiterentwickeln und ihnen etwas Neues, etwas anderes bieten.*

Die Ankündigung über dem Eingang des Desert Inn lautete: *Sammy. That's All.* Und ich verzichtete auf den Ansager, der mich als »Sammy Davis, Jr.!« angekündigt hätte. Das Publikum wußte schließlich, weshalb es gekommen war. Ich trat mit einem 60-Mann-Orchester auf, war in der Form meines Lebens und feierte von der Premiere an einen Triumph nach dem anderen.

Mitten in einer Dinner Show sah ich im Klavier wie früher meine Stepschuhe liegen. Ich griff impulsiv danach und nahm sie heraus, als wollte ich ein geliebtes Andenken noch einmal in den Händen halten. Das Publikum begann zu klatschen. Ich hielt die Schuhe hoch. »Ich habe schon lange nicht mehr das Gefühl gehabt, diese hier benützen zu können. Vielleicht bin ich doch nicht so alt, wie ich mir vorgekommen bin.«

Das Publikum wollte mich tanzen sehen. Ich brauchte noch einen Augenblick, um meine Bedenken zu überwinden. Den Leuten gefiel immer mein fast ein Meter langer Schuhlöffel: ein Säbel, den die Londoner Queen's Guards mir geschenkt hatten und den die Firma Wilkinson Sword für mich zu einem Schuhlöffel umgearbeitet hatte. Jetzt hielt ich ihn hoch. »In meinem Vertrag steht nicht, daß ich mich auch bücken muß.«

Während das Publikum lachte, schlüpfte ich mit Hilfe des Schuhlöffels in meine Schuhe. Um meine Beine zu testen, versuchte ich ein paar Stepschritte. Okayyyyy. Die Leute klatschten stehend Beifall. Ich tanzte für sie. Ich wünschte mir, ich könnte die Arme ausbreiten und den ganzen Saal umarmen. Ich tanzte weiter und umarmte mein Publikum auf diese Weise.

Die Shows machten mir wieder Spaß. »Ich hasse es, zuzugeben, wie gut ich mich fühle«, erklärte ich Altovise. Mit neuerwachter Energie – und vielleicht auch, weil ich wieder klar im Kopf war –, konnte ich mit meinem Alter umgehen oder mich ihm anpassen und die Veränderung genießen, indem ich mich mit ihm abfand, anstatt dagegen anzukämpfen. Ich sang »I've Got You Under My Skin« und wackelte dabei ein paarmal mit den Hüften. Ich ertappte mich selbst dabei und sagte, gewissermaßen entschuldigend: »Das ist ein kleines Überbleibsel aus alten Tagen.« Das löste schallendes Gelächter aus, weil die älteren Gäste mich so in Erinnerung hatten.

Wie befriedigend es war, mit über 50 Jahren Bühnenerfahrung aufzutreten, zu tun, was einem das Herz eingab, und zu spüren, daß das Publikum gern bereit war, einem in jede Richtung zu folgen! Hielt ich einen hohen Ton, fühlte ich, daß die Leute ihn mit mir hielten, und danach sah ich, wie manche ihre Armbanduhr abnahmen, um sie nicht zu beschädigen, wenn sie begeistert klatschten, um mir zu zeigen, was sie für mich empfanden.

Ich trank Crush auf der Bühne und machte mich über mich selbst lustig: »Ich bin froh, daß ich die Sauferei aufgegeben habe. Das Dumme ist nur, daß ich schon morgens beim Aufwachen weiß, wie ich mich den ganzen Tag fühlen werde. Besser kann's nicht mehr werden.«

Obwohl ich recht gut wußte, daß Alkohol für mich Gift war, vermißte ich diesen wundervollen kleinen Kitzel. Damit meine ich nicht »Komm, wir besaufen uns«, sondern diese angenehme innerliche Wärme, diesen einen Cocktail, der den ganzen Körper prickeln läßt, bis man eine leise Stimme zu hören glaubt: »Hallo, ich bin wach, ich lebe! Erinnerst du dich an mich? Ich bin dein Herz.« Ich vermißte den Spaß, die Geselligkeit, wenn es geheißen hatte: »So, jetzt ist ein kleiner Schluck fällig.« Und mir fehlte manchmal meine frühere Sorglosigkeit, die Schal-um-die-Schultern-Stimmung.

Oh, wie ich die Leute beneidete, die sich diesen Reiz noch verschaffen konnten, wenn sie wollten! Am liebsten hätte ich meine Kinder gewarnt: »Geht vernünftig damit um, dann könnt ihr ihn euer Leben lang genießen. Mißbraucht ihr ihn, sehnt ihr euch die letzten zwanzig Jahre oder noch länger danach – und müßt trotzdem darauf verzichten, wenn ihr weiterleben wollt.«

Was ich jetzt wollte, war Mäßigkeit, Zuverlässigkeit. Ich hatte nur noch wenige Fehler gut. Gehört man als 35jähriger zu den Stars im Showbusiness und dreht *Ocean's Eleven*, wird man immer wieder als Schlagmann aufgestellt. Dann kann man's sich leisten, den Ball ein paarmal zu verfehlen. Als angehender Sechziger ist man jedoch als treffsicher bekannt und tut gut daran, den Ball auch zu treffen, wenn man wieder mal zum Schlag kommt.

Hinter mir standen keine Erfolgsfilme, keine Plattenhits und keine Fernsehserie, sondern ich mußte es mit Leistung und Beständigkeit schaffen. »Ist er heute abend nicht großartig gewesen?« genügte nicht mehr. Nein, ich mußte *jeden* Abend – zweimal pro Abend – »großartig« sein, und dafür reichten Talent und Erfahrung allein nicht aus. Eine entscheidende Rolle spielte dabei meine Verfassung – ob ich ausgeruht, konzentriert auf die Bühne kam. Verzettelte ich mich dagegen, aß schlecht und bekam nicht genügend Schlaf, spürte das Publikum, wie träge ich an solchen Abenden war. War ich jedoch im Training und trat schlank, beweglich und mit idealem Kampfgewicht an, machte ich Furore.

Auch für George war es aufregend, wieder wie in der guten alten Zeit gemeinsam mit mir auf der Bühne zu sein. Kam ich danach in die Garderobe zurück, war er bereits da und erzählte Murphy mit lauter Stimme, weil er wußte, daß ich kommen würde: »Verdammt, ich hab' gedacht, ich müßte die Arme ewig oben lassen. Ich habe gedacht, der kleine Springteufel wollte die ganze Nacht auf der Bühne bleiben, so gut hat er sich gefühlt... Ohhh, da kommt er, pst! nichts sagen...«

Seitdem ich nicht mehr von Gedanken an Jugendlichkeit und mein Swingerimage besessen war, konnte ich wieder kreativ sein, eine bestimmte Atmosphäre entwickeln und die Struktur jeder Show abwandeln. Ich konnte dieselben Songs in unterschiedlicher Stimmung singen, so daß das Gewebe einer Show anders getönt, anders gefärbt wirkte. Manchmal war es hell und leuchtend, manchmal eher ruhig. Es sollte nicht klischeehaft heißen: »Bei ihm gleicht keine Show der anderen.« Die Shows am Wochenende mußten dann eine Art Collage sein.

Als mich eines Abends der Hafer stach, erklärte ich dem Publikum: »Ich möchte Ihnen jetzt eine Story erzählen, die ich für amüsant halte, obwohl sie keine Pointe hat.« Diese Story handelte von Fred Astaire, und ich wollte damit mein Astaire-Potpourri einleiten:

»Fred Astaires Haus steht von mir aus gesehen auf der anderen Straßenseite, ungefähr vier Häuser entfernt, ein paar hundert Meter. Eines Tages ist er auf seiner Terrasse gewesen und hat seine Musik gespielt, und ich bin auf meiner gewesen und habe diese Musik aus seiner Richtung kommen gehört – großartige Musik, altmodischer Jazz mit Jonah Jones, Billy Butterfield und dergleichen. Das ist Astaire, habe ich mir gedacht und gewußt, daß er sie sich auf seinem Sonnendeck anhört. Und ich bin auf meiner Veranda mit dem Boden aus Holzbohlen gewesen und habe sie auch gehört. Als die Schallplatte zu Ende gewesen ist, bin ich aufgestanden und habe ›Bum-didi-bum-bum...‹ geklopft – und von der anderen Straßenseite ist ›Bum-bum!‹ zurückgekommen.«

Nun, diese lange Story war ein völliger Flop. Die Leute kicherten nicht einmal. Sie saßen stumm da und starrten mich an. Die Jungs in der Band wurden unruhig, weil ich so danebengegriffen hatte. Ich drehte mich nach ihnen um. »Hey, ich hab' den Leuten doch gesagt, daß diese Story nicht besonders witzig ist...«

Ich hatte geglaubt, das sei eine wundervoll herzliche Story, aber als ich merkte, wie die Jungs unruhig wurden, weil das Publikum mich nur anstarrte, fuhr ich rasch fort:

»Okay, das ist 'ne langweilige Geschichte. Ich hätte sie nie erzählen sollen. Ich hätte sie besser für den Hausgebrauch aufgehoben. Dabei hab' ich gewußt, daß sie nicht ankommen würde. Ich weiß wirklich nicht, warum ich sie erzählt habe. Tatsächlich hab' ich schon mittendrin gemerkt, daß die Sache schiefgehen würde. Ich hab' gedacht: Die ist nicht mehr zu retten! Zeig 'nen Steptanz, führ Zaubertricks vor, laß dich hinfallen, *irgendwas!*... Warum hab' ich davon anfangen müssen? Ich krieg 'nen Haufen Geld, ich hab' Brillantringe für sämtliche Finger... ich hab' Erfolg... und ich erzähl' eine so dämliche Story.«

Inzwischen applaudierte das Publikum. Aber obwohl das eine reizende kleine Story war, hatte sie nicht auf die Bühne gehört. Ich hatte versucht, den Leuten einen flüchtigen Einblick in mein Leben abseits der Bühne zu geben – und war damit gescheitert. Trotzdem hatte dieser Mißerfolg auch seinen Wert für mich. Er bewies Verwundbarkeit: »Hey, nicht alles, was er sagt, ist amüsant und geistreich... er ist wie ich, auch er kann mal Unsinn verzapfen.« Diese Verwundbarkeit konnte sich jedoch auch nachteilig auswirken: War das Publikum so eingestimmt, daß es mit einem fühlte, alle Nuancen wahrnahm und einen unterstützte, war es auch imstande, selbst Andeutungen von Unaufrichtigkeit oder »Routine« zu erkennen.

Bei den meisten Künstlern kommt diese Wechselbeziehung mit dem Publikum nicht zustande. Sie treten ihm nicht so ehrlich gegenüber, sie verstecken sich hinter einer Fassade aus Perfektion. Sie bringen jeden Abend das gleiche: in jeder Show die gleiche Geste, den gleichen Witz am gleichen Platz, weil das ihr Schutz ist. Das kann man mit ein paar Nummern tun, wie ich's mit meinen Einleitungssongs tue, aber danach improvisiere ich und bringe, wonach mir zumute ist und was ich als Wünsche des Publikums errate. Wie ein Bühnenregisseur einem vielleicht raten würde: »Hab Vertrauen zu dir selbst. Nutze dein Talent. Vertrau auf das, was Gott dir gegeben hat.«

Gewährt man sich nicht selbst etwas Bewegungsfreiheit, etwas Freiraum, entdeckt man nie etwas. Ob man komisch sein kann, weiß man erst, wenn man's mit ein paar Witzen versucht; ob man improvisieren kann, merkt man nicht, wenn man Abend für Abend dieselben Witze reißt. Es gibt Sprüche, die garantiert Gelächter auslösen, aber nach ein paar Shows kann ich sie selbst nicht mehr hören und streiche sie aus meinem Repertoire. Ich vergesse sie drei, vier Gastspiele lang – und wenn ich sie dann wieder bringe, sind sie auch für mich neu. Unbedingt vermeiden will man den schalen Nachgeschmack, der sich einstellt, wenn man einen Witz so oft gebracht hat, daß einem keine neue Variante mehr einfällt. Dann läßt man ihn lieber weg und denkt sich was anderes aus.

Tracey und ihr Verlobter Guy Aldo Garner kamen nach Las Vegas, um das Labor-Day-Wochenende bei mir zu verbringen, und wohnten in meiner Suite. Guy ist ein weißes Mitglied der Episkopalkirche. Tracey und er waren seit drei Jahren miteinander befreundet. Ich hatte genügend Gelegenheit gehabt, seine aus Redwood, Kalifornien, stammende Familie kennenzulernen, seinen Werdegang zu verstehen und festzustellen, daß er ein aufrechter junger Mann war, der Charakter, Willenskraft und die Wertvorstellungen besaß, die ich stets zu würdigen wußte, selbst wenn ich sie nicht auf mich selbst anwandte. Deshalb war er unabhängig von seiner Hautfarbe der richtige junge Mann. Auch die unterschiedliche Konfession spielte keine Rolle, denn obwohl Tracey im jüdischen Glauben erzogen worden war und ihn ehrte, hatte sie nie nach den Geboten des Judentums gelebt. Diese Entscheidung hatte sie schon als Heranwachsende getroffen.

Ich mochte Guy sehr gern und freute mich, Tracey und ihn bei mir zu haben. Ich lief nicht vor ihnen weg, und sie liefen nicht vor mir weg – und plötzlich besaß unsere Beziehung eine neue Qualität. Ich kochte für sie, und wir saßen plaudernd und lachend in meiner Suite zusammen. Als Tracey noch klein gewesen war, hatte ich sie oft umarmt und »Prinzessin der Welt« genannt. Danach waren Jahre gefolgt, in denen ich keine Zeit für sie gehabt hatte. Jetzt hatte ich so viel Zeit, wie sie mir schenken wollte.

Zu meiner Suite gehörte ein Swimming-pool, und ich sorgte dafür, daß am Pool ein Frühstücksbuffett aufgebaut wurde. Wir verbrachten einen schönen Morgen miteinander, und nachdem wir uns eine Zeitlang gesonnt hatten, sagte Tracey: »Bis später, Dad. Wir wollen zum Hotelpool und auf Luftmatratzen schwimmen.«

Das war im Jahre 1987: Niemand würde sie belästigen, aufgebracht anstarren oder ihre Anwesenheit auch nur besonders zur Kenntnis nehmen, – außer ihren Freunden, die auf sie warteten. Die jetzigen Verhältnisse waren nicht mit denen zu vergleichen, die May und ich im Jahre 1960 vorgefunden hatten. Das wußte ich im Kopf, aber mein Bauch schien noch immer reflexartig zu reagieren. Wahrscheinlich würde er das bis an mein Lebensende tun. Aber Tracey war zum Glück davon frei. Sie kam gar nicht auf die Idee, daß ein gemischtrassiges Paar an einem Pool in Las Vegas Schwierigkeiten haben könnte, weil so etwas nicht mehr vorkam. Sie war ein Kind der Bürgerrechtsbewegung, die diese Veränderung bewirkt hatte.

»Veränderung« war ein viel zu schwaches Wort dafür. Ich hatte den Eindruck, noch keine Ära erlebt zu haben, die so schnell, so vollständig Geschichte geworden war wie die Bürgerrechtsbewegung. Es gab keine Militanten, keine schwarzen Brillen, keine Afro-Haarschnitte mehr. Die schwarzen Führer waren zu Anzügen mit Weste übergegangen. Ron Karenga trug eine Tweedjacke und war Professor für Afrikanistik an einer kalifornischen Universität. Wären Kim Novak und ich uns zufällig begegnet, und einer von uns hätte vorgeschlagen, wir sollten zum Abendessen ausgehen, hätte die Pointe wahrscheinlich gelautet: »Aber was wäre daran schon lustig? Kein Mensch würde uns beachten.«

Ich liebte es, meine Kids bei mir zu haben, aber dann kam viel zu rasch der Sonntagnachmittag, und sie mußten packen. Wir hatten im Wohnzimmer gesessen, und sie gingen nach oben.

Bisher hatte ich bei Abschieden von Tracey stets nur gesagt: »Bis zum nächsten Mal. Leb wohl.« Aber diesmal wollte ich die beiden nicht gehen lassen. Mit 60 beginnt man an die letzten Jahre seines Lebens zu denken und weiß, daß man keine Zeit zu vergeuden hat. Ich ging nach oben. »Hört mal, wenn ihr nichts Besonderes vorhabt, könntet ihr doch noch einen Tag bei mir anhängen?«

Tracey sah von dem Koffer auf, den sie gerade packte. Sie schien erstaunt zu sein und starrte mich mit einer Mischung aus allen möglichen Gefühlen an. Ich kannte ihr Gesicht schon aus ihrer Babyzeit; ich erinnerte mich daran, wie es mich von ihrem ersten Fahrrad aus angelächelt hatte und wie finster es in London gewesen war, als sie mich mit ihr unbekannten Frauen gesehen hatte. Ich kannte dieses kleine Gesicht zornig, verzweifelt, eifrig, freudestrahlend, in Hunderten von Nuancen, aber *dieses* Lächeln hatte ich noch nie gesehen. »Weißt du was, Dad? Das hast du zum ersten Mal in meinem Leben zu mir gesagt.« Tracey wischte sich ihre Tränen nicht ab, sondern ließ sie mich sehen. Sie waren ein Kuß, eine Umarmung, die mir sagte: »Ich verstehe, Dad.«

Jede Vorstellung erschien mir jetzt wieder so aufregend wie früher. Zu diesem Zeitpunkt in der Geschichte von Las Vegas, als alles computerisiert war, als manche Sänger ihre Nummern auf Band abspielen ließen, während sie nur noch die Lippen bewegten, beendete ich meine Shows mit »If I Never Sing Another Song« und traf jede Note glasklar. Und die Gäste kamen zwei- bis dreimal in der Woche zurück, um mich zu sehen.

Clint Eastwood besuchte mich in meiner Garderobe, zog mich in eine Ecke und musterte mich prüfend – ganz der ernsthafte Schauspieler. »Hör zu, Sam, was empfindet man, wenn dort draußen lauter Leute sitzen, die einen lieben?«

Ich blickte ins Gesicht dieses Mannes, der seit über zwei Jahrzehnten mein Freund war, sah es plötzlich mit ganz anderen Augen – als das des erfolgreichsten Filmschauspielers der Welt – und wurde mir darüber klar, daß er dieses Gefühl nie kennen würde. Er bekam ganze Berge von Post, hatte Millionen von Fans und konnte den Verkehr zum Erliegen bringen, wenn er nur über die Straße ging, aber da er kein Bühnenschauspieler war, würde er niemals wissen, wie es ist, im Scheinwerferlicht mitten auf der Bühne zu stehen und diese Liebe in Wogen heranbranden zu spüren, die das eigene Wohlbefinden entscheidend steigern.

Frank kam nach Vegas, um im Nugget ein Wochenendgastspiel zu geben, rief mich an und spielte den scheinbar Verärgerten: »Hey, was soll das? Wann setzt du dich endlich zur Ruhe? Zum Teufel, dies ist nicht der richtige Zeitpunkt für neue Ein-Mann-Shows! Was soll ich jetzt tun? Die Komiker rausschmeißen, die mit mir auftreten? Und die ganzen Musiker? Soll ich mich deinetwegen mit der Gewerkschaft anlegen?« Dann wurde er wieder ernst: »Wie ich höre, ist die Show wunderbar, ganz wunderbar, und deine Stimme in bester Verfassung. Wann treffen wir uns mal?«

Am Samstag nach der zweiten Show kam ich in Franks Garderobe. »Komm«, schlug er vor, »heute fahren wir nicht in die Suite rauf.« Er wandte sich an seine Leibwächter. »Wir gehen in die Bar.« Als wir sie betraten, stellte er fest: »Hier drin bin ich noch nie gewesen.« Für den Fall, daß er jemals hereinkommen würde, war stets ein kleiner Tisch für ihn reserviert. »Nein«, sagte Frank jedoch, »wir setzen uns ganz öffentlich dort drüben hin.«

Wir saßen erst seit einigen Minuten, als ein Betrunkener auf uns zuschwankte. »Da kommt einer!« stellte Frank fest. »Verdammt, der Kerl ist noch dazu ein Weißer!«

»Klar«, sagte ich, »*meine* Leute werden hier nicht reingelassen.«

»Verdammt noch mal! Ein Weißer, ausgerechnet ein Weißer!«

Die Leibwächter ließen den Mann durch, und Frank gab ihm das gewünschte Autogramm. Obwohl Frank sich oft über die Zudringlichkeiten von Fans ärgerte, war er sich wie alle Künstler über eines im klaren: Wer keine Autogramme geben will, muß die Öffentlichkeit meiden. Zwischen Restaurant und Wagen befindet man sich nicht in der Öffentlichkeit, sondern ist wohin unterwegs. Wird man beim Essen erkannt, sagen die Leibwächter: »Kommen Sie etwas später wieder.« Aber wer öffentlich in einer Bar sitzt, muß gute Miene zum bösen Spiel machen – oder gar nicht erst hingehen.

»Von dir hört man in letzter Zeit einiges«, stellte Frank fest, als wir wieder allein waren. Er nickte zufrieden. »Du erlebst eine Renaissance. Ich kann dir gar nicht sagen, wie glücklich ich darüber bin. Alle Berichte klingen wunderbar.«

Ein junger Mann mit zwei bildhübschen Mädchen kam an uns vorbei, und Frank zog die Augenbrauen hoch. »Handschellen.« Wir saßen eine Zeitlang schweigend da und hingen unseren eigenen Gedanken nach. Ich beobachtete den jungen Mann neidlos. Das alles lag bereits hinter mir. Und es war herrlich gewesen. Aber wenn ich jetzt eine innere Stimme höre, die mich zum Leichtsinn verführen will, warnt mich sofort eine andere: *Halt! Du hast morgen zwei Shows!* Man kann nicht bis 8 oder 9 Uhr durchmachen und dann zwei gute Shows abliefern. Obwohl ich keinen Alkohol mehr trank, mußte ich mich nach jeder wilden Partynacht im alten Stil drei bis vier Tage erholen, bevor ich mich wieder normal fühlte. Durch die Gnade Gottes stand ich weiterhin im Rampenlicht – und begriff jetzt auch, was ich zu tun hatte, um dort zu bleiben.

Es wurde allmählich spät. Ich hatte zwei Shows hinter mir, saß mit einem Freund zusammen und wurde allmählich müde. Ich spürte, daß mich in diesem Augenblick nichts so sehr interessierte wie mein Bett. Allein der Gedanke daran machte mich schwindlig. Mein Bett, o mein Bett! Mein schönes, weiches Bett!

Frank sah auf seine Armbanduhr. Es war 4 Uhr. »Gestern bin ich bis sechs aufgewesen«, wunderte er sich. »Das hab' ich seit *Jahren* nicht mehr gemacht.« Wir verließen die Bar. »Als du und Dean und ich bis sechs, sieben Uhr morgens unterwegs gewesen sind, dann drei Stunden geschlafen haben, aufgestanden sind, einen Film gedreht haben und Abend für Abend zweimal aufgetreten sind, haben wir uns wunderbar gefühlt und gut ausgesehen, aber heute muß man dafür büßen, wenn man bis sechs Uhr aufbleibt.« Er legte mir seinen Arm um die Schultern. »Das ist fünfundzwanzig Jahre her, Charley, fünfundzwanzig Jahre ... ein Vierteljahrhundert ...«

25

»Kannst du 'ne gute Nachricht ertragen?« fragte Shirley mich. »Wenn ich dir sage, daß du finanziell saniert bist – kannst du damit leben oder mußt du losziehen und das Geld ausgeben?«

Wir hatten uns gerade noch vor dem Abgrund gerettet. Nun konnten wir uns ein Sicherheitspolster schaffen. Nein, ich mußte nicht losziehen und das Geld ausgeben. Im Gegenteil! »Shirl, ich kann nicht wieder Pleite machen. Ich bin schon zu oft pleite gewesen und habe mich davon erholt. Das haben die Leute satt. *Ich* hab's satt.«

»Gut. Dann kann ich dir sagen, daß wir schon länger schwarze Zahlen schreiben. Wir haben sämtliche Schulden beglichen. Bei jedem Geschäft, jedem Club, jeder Bank. Und wir haben das Geld für drei Monate auf dem Konto.« Sie lächelte. »Verstehst du jetzt, warum Schwarz schön ist?« Ich lachte mit ihr. »Und du hast ein kleines Portefeuille aus erstklassigen Aktien.«

»Zum Beispiel?«

»IBM, General Electric, Polaroid...«

Obgleich ich vor Freude fast benommen war, erinnerte mich das Wort Polaroid sofort an eine Szene vor 40 Jahren. Damals war ich in Miami im Beachcomber aufgetreten. Steve Lawrence trat ebenfalls in Miami auf, obwohl er gerade als Wehrpflichtiger in der Army diente. Als er in meine Garderobe kam und ich ein paar Fotos machte, sagte er: »Hey, du hast die neue Polaroid. Ich besitze Aktien dieser Firma. Du solltest auch welche kaufen.«

Ich war 20 Jahre jung. Oder dumm. »Aktien? Was für Aktien?«

»Ich hab' sie für zwei Dollar pro Aktie gekauft.«

»Zwei Dollar? Für ein Stück Papier?« So dumm war ich wirklich. »Zwei Dollar für ein Stück Papier? Aktien? Und wenn die Kurse in den Keller fallen... Du spinnst, gib dein Geld lieber aus und amüsier dich! Kein Mensch kauft diese Kameras, außer um schmutzige Bilder zu machen. Deshalb hab' ich meine gekauft. Um nackte Mädchen zu fotografieren.« Damals brachte man seine Filme in den Drugstore, und falls eine Rolle auch Aktaufnahmen enthielt, erwartete der Drogist einen beim Abholen mit zusammengekniffenen Lippen und dem empörten Blick, der »Perverser!« sagte.

Und jetzt hörte ich von Shirley, daß ich Polaroidaktionär war. »Ruf bitte Steve an, Shirl, danke ihm für den Tip, Polaroidaktien zu kaufen, und sag ihm, daß ich beschlossen habe, seinen Rat zu befolgen.«

Ich hörte auf, mir rührselige Fernsehdramen anzusehen. Da ich wieder energiegeladen war und meine Sinne nicht durch Alkohol benebelt waren, fragte ich mich: »Willst du wirklich jeden Tag dreieinhalb Stunden deines Lebens *dafür* opfern?« Ich hatte sogar geschäftliche Besprechungen verschoben. Jemand hatte beispielsweise angefragt: »Können wir über eine Fernsehserie reden?«, die vielleicht zehn Millionen Dollar einbringen würde, und ich hatte geantwortet: »Um sechzehn Uhr dreißig.« – nach *General Hospital*. Wahnsinn!

Ein perfekter Tag sah jetzt für mich so aus, daß ich vor 2 Uhr von der Bühne kam, um 4 Uhr im Bett war, mittags aufstand, um 13 Uhr auf dem Golfplatz des Desert Inn war und um 16 Uhr in meine Suite zurückkam, wo ich kochte und fernsah, Musik hörte, für niemand zu sprechen war, keine Anrufe annahm und mich konzentrierte, bevor ich um 19 Uhr hinunterfuhr, um mich auf die Show um 20.30 Uhr vorzubereiten.

Ich hatte allmählich angefangen, auf der Bühne wieder ein bißchen zu tanzen: erst einige wenige Tanzschritte, dann etwas Steptanz und schließlich eine zehn Minuten lange Nummer. Ich hatte seit einem Jahrzehnt nicht mehr so lange getanzt; jetzt brachte ich diese Nummer pro Abend zweimal. Das verblüffte die Leute. »Ich hab' gar nicht gewußt, daß er so tanzen kann.« »Doch, natürlich, jetzt fällt mir ein, daß er so angefangen hat.« Mein Steptanz war anachronistisch und besaß deshalb nostalgischen Charme. Es machte mir Spaß, ich genoß die Reaktion des Publikums, deshalb tanzte ich und tanzte und tanzte...

Als Teilnehmer am Canon Sammy Davis, Jr. Open in Hartford, Connecticut, bekam ich Schwierigkeiten mit meiner linken Hüfte, aber ich war entschlossen, eine Runde durchzuhalten. Als ich den Fairway zum 18. Loch heraufkam, standen dort 25000 Zuschauer und applaudierten, als hätte ich neun unter Paar gespielt. Am nächsten Tag erschien eine Lokalzeitung mit der Schlagzeile ER HAT 18 LÖCHER GESPIELT und brachte mein Bild auf der Titelseite, als hätte ich das Turnier gewonnen. In Wirklichkeit hatte ich mich ab dem 15. Loch so oft wie möglich auf den Golfkarren gesetzt.

Die Schmerzen wurden schlimmer, während ich in Atlantic City auftrat. Der Hotelarzt konnte nichts Ernstes entdecken – Alter, Arthritis oder Rheuma –, und ich behandelte die Beschwerden mit heißen Bädern.

Ich hatte in dem Film *Alice in Wonderland* mit Carol Channing in der Hauptrolle die Rolle der Raupe übernommen. Als ich bei der Choreographin Jillian Lynn zur ersten Probe erschien, schlug sie vor: »Wollen Sie nicht ein bißchen üben, damit Sie warm werden?«

»Unsinn!« wehrte ich ab und tanzte bum-didi-bum-bum... bumbum! »Fertig.«

Steptänzer wärmen sich niemals auf. Bei unserer Tanzweise kommt es nicht darauf an, den ganzen Körper vorzubereiten, wie es Gene Kelly oder Fred Astaire tun, die »Ballett-Steptänzer« sind. Einfache Steptänzer bewegen ihren Körper kaum, sondern tanzen nur mit den Beinen – von den Hüften abwärts.

»Okay, dann an die Arbeit!« sagte sie, und wir begannen zweiwöchige Proben, bei denen ich hierhin und dorthin, auf Gegenstände und von Gegenständen zu springen hatte. Ich hatte viel Spaß an dieser Art »Filmtanz«, zu der ich seit Jahren nicht mehr gekommen war. Mitten in einer der Proben fühlte ich bei einer Drehung einen stechenden Schmerz in der Hüfte. Jillian hatte etwas mitbekommen. »Was hast du?« Sie drohte mir mit dem Zeigefinger. »Ich hab' dir gesagt, daß du dich aufwärmen sollst!«

Ich winkte ab. »Der Candy Man wird eben alt, das ist alles.« Nach der Probe ließ ich mir ein Bad einlaufen, so heiß ich's aushalten konnte, und versuchte, die Schmerzen mit Wärme wegzubekommen. Eigentlich brauchte ich vier Finger hoch Wodka. Aber das kam nicht in Frage.

Am nächsten Tag bei den Dreharbeiten waren die Schmerzen wieder da, aber ich spielte meine Rolle trotzdem weiter. Zum Schluß mußte ein Mädchen sich bei der Raupe aufs Knie setzen. Dieser Schmerz war mehr, als ich ertragen konnte. Mein linkes Bein trug mich einfach nicht mehr, und ich fand mich auf dem Boden sitzend und zu Jillian aufblickend wieder. »*So* alt bist du doch nicht!« meinte sie besorgt und half mir aufstehen.

Gerald brachte mich zu Dr. Eugene Harris, einem Facharzt für orthopädische Chirurgie. »Ich möchte Ihnen etwas zeigen«, sagte er, nachdem er mich untersucht und geröntgt hatte, und klemmte die Röntgenaufnahmen in ein Sichtgerät. »Das ist Ihr Hüftknochen. Die dunklen Flecken sind Stellen mit Zerfallserscheinungen. Ihr Hüftknochen löst sich allmählich auf.«

»Wovon?« Mein Verstand begann, fieberhaft zu arbeiten. *Alles Schlimme, was du früher getan hast, holt dich jetzt ein. Hättest du früher nicht diesen Scheiß geschnupft, würde dir jetzt nichts fehlen.*

»Wie alt sind Sie?« lautete seine Gegenfrage.

»Achtundfünfzig, nein, neunundfünfzig.«

»Hören Sie, Sammy, Sie haben ein höchst aktives Leben geführt – und das macht sich jetzt eben bemerkbar.«

»Was wollen Sie damit sagen?«

»Sie leiden unter für Tänzer oder Sportler typischen Abnutzungserscheinungen. Sie haben Ihre Knochen und Gelenkpfannen länger und stärker als vorgesehen beansprucht. Seitdem Sie Abstinenzler geworden sind, besitzen Sie die Energie eines Zwanzigjährigen, tanzen entsprechend rasant und müssen auf diese Weise dafür büßen. Sie nehmen ein sechzig Jahre altes Hüftgelenk und beanspruchen und reiben und schleifen es jeden Abend ziemlich kräftig. Sie würden sich wundern, wie ein Stück Holz aussähe, mit dem Sie das ein Jahr lang jeden Abend nur zehn Minuten lang täten.«

»Bessert sich mein Zustand, wenn ich langsamer tanze?«

»Nein, die Schäden sind irreparabel. Aber Sie haben die Wahl zwischen mehreren Möglichkeiten. Ich empfehle Ihnen eine Hüftgelenksoperation, bei der das ganze Hüftgelenk durch ein Metall- oder Plastikgelenk ersetzt wird.«

Das brachte mich zum Aufspringen. Ich sah mich mit einem Krückstock die Straße entlanghumpeln. Ich starrte den Orthopäden an, als sei ich Nurejew, als sei der Tanz mein Leben, als habe er mir soeben eröffnet, daß ich nie wieder *Schwanensee* würde tanzen können. Dabei war ich in Wirklichkeit ein Sänger, der höchstens zehn Minuten lang steppte und manchmal zu »I'll Go My Way by Myself« ein paar langsame Tanzschritte machte. Wenn ich tanzte, war das nur eine Dreingabe zu meinen Songs. Trotzdem kreischte ich: »Nein, nein, nein! An mir wird nicht rumgeschnippelt! Kommt nicht in Frage!«

Harris war kein fingerschnalzender Hollywoodarzt, der seine Manschetten nach vorn zog. »Bei Ihnen muß aber etwas gemacht werden, Sammy«, erklärte er mir geduldig.

»Was haben Sie noch anzubieten?«

»Wir können eine Rekonstruktion versuchen. Wir können Ihren Hüftknochen an Ort und Stelle mit körpereigenem Material erneuern. Dann bekämen Sie nichts Fremdes eingepflanzt, die Komplikationen wären erheblich geringer, der Blutverlust wäre niedriger. Aber das wäre nur eine zeitweilige Korrektur – allerdings mit dem Vorteil, daß man damit keine Brücken hinter sich verbrennt. Sollte die Operation fehlschlagen, kann man noch etwas anderes unternehmen. Ist sie erfolgreich, haben Sie ein bis eineinhalb Jahre, bestenfalls zwei Jahre Ruhe.«

Ich konnte den Gedanken daran nicht ertragen. Alles war so positiv gewesen! Bill Cosby und ich standen vor einem zweiwöchigen Gastspiel im Caesars. Danach würde ich wieder im Desert Inn auftreten.

»Durch die Rekonstruktion Ihrer Hüfte wird erreicht, daß Sie für einige Zeit keine Schmerzen mehr haben und keine Medikamente brauchen. Sollten Sie sich dazu entschließen, müssen Sie acht Wochen Ausheilungszeit einplanen. Davon liegen Sie sechs Wochen im Bett. Aber irgendwann brauchen Sie doch ein künstliches Hüftgelenk.«

»Damit befassen wir uns, wenn's soweit ist. Darüber sprechen wir noch. Vorerst muß ich einen Film zu Ende drehen.«

»Ich verschreibe Ihnen Motrin, ein Mittel zur Muskelentspannung. Und ich empfehle Ihnen dringend, nicht mehr zu tanzen! Ich behalte diese Sache im Auge und hoffe, daß die Operation sich noch etwas hinausschieben läßt.«

Operation? dachte ich, als ich seine Praxis verließ. *Ich lasse mir von niemand an der Hüfte herumschneiden. Ich bin schließlich Sänger und Tänzer ...* Ich erzählte weder Altovise noch Murphy oder Shirley davon.

Ich beendete die Dreharbeiten für *Alice in Wonderland* unter Schmerzen, aber planmäßig.

Die Auftritte mit Bill waren so heiß und die Shows so gut, daß ich nicht auf die Bühne kommen wollte, ohne mein absolut Bestes zu geben. Deshalb gestattete ich mir nicht einmal, leicht hinkend aufzutreten, obwohl es die Schmerzen verringert hätte. Und ich tanzte, obwohl ich dabei starke Schmerzen hatte. Gelang es mir manchmal nicht, sie zu verbeißen, ging ich mit einem Scherz darüber hinweg: »Zum Teufel, wenn ich gewußt hätte, daß ich so lange leben würde, hätte ich besser auf mich geachtet.« Privat wiegelte ich ab, indem ich von einer »Tänzerhüfte« sprach, und verbrachte viel Zeit in der Badewanne.

Während wir Abend für Abend so viele Leute anlockten, daß sich in der Eingangshalle des Caesars Schlangen bildeten und bei jeder Show Gäste abgewiesen werden mußten, obwohl der Saal 1400 Plätze hatte, staunte ich über den Wandel, der sich darin ausdrückte. Wir waren zwei schwarze Entertainer, die ein überwiegend weißes Publikum unterhielten – und trotzdem fiel es mir schwer, mich daran zu erinnern, wann zum letzten Mal ein Hasser im Saal gesessen hatte. Und dieser bemerkenswerte gesellschaftliche Wandel hatte sich in der erstaunlich kurzen Zeit von zwei, drei Jahrzehnten vollzogen.

Während einer zweiten Show erklärte ich dem Publikum: »Sie sind mit den Fortschritten in der Rassenfrage einverstanden, sonst wären Sie nicht hier. Diese Veränderungen sind keineswegs nur durch Schwarze bewirkt worden. Bei all den Märschen, all diesen Sit-ins und Pray-ins haben wir viele weiße Freunde auf unserer Seite gehabt. Ich weiß, daß einige von Ihnen mit dabeigewesen sind. Ich erkenne Ihre Gesichter nicht wieder, aber ich erkenne Ihr Lächeln und empfange die von Ihnen ausgehenden Schwingungen. Deshalb möchte ich Ihnen den Wandel, der in unserem Land vorgegangen ist, an einem Beispiel demonstrieren.

In den zwanziger Jahren ist der Roman *Show Boat* von Edna Ferber erschienen. Er ist zu einem Musical umgearbeitet worden, dessen Komponist Oscar Hammerstein gewesen ist – ein liberal eingestellter Mann, der später *South Pacific* geschrieben hat, in dem es in einem Song heißt: ›You've got to be taught to hate and fear ...‹ Aus *Show Boat* stammt der berühmte Song ›Old Man River‹, den ich jetzt in der Originalfassung für Sie singen möchte.«

Danach sang ich: »Niggers all work on the Mississippi ...« Bei dem Wort »Nigger« holten die Leute erschrocken tief Luft, und ihre Mienen schienen zu sagen: »Großer Gott, das stimmt ...« Selbst nach eineinhalbminütiger Vorrede für einen Song, der nur drei Minuten dauerte, erschraken sie, als ich dieses Wort auf der Bühne gebrauchte. Daß ein Schwarzer sich umsah uns sagte: »Yeah, zur Vollkommenheit fehlt noch viel, aber es wird besser«, war dramatisch richtig und gesellschaftlich angemessen – wie Martin Luther King in den sechziger Jahren gesagt hatte: »Wir sind nicht, was wir sein sollten, wir sind nicht, was wir sein möchten, wir sind nicht, was wir sein werden, aber Gott sei Dank sind wir nicht mehr, was wir gewesen sind.«

Nach dem Engagement im Caesars flog ich nach New York, um bei einem Bankett der Police Athletic League eine Auszeichnung entgegenzunehmen und bei mehreren Veranstaltungen mitzuwirken, deren Reinerlös an das Sammy Davis, Jr. Liver Institute gehen sollte. In den Flughafengebäuden benützte ich einen Spazierstock, den ich ebenso lässig wie früher trug, als er mir jahrelang nur zur Zierde gedient hatte. Ich hätte mich auf diesen langen Wegen im Rollstuhl schieben lassen sollen, aber ich wollte vermeiden, daß die Presse Vermutungen anzustellen begann, und da vier Wochen im Desert Inn vor mir lagen, wollte ich die »Familie« nicht am Hals haben. Die Vorstellung, am Bein operiert zu werden, ängstigte mich, aber die Schmerzen waren manchmal so stark, daß ich am liebsten gerufen hätte: »Schneidet das Scheißding ab!« Beim PAL-Dinner konnte ich kaum aufstehen, um meine Auszeichnung entgegenzunehmen.

Bei meiner Rückkehr in den Desert Inn waren die beiden ersten Wochen schon ausverkauft. Der Premierenabend sollte nur aus einer einzigen Show um 21 Uhr bestehen. George probte mit dem Orchester, und ich zog mich gegen 15 Uhr an, um zu einer Mikrofonprobe hinüberzugehen.

Meine Suite lag im Wimbledon Building etwa 100 Meter vom Bühneneingang des Hauptgebäudes entfernt. Shirley und Murphy waren bei mir, und als Brian vorbeikam, um mich abzuholen, machten wir uns gemeinsam auf den Weg. Auf einen Spazierstock gestützt ging ich durch den Flur zum Ausgang. Zehn Schritte davor blieb ich mit dem Absatz an einer Teppichfalte hängen und spürte einen stechenden Schmerz durch Bein und Hüfte zucken. Tränen liefen mir übers Gesicht, und ich war augenblicklich in Schweiß gebadet. Shirley und Brian fingen mich auf, bevor ich stürzte, und brachten mich in meine Suite zurück. Als sie mich dort aufs Bett legten, erkannte ich: *Du schaffst es nicht.*

»Murph, ruf Altovise an... sag ihr, daß sie einen Termin bei Dr. Harris vereinbaren soll. Ich halt's nicht mehr aus. Ich trete heute abend auf, aber die restlichen Shows muß ich absagen.«

Brian holte mich um 20 Uhr ab. Er hatte draußen einen Golfkarren stehen. Die Fahrbahn war glatt – ein ebener Gehweg zwischen Gebäuden –, aber ich spürte jeden Kieselstein, über den die Räder rollten, als Stechen in Bein und Hüfte. In der Garderobe legte ich mich wieder hin. Bernard kam mit meinen Sachen herein. »Wie fühlen Sie sich, Mr. D.?« Ich fühlte mich zu elend, um grantig zu sein. So nickte ich nur. George kam herein. »Geht's dir schlecht?« Ich nickte wortlos.

Auf dem Weg zur Bühnenmitte versuchte ich, die Schmerzen auszuhalten, statt hinken zu müssen, aber sie waren unerträglich. Das Publikum sah, daß ich kaum gehen konnte. Ich sang das Einleitungsmedley unbeweglich auf der Stelle stehend.

»Guten Abend, meine Damen und Herren, ich danke Ihnen, daß Sie heute abend gekommen sind. Dies hätte der Auftakt zu einem vierwöchigen Engagement sein sollen, aber der Premierenabend ist zugleich der Abschlußabend. Meine Hüfte macht mir seit einiger Zeit Schwierigkeiten, und ich muß ins Krankenhaus, um mich operieren zu lassen. Ich will nicht behaupten, daß ich mich hervorragend fühle, aber Sie sind so nett gewesen, hierherzukommen, und meine Stimme ist bestens in Ordnung – auch wenn ich das selbst sage –, deshalb möchte ich ein paar Songs für Sie singen. Es wird einige Zeit dauern, bis ich wieder auftreten kann.« Ich setzte mich auf einen Hocker und lieferte eine unter diesen Umständen großartige 50-Minuten-Show ab.

Doug und Holmes schickten mir Harrah's Flugzeug, das mich am nächsten Nachmittag nach Burbank brachte. Dort stand ein Hubschrauber bereit, der mich ins Cedars Sinai Hospital weiterflog. Während ich dort auf Gerry Blankfort wartete, konnte ich mein Pech noch immer nicht fassen. *Wie kann dir so was bloß passieren? Unmöglich! Du hast dein Leberleiden, deinen Imagewechsel überstanden. Und jetzt das! Acht Wochen außer Gefecht. Du wolltest nur gleichmäßig arbeiten und ein bißchen Geld zurücklegen – aber daraus wird jetzt nichts.*

Etwa 20 Familien waren finanziell von mir abhängig. Das abgesagte Engagement im Desert Inn bedeutete 400000 Dollar Verlust. Und falls ich operiert wurde, mußte ich eine für Januar geplante Australientournee sowie mehrere Gastspiele in Amerika absagen, was eine weitere Million Dollar Verlust bedeutete.

»Mach dir keine Sorgen wegen der Dauer deiner Arbeitsunfähigkeit«, sagte Shirley. »Wir haben genügend Rücklagen, um alles zu bezahlen, selbst wenn du ein Vierteljahr lang nicht mehr ›Mr. Bojangles‹ singst.«

»Großartig! Aber was ist, wenn die Operation schiefgeht? Was dann?« Gerry kam gutgelaunt herein. Ich funkelte ihn an. »Hätte ich weitergesoffen, hätte ich nie mehr getanzt und läge jetzt nicht hier.«

»Deine Leber hätte dich längst unter die Erde gebracht.«

»Vielleicht.« Er war meine Beschimpfungen gewöhnt. »Ich habe Angst, Gerry. Schneidet Harris meine Hüfte auf? Was ist, wenn er danebenschneidet? Oder zu tief und das ganze verdammte Bein absäbelt?«

»Sammy, er ist ein Profi, der beste Mann in seinem Fach.«

»Das bin ich auch, aber ich habe schon Mißerfolge gehabt. Was ist, wenn *er* mal versagt? Bei *meiner* Operation? Wie werde ich dann in Vegas angekündigt? Als ›Hinkebein‹? Nein, das kann ich nicht riskieren! Lieber halte ich die Schmerzen aus, als wie ein Komiker auf die Bühne zu kommen.«

Seine Antwort ließ erkennen, wie besorgt er um mich war. »Hör zu, du bist in einem Krankenhaus. Du hast gerade ein vierwöchiges Engagement absagen müssen. Du hast mit Mühe und Not eine einzige Show hinter dich gebracht. Mach dir nichts vor, Sam, du mußt deine Hüfte operieren lassen.« Er zog sich einen Stuhl ans Bett. »Du bist schon mit Schlimmerem fertiggeworden. Deine Siege haben dir die Kraft gegeben, immer wieder weiterzumachen. Ich weiß nicht, wie gut du nach dieser Operation tanzen können wirst. Aber ich weiß, daß du ohne sie bald nicht einmal gehen können wirst.«

Nach einiger Zeit stand er auf. »Ich besuche dich morgen wieder. Sei bis dahin nett zu den Krankenschwestern. Du mußte ihnen nicht nachstellen, aber du brauchst auch nicht mürrisch zu sein.«

Ich fragte Dr. Harris: »Muß ich an Krücken gehen? Erzählen Sie mir, soviel ich verstehen kann. Je mehr ich darüber weiß, desto besser.«

»Normalerweise liegt die Erfolgsquote bei achtzig Prozent – aber bei Menschen über fünfzig sind die Aussichten unterschiedlich. Vielleicht können Sie wieder gehen, sich aber nicht gut bewegen; vielleicht hinken Sie auch für immer. Ich kann Ihnen nichts von Tänzern erzählen, die ich operiert habe, denn ich habe noch keinen operiert. Aber ich habe viele Sportler – Profis und ernsthafte Amateure – auf dem Operationstisch gehabt, die dann wieder voll beweglich ihren Sport ausgeübt haben.«

»Wann wissen wir, ob die Operation erfolgreich gewesen ist?«

»Unmittelbar danach. Aber ob die Gelenkfunktion wiederhergestellt ist, zeigt sich erst nach einem Monat. Vorher mache ich keine Röntgenaufnahmen, weil sie nichts bedeuten würden. Für die Operation bin ich zuständig. Genesung und Wiederherstellung sind Ihre Sache. Halten Sie sich genau an meine Vorschriften, bin ich ein Held. Tun Sie's nicht, bin ich ein Schweinehund, ein Versager und was sonst noch alles. Ehrlich gesagt hasse ich es, Prominente zu operieren.«

»Würden Sie meine Operation als kleinen oder großen Eingriff bezeichnen?« fragte ich.

»Aus orthopädischer Sicht ist Ihre Operation ein kleiner Eingriff. Aber sobald der Arzt zum Skalpell greift, kann man nicht mehr von einem kleinen Eingriff sprechen. Für den Arzt sollte es keiner sein – und für den Patienten ist es ohnehin keiner.«

Das war nicht genau die Antwort, die ich erhofft hatte, aber ich wußte seine Einstellung zu schätzen. Auch Mandel- und Blinddarmoperationen gelten als kleine Eingriffe. Trotzdem erfordern sie Schnitte, aus denen Blut austritt.

Ich verfolgte, wie meine bevorstehende Operation in den Fernsehnachrichten gemeldet wurde. Dann begannen die Blumen und Telegramme einzutreffen. Binnen 24 Stunden hatte ich von fast allen gehört, die ich jemals gekannt hatte – bis aus Lazaretten in Israel. Und viele dieser Genesungswünsche waren scherzhaft abgefaßt. Bill Cosby schickte mir ein braunes Bein. Milton Berle schickte mir eine kleine Krücke. Charles Nelson Reilly, dessen Hüftgelenk ersetzt worden war, schickte mir ein Gehgestell. Das Lachen über solche Geschenke half mir weiter. Meine Kinder besuchten mich jeden Tag. Präsident Reagan schickte Blumen mit einem kleinen Gruß: »Nancy und ich wünschen Ihnen das Allerbeste.« Das brachte mich zum Weinen.

Shirley MacLaine rief jeden Tag an, und wir sind so alte Freunde, daß ich mir anmerken ließ, was ich empfand. »Vertraue ihnen, Sam. Überlaß die Verantwortung ihnen. Versuch nicht dauernd, alles im Griff zu haben.«

Frank rief mich an. »Wer ist dein Arzt?«

»Eugene Harris, ein erstklassiger Orthopäde.«

»Augenblick, den Namen muß ich mir aufschreiben. Wie heißt er gleich wieder?«

»Eugene Harris, Frank – aber du brauchst dich nicht nach ihm zu erkundigen, das habe ich schon getan.«

»Ich könnte dir den Schweizer Arzt besorgen, der all die Skifahrer operiert. Ich habe mit ihm gesprochen und könnte heute abend das Flugzeug losschicken, um ihn holen zu lassen.«

»Frank, der Mann ist gut.«

»Harris... okay, ich melde mich wieder.« Seine Einstellung war: »Augenblick, alles zur Seite treten, jetzt komme ich mit meinem Schiff!« »Aber ich habe schon ein Boot.« »Nein, das ist zu klein für dich.« Er rief zurück. »Harris ist wirklich gut. Wie behandeln sie dich übrigens in dieser Bruchbude?« Frank haßt das Cedars Sinai, obwohl er schon Millionen dafür gespendet hat. »Wenn sie dich nicht anständig behandeln, lasse ich dich mit dem Flugzeug hierher nach Springs holen und besorge dir diesen großen Schweizer Orthopäden...«

Ich spürte, daß mein Körper sich bewegte, und wußte, daß ich in mein Bett zurückgelegt wurde. Ich tastete nach den Beinen und stellte fest, daß ich noch beide hatte. Als ich wieder sehen konnte, erkannte ich Dr. Harris, der sich zufrieden äußerte und mir versicherte, nun hänge alles von sorgfältig überwachter Genesung ab.

Die Limousine wartete am schwarzen Eisentor vor meinem Haus, während Scotty uns öffnete, damit wir durchfahren konnten. In letzter Zeit hatte ich es gern betrachtet, den Wachmann beobachtet, der es öffnete und wieder schloß, und mich über die Solidität, die Sicherheit, den Erfolg gefreut. Diesmal winkte ich nur, ohne hinzusehen. Bis dahin hatte ich mich in einem Krankenhaushoch befunden: im Mittelpunkt der allgemeinen Aufmerksamkeit, häufig in den Fernsehnachrichten, unendlich weit von »Guten Abend, meine Damen und Herren...« entfernt. Aber mit meiner Rückkehr nach Hause war dieser Tag einen gewaltigen Schritt näher gerückt.

Obwohl meine Autos dort geparkt standen, wo ich sie gern sah, fiel es mir schwer, auch sie und den Rasen, die Bäume und die gepflegten Hecken und Rabatten anzusehen. Sie versinnbildlichten Glück und das Dasein eines Stars, nach dem mir jetzt nicht zumute war.

Brian gab mir meine Krücken und half mir durch die Haustür. Ich wandte mich nach links, wo mein Schlafzimmer lag, stellte fest, daß das Parkett zur Feier meiner Heimkehr gebohnert worden war, nahm das von Ballonen umrahmte Schild *Welcome Home* wahr und humpelte in mein Zimmer weiter.

Altovise begann mich auszuziehen, was ich gräßlich fand, aber erdulden mußte, weil ich es nicht allein konnte. Ich lag im Bett und fragte mich, was passieren würde, falls mir ein starkes Hinken blieb. »Oh, da ist er ja, der Krüppel!« Und nach einem Auftritt, zu dem das Publikum aus Neugier kommen würde, würden sie mich in Harrah's oder im Desert Inn nicht mehr wollen. Vielleicht würden die Leute auch zweimal kommen, um zu sehen, ob ich stolperte und hinfiel.

Ich hatte nichts Beruhigendes, keine Drogen, keinen Whiskey, bloß die Realität. Und in meinem Fall bestand die Realität aus Angst vor dem Unbekannten, das mich erwartete. Ich hatte einen Monat voll quälender Spannung vor mir, bevor Röntgenaufnahmen gemacht werden konnten.

Man arbeitet sich vom Anfänger zum Star und zum Superstar hinauf. Das sind Plateaus, die man sehen kann. Aber es gibt auch unsichtbare Plateaus. Wann ist man als Superstar so felsenfest etabliert, daß man durch nichts mehr von seinem Sockel gestürzt werden kann?

So weit solltest du inzwischen sein, aber bist du's wirklich? Was ist, wenn du's nicht bist und sang- und klanglos in der Versenkung verschwindest? Könntest du lernen, damit zu leben, kein Star zu sein? Sammy Davis, der kleine Mann von nebenan?

Ich war mir stets bewußt gewesen, daß ich einen »Auftritt« hatte, sobald ich mein Grundstück verließ, und hatte gelernt, mich entsprechend zu verhalten. Aber wie sollte ich eine Straße entlanggehen und wissen, daß mich niemand beachten würde? Wie jeder Prominente hatte ich das Anonymitätsspiel mit Hut, Sonnenbrille und hochgeschlagenem Mantelkragen gespielt, als wollte ich sagen: »Erkennt mich bitte nicht!« Und ich hatte Gott für den Augenblick gedankt, in dem jemand gesagt hatte: »Hey, Sam, was soll die Tarnung mit 'nem Hut?« Wie würde es sein, nicht ständig einen Leibwächter an meiner Seite haben zu müssen? Jahrzehntelang hatte mein Ruhm mir praktisch alle Türen geöffnet; wie würde es sein, anstehen zu müssen und gefragt zu werden: »Haben Sie reserviert?«

Sieh lieber zu, daß du damit klarkommst, denn vielleicht sind deine Autos und deine Gewehre morgen schon weg, und du wohnst in der Fifth Street. Daß du's überhaupt so weit gebracht hast, verdankst du nur der Gnade Gottes und einer Intelligenz, die ebenfalls eine Gabe Gottes ist.

Aber was ist, wenn er mir nun alles wieder wegnehmen will? Dann fange ich wieder bei Feld eins an. Ich will aber nicht auf Feld eins zurück! Trotzdem ist's eine Tatsache, daß jeder dorthin zurückversetzt werden kann. Die Realität ist ein Terrorist, der gegen die Tür hämmert. Ich bin unbewaffnet. Hilflos. Hey, wer ist dort draußen? Ein maskierter Kerl, der mich aus dem Gleichgewicht bringen will.

Altovise versuchte, meine Aufmerksamkeit zu wecken. »Du siehst so deprimiert aus, Honey.«

Ich blickte weg. *Oh, tut mir wirklich sehr leid, daß ich so deprimiert aussehe. Ich bin deprimiert, weil ich nicht die gottverdammte Bar aussaufen kann. Ich hatte mich gerade erst gefangen und bin im Geschäft gewesen. Und dann ist diese Sache mit meiner Hüfte passiert und hat mich aus dem Gleichgewicht gebracht.*

»Möchtest du irgendwas, Honey?«

Dort stand meine Helferin und Vertraute; ich liebte sie und wollte nett zu ihr sein, aber statt dessen knurrte ich: »Ob ich was will? Ich hätte gern meine Karriere zurück. Laß mich in Ruhe – das wär' mir am liebsten.«

Einige Minuten später kam sie lächelnd ins Schlafzimmer zurück und brachte mir einen Brief, der eben gekommen war.

THE WHITE HOUSE

2. Dezember 1985

Lieber Sammy,

Nancy und ich haben gehört, daß Altovise für Ihren Geburtstag eine wundervolle Überraschungsparty plant. Wir schicken unsere herzlichsten Glückwünsche und hoffen vor allem, daß der Heilungsprozeß nach Ihrer kürzlichen Operation gute Fortschritte macht.

Sollte diese Gelegenheit Sie zum Nachdenken über die hinter Ihnen liegenden Jahre veranlassen, sollten Sie mit Freude auf Ihr erfülltes Leben zurückblicken können. Von Kindheit an sind Sie eine dynamische Kraft in der Unterhaltungsindustrie gewesen. Ob Gesang, Tanz oder Schauspiel – Sie haben auf allen Gebieten mit seltenem Talent und unerschöpflicher Energie brilliert. Das Publikum verdankt Ihnen einige der besten Vorstellungen, die es je gesehen hat. Denken Sie also über das Erreichte nach, vergessen Sie nicht all jene Fans – zu denen auch Nancy und ich gehören –, die von »Mr. Entertainment« gefesselt und begeistert sind.

Alles Gute zum Geburtstag, Sammy, und möge Gott Sie segnen und beschützen.

Mit herzlichen Grüßen
Ronald Reagan

Ich betrachtete nochmals die Wörter »dynamisch«, »unerschöpflich« und »Mr. Entertainment«.

»Du fühlst dich bestimmt besser, wenn du wieder arbeiten kannst, Honey.«

»Toll! Nehmen wir mal an, ich könnte wieder arbeiten – wie sehe ich dann vermutlich aus? Okay, wir wissen jetzt, daß ich nicht ständig in Bewegung zu sein brauche. Aber ich bin auch nicht Rudy Vallee. Der Sammy Davis, den sie kennen, kommt auf die Bühne und sagt: ›Hey, paßt mal auf!‹ und fetzt los. Das ist das Image, das ich mir geschaffen habe. Und wie soll ich diese Bewegungen jetzt bringen? *Bewegungen?* Kann ich in Zukunft noch eine Stunde und zehn Minuten stehen? Vergessen wir das Tanzen und die Bewegungen mal. Kann ich mich überhaupt über eine Stunde lang auf den Beinen halten? Versuch's mal! Du bist gesund. Stell dich siebzig Minuten lang dort drüben hin. Und wenn du keinen größeren Wunsch mehr hast, als dich hinsetzen zu dürfen, legst du dir ein Hüftleiden zu und versuchst's noch mal.«

Trotz meiner luxuriösen Umgebung versank ich immer tiefer in Depressionen. Während ich dalag und mir Sorgen um meinen zukünftigen Lebensunterhalt machte, fragte ich mich: *Wer macht sich wirklich was aus dir? Wer ist nicht nur hier, um an dir zu verdienen? Oder wegen des Glitzerkrams? Wie viele würden bei dir bleiben, wenn du wieder als Anheizer auftreten müßtest?*

Ich lag im Bett und beobachtete, wie die Menschen in meiner Umgebung – Altovise, Shirley, Lessie Lee, Murphy, Eddie – alle sorgenvolle Gesichter machten. *Aber machen sie sich deinetwegen Sorgen? Oder nur weil ihr gottverdammter Ernährer schlappzumachen droht ... ihr Brötchengeber ... der macht ihnen Sorgen ... nicht, wie dir zumute ist.*

Sie kamen lächelnd herein, um mich aufzuheitern. »Na, wie geht's uns heute?«

Was kümmert euch das, verdammt noch mal?

»Boß, kann ich irgendwas für dich tun?«

Scheiße, du kannst verschwinden – das kannst du tun! Laß mich in Ruhe! Warum mußt du jeden Tag neunmal fragen: »Kann ich irgendwas für dich tun?«

Murphy weinte, bloß weil er mich untätig im Bett liegen sah. »Sammy, du mußt versuchen, das Positive zu sehen. Der Arzt sagt, daß du das Schlimmste hinter dir hast. Das Licht am Ende des Tunnels ist schon zu erkennen.«

Ich ging zum Angriff über. »Das ist eine Klischeevorstellung. Yeah, dieses Licht ist ein Schnellzug, der auf mich zurast. Und das ist ein weiteres gottverdammtes Klischee!«

Tränen liefen ihm übers Gesicht. Ich merkte, daß ich alle mit mir herabzog, aber es machte mir nichts aus, die anderen mit herabzuziehen. *Zum Teufel mit ihnen! Warum sollen nicht alle leiden, wenn ich schon leiden muß?*

»Mr. Davis, was möchten Sie zum Abendessen? Und wann wollen Sie essen?«

Reiß dich zusammen! Lessie Lee darfst du nicht wie die anderen anfahren. Sie ist eine alte Frau. Sieh zu, daß du sie nett abwimmelst. »Ich esse jeden Abend um acht Uhr hier im Bett, Babe. Koch mir irgendwas, das du für richtig hältst.«

Altovise kam herein. »Richard Zanuck hat angerufen und gefragt, wie du dich fühlst.«

»Sag ihm, daß er mich am Arsch lecken soll – so beschissen fühle ich mich.« Sie rannte in Deckung. Ich war dabei, mich selbst zu zerstören. Zum Glück hatte ich das zu meiner Frau gesagt, die nicht zurückrufen und ihm ausrichten würde: »Mr. Zanuck, Sammy sagt, daß Sie ihn am Arsch lecken sollen – so beschissen fühlt er sich.«

Jack Haley, Jr. besuchte mich. »Hi«, sagte er.

»Leck mich am Arsch.«

Er machte wortlos kehrt und ging hinaus.

Redet man so mit einem seiner besten Freunde?

Eddie kam herein. »Ich will nicht lästig werden, aber Mr. Sinatra ist am Telefon: Willst du mit ihm reden?«

»Natürlich will ich nicht reden! Mit niemand. Und natürlich rede ich mit *ihm*.«

»Mit großem I geschrieben?«

»Verschwinde!«

Altovise hatte am meisten zu ertragen. Alle anderen konnten sich an die Stirn tippen und nach Hause gehen. Aber sie litt darunter. *Blödsinn, sie leidet nicht! Ich bin derjenige, mit dessen Karriere Schluß ist! Was ist mit mir? Der Teufel soll die anderen holen – was ist mit mir?*

Ich rasierte mich nicht mehr. Ich ließ mir einen Bart stehen. Mein Haar sah scheußlich aus, aber ich hatte keine Lust, es zu pflegen.

Shirley MacLaine rief unverdrossen an. »Sam? Hier ist wieder Shirley mit der großen Klappe.«

»Zum Teufel, was willst du schon wieder?«

»Ich weiß, daß du mit niemand reden willst. Ich weiß, daß du in der Scheiße steckst, deshalb hörst du mir jetzt gefälligst zu. Ich weiß, was dir Sorgen macht. Du bildest dir ein, erledigt zu sein. Du glaubst, daß du vielleicht nie wieder auftreten kannst – oder jedenfalls nicht mehr so wie früher; du fürchtest, daß die Leute dich nicht mehr mögen werden, weil du anders, weil du langsamer bist, aber da täuschst du dich, weil du die Tatsache übersiehst, daß das Publikum dich seit fast sechzig Jahren kennt.«

»Shirl, du verstehst nicht, welche Verpflichtung ich habe und wie schwer es ist, ihr gerecht zu werden.«

»Unsinn! Du zerfließt nur vor Selbstmitleid, Sam, und dabei ist das Bein gar kein Problem, weil du nicht zu tanzen brauchst. Du hast nicht die Hauptrolle in *Giselle*. Wenn du Lust hast, mit dem Fuß den Takt zu klopfen, kannst du's tun. Oder du machst ein paar Tanzschritte. Hast du keine Lust dazu, stellst du dich einfach hin und läßt dich von den Fans lieben.«

»So einfach ist die Sache nicht, Shirley. Meine Verpflichtung lautet: Nicht hinkend auf- oder abtreten, nicht auf der Bühne hinken. ›Da kommt der Kerl mit dem Krückstock.‹ Ich will nicht, daß die Leute nur denken: ›Mal sehen, wie er zurechtkommt... hey, er kann's auch ohne Stock...«

»Du unterschätzt alle, Sam – dich und die Leute im Saal. Sie werden da sein, aber nicht etwa, um zu sehen, wie du auf den Arsch fällst. Und was dich betrifft, kenne ich dich lange genug, um zu wissen, daß du bisher aus jeder Krise doppelt so stark hervorgegangen bist.«

»Nun, vielleicht bin ich zu müde, aus Krisen doppelt so stark hervorzugehen, Shirley, vielleicht hab' ich's verdammt satt, mich immer wieder aufrappeln zu müssen.«

»Vielleicht bleibt dir gar keine andere Wahl, Sam. Vielleicht will Gott dir damit sagen: ›Ich will dich auf einen weiteren Gipfel führen, sieh also zu, daß du aus deinem Tief rauskommst, denn der nächste wird noch phantastischer.‹ Du hast's jedesmal geschafft, Sam – schon damals, als du dein Auge verloren hast. Ich hab's miterlebt. Das ist ein verdammt schwerer Schlag gewesen. Aber du hast dich nicht unterkriegen lassen, du hast es geschafft. Du hast dich nach jeder Krise wieder aufgerappelt, bist aus der Asche auferstanden... Obwohl dich manches hätte erledigen sollen, bist du immer nur stärker und erfolgreicher daraus hervorgegangen...«

Nachdem wir aufgelegt hatten, griff ich nach meinen Krücken und schleppte mich ins Eßzimmer, um zu sehen, ob ich an einem Tisch sitzen konnte. Schon nach wenigen Sekunden war ich so schwach, daß ich nicht mehr aufrecht dasitzen konnte. Was hätte einfacher sein können? Ich versuchte, mir mich auf der Bühne vorzustellen. Ich dachte nicht an eine Show, ich dachte nicht daran, wie ich mich bewegen oder auch nur eine Stunde und zehn Minuten lang stehen können würde. Würde ich imstande sein, auf einem Hocker zu sitzen?

Abends fragte Lessie Lee: »Wollen Sie nicht aus diesem Schlafzimmer rauskommen und sich an den Eßtisch setzen?«

»Nein, ich will mich nicht an den Eßtisch setzen.«

Warum verheimlichte ich ihr, daß ich es schon versucht hatte? Weshalb war ich ständig darauf aus, jedermann in meiner Umgebung aus dem Gleichgewicht zu bringen? Das hatte ich schon immer getan. Es hatte als eine Art Selbstverteidigung angefangen. »Nein, ich will nicht in den beschissenen Stork Club!« Natürlich wollte ich hin, um meinen Enkeln davon erzählen zu können, aber ich wußte, daß ich nicht eingelassen werden würde – und wer wollte schon ein Aufschneider sein? Also konnten mich die anderen mal, und das war zu einem Charakterzug geworden.

Schluß damit! Nirgends steht geschrieben, daß das Leben eine Autobahn sein muß. Man muß auch schlechte Straßen, steinige Straßen und Umleitungen fahren. Manchmal ist es auf der Nebenstrecke lustiger, man entdeckt ein wunderbares Restaurant und könnte vor Begeisterung jubeln; ein andermal sitzt man im Schlamm fest und brüllt und flucht und würde am liebsten erschöpft liegenbleiben, aber nachdem man sich ein bißchen ausgeruht hat, weiß man, daß es Zeit wird, zu versuchen, wieder auf die Autobahn zu gelangen. Ich hatte beobachtet, wie sie gebaut wurde, ich hatte selbst ein bißchen daran mitgebaut, deshalb wollte ich bis zum Ende auf ihr fahren.

Ich nahm mir den zweiwöchigen Stoppelbart ab. Ich setzte eine Frisierhaube auf, um mein Haar wieder in Fasson zu bringen. Vielleicht konnte ich sogar in eine Hose schlüpfen. Ich hatte es plötzlich satt, immer nur Pyjama und Schlafrock zu tragen. Ich schnappte mir die Krükken und humpelte ins Frühstückszimmer hinaus.

Eddie sah mich hereinkommen. »O Gott, der Menschenfresser ist los!« Wir flachsten und lachten miteinander, und danach ging ich in mein Zimmer zurück, um mich auszuruhen.

Altovise band Glöckchen an das Gehgestell und meine Krücken, damit sie mich hören konnten, wenn ich den Flur entlangkam und sie gerade über mich sprachen, wie ich Eddie einmal im Bühnenton flüstern hörte: »Vorsicht! Er kommt! Entweder er oder 'ne gottverdammte Kuh.« Ich humpelte an ihnen vorbei, ohne sie anzublicken. Ich haßte es, wenn Altovise sah, wie ich meine Krücken oder das Gehgestell benützte.

Im Frühstückszimmer setzte ich mich vorsichtig auf einen Stuhl und schlug die Zeitung auf. Ein Pressefoto zeigte Mr. T., der im Weißen Haus den Weihnachtsmann spielte, mit Nancy Reagan auf dem Schoß. Die damalige Aufregung um meine Umarmung Richard Nixons schien erst wenige Jahre zurückzuliegen. Im landesweiten Fernsehen sah ich jede Woche, wie Benson die Ladys küßte, ohne daß irgend jemand ein Wort darüber verlor. War das etwa kein Fortschritt gegenüber damals, als versucht worden war, die Ausstrahlung meiner Sendung *GE Theater* zu verhindern? Aber welche Mühen es uns gekostet hatte, dorthin zu gelangen!

Ich dachte wie so oft an Martin – und an Bobby. An diese ganze Periode, die wir durchgemacht hatten. Wie hatte unsere Gesellschaft sie nur überstanden? Die Attentate... Wie hatten wir die völlige Umkrempelung unserer Ansichten, unserer Lebensweise überdauert? Was hatten wir nicht alles durchgemacht! Aber wir hatten überlebt.

Zu einem bestimmten Zeitpunkt hatte man glauben können, der Lebensweg sei einem vorgegeben – nicht durch Erfolg oder Mißerfolg, sondern durch »dies ist unser Lebensstil«. Dann änderte sich alles, und nun ist's damit vorbei. Wann wurden ausgestellte Hosen unmodern? Mit den großen Gürtelschnallen? Wann hörte man auf, bunte Perlenketten zu tragen? Wann war es nicht mehr angebracht, »Liebe und Frieden, Mann« zu sagen? Blumenkinder, die Fremde küßten. Wann hatte das angefangen, wann hatte es aufgehört? Wann war Haight-Ashbury mit seinen Liebes-Perlenketten zu einem Paradies für Homosexuelle geworden?

»Honey, können ein paar Leute, die dich gern haben, zu Besuch kommen, nachdem du jetzt wieder ein bißchen auf den Beinen bist?« fragte Alto.

»Gut, meinetwegen...« Ich hatte das dumme Gefühl, noch niemand zeigen zu wollen, daß es mir allmählich besser ging – als ob keiner mich bei einem Lächeln ertappen dürfte. Ich merkte, daß ich dramatisierte und mich etwas mehr als unbedingt nötig auf meinen Stock stützte, und machte mir Vorwürfe: »Was tust du da, Mann? Erwischt Gott dich dabei, sagt er bestimmt: ›Oh, du willst Theater spielen? Gut, dann kriegst du einen Grund dazu...‹«

Am 8. Dezember feierte ich meinen 60. Geburtstag mit Familienangehörigen und guten Freunden bei mir zu Hause. Milton Berle kam mit Krücken hereingehumpelt, um mich mit Krücken zu begrüßen. Mein Vater, Clint Eastwood, Danny Thomas, Jack Haley, Jr., Steve und Eydie und alle übrigen Angehörigen und Kumpel, die kommen konnten, waren da. Altovise hatte bei Häagen-Dazs eine Geburtstagstorte in Form meines Buches *Yes I Can* backen lassen, was vermutlich heißen sollte, daß ich auch diese Krise überwinden würde.

Schließlich war der Wartemonat vorbei. Die Röntgenaufnahmen waren gemacht worden, und Dr. Harris sagte: »Ihre Genesung macht gute Fortschritte...«

Gott hatte mich in seine Arme geschlossen, als wollte er sagen: »Ich bin noch nicht fertig mit dir.« Er ließ mich wieder einmal überleben.

»...in weiteren vier Wochen können Sie ohne Krücken gehen, aber benützen Sie in Gesellschaft einen Stock. Der hilft Ihnen, sich die Leute vom Leib zu halten. Sie sehen, daß Sie am Stock hereinkommen, und respektieren ihn. Schonen Sie Ihr Bein nicht absichtlich, aber beanspruchen Sie es auch nicht übermäßig. Lassen Sie sich mit dem Auto oder einem Golfkarren fahren, wenn Sie längere Wege zu gehen hätten. Genieren Sie sich nicht, das zu tun.«

Alto und ich sahen uns in meinem Arbeitszimmer Videoaufnahmen der Talk- und Gesangsshow *Sammy & Co.* an, deren Moderator ich in den siebziger Jahren gewesen war. Ich hoffte, etwas aus meinen Fehlern zu lernen, die Legion waren, wie ich zu meiner Enttäuschung feststellen mußte. Die Fernsehkritiker hatten mein künstliches Lachen bemängelt. Damals hatte diese Kritik geschmerzt, aber 15 Jahre später war ich ihrer Meinung. Ich sah die Falle, in die ich getappt war.

Ich lache gern. Nicht nur ein Lächeln, sondern richtiges Lachen. Das ist gesund. Einen Witz, eine Pointe kann man mit einem Lachen, einer Kunstpause verstärken. Diesen Effekt erzielt George Burns, der an seiner Zigarre zieht, bevor er die Pointe bringt. Aber ich war übers Ziel hinausgeschossen. Ich sah, wie ich künstlich lachte, zu laut über Bemerkungen lachte, die nicht allzu witzig waren. Das brachte das Publikum keineswegs zum Lachen. Die Leute sahen sich nur an. »Warum lacht er?«

Ich beobachtete, wie ich Gäste vorstellte. »Mein lieber Freund... ein großes Talent...« Mir fiel ein, daß ich gelesen hatte, meine Vorstellungen seien zu blumig. Das war ein Überbleibsel aus meiner Vaudeville-Zeit: Ich begrüßte andere Künstler mit größter Höflichkeit, um sie herauszustreichen, aber ich übertrieb dabei. Ich hatte solche Kritiken als ungerecht empfunden, aber jetzt sah ich ein, daß sie begründet gewesen waren.

Merkwürdig, mit einem Videorecorder in einem verdunkelten Raum zu sitzen und die Schemen vergangener Jahre zu betrachten. Meine Jugend erschien mir nicht attraktiv. Ich sah und hörte, wie verliebt ich in den Klang meiner eigenen Stimme gewesen war. Damals hatte ich gedacht: *Wie wundervoll, diesen redegewandten Jungen auf der Bühne zu hören – er spricht so gut, obwohl er schwarz ist.* Okay, aber ich hätte Lawrence Olivier nicht zu übertreffen brauchen.

Zu meiner Entschuldigung konnte ich vorbringen, daß ich wenig Bildung mitbekommen hatte; ich hatte mir alles selbst beibringen müssen und respektierte den Wert von Worten, einer volltönenden Stimme wie Barrymores. Als Jerry Lewis mir im Ciro's gesagt hatte: »Du sprichst zu englisch«, hatte ich mir seine Ermahnung nicht genug zu Herzen genommen. Ich war in diese dandyhafte Eleganz verliebt gewesen. Leider war ich nicht als 60jähriger zur Welt gekommen. Ich hatte schwer arbeiten, viel Mist bauen und deshalb auch viel lernen müssen.

Um den 20. Dezember herum rief ich Shirley an. »Du kannst die Australier anrufen und ihnen sagen, daß wir die Tournee machen. Die Premiere ist am 23. Januar in Sydney. Ich muß mich schonen und schnelle Bewegungen vermeiden, aber ich kann singen und reden.«

Nach dieser Verpflichtung mußte ich mir darüber klarwerden, was ich auf der Bühne leisten konnte. Ich weiß, was ich aus einem Publikum herausholen kann. Ich weiß, daß ich es zu Tränen rühren kann. Zu meinen größten Vorzügen gehört die Fähigkeit, Verwundbarkeit zeigen zu können... das rührt die Leute an. Aber der Grat zwischen

Drama und billiger Theatralik ist schmal. Ich bin gern theatralisch, aber ich wollte nicht am Stock auf die Bühne kommen und sagen: »Guten Abend, meine Damen und Herren, ich will versuchen, ein paar Songs für Sie zu singen.« Das wollte ich nicht, obwohl das Publikum gejubelt hätte.

Aber das wäre Sophie Tucker gewesen, die sich in New York im Latin Quarter vollständig geschminkt in einem Krankenhausbett auf die Bühne hatte schieben lassen: »Ich mußte einfach kommen und meinen Fans sagen, daß ich sie liebe.« Billigste Theatralik! Und das Publikum war begeistert gewesen. »Wer außer Sophie Tucker wäre überhaupt gekommen!« »Toll, diese profihafte Einstellung!« Unsinn. Billige Theatralik. Natürlich hätte ich das auch gekonnt, aber das machte es nicht besser oder gar richtig.

Solche Überlegungen gingen mir durch den Kopf. Ich winselte nicht: »Mit meiner Karriere ist's vorbei.« Aber ich mußte alle Elemente zusammenfassen, damit meine Show die Leute dazu brachte, »Yeah! Go, Babe!« zu rufen. Sie durften nicht sagen: »Ohhh, der arme Sammy, wie er sich dort draußen abmüht...«

Am Heiligen Abend rief George mich nachmittags an. »Wie ich höre, treten wir wieder auf.«

»Yeah – oder endgültig ab.«

»Dann setze ich mich wohl am besten mal an diese Arrangements, die du haben wolltest. Was hältst du davon, wenn ich morgen rüberkomme, damit wir sie durchgehen können?« Ich fühlte mich hervorragend unterstützt: Obwohl George das Haus voller Verwandtenbesuch hatte, erbot er sich freiwillig, an Weihnachten zu arbeiten.

Mitten in der Nacht – am Ersten Weihnachtsfeiertag um 3 Uhr – klingelte das Telefon. Altovise nahm den Hörer ab und gab ihn dann mir. »Shirley.«

»Yeah, Shirley?«

»Er ist nicht mehr.«

Ich dachte, das solle heißen, George habe sich mit ihr gestritten und das Haus verlassen.

»Er ist nicht mehr«, wiederholte sie. »Er hat einen Herzanfall gehabt.«

»Er ist *tot?*«

»Ja.«

Als wir das Haus betraten, sah ich ihren Weihnachtsbaum, unter dem die noch ungeöffneten Geschenke lagen. Ich umarmte Shirley, und wir klammerten uns aneinander. Ich konnte nicht fassen, daß George tot sein sollte. Vor nur neun Stunden hatte ich noch mit ihm über die Musikstücke gesprochen, die wir bearbeiten wollten. Und einen Anruf später lebte er bereits nicht mehr. Ich würde ihn nie lebend wiedersehen. So schmerzlich hatte mich noch kein Verlust getroffen. Bei Rosa B., meiner Großmutter, hatte sich das Ende durch Alter und Krankheit angekündigt. Aber Georges plötzlicher Tod ließ mich mit schmerzhaft klaffender Leere im Herzen zurück.

So plötzlich! Er war immer dabeigewesen – an Erfolgen wie an Mißerfolgen beteiligt. Wir brauchten uns nur anzusehen und wußten hundert Worte, die wir wechseln konnten, ohne sie aussprechen zu müssen. Wir hatten gemeinsam alle menschlichen Höhen und Tiefen durchlebt. Dreißig Jahre, in denen ich auf die Bühne gekommen war und gewußt hatte, daß George da war – und weil er da war, würde die Musik stimmen, so daß ich mich auf das konzentrieren konnte, was ich zu tun hatte. Dreißig Jahre, in denen ich gewußt hatte, daß er jede Schulterbewegung richtig deuten und der Band vermitteln würde, was ich wollte, und daß er sie zur richtigen Stelle zurückführen würde, falls ich einmal steckenblieb.

Fip Ricard, Georges Freund und seit 18 Jahren unser Erster Trompeter, kam benommen herein. »Ich sage bis auf weiters alle unsere Termine ab«, stellte ich fest. »Ich kann nicht arbeiten. Du kannst nicht arbeiten, Shirley. Fip kann nicht arbeiten.« Die beiden nickten schwach. »Ich halte die Trauerrede«, schlug ich vor.

»Nein«, widersprach Shirley. »Für diese Anstrengung bist du bestimmt noch nicht stark genug.«

»Vielleicht hast du recht.« Der Gedanke daran hatte mich erschreckt, aber ich hatte mich dazu verpflichtet gefühlt. Ich rief Jesse Jackson an. »Ich komme«, sagte er. »Ich muß an diesem Tag zwei Reden halten, aber das kriege ich irgendwie hin, damit ich für George dasein kann.«

Sämtliche Musiker und Dutzende von Georges Freunden kamen vorbei. Zu ihnen gehörte auch Shirleys Arzt, der ihr den Vorschlag machte: »Ich gebe dir etwas Valium, damit du besser über die nächste Zeit hinwegkommst.«

»Nein«, sagte sie. »Das Zeug schirmt einen vor der Realität ab, und ich weiß, daß ich mich mit ihr abfinden muß.«

Wir begannen, liebevoll über George zu scherzen, und retteten uns mit der Künstlern eigenen Tugend – ihrem Sinn für Humor – aus den Klauen dieser Tragödie.

»George hat sich von keinem was gefallen lassen!« erzählte ich. »Die schlechteste Show meines Lebens habe ich eines Abends in Italien abgeliefert. Als sie endlich vorbei war, haben wir uns ins Auto gesetzt – ich am Steuer, George neben mir –, und ich habe angefangen, Dampf abzulassen. ›Du Motherfucker, ist dir eigentlich klar, daß ihnen nicht mal *Birth of the Blues* gefallen hat? Verdammt noch mal, Motherfucker, hast du gemerkt, wie...‹ Und so hab' ich endlos weitergemacht, bis George sich zu mir umgedreht und gesagt hat: ›Du hast mich siebzehnmal Motherfucker genannt. Ich habe mitgezählt. Aber ich laß mich bloß noch zweimal als Motherfucker bezeichnen.‹«

Und wir scherzten darüber, wie langsam er sich immer bewegt hatte. »Irgendwo dort oben sagt er jetzt: ›Augenblick, ich komme schon. Keine Angst, ich komme.‹ Er geht so langsam wie immer, und Petrus wird schon ungeduldig. ›Komm endlich, George. Da ist das Himmelstor. Kannst du nicht schneller gehen?‹ ›Ich komme... keine Angst, ich komme...‹«

Shirley seufzte. »Bobby Darin hat George immer engagieren wollen...«

»Yeah, jetzt hat er meinen Dirigenten. Falls Jolson ihm George überläßt.« Und dann begannen wir alle, einen Ausspruch zu zitieren: »Verdammt, uns hat er hier unten in der Scheiße sitzenlassen, und er ist dort oben...«

Jesse hielt eine eloquente Trauerrede auf einen toten Freund. Ich saß auf dem Podium, blickte ins Kirchenschiff hinaus, in dem sich über tausend Trauergäste drängten, und dachte: *Dies ist der Beweis dafür, wie viel er geleistet hat, was für ein guter Mensch er gewesen ist.*

Und dann dachte ich an mich und fragte mich, wie es ohne ihn sein würde, wie ich die Lücke, die das Fehlen all seiner Unterstützung, all seines eingebrachten Talents gerissen hatte, jemals wieder füllen sollte.

Nach der Beisetzung empfing Shirley einen Teil der Trauergäste bei sich zu Hause, aber ich hatte ständig Tränen in den Augen. Mein Bein schmerzte, aber ich wollte sie nicht allein lassen, obwohl Hunderte von Menschen sie besuchen würden. Auf der Rückfahrt vom Friedhof forderte sie mich auf: »Komm nicht mehr zu mir. Fahr nach Hause. Du blutest innerlich.«

Danach lag ich tagelang im Bett und dachte: *Vielleicht habe ich mich geirrt, vielleicht ist Gott doch mit mir fertig, vielleicht will er mir auf diese Weise sagen: »Tritt nicht wieder auf! Wie viele Warnungen brauchst du eigentlich? Ich habe dir ein Hüftleiden geschickt. Jetzt habe ich dir deinen Dirigenten genommen... Gib endlich auf!«*

Die Spannung wurde rasch unerträglich. Ich rief Shirley an. »Wie geht's dir?«

»Ich beiß' mich durch.«

»Ich auch. Hör zu, ich mache die Australientournee. Ich muß rauskriegen, ob ich es schaffe. Ich kann nicht noch länger in diesem Scheißbett liegen und Gespenster sehen. Und damit meine ich nicht nur George. Ich rede vom Gespenst meiner selbst.«

»Okay. Ich bestätige unsere Tournee.«

»Nein, Shirl, du bleibst hier und ruhst dich aus. Ich will nicht, daß du schon wieder arbeitest.«

»Ich muß aber, Sammy. Ich muß überallhin, wo wir gemeinsam gewesen sind. Ich muß ihn dort sehen und doch nicht dort sehen, damit ich ihn vielleicht gehen lassen kann.«

Wir trafen uns zu einer Besprechung bei mir: Altovise, Shirley, Fip und ich. »Ich will keinen Dirigenten«, erklärte ich ihnen. »Mir bleiben keine dreißig Jahre mehr, um das einem Neuen beizubringen. Niemand kann George ersetzen. Engagiere ich einen Neuen, ist er unabhängig von seinen Fähigkeiten ein Außenstehender, und für uns alle wär's zu schwierig, Kontakt mit ihm zu bekommen. Ich gebe selbst den Takt vor. Fip gehört zur Familie. Fip kann mit den Bands proben und alles andere erledigen, was nötig ist. Bei Potpourris rufe ich dich herunter, Fip, damit du dirigierst. Aber stell dich bitte seitlich auf. Ich will nicht, daß jemand Georges Platz in der Mitte einnimmt.«

Später sagte ich zu Altovise: »Australien wird ein langer, anstrengender Trip... Bleib lieber hier, wo du's gemütlich hast...«

»Du willst nicht, daß ich dabei bin, wenn du vielleicht auf die Nase fällst, stimmt's?«

»Unsinn...« Warum sollte ich's nicht zugeben. »Erraten! Ich könnte Mißerfolg haben – und das sollst du nicht miterleben müssen.«

»Hältst du das wirklich für möglich?«

»Selbstverständlich. Niemand kann ständig alle Rennen gewinnen.«

Ich saß 17 Stunden lang in einem Flugzeug: ohne einen Tropfen Alkohol, mit einer zusammengeflickten Hüfte, auf der ich keine Stunde lang hätte sitzen sollen – und schon gar nicht 17 –, auf dem Weg zu meinem ersten Auftritt seit zwei Monaten. Seit meinem dritten Lebensjahr hatte ich niemals eine zweimonatige Auftrittspause gemacht. Selbst damals, als ich mein Auge verloren hatte, war ich nach sechs Wochen wieder aufgetreten.

Das Sydney Hilton warb mit *Sammy Davis Jr.'s Return to Showbusiness.* Ich ging nach unten, um zu beobachten, wie Fip mit der Band probte. Shirley konnte diesen Anblick nicht ertragen und verließ den Saal. Auch mir fehlte George, dieser große Bär, so sehr, daß ich den Saal verlassen, hinauf in mein Zimmer gehen mußte.

Während ich mir am Premierenabend die Ouvertüre anhörte,

blickte ich durch einen Vorhangspalt. Hinten und an den Seiten standen Gäste, und mir war gesagt worden, daß nicht nur australische, sondern auch englische und amerikanische Journalisten den Saal füllten. Ich wartete auf meinen Einsatz und zwang mich dann zum längsten Gang meines Lebens.

»Guten Abend, meine Damen und...« Ich hustete – und hatte plötzlich keine Stimme mehr! Ich versuchte zu sprechen. Nichts. Ich flüsterte durchs Mikrofon ins Publikum: »Meine Stimme... sie ist weg.« Mehr war dazu nicht zu sagen, denn das hatten die Leute selbst gehört. Ich flüsterte weiter: »Unglaublich, was? Ich mache mir Sorgen wegen meiner Hüfte, und dann versagt meine Stimme!«

Ich konnte nicht tanzen, und ich konnte nicht singen. Obwohl ich mir zutraute, amüsant zu sein, bildete ich mir nicht ein, Milton Berle zu sein. Ich war hilflos. Dies war ein Wirklichkeit gewordener Alptraum.

Meine Stimme blieb ein heiseres Flüstern. »Lassen Sie mich ein paar Nummern versuchen, mal sehen, was dabei rauskommt, mal sehen, wie ich's schaffe...« Meine Stimme kam und ging, kam und ging wieder, als stelle jemand meinen Kehlkopf an und ab.

Wegen eines dem Heart Fund gegebenen Versprechens hatte ich mir abgewöhnt, mit einer Zigarette zwischen den Fingern auf die Bühne zu kommen, aber jetzt hielt ich in der vordersten Reihe nach einem Raucher Ausschau. »Hat bitte jemand eine Zigarette für mich?« Ich nahm ein paar Züge, die meine Verkrampfung lockerten, und sagte halb entschuldigend: »Alkohol und Drogen habe ich aufgegeben. Zwei von drei ist gar nicht *schlecht*.« Meine Stimme stellte sich wieder ein, war jedoch ziemlich rauh. »Übrigens bin ich bei einem Hypnotiseur gewesen, um mir das Rauchen abzugewöhnen, aber das hat nicht geklappt. Er hat mit dem Lichtstrahl ins falsche Auge geleuchtet.

Ich möchte...«, fuhr ich fort, »ich möchte Ihnen, die Sie alle gutes Geld ausgegeben haben, eine Show bieten...« Sie lachten mitfühlend. »Vor ein paar Jahren bin ich in Harrah's in Lake Tahoe, Nevada, gewesen, und habe dort eine Show abgeliefert, die nicht meinem sonstigen Standard entsprochen hat. Deshalb habe ich den ganzen Saal freigehalten, was mich Tausende von Dollar gekostet hat – nur weil ich mein Publikum nicht enttäuschen wollte.

Sie können sich vielleicht vorstellen, wie mir jetzt hier draußen zumute ist: Ich trete nach jahrelanger Pause endlich mal wieder in Australien auf, die Presse, die Prominenz, Sie alle machen diesen Auftritt zu einem Heimspiel für mich, ich komme auf die Bühne, ich kann nicht singen, ich kann nicht tanzen, ich komme mir nicht sehr witzig vor... aber diesmal halte ich nicht alle frei! Keine großartigen Gesten mehr... zu teuer... kann ich mir nicht leisten...« Das Lachen begann in den hinteren Reihen und wurde stärker. »Ausgeschlossen«, sagte ich. »Ich lade Sie alle zu Champagner ein – aber damit hat's sich, ich hab' keine Lust, die ganze Rechnung zu bezahlen...«

Jetzt hatte ich die Lacher, die dieses Stück Showbusiness schätzten, auf meiner Seite. *Yeah, du kannst sie beeinflussen, du kannst es schaffen... solange du sie ehrlich behandelst.* In der Nähe des Klaviers stand ein Hokker, aber ich war noch gut auf den Beinen. Ich sang mit brüchiger Stimme »Birth of the Blues«. Ich versuchte »What Kind of Fool Am I?«. Lächerlich.

Ein Mann in der ersten Reihe versuchte mir zu helfen. »Wie wär's mit ›Bojangles‹, Sam?«

Ich konnte ihn nicht ignorieren, weil er genau vor mir saß und seinen Vorschlag in bester Absicht gemacht hatte. »Tut mir leid, aber ›Bojangles‹ kann ich nicht für Sie singen. Meine Hüfte ist noch nicht ausgeheilt. Zu ›Bojangles‹ gehören seitliche Bewegungen, die vorerst noch zu riskant sind. Würde ich sie versuchen, würden Sie einen kleinen Hershey-Riegel ausgestreckt auf dieser Bühne liegen sehen.«

Die Leute lachten; ich hatte sie in der Hand.

»Aber lassen Sie mich ein andermal darauf zurückkommen – wenn Sie mich das nächste Mal sehen, verspreche ich Ihnen, ›Bojangles‹ zu singen, denn meine Hüfte ist irgendwann verheilt. Sie braucht nur noch etwas Zeit.« Und das Publikum applaudierte, weil meine Antwort ehrlich gewesen war. Auch ein bißchen theatralisch, aber das war ehrliche Theatralik.

Ich trat eine Stunde und fünf Minuten ohne Tanz und fast ohne Stimme auf und wurde mit Riesenbeifall verabschiedet. Ich hatte schauderhaft gesungen, war nicht besonders witzig gewesen und hatte eine schwache Show abgeliefert. Aber die Leute wußten, daß ich meine Stimme nicht durch Partynächte verloren, ihnen die Wahrheit gesagt und mich auf der Bühne abgerackert hatte.

Die Zeitungskritiken glichen Liebesbriefen: »Der vollendete Showman...« Dabei hätte die oft sehr kritische australische Presse ebensogut fragen können: »Wieso hat er sich getraut, in diesem Zustand aufzutreten?« Und diese Kritik wäre sogar gerechtfertigt gewesen. Aber Presse wie Publikum ließen mir diesen Auftritt wegen vergangener Leistungen durchgehen, als wollten sie sagen: »Nur keine Aufregung, es klappt bestimmt bald wieder, wir können warten.«

Ich konsultierte Dr. John Tonkin, Joan Sutherlands Gesangslehrer. Er untersuchte Hals und Kehlkopf. »Sie haben keine Polypen, dort unten ist nichts gerötet. Physisch fehlt Ihrer Stimme nichts. Sie haben vor kurzem Ihren Dirigenten und lebenslänglichen Freund verloren, Sie haben noch Zweifel wegen Ihrer Hüfte – das ist alles emotional. Sobald Sie Ihr Selbstvertrauen zurückgewinnen und Gott entscheidet, daß Sie wieder singen können, werden Sie wieder singen.«

Ich ließ Fip mit den Songbooks heraufkommen, und wir gingen meine Nummern durch und nahmen alle Songs heraus, die ich stimmlich nicht bewältigen konnte – durch die man sich nicht mit viel Fingerschnalzen durchmogeln konnte. Danach blieben nicht viele übrig. Mein Repertoire umfaßt nicht viele einfache Songs.

Am nächsten und den folgenden Abenden kämpfte ich mich durch jeweils zwei Shows und brachte nur Stakkato-Songs mit viel Rhythmus wie »Bye Bye Blackbird« und »Slow Boat to China«, in denen ich keinen hohen Ton halten mußte. Am letzten Abend hatte ich noch immer keine Stimme.

Während einer Probe in Adelaide klang die Musik ein bißchen schleppend, so daß ich rief: »George, würdest du ...« Ich sah, wie Fip mich anstarrte, und merkte, was ich gesagt hatte. Als ich auf ihn zutrat, hatte er Tränen in den Augen. Ich umarmte ihn. »Tut mir leid, Baby. Tut mir wirklich leid. Du machst deine Arbeit gut. Sogar sehr gut.«

Als ich in meine Garderobe ging, betrachtete Shirley mich mitfühlend. Ich fiel über sie her. »Warum steht hinter der Bühne kein Essen, kein Kaffee für die Musiker bereit?« Statt »Fuck off!« zu sagen, sah sie mich wortlos an, als warte sie darauf, daß ich wieder zur Vernunft kommen würde. Ich sprach noch lauter. »Gut, du kannst ihnen sagen, daß ich nicht auftrete, wenn's hier kein Essen gibt.«

»Schrei mich nicht an.«

»Ich will dich aber anschreien.«

»Okay, dann schrei mich eben an. Zufrieden?«

»Yeah.« Ich starrte sie hilflos an und begann zu weinen. »Entschuldige. Ich bin verrückt.« Wir klammerten uns aneinander.

»Nein. Wir machen beide das gleiche durch.« Sie gab mir eine Pakkung Kleenex. »Wir müssen ihn gehen lassen. Und das wird nicht leichter. In zehn Tagen fliegen wir heim, wo alles vertraut ist: die Leute, die Holzmaserung des Bühnenbodens, der Hocker, auf dem George gesessen hat. Wir werden ihn in jedem Club, jeder Suite, jedem Restaurant sehen. Wir kehren zu Hunderten von Orten zurück, an denen wir mit George gewesen sind, und werden ihn dort sehen ...«

Ich krächzte mit tränenerstickter Stimme: »Und ich werde ihn fragen: ›Wie kommt's, daß du *jetzt* so schnell bist? Du sitzt überall schon da und wartest auf uns, wohin wir auch gehen.‹«

Am Premierenabend in Adelaide war meine Stimme besser. Mitte der Woche drehte ich mich während der Show nach der Band um. »Ohhh, sie kommt zurück!« Und ich erweiterte sofort wieder mein Repertoire. In jeder Show brachte ich weitere Titel, die ich zuvor gestrichen hatte. Als das Gastspiel in Adelaide zu Ende ging, war meine Stimme fast wieder normal.

Aber ich war mir stets bewußt, daß George Rhodes nicht da war. Meine rechte Hand. Mein Freund. Dreißig Jahre. Ich glaubte, seine Gegenwart zu spüren. Ich glaubte, ihn summen zu hören, während er von ihm zusammengestellte Arrangements durchging. Dieser Fels, der stets dagewesen war, fehlte mir ständig, aber ich bemühte mich, im Umgang mit Shirley stark zu sein, und das half mir. Shirley verhielt sich ähnlich. Sie kam wie Miß Frohsinn lächelnd in die Suite getänzelt. »Einen wunderschönen guten Morgen allerseits.« Ich spielte den Brummigen. »Ah, unsere Miß Scheißfreundlich. Du kannst einen ganz schön nerven!«

In Melbourne, unserer letzten Station, kam ich am Premierenabend auf die Bühne, sang den ersten Song, hörte die Stimme, die nie wieder zu hören ich gefürchtet hatte – klar und rein –, starrte ins Publikum hinaus und sagte: »Ohhh, sie ist wieder da. Ohhh, sie ist wieder *da*!« Dann legte ich los. Ich sang mein gesamtes Repertoire, ich stürzte mich auf die hohen Noten und nahm sie von oben: Ich arbeitete mich nicht hoffnungsvoll von unten an sie heran, nein, ich griff sie aus dem Himmel an und verfehlte keine einzige, und für mich war das wie Glockengeläut.

26

Ich denke immer an Rubi, wenn ich in Paris bin. Als ich diesmal gegen 11 Uhr mit meinem Sohn Jeff aus dem Plaza-Athénée kam, um ihm den Louvre zu zeigen, dachte ich: *Rubi, du würdest es nicht für möglich halten, daß dies dein alter Freund, der Swinger, ist.* Ohne verkatert zu sein, erschien mir Paris fast nicht wie Paris. Trotzdem machte es Spaß, dort zu sein. Ich war endlich erwachsen genug für meinen Sohn im Teenageralter.

Wir gingen zu Cartier, und Jeff suchte sich zu seinem 14. Geburtstag eine stoßsichere, wasserdichte Armbanduhr aus rostfreiem Stahl aus. Ich war in Frankreich, um in Marseille und Deauville Konzerte zu geben, bei einer Rotkreuzgala in Paris aufzutreten und ein einwöchiges Gastspiel in Monaco zu geben. An diesem sonnigen Frühlingstag wollte ich mit Jeff eine Bootsfahrt auf der Seine unternehmen. Ich wies Murphy an, im Hotel ein Motorboot für acht bis zehn Personen und Lunchpakete für uns alle zu bestellen.

Im Jachthafen zeigte sich, daß für uns ein ganzes Seineschiff mit 200 Sitzplätzen bereitlag, während ich höchstens an ein Zwanzigmeterboot gedacht hatte. »Murph, bevor wir ablegen, gehst du rauf und fragst den Captain, was mich dieser Spaß kostet.« Wenig später war er zurück. »Keinen Cent. Mit besten Empfehlungen des Hotels.«

Die Direktion hatte Champagner, Orangensaft und ein herrliches Büffet anliefern lassen. Obwohl wir nur sechs oder sieben Personen waren, hatten wir ein ganzes Schiff zur Verfügung, so daß Shirley anmerkte: »Deine Partys sind Klasse. Du lädst bloß nicht genug Leute ein.«

Wir fuhren die Seine hinunter und passierten den Nudistenabschnitt, den von Schwulen besetzten Uferstreifen und danach die Touristenattraktionen. In St. Germain sahen wir Künstler malen und skizzieren, und Jeff fotografierte wie ein Wilder alles, was er sah. »Dad, mir geht allmählich der Film aus.«

»Okay, dann mach nicht so viele Aufnahmen.«

»Aber ich sehe das alles doch zum ersten Mal!«

Ich wandte mich an Murphy. »Ich bin seit 1960 immer wieder in Paris gewesen, aber die Seine habe ich erst gesehen, als Rubi eine Schiffsparty gegeben hat. Und damals bin ich so betrunken gewesen, daß ich kaum was mitbekommen habe.«

Von allen entgegenkommenden Booten und Schiffen hallte es herüber: »Sahmmyyy... Sahmyyy!« Ich wollte Jeff an seinem Geburtstag nicht die Schau stehlen, deshalb gingen wir eine Zeitlang hinein, aber nach fünf Minuten war ihm das zu langweilig, und er forderte mich auf: »Komm, Dad, wir gehen wieder nach oben.«

Es machte Spaß, französische Freunde zu haben, in deren Schloß in Chantilly Jeff über Nacht zu Gast war und die mit uns und ihrem Sohn zum Lunch im Eiffelturmrestaurant waren.

Mein letztes Gastspiel führte mich nach Monaco. Ich blieb sechs Tage dort, trat einmal pro Abend auf und wohnte im Hotel de Paris in meiner Lieblingssuite im ersten Stock. Jeff lernte einige Mädchen aus Dallas kennen, Roger Moores Sohn war ebenfalls da, und die jungen Leute gingen in Discos. Obwohl das in Monaco wahrscheinlich nicht nötig gewesen wäre, war Dino jedesmal dabei, ohne wie ein Leibwächter auszusehen. Auf diese Weise war Jeff immer sicher – und die jungen Leute hatten ihren Spaß dabei, durch Discos zu ziehen.

Wenn ich nach der Show nach oben kam, um ins Bett zu gehen, brachen Jeff und die anderen gerade auf. »Okay, hast du Geld?«

»Yeah, Dad, ich hab' Geld.«

»Frühstück um zehn.«

Am nächsten Morgen Punkt 10 Uhr kam Jeff völlig erschossen in meine Suite gestolpert. Er war erst bei Tageslicht zurückgekommen. Die anderen schliefen alle noch. »Puh, das ist 'ne anstrengende Nacht gewesen, Dad.« Er ließ sich auf eine Couch fallen.

Er sieht aus, als ob er es mit einem halben Dutzend Mädchen gleichzeitig getrieben hätte.

»Wir haben bis fünf Uhr getanzt.«

»Wie wär's mit 'nem Frühstück, Sohn?«

»Nein, danke, Dad...« Ihm schien übel zu sein. »... aber ich verdurste fast. Hast du 'n kaltes Crush für mich?«

Als ehemaliger Katerspezialist schlug ich vor: »Bestell dir Orangensaft, Rührei mit Schinken und etwas Toast.«

Er fuhr zusammen. »Vielleicht später, Dad.«

»Was hast du letzte Nacht getrunken?«

Er schüttelte verwundert den Kopf. »Bloß zwei Bier.«

Nachdem er tapfer versucht hatte, etwas hinunterzubringen, fragte er mich: »Was machst du heute, Dad?«

»Ich wollte mich bloß hier auf die Terrasse setzen und lesen.«

»Na, dann geh' ich noch ein bißchen auf mein Zimmer.« Er ging zurück und schlief sich aus.

Ich verbrachte ein paar ruhige Stunden und bedauerte, daß Altovise nicht hatte mitkommen können. Aber sie war von der Stadt Los Angeles in offizieller Funktion als Botschafterin des guten Willens nach Japan entsandt worden.

Gegen 15 Uhr kreuzte Jeff wieder auf: ausgeschlafen und voller Tatendrang! »Zieh dir 'ne Badehose an«, forderte ich ihn auf, »dann sehen wir uns ein bißchen am Strand um.«

Meine Jungs waren alle dort, und Jeff alberte mit ihnen im Wasser herum. Ich trank gerade ein Perrier mit Zitrone, als er zurückkam. »Dad... weiter den Strand entlang... dort liegen ein paar Mädchen, die nur eine Hälfte ihrer Badeanzüge anhaben.«

»Nun, das ist in Europa üblich, Sohn. Andere Länder, andere Sitten. Hier drüben baden sie oben ohne.«

»Puuuhhh, Dad, oh boy! Hey, sieh mal – eines der Mädchen winkt dir zu!«

Ich blickte den Strand entlang. »Das sind die Kids aus der Show.«

Einige der Mädchen kamen herüber, und ich erklärte ihnen: »Dies ist mein Sohn Jeff.«

»Oh, klar, den haben Sie gestern abend von der Bühne herunter vorgestellt.« Sie lächelten ihn an, machten ihm schöne Augen.

»Finger weg von meinem Sohn!« warnte ich sie. »Er ist mitgekommen, um kulturelle Dinge zu sehen – und ihr gehört *nicht* dazu.«

Als Jeff am nächsten Tag ausgeschlafen hatte, kreuzte er in der Badehose bei mir auf. »Ich gehe schwimmen, Dad.«

»Okay, Sohn. Geh nur... aber denk daran...« Ich überlegte, ob ich den modernen, toleranten Vater spielen und ihm erklären sollte: *Hör zu, Sohn, »weltmännisch« ist man, wenn man am Strand in Cannes oder Monaco keine Erektion bekommt. Obwohl man eine kriegen könnte, bekommt man keine. Das wäre ungehörig. Man starrt keine Frau an, aber man wendet sich auch nicht etwa ab. Du mußt erst lernen, wie man eine Frau ansieht, die einen herrlichen Busen hat und kein Bikinioberteil trägt. Man mustert sie nicht etwa, sondern bleibt weltmännisch und gibt vor, gar nichts...*

»Ja, Dad?«

»Geh nur hin, Sohn, und begrüß die Mädchen – aber starr sie nicht an.«

Jeff hielt eine sehr dunkle Sonnenbrille hoch. »Ich setz' meine Brille auf.«

Danach ein Kulturschock. Von einem Tag zum anderen wurde Jeff aus Monaco mit den schicken europäischen Miezen, die oben ohne badeten, nach Hartford, Connecticut, in mein Golfturnier mit Bermudashorts und McDonald's versetzt. Nach einigen Tagen fragte er mich: »Kommst du jedes Jahr hierher?«

»Ja. Dies ist mein Turnier.«

»Paris und Monaco sind mir lieber.«

Tracey und Guy heirateten in meinem Haus. Jesse Jackson nahm die Trauung vor. Ihre Ehe war gemischtrassig und interkonfessionell.

Beim anschließenden Empfang in Nicky Blair's schnappte ich einige Bemerkungen auf, die die allgemeine Stimmung wiedergab: »Freut mich, daß die beiden glücklich sind.« »Was für ein hübsches Mädchen!« »Gutaussehender Junge.«

Großer Gott, was es gekostet hatte, dorthin zu gelangen! Wie viele Menschen hatten leiden müssen, wie viele Tränen und Schmerzen und Verletzungen waren nötig gewesen, um dies zu ermöglichen?

Ich war versucht, Guy und Tracey beiseite zu nehmen und ihnen davon zu erzählen, aber das wäre sinnlos gewesen. Er wußte es, sie wußte es, und Gott sei Dank rangierte unsere heutige Gesellschaftsstruktur auf der Liste ihrer Sorgen ziemlich weit unten.

Ich haßte es nicht so sehr, sechzig zu sein, wie ich es gehaßt hatte, fünfzig zu sein. Ganz im Gegenteil: Ich war begeistert, daß Mark und seine Frau Jane ein Baby hatten und ich Großvater war. Tracey und Guy waren glücklich. Jeff machte sich ausgezeichnet. Und ich war weiter im Geschäft. Was ich wirklich gehaßt hatte, war die Vorstellung gewesen, mir bleibe keine Zeit mehr, um das zu tun, was ich längst hätte erreichen sollen. Ich hatte gefürchtet, daß der Sensenmann in den Kulissen stehen und mir zuflüstern würde: »Pssst, verlaß die Bühne!« Statt dessen erhielt ich die Mitteilung, daß das Kennedy Center for the Performing Arts mich für mein Lebenswerk mit seiner Goldmedaille auszeichnen würde.

Die weiteren Preisträger waren Irving Berlin, der nicht nach Washington hatte reisen können. Perry Como, Alwyn Nikolais, Bette Davis und Nathan Milstein. Unsere Medaillen wurden uns vom Präsidenten der Vereinigten Staaten überreicht.

Als wir mit dem Präsidenten und seiner Frau zusammen waren, gab es Augenblicke, in denen nur acht Personen im Raum waren, so daß ich Ron und Nancy hätte sagen können, aber das wollte ich nicht. Obwohl ich Witze machte wie »Hören Sie, wenn das hier vorbei ist, können wir ein paar GE-Theaters, ein paar *Death Valley Days* drehen, und Sie brauchen sich keine Sorgen wegen Ihrer Zukunft zu machen, weil Westernfilme sowieso wieder modern werden«, redete ich ihn immer nur als »Mr. President« an.

Und er lachte. »In ungefähr einem Jahr werde ich mich fragen, was ich tun soll.«

Richard Nixon war viel förmlicher gewesen; ihm hatte Ronald Reagans Sinn für Humor gefehlt, weil er nicht aus dem Showgeschäft gekommen war. Bei Präsident Reagan gab uns das Showgeschäft Schlüssel, die viele kleine Türen öffneten. Er war 25 Jahre im Showgeschäft gewesen – länger als in der Politik. In seiner Zeit als Gouverneur waren wir uns häufig auf UJA-Veranstaltungen oder NAACP-Wohltätigkeitsfesten begegnet, und ich hatte ihn Ron genannt. Damals hatten Nancy und ich im Scherz behauptet, wir seien entfernt verwandt – wegen ihres Mädchennamens Davis. Aber als er Präsident der Vereinigten Staaten wurde, vergaß ich seinen Vornamen.

Auf dem Rückflug nach Los Angeles saß ich neben Altovise, ohne zu sprechen. Nach der Ankunft in L. A. würde ich sofort ins Cedars Sinai fahren, um mir das linke Hüftgelenk ersetzen zu lassen. Die Rekonstruktion des Gelenks war nur begrenzt haltbar gewesen, wie Dr. Harris vorausgesagt hatte. Immerhin hatte ich ein Jahr Zeit gewonnen, bevor die Behinderung wieder zu stark geworden war. In dieser Zeit waren neue Operationstechniken entwickelt worden, wovon ich profitieren würde. Meine neue Hüfte bestand aus einem neuartigen Stahl und war eine Maßanfertigung, weil die Standardgröße mir bis zum Knie gereicht hätte. Seit meinem ersten Gespräch mit Eugene Harris hatte ich viel dazugelernt und fürchtete die Operation weder medizinisch noch beruflich.

Über ein halbes Jahrhundert Erfolge im Showbusiness lagen hinter mir. Falls das Ende bald kam, was zu erwarten war, war ich endlich bereit. Und ich stellte mir gern vor, daß die Leute nach meinem Tod vielleicht denken würden: *Yeah, der kleine Spinner ist ein großer Entertainer gewesen und hat auch einiges Gutes getan.* Das wäre Gedenken genug gewesen. Denn die Band spielt weiter, wie's auch richtig ist. Ich weiß, daß nach meinem Tod ein sensationeller junger Star »Guten Abend, meine Damen und Herren ...« sagen und alles, was ich auf der Bühne getan habe, ebensogut oder sogar besser – was ich im Innersten meines Herzens nicht hoffe – bringen wird, aber ... die Band spielt weiter.

27

Wir verbrachten das Wochenende bei Frank und Barbara in Palm Springs, weil Barbara im Fernsehen um Spenden für ihren Komplex im Eisenhower Medical Center warb. Frank und Dean und ich... der Spaß, die Witze, die Geselligkeit, das behagliche Gefühl, unter Freunden zu sein, brachten mich dazu, vorzuschlagen: »Wir müssen mal wieder gemeinsam was machen.«

Die beiden sahen mich an, als wollten sie sagen: »Wunderbar! Was denn?«

»Okay, einverstanden, wir haben Filme gemacht, aber nachdem uns niemand eine neue Idee vorgeschlagen hat, können wir das Kino vergessen. Aber vielleicht gelingt es uns, nochmal die vergangenen Zeiten zu erleben, als wir in den sechziger Jahren in Vegas aufgetreten sind. Wir sind alle im Bally engagiert, da gäb's also keinen Konflikt...«

»Aber viele Leute kommen nie nach Vegas«, warf Frank ein. »Ich habe mir überlegt, ob wir gemeinsam auf Tournee gehen sollten. Wir könnten einen Sonderzug mieten, darin wohnen – mit einem Salonwagen für jeden von uns, einem Speisewagen, einem Barwagen – und wie auf einer ›Whistle-stop Tour‹ von Stadt zu Stadt fahren. Aber anstatt in kleinen Nestern zu halten, würden wir Großstädte erreichen, in die wir normalerweise nicht kommen: Houston, Pittsburgh, Bloomington, Detroit, Cleveland, Cincinnati...«

Dean ächzte. »Warum suchen wir uns nicht lieber 'ne gute Bar?«

»Laß mich noch mal darüber nachdenken«, sagte Frank.

Deans Miene hellte sich auf. »Über die Bar?«

Ideen, die an einem Urlaubswochenende aufregend gewesen sind, sehen am nächsten Tag meistens nicht mehr so gut aus. Aber Frank rief mich am Dienstag zu Hause an. »Smokey, ich bin dafür, daß wir's machen. Wir müssen bestimmt hart ran, aber es könnte aufregend werden. Und ich glaube, daß es Dean guttäte. Er käme mal wieder raus. Allein deshalb würde die Sache sich schon lohnen.« Er spielte auf den Tod von Deans Sohn Dean Paul an, der vor einem halben Jahr mit einem Flugzeug verunglückt war.

Einige Wochen später gab Frank in seinem Haus in Beverly Hills ein Dinner. Er zog Dean und mich in eine Ecke. »Die Sache mit dem Zug ist gestorben. Er wäre amüsant und farbig gewesen, aber die logistischen Schwierigkeiten sind zu groß. Wir wären eine Woche unterwegs, um zwei Auftritte zu absolvieren. Wir wären mit vierzig Musikern und fünfundzwanzig bis dreißig Technikern unterwegs. Ich haben einen Stab aus sechs Mitarbeitern, Dean hat zwei, und Sammy hat drei. Außer uns wären das einundachtzig Personen. Wir können es uns nicht leisten, so viele Leute zwischen den Auftritten fast eine Woche lang unterzubringen und zu verpflegen. Wir müssen fliegen. Ich nehme mein Flugzeug, und wir können eine weitere G-2 für euch beide chartern.«

Daß wir zwei Flugzeuge brauchten, obwohl wir uns als »Pack« betrachteten, lag an unseren unterschiedlichen Gewohnheiten. Dean und ich kommen am liebsten schon am Vorabend an. Ich möchte Gelegenheit haben, mich ein bißchen an die lokale Atmosphäre zu gewöhnen. Zu Auftritten in Vegas kommt Frank allabendlich mit seinem Flugzeug aus Palm Springs herüber. Er trifft eine Stunde vorher ein, trinkt seinen Tee, schminkt sich und tritt auf. Sobald er die Bühne verlassen hat, geht er zum Wagen hinaus und fährt weg, ohne seinen Smoking auszuziehen.

Dean zieht sich in seiner Suite um, kommt herunter, tritt auf und fährt sofort wieder in die Suite hinauf. Er geht fast nie in seine Garderobe. Tut er's gelegentlich doch, sieht er nur fern, aber es gibt dort keine Bilder an den Wänden, keine Hausbar für Gäste. Ich versuche, etwas Theateratmosphäre in den Raum zu bringen, damit ich mich darin wohl fühlen kann. Ich liebe es, nach der Show Gäste – Freunde, die hinter die Bühne kommen – in der Garderobe zu empfangen. Dean tritt in Vegas nur einmal pro Abend auf, damit er früh ins Bett kommt und morgens auf dem Golfplatz sein kann.

Nach Franks Planung würden wir in Sporthallen mit 15- bis 20000 Plätzen und großen Theatern wie der Music Hall in New York auftreten.

»Glaubst du, daß wir so viele anlocken?« fragte Dean.

»Wenn sie nicht kommen, um uns zu sehen, gibt's kein Showbusiness mehr«, sagte ich.

Dean brachte von Anfang an weniger Begeisterung für unsere Tournee auf als Frank und ich. Der Tod von Dean Paul war ein schwerer Schlag für ihn gewesen. Die beiden hatten sich sehr nahegestanden, und Dean Paul war sein ein und alles gewesen: ein liebenswerter, gutaussehender junger Mann, der fast profihaft gut Tennis gespielt hatte. Um über seinen Tod hinwegzukommen, war Dean weiter in Vegas aufgetreten – aber das war etwas ganz anderes als eine Tournee. In Vegas hatte er sein eigenes Publikum und brauchte nicht zu reisen. Eine Tournee würde wegen der Aufgabe, sich vor einem wechselnden, anders zusammengesetzten Publikum bewähren zu müssen, anregend sein – aber auch körperlich anstrengend.

Das Geld brauchte Dean jedenfalls nicht, denn er ist nicht nur reich, sondern lebt bescheiden und kleidet sich schlicht. Für Auftritte in Las Vegas bringt er einen einzigen Smoking mit. Er hängt ihn auf, und damit hat's sich. Ein Hemd, einen Smoking. Auch seine Garderobe ist völlig leer – keine Schminkutensilien, gar nichts. Dean trägt einen Brillantring, den Frank ihm geschenkt hat, am kleinen Finger und hat eine von ihm selbst entworfene Armbanduhr am Handgelenk. Und das ist alles! Sein Lebensstil ist mit dem, den Frank und ich pflegen, überhaupt nicht zu vergleichen. Von Freunden wußte ich, daß Dean eigentlich keine Lust zu dieser Tournee hatte, aber wir freuten uns vor allem auf die Rückkehr des »Rat-Pack« nach nunmehr dreißig Jahren, und er wollte uns nicht im Stich lassen.

Frank plante den Tourneebeginn für März 1988. »Wir sollten in ungefähr dreißig Städten auftreten, aber die Tournee in zwei Teilen absolvieren. Ich schlage vor, daß wir im März und April auftreten, dann ein paar Monate Pause machen, um uns auszuruhen und unsere Termine in Vegas wahrzunehmen, und danach Teil zwei im September und Oktober absolvieren.«

Ich bat Shirley, meine Gastspiele in Vegas und im Harrah's auf die Monate zwischen den Tourneen zu verschieben.

»Wie sehen die finanziellen Vereinbarungen aus?«

»Wir sind mit Frank und Dean an den Nettoeinnahmen beteiligt.«

»Mit welchem Nettoertrag wird gerechnet? Und mit welchem Prozentsatz sind wir an den Einnahmen beteiligt?«

»Das weiß ich nicht.«

»Kann ich Franks Leute anrufen und mich erkundigen?«

»Nein. Sobald seine Kalkulation steht, sagt er's uns, und ich weiß, daß wir damit zufrieden sein werden.«

Der hartgesottenen Geschäftsfrau in ihr gefiel das nicht, aber die Frau, die seit 30 Jahren mit mir zusammenarbeitete und deshalb Verständnis für Frank Sinatra hatte, nickte wortlos und machte sich daran, unsere Termine zu verschieben. Als die finanziellen Einzelheiten dann bekannt wurden, zeigte sich, wie von mir erwartet, daß die Prozentsätze stimmten. Und wir teilten uns den ganzen Kuchen bis hin zu den Nebeneinnahmen aus dem Verkauf von Souvenirprogrammen, T-Shirts, Mützen und Jacken mit den eingestickten Namen *Frank, Dean, Sammy.*

Obwohl unsere Tourneepläne seit langem durchgesickert und in Fachzeitschriften und Kolumnen besprochen worden waren, erschien es angemessen, die Tournee offiziell anzukündigen. Deshalb gaben wir eine Pressekonferenz im Chasen's. Um die Journalisten zum Lächeln zu bringen, hatten wir beschlossen, zu dieser Tageszeit im Smoking mit schwarzer Fliege zu erscheinen. Wir trafen uns bei Frank und fuhren gemeinsam hinüber.

Als wir hineingingen, legte Frank mir seine Hand auf die Schulter. »Du fängst an, Sam.« Er förderte mich noch immer, schob mich ins Rampenlicht. Wir hatten regen Besuch erwartet, aber der Zulauf entsprach einem großen Medienereignis: alle Nachrichtenagenturen, Lokalzeitungen, Rundfunk, alle Fernsehgesellschaften, die großen Nachrichtenmagazine und Auslandskorrespondenten... Wir nahmen unsere Plätze auf dem Podium ein, und ich begann: »Meine Damen und Herren, wir danken Ihnen, daß sie heute hierhergekommen sind...«

Hinter mir hörte ich Deans Stimme. »Gibt's irgendeine Möglichkeit, diese ganze Sache abzublasen?«

Als das Gelächter verstummt war, fuhr ich fort. »Wir möchten offiziell bekanntgeben, daß wir unter dem Titel ›Together Again‹ gemeinsam auftreten werden – erstmals seit den sechziger Jahren in Las Vegas...«

»Und bestimmt zum letzten Mal!« warf Frank ein.

»Dann ist das also nicht der Auftakt zu einem alljährlich stattfindenden Ereignis?« fragte ein Reporter.

»Hören Sie«, antwortete Frank, »Sammy, unser Benjamin, ist zweiundsechzig. Ich bin zweiundsiebzig, und Dean ist siebzig. Das einzige alljährlich stattfindende Ereignis, das man in unserem Alter zu erleben hofft, ist der eigene Geburtstag.« Er nickte mir zu, ich solle fortfahren.

»Wir freuen uns sehr, mitteilen zu können, daß American Express unser Sponsor ist und Home Box Office eines unserer Konzerte aufzeichnen wird, um es zu einem noch nicht genau festgelegten Zeitpunkt nach der Tournee auszustrahlen...«

Ich hörte, wie Dean fragte: »Muß er sich immer so geschwollen ausdrücken?«

»Smokey spricht ein bißchen Englisch«, erklärte Frank ihm.

»Er sieht aber nicht wie 'n Engländer aus!«

»Und erst recht nicht wie 'n Jude! Jedenfalls meint er damit, daß HBO den Mitschnitt sendet, sobald wir überall aufgetreten sind.«

Wir gingen noch immer so vertraut miteinander um wie früher, und die Reporter hatten ihren Spaß daran. Der Erfolg des »Rat-Pack« oder des Klans beruhte auf dieser Vertrautheit dreier Freunde, die miteinander arbeiten, sich gegenseitig aufziehen und einander lieben, was allem den Stachel nimmt.

Einer der europäischen Journalisten fragte indiskreterweise: »Was ist mit dem Buch, das diese Frau über Sie geschrieben hat, Frank?«

Seine Kollegen warteten auf die Explosion, aber Frank biß nicht an. »Darüber können wir bei anderer Gelegenheit reden. Heute sind wir hier, um unsere nächsten Monat in Oakland beginnende Tournee anzukündigen.«

Die Atmosphäre wurde gelöster, und irgend jemand fragte: »Haben Sie vor, die im Augenblick moderne Rockmusik zu bringen?«

»Wir bringen die Songs, mit denen das Publikum uns identifiziert«, antwortete Frank. »Wir stellen uns nicht auf die Bühne, um zu experimentieren.« Er grinste. »Vielleicht können wir die gute Musik zurückbringen.«

Einige Wochen später rief Frank mich an. »Smokey, American Express annonciert morgen in San Francisco für Oakland. Sie haben siebeneinhalbtausend Tickets für ihre Kreditkarteninhaber reserviert, die anrufen können. Die restlichen siebeneinhalbtausend gehen später in den freien Verkauf.« Am nächsten Tag rief er mittags in Hochstimmung an. »Smokey, American Express hat die siebeneinhalbtausend Karten in eineinhalb Stunden verkauft!« Tag für Tag trafen neue Ausverkauftmeldungen ein: Vancouver... Seattle... Bloomington... Detroit... Pittsburgh... Cincinnati... Cleveland... Washington, D.C.... Providence... New York City... alle innerhalb weniger Stunden ausverkauft. Und aus London und Paris kamen Anrufe von Konzertagenturen wegen einer Gastspielreise durch Europa.

»Die Finanzmenschen sagen, daß das Unternehmen dir sechs bis acht Millionen Dollar einbringen dürfte«, erklärte Frank mir. Ich erinnerte mich daran, wie Will Mastin einmal gesagt hatte: »Größer als Bill Robinson wird nie einer. Er verdient fünftausend Dollar pro Woche.«

Die beiden ersten Proben fanden in meinem Haus statt und waren Diskussionen, bei denen wir und unsere Produzenten an meiner Bar saßen, den allgemeinen Ablauf der Abende besprachen und einige der von uns verfaßten Dialoge durchgingen. Beispielsweise sollte ich einmal, nachdem Frank einen Song beendet hatte, aus dem Off ins Mikrofon sagen: »Wunderbar, daß ein Mann in seinem Alter noch so singen kann.« Und Dean würde zustimmen: »Yeah, aber jetzt gehen wir lieber raus und helfen ihm, bevor bei ihm der Sauerstoff knapp wird.« Die witzigsten Einfälle ergaben sich aus echten Improvisationen, aber bis wir entspannt und in großer Form auf der Bühne standen, brauchten wir ein Gerüst, mit dem wir anfangen konnten.

Barbara Sinatras Geburtstag fiel mitten in unsere Proben, und Frank gab im Chasen's ein Geburtstagsdinner für 25 Personen. Nach dem Hauptgang sah Frank zu mir hinüber und gab mir ein Zeichen, einen Trinkspruch auszubringen. Ich stand auf. Er ächzte laut. »O Gott, er will 'ne Rede halten. Setz dich, du Strolch! Wer will dich schon hören?«

»Ruhe, Frank. Halt die Klappe!«

Respektlose Zwischenbemerkungen, aus denen jedoch offenkundige Zuneigung sprach. Ganz ähnlich würde es während der Tournee auf der Bühne zugehen.

Am nächsten Tag fand die erste vollständige Probe mit unserem Orchester in den Ren Mar Studios am North Cahuenga Boulevard in Hollywood statt. Dort war ein quadratisches Podium errichtet worden: ein Nachbau der Bühne, auf der wir in Oakland und in den meisten anderen Städten auftreten würden. Das erhöhte Podium glich einem Boxring ohne die Seile. Wir mußten proben, wie wir auf dieser allseits von Zuschauerplätzen umgebenen Bühne arbeiten und uns bewegen würden. Frank und ich waren schon auf solchen Bühnen aufgetreten, aber Dean fehlte die Erfahrung. Nur in Chicago und in der Radio City Music Hall würden wir Bühnen mit einem Proszenium vorfinden.

Die Bühne war beleuchtet, zur Dämpfung von Schrittgeräuschen mit Teppichboden belegt und wies dieselben Mikrofone, Textmonitore und alles andere auf, was wir bei jedem unserer Auftritte vorfinden würden.

Das aus New York herübergekommene Orchester probte unter Morty Stevens' Leitung. Ich hatte meinen Spaß daran, einem ausgezeichneten Dirigenten zuzusehen, seine straffe Führung zu bewundern und zu verfolgen, wie die Musik seinen Händen zu entströmen schien, wenn die einzelnen Instrumentengruppen auf seine Handbewegungen reagierten. Ich sah quer durchs Atelier zu Morty hinüber und dachte daran zurück, wie wir in den fünfziger Jahren gemeinsam im Showbusiness angefangen hatten.

Will Mastin, mein Vater und ich waren damals in Bill Millers Riviera aufgetreten, und ich war zwischen den Shows im Keller gewesen und hatte dort einen jungen Mann gehört, der auf seiner Klarinette dudelte. »Könntest du mir ein Arrangement für ›Birth of the Blues‹ schreiben?« hatte ich ihn gefragt und ihm vorgesummt, was ich mir vorstellte. Einige Tage später hatte er mir etwas gebracht, das mir gut gefiel – ohne schon ahnen zu können, daß ich sein Arrangement in den nächsten dreißig Jahren beibehalten würde.

Morty gab seinen Job im Riviera auf und ging mit uns als unser Dirigent auf Tournee. Nach etwa einem Jahrzehnt kam er glücklich-unglücklich aussehend zu mir. »CBS hat mir 'nen Riesenjob angeboten.

Ich würde nicht nur gut verdienen, sondern könnte auch bei Annie und den Kids bleiben. Aber ich habe ihnen gesagt, daß ich erst kommen kann, wenn ihr einen Ersatz für mich gefunden habt.«

»Unsinn! Du gehst natürlich schon morgen. So 'ne einmalige Chance darfst du nicht verpassen!« Und George Rhodes war vom Pianisten zum Dirigenten geworden.

Jetzt war Morty Chefdirigent beim CBS und leitete ein 40köpfiges Orchester für Frank, Dean und mich.

Shirley riß mich aus meinen Erinnerungen. »Sam, wir haben ein Problem. In diesem ganzen großen Orchester, das der Veranstalter engagiert hat, sitzt nicht ein einziger schwarzer Musiker. Und das im Jahre 1988! Das ist *schlimm*. Das werden wir überall in Amerika erklären müssen. Ich kann nicht glauben, daß Frank Sinatra sich dieser Tatsache bewußt ist.«

Frank kam mit seinen Noten in einer Schultasche aus Krokodilleder herein. Dean setzte sich mit uns an einen Tisch an der Bühne. Er starrte Frank vorwurfsvoll an. »Alles, was ich gestern abend gegessen habe, hat nach deinem Finger geschmeckt. ›Hey, Dean, das solltest du essen...‹ Und er hat mit seinem Finger darin rumgestochert. ›Hier, iß diese Stangenbohnen, Dean, die sind gut für dich.‹« Er schüttelte den Kopf. »Heute morgen bin ich mit deinem Finger im Mund aufgewacht.«

In Wirklichkeit war das alles bloß Show für die Bühnenarbeiter und Techniker, die sich in unserer Nähe drängten. Er fühlte sich dazu verpflichtet, »Dean Martin« zu sein. Von uns Klanmitgliedern wurde erwartet, daß wir gemeinsam in einer Atmosphäre aus Witzen, Alkohol und flotten Sprüchen existierten. Dabei hatte ich mein Crush, Dean und Frank tranken Kaffee, und wir konzentrierten uns alle drei nur auf unsere Arbeit.

»Frank, der Veranstalter hat vierzig weiße Musiker engagiert«, sagte ich. »Die einzigen Schwarzen sind meine Leute: Erster Trompeter, Bassist und Schlagzeuger.«

»Scheiße.« Er rief den Veranstalter zu sich. »Zum Teufel, was soll dieses schneeweiße Orchester? Das ist Mist!«

»Aber für einen Wechsel ist's jetzt zu spät, Frank.«

»Unsinn! Ich will wenigstens dreißig Prozent schwarze Musiker. Wechseln Sie sie aus!«

»Das wird teuer, Frank. Wir müßten die Leute für drei Wochen bezahlen und...«

»Dann zahlen wir eben! Bringen Sie die Sache in Ordnung!«

Am Samstagnachmittag vor dem Sonntagskonzert flogen wir nach Oakland. Zu meiner Überraschung begleitete Frank uns einen Tag früher als geplant. Hunderte von Fans und Reportern erwarteten uns, aber wir hatten beschlossen, vor dem Konzert keine Interviews mehr zu geben. Wagen fuhren bis an unsere Flugzeuge heran, und wir suchten schnell das Weite. Auf der Fahrt zum Hotel kamen wir am Oakland Coliseum vorbei, über dessen Eingang die Reklametafel verkündete: *Frank, Dean, Sammy.* AUSVERKAUFT.

Im Hotel Hyatt Regency erfuhren wir dann, daß für jeden von uns so unglaublich viele Anrufe eingegangen waren, daß die Direktion und unsere Leibwächter beschlossen hatten, unsere Anwesenheit zu leugnen. Wer uns zu erreichen versuchte, mußte wissen, mit wem wir reisten, und einen dieser Leute verlangen. Das uns entgegengebrachte Interesse, die Berichterstattung in den Medien und der Kartenvorverkauf bestärkten uns alle in der Erwartung, daß wir Showbusinessgeschichte schreiben würden.

Im Stadion fand am Samstagabend eine Veranstaltung statt, so daß unsere Bühne, die Scheinwerfer und die Lautsprecher erst am Sonntag um 16 Uhr aufgebaut sein würden. Ich wachte gegen Mittag auf. Das Wetter war kühl und klar, und ich war aufgeregt, nervös, aber zuversichtlich. Ich blätterte in den Sonntagszeitungen. Herb Caens Kolumne unterbrach meinen Höhenflug, denn er fragte, was diese alten Knacker zu beweisen versuchten, anstatt mit Pfeife und Pantoffeln daheimzubleiben und das Showgeschäft den Kids zu überlassen. Aber das war nur ein Luftloch.

Um 17 Uhr fuhren wir zu einer Lautsprecherprobe ins Stadion. Unsere quadratische Bühne stand mitten zwischen 15000 leeren Sitzen, deren Reihen um uns herum so hoch anstiegen, daß am oberen Rand riesige Bildschirme montiert worden waren, damit die dort Sitzenden unsere Gesichter sehen konnten. Außer auf Militärstützpunkten war ich noch nie vor so großem Publikum aufgetreten – vor allem noch nie vor zahlenden Gästen. Im Idealfall treten Frank, Dean und ich in kleinen Räumen auf. Wir sind Barsänger. Stadien sind eher gemacht für Rock 'n' Roll.

Auch Frank starrte die Zuschauerreihen an.

»Kann mir jemand sagen, warum wir hier sind?« erkundigte sich Dean.

Weder Frank noch ich konnten seine Frage beantworten. Wir alle hatten unsere lukrativen Kasinotermine in Vegas, Tahoe, Reno und Atlantic City. Weshalb riskierten wir dann wieder alles und setzten uns der Gefahr aus, lächerlich gemacht zu werden?

Um 17.30 Uhr nahm ich ein leichtes Abendessen ein. Während ich mich um 18.45 Uhr anzog, um ins Stadion zu fahren, sah ich mir die Abendnachrichten an. Nach der ersten Meldung über die Präsidentschaftsvorwahlen hieß es: »Das Rat-Pack ist wieder da: Frank Sinatra, Dean Martin und Sammy Davis, Jr....« Und so ging es zehn Minuten lang weiter – mit Bildmaterial von uns dreien in den sechziger Jahren und einer Liveübertragung aus dem Stadion, in dem eine Reporterin den Ansturm der Fans schilderte und von der Unmöglichkeit sprach, noch ein Ticket zu ergattern. Unser Auftritt schien tatsächlich Nachrichtenwert zu besitzen.

Murphy war schon in meine Garderobe im Coliseum vorausgefahren. An den Wänden hingen Plakate für *Ocean's Eleven* und *Robin and the Seven Hoods* – zwei der fünf Filme, die wir in den sechziger Jahren, als der Klan und das Rat-Pack entstanden waren, gedreht hatten.

Ich begann mit meinem Make-up. Morty kam in seinem Smoking und mit neuen schwarzen Seidenschuhen herein. »Du bist kein bißchen aufgeregt, was?« fragte ich mit einem angelegentlichen Blick auf seine Schuhe. Er wurde rot. »Wer achtet schon auf die Schuhe eines Dirigenten?«

Ich war zu nervös, um in der Garderobe herumsitzen zu können. Im Vorraum drängte sich unser ganzes Personal: Beleuchter, Tontechniker, Musiker und Garderobiers – alle äußerlich ganz cool und profihaft, aber trotzdem lag pulsierende Erregung in der Luft. Von draußen hörten wir das Stimmengewirr im Stadion.

Ich warf einen Blick in Franks Garderobe. Dean saß bei ihm auf der Couch. Frank machte uns ein Zeichen, ihm zu folgen, und führte uns durchs Gedränge an den Vorhang, der den Bühnenhintergrund vom Stadion abtrennte. Er öffnete ihn einen Spalt weit, damit wir hindurchsehen konnten. Sämtliche Sitze, die uns um 17 Uhr noch gähnend leer angeleuchtet hatten, waren inzwischen besetzt.

»Wißt ihr noch, wie wir damals im Sands im Summit aufgetreten sind?« fragte er. »Wie aufregend es gewesen ist, daß der Laden Abend für Abend ausverkauft gewesen ist?« Er sah Dean an. »Weißt du noch, wie du zurückgerannt gekommen bist und aufgeregt gerufen hast: ›Der Laden ist brechend voll!‹«

Dean war anzumerken, daß er sich fragte, wie er in diese Sache hineinschlittern konnte. »Natürlich ist er ausverkauft gewesen. Die Bude hat schließlich bloß vierhundert Plätze gehabt. Und wir sind drei große Stars gewesen.«

»Heute abend unterhalten wir mit einer einzigen Show mehr Leute«, sagte Frank, »als uns damals während des ganzen Engagements in Vegas gesehen haben.«

Die Show begann. Aus dem Lautsprecher in meiner Garderobe kam unsere Ouvertüre, dann folgte Deans Musik. Ich stellte mir vor, wie er das Publikum halb sitzend, halb liegend und den Betrunkenen spielend anstarrte, um dann seinen Pianisten zu fragen: »Wie lange bin ich schon auf Sendung?« Nach dem einkalkulierten Lacherfolg hörte ich Dean zur Melodie von »Pennies from Heaven« singen: »When it rains, it always rains, bourbon from heaven...« Als er fertig war, fragte er: »Hab' ich noch Zeit für einen?« und sang: »When you're drinking, you get stinking... and the whole world smiles at you...«

Mir blieben noch 20 Minuten Zeit. Ich sollte nach Dean auftreten und etwa 35 Minuten lang singen. Frank würde die zweite Hälfte der Show eröffnen, und danach würden wir gemeinsam auftreten.

Meine Hände waren kalt und trocken. Da ich nicht untätig dasitzen und warten konnte, zog ich mich an und ging zu Frank hinüber. Er saß im Schlafrock auf der Couch und hörte Dean zu, der eben seine vorletzte Nummer gesungen hatte. Draußen wurde wie verrückt geschrien, gepfiffen und geklatscht, und wir wußten, daß diese 15000 Menschen vor Begeisterung aufgesprungen waren.

Frank stand auf, und als er mir seine Hände auf die Schultern legte, hatte ich das Gefühl, sein Arm habe seit 1945 immer um meine Schultern gelegen und er habe ihn in über vier Jahrzehnten nur weggenommen, um mich vorwärtszuschieben. Ich konnte mich an seine Stimme bei Dutzenden von Gelegenheiten erinnern, die bis in jene Zeit zurückreichten, in der wir einen Tanzakt gehabt, zur Eröffnung der Shows anderer Leute aufgetreten waren und im New Yorker Capitol Theater für ihn gearbeitet hatten. »Du solltest singen, Sam. Leg dir 'nen eigenen Stil zu...« »Nein, Bing wird nicht an dritter Stelle genannt. Oben stehe ich mit Dean und Sam. Geben Sie Bing einen eigenen Kasten. Sams Name wird über dem Titel genannt...« »Los, Smokey, du stellst den zukünftigen Präsidenten vor.«

Als ich gehen mußte, sagte er: »Zeig mir was, das schwer nachzuahmen ist, Smokey.«

Während Dean mit »Volare« schloß, wartete ich in den Kulissen.

Ich war dankbar dafür, dort zu sein. Trotz aller Ängste, trotz aller Fehler hatte ich nicht als »Bojangles« mit ausgefranstem Kragen und Manschetten geendet. Ich war keine Enttäuschung für die Freunde, die Ereignisse, die Chancen, die mich zu diesem Augenblick geführt hatten, in dem 15000 Menschen auf mich warteten. *Herr, ich danke dir. Für dies, für alle Freunde. Du hast mir dieses wundervolle Leben geschenkt... Ich weiß noch immer nicht, weshalb du mich hierhaben willst, und ich frage auch nicht mehr, weil ich weiß, daß du's mir nie sagen wirst, aber ich hoffe, daß ich in deinem Sinne handle...*

Ich hörte, wie das Publikum Dean applaudierte. Mir blieben noch einige Sekunden. Die Euphorie, die Körper und Geist beruhigt hatte, schwand allmählich und wich einem Erwachen, das sich von einem Augenblick zum nächsten so drastisch veränderte, wie die ersten Strahlen der Morgensonne zunächst das Dunkel der Nacht aufhellen, um es dann siegreich zu überwinden, es mit ihrer Helligkeit zu durchfluten und uns Menschen die Botschaft zu bringen, daß es Zeit wird, aufzustehen und an die Arbeit zu gehen.

Ich spürte einen altvertrauten Hunger. Seit fünf Jahrzehnten hatte ich in Clubs und Theatern in den Kulissen gestanden und das Bedürfnis gehabt, den Leuten zu gefallen, bei ihnen zu bleiben, bis sie mich liebten. Ich fühlte die Leere in meiner Brust, die nur die Menschen ausfüllen konnten, die dort draußen warteten. Gott hatte mich bis hierher geführt. Alles Weitere hing von mir ab. Ich hatte trockene Hände und Lippen. In Gedanken war ich bereits auf meinem Weg durch den Mittelgang, an den Sitzreihen vorbei, dann die drei Stufen zur Bühne hinauf.

Ich griff nach dem Mikrofon und merkte, daß ich mich um mich selbst drehte, um mich den Zuschauern von allen Seiten zu zeigen. Aus allen Richtungen flutete gleißend helles Licht auf mich herab. Morty hatte bereits meine Einleitungsnummer begonnen, aber das Publikum applaudierte noch, deshalb zögerte er sie hinaus, bis ich fertig war. So weit ich blicken konnte, bevor alles zu platinglänzender Unendlichkeit verschwamm, standen die Menschen, klatschten und lächelten. Ich spürte die geistige Klarheit, die ich mir wünschte, die Kraft in Brust, Armen und Beinen. Der Applaus pumpte neue Energien in mich hinein. Die Musik wurde sanfter, die Zuhörer nahmen allmählich Platz.

»Guten Abend, meine Damen und Herren…«, sagte ich.

YES
CAN